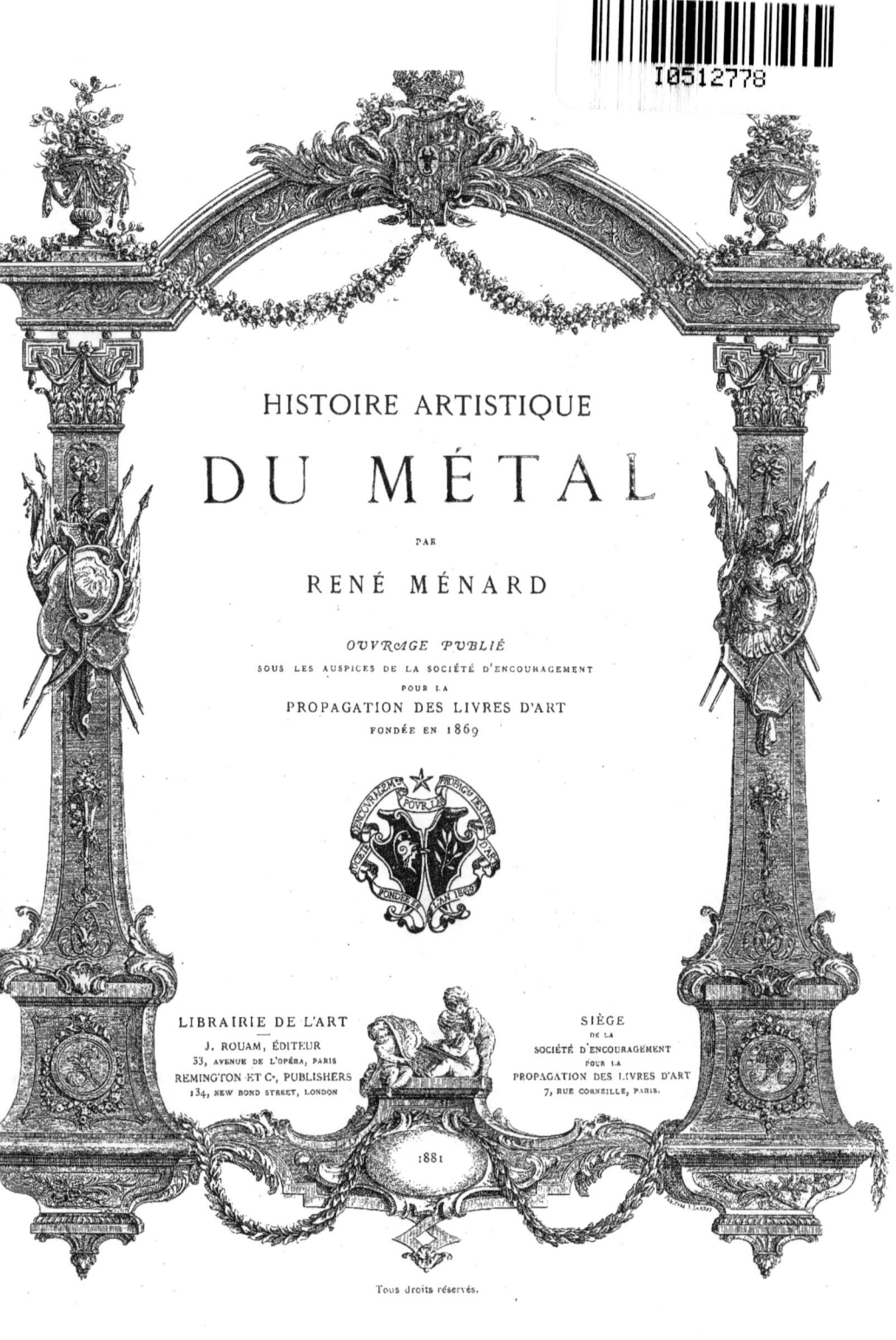

HISTOIRE ARTISTIQUE
DU MÉTAL

PAR

RENÉ MÉNARD

OUVRAGE PUBLIÉ
SOUS LES AUSPICES DE LA SOCIÉTÉ D'ENCOURAGEMENT
POUR LA
PROPAGATION DES LIVRES D'ART
FONDÉE EN 1869

LIBRAIRIE DE L'ART
J. ROUAM, ÉDITEUR
33, AVENUE DE L'OPÉRA, PARIS
REMINGTON ET Cⁱᵉ, PUBLISHERS
134, NEW BOND STREET, LONDON

SIÈGE
DE LA
SOCIÉTÉ D'ENCOURAGEMENT
POUR LA
PROPAGATION DES LIVRES D'ART
7, RUE CORNEILLE, PARIS.

1881

Tous droits réservés.

HISTOIRE ARTISTIQUE

DU MÉTAL

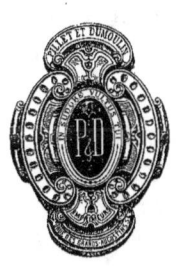

HISTOIRE ARTISTIQUE
DU MÉTAL

PREMIÈRE PARTIE

I

LE MÉTAL

DANS L'ANTIQUITÉ PRIMITIVE

L'ÉGYPTE DES PHARAONS

C'est en Égypte qu'il faut chercher les plus anciens ouvrages métalliques auxquels on puisse assigner une date approximative. Il est impossible pourtant de savoir à quelle époque on a commencé à travailler les métaux, puisque, dès les plus anciennes périodes de l'histoire, on trouve en Égypte des objets en métal qui indiquent une industrie pleinement maîtresse de ses procédés.

Parmi les statuettes de bronze exposées au Trocadéro en 1878, il y en avait plusieurs qu'on classe parmi les ouvrages de l'Ancien Empire, c'est-à-dire qu'elles remontent à une époque où les autres nations en étaient encore à l'âge de la pierre. On sait que l'art, en Égypte, avant de subir l'influence sacerdotale, influence qui a été d'ailleurs fort exagérée, était d'un réalisme brutal fort éloigné du hiératisme qui a prévalu plus tard. Le corps trapu, la carrure des épaules, la coiffure à petites boucles, et le costume composé d'un pagne qui entoure les reins, sont les caractères de la statuaire primitive en Égypte, et les statuettes en bronze dont nous parlons, quoique inférieures pour le travail aux figures en bois ou en pierre de la même époque, appartiennent à la même famille comme style et comme construction de figures. Il est à remarquer que dans ces statuettes, que M. E. Soldi fait remonter à la cinquième ou à la sixième dynastie, le globe de l'œil est indiqué par un creux, parce que probablement il devait être en pierre incrustée.

La raideur dont sont presque toujours empreints les monuments égyptiens qui représentent des personnages ne se trouve pas au même degré dans les représentations d'animaux, qui, à toutes les périodes de l'art égyptien, montrent, au contraire, une certaine souplesse. Il suffira de citer les jolies chattes en bronze qui sont au Louvre, les petits lions qui soutiennent le trône d'Horus, et, dans le même musée, la lampe qui prend la forme d'une gazelle renversée, etc. Beaucoup de collections particulières contiennent de jolies statuettes en bronze, représentant des divinités, des groupes d'animaux, des scarabées, etc. La plupart des objets usuels, tels que hachettes, poignards, couteaux, rasoirs, miroirs, étaient exécutés en bronze. Les objets en fer sont, au contraire, de la plus grande rareté et appartiennent à une époque très postérieure. Le musée du Louvre

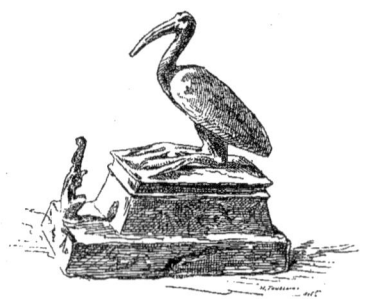

GROUPE EN BRONZE EXPOSÉ AU TROCADÉRO EN 1878.

en possède pourtant quelques-uns qui sont fort curieux, entre autres, des clefs égyptiennes (salle des colonnes, vitrine V).

L'Égypte, au XVIIe siècle avant notre ère, produisait des ouvrages en or et en argent, dont quelques-uns se sont conservés jusqu'à nous, et qui peuvent être classés parmi les chefs-d'œuvre de l'orfèvrerie et de la bijouterie. Cette époque, qui, dans l'histoire de l'ancienne Égypte, a été une sorte de Renaissance, est celle où le roi Amosis a chassé les pasteurs et rétabli la dynastie nationale. On sait de quelles dévastations avait été accompagnée l'invasion des pasteurs, mais les traditions antiques s'étaient maintenues à peu près intactes dans la haute Égypte, ce qui explique en partie la Renaissance dont nous parlions. « La rapidité, dit M. Mariette, avec laquelle l'Égypte a cicatrisé ses plaies, est surtout apparente dans les admirables bijoux qu'Amosis fit exécuter pour orner la momie de sa mère, la reine Aah-Hotep. Au nombre de ses richesses, le musée de Boulaq (au Caire) ne possède pas de monuments qui témoignent d'une industrie plus avancée, et à voir la longue chaîne d'or, le pec-

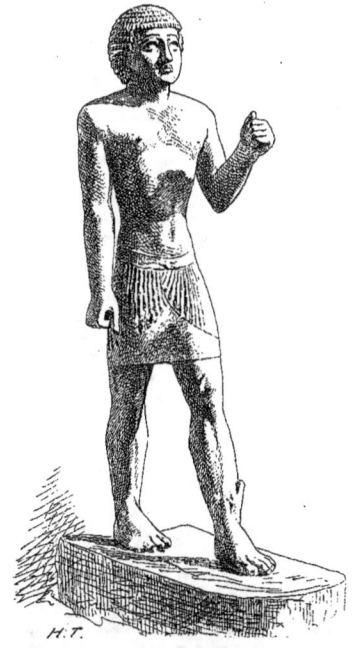

FIGURE EN BRONZE DE L'ANCIEN EMPIRE,
EXPOSÉE AU TROCADÉRO EN 1878.

toral découpé à jour, le diadème et ses deux sphinx d'or, le poignard rehaussé en or et damasquiné, on a peine à croire qu'au moment où ces précieux bijoux sortaient de l'atelier des bijoutiers de Thèbes, l'Égypte était à peine débarrassée d'une longue et douloureuse invasion. »

Les bijoux dont parle ici M. Mariette ont figuré à l'Exposition universelle de 1867, à Paris. Celui qui a été le plus remarqué représentait une petite barque sacrée munie de son équipage. La barque est en or et les douze rameurs en argent; l'avant et l'arrière du bâtiment se relèvent gracieusement et s'épanouissent en bouquets de papyrus. Le tout est monté sur un petit chariot dont le train est en bois et les roues en bronze.

Il n'est pas d'ailleurs nécessaire d'aller jusqu'au Caire pour apprécier la bijouterie égyptienne dont notre musée du Louvre possède d'admirables spécimens. Parmi les acquisitions récentes, il faut signaler tout d'abord (salle historique, armoire A) un adorable petit groupe de trois statuettes en or, représentant Isis et Horus qui étendent la main sur Osiris en signe de protection. Osiris, dont le corps est enveloppé, est accroupi sur un dé en lapis-lazuli, au nom du roi Osorkon II, ce qui nous reporte au xe siècle avant notre ère. Les bijoux de la xviiie dynastie sont d'un goût exquis pour l'ornementation, qui a généralement un caractère emblématique. L'art moderne n'a rien fait de plus élégant comme disposition et de plus fin comme ciselure que le petit épervier aux ailes étendues qui porte une tête de bélier (salle historique, vitrine H). Tout le corps de l'épervier est couvert de plumes en lapis, en cornaline, ou en feldspath vert, incrustées dans de petites cloisons d'or. Remarquons aussi le travail délicat des deux petits chevaux qui se détachent en ronde bosse, sur le chaton d'une bague contemporaine de Ramsès II. Que dire encore de la charmante chaîne composée de vipères sacrées relevant la tête, du bracelet décoré d'un lion et d'un griffon, de celui où l'on voit une jeune fille dans les lotus du Nil, de la boucle d'oreille en or terminée par une tête de gazelle, etc. Ce sont des chaînes de tous genres, des colliers d'or à plusieurs rangs, toujours composés d'objets symboliques, poissons sacrés, lézards, fleurs de lotus, scarabées, œil mystique, têtes de la déesse Athor, avec ses cornes de vache imitant le croissant de la lune.

On doit également citer, à titre de curiosité, un livret de doreur (salle funéraire, vitrine Z); les feuilles d'or ne diffèrent des nôtres que parce qu'elles sont plus épaisses.

L'argent était beaucoup plus rare que l'or dans l'ancienne Égypte. Une des plus grandes curiosités de l'Exposition égyptienne du Trocadéro, en 1878, consistait en belles coupes d'argent formées de feuilles de lotus, découvertes par M. Mariette dans le trésor d'un temple, et qui paraissent remonter au vi^e siècle avant notre ère.

PHÉNICIE

Aussi loin qu'on veuille remonter dans l'histoire, on entend vanter l'habileté des Phéniciens dans le travail des métaux. Les inscriptions hiéroglyphiques les plus anciennes mentionnent les ouvrages de bronze provenant de leurs fabriques, et Homère célèbre dans ses poèmes la beauté des coupes ciselées par les ouvriers de Sidon. Les Phéniciens n'ont jamais été cultivateurs, mais outre qu'ils étaient navigateurs et commerçants ils exploitaient les mines partout où ils en trouvaient. M. Lenormant a émis sur ce sujet quelques considérations historiques qui méritent d'être citées ici : « Voici trois faits élémentaires et dont les recherches récentes sur l'humanité primitive ont partout vulgarisé la connaissance. Le premier est la prodigieuse antiquité de la métallurgie dans les civilisations asiatiques; le second, l'antériorité du travail du cuivre sur le travail du fer, à tel point que *l'âge du bronze* représente dans l'histoire de la civilisation une longue période qui a précédé *l'âge du fer*. Le dernier fait, enfin, est celui-ci, que presque aussitôt que les hommes ont su fondre le cuivre et en fabriquer des instruments, ils ont reconnu ses nombreuses imperfections dans un emploi à l'état pur et la nécessité de le rendre plus dur et plus résistant par un alliage, qu'en un mot ils se sont mis tout de suite à fabriquer du bronze. Aussi haut que nous remontions dans les deux plus vieilles civilisations du monde, en Égypte et en Chaldée, nous trouvons l'usage du bronze. Celui des instruments en cuivre pur est si bien abandonné, si bien oublié, qu'il n'a pas laissé de vestiges. Mais qu'est-ce que le bronze? Un alliage de cuivre et d'étain. Or, les Égyptiens et les Babyloniens trouvaient le cuivre sur leur propre territoire ou dans des districts touchant à leur frontière; mais, pour l'étain, on ne le rencontrait qu'à de bien grandes distances. Le moindre outil de bronze que l'on recueille auprès de Memphis, dans un de ces tombeaux où il est demeuré enfermé depuis soixante siècles, révèle donc un antique et lointain commerce qui apportait à l'Égypte pharaonique, naissant à la civilisation au milieu des peuples encore absolument sauvages, l'étain du Caucase, de l'Inde ou de l'Espagne. Sans ce commerce, en effet, on ne pourrait pas en expliquer l'existence, puisque l'étain ne se trouve dans la nature sur aucun point plus rapproché de l'Égypte. »

L'étain, nécessaire pour la fabrication du bronze dont l'usage a été répandu dans toute l'antiquité, a été un des objets les plus importants du commerce phénicien. Primitivement, on le tirait du Caucase, et il est probable que dans un certain temps il se transportait par terre au moyen des caravanes. Mais ce genre de voyage au milieu de populations nomades et pillardes a dû être abandonné de bonne heure par les Phéniciens, qui d'ailleurs, à l'époque de l'empire d'Assyrie, se trouvaient à la merci d'un monarque assez puissant pour leur barrer le passage. Aussi ont-ils préféré la route de mer, où ils se sont trouvés longtemps sans rivaux.

Quand les Grecs ont commencé à naviguer dans les îles de la mer Égée, la piraterie est devenue un obstacle pour le commerce phénicien qui s'est vu obligé de prendre une autre direction où il n'avait pas d'ennemis à redouter. C'est alors que les navigateurs de Tyr et de Sidon se sont dirigés vers l'Espagne, et, quand les mines qu'ils avaient trouvées dans ce pays ont été épuisées, ils ont passé les colonnes d'Hercule, se sont aventurés sur l'Océan, et ont été chercher l'étain jusque dans les Iles Britanniques, à l'endroit où est aujourd'hui le comté de Cornouailles. Pendant une durée de siècles dont il est impossible de fixer la limite historiquement, les Phéniciens ont été seuls détenteurs de l'étain. Ils n'avaient pas moins d'habileté à exploiter les mines d'or, et les vestiges de leurs énormes travaux dans l'île de Thasos excitaient encore longtemps après l'étonnement et l'admiration d'Hérodote.

Les bronzes de fabrication phénicienne sont assez rares, et les petites idoles que nous connaissons indiquent tout à fait l'enfance de l'art. En revanche, nous renferment quelques produits de l'orfèvrerie et de la bijouterie phéniciennes, mais ce n'est pas dans la Phénicie même que la plupart ont été trouvés, c'est plutôt dans les îles de Chypre et de Rhodes, qui ont été, antérieurement à la période grecque, peuplées par des Phéniciens. Comme orfèvrerie, nous citerons les précieuses coupes d'argent découvertes par M. de Saulcy à Chypre et données par lui au musée du Louvre. Ces coupes présentent un singulier mélange d'emblèmes asiatiques des différentes époques, et peuvent nous donner une idée des vases de métal que les Phéniciens portaient aux Grecs de l'âge héroïque et dont Homère fait mention. Nous voyons aussi comment les Grecs, disciples et imitateurs des Asiatiques pour tout ce qui touche à l'industrie, ont pu être amenés à introduire dans leurs ouvrages des symboles tout à fait étrangers à leur nationalité.

Le musée renferme aussi quelques bijoux d'or se rattachant à la mission de M. Renan en Phénicie. Ce sont des colliers et des amulettes trouvés pour la plupart sur l'emplacement de l'ancienne Sidon. Un collier de fabrication phénicienne trouvé dans l'île de Rhodes est particulièrement curieux par le style de sa décoration. Il est formé de petites plaques métalliques représentant alternativement une Diane Persique et un centaure sous la forme archaïque. On désigne généralement sous le nom de Diane Persique, une figure ailée tenant un animal fabuleux dans chacune de ses mains; c'est un type originaire de l'ancienne Asie et qu'on rencontre assez fréquemment sur les monuments étrusques. Quant au centaure, il présente la plus ancienne forme de cette création mythologique, celle d'un homme au dos duquel s'adapte la croupe d'un cheval, mais qui garde par devant ses jambes humaines. Ce type grossier se trouve également sur les vases grecs de l'époque archaïque, mais la coiffure égyptienne donne à celui-ci une physionomie tout à fait spéciale.

D'autres bijoux phéniciens bien remarquables ont été trouvés dans les fouilles de Camiros par M. Salzmann, qui en fait remonter la fabrication au vIII[e] siècle avant notre ère. Ce ne sont pas à proprement parler des pendants d'oreille, mais plutôt des pendeloques destinées à être accrochées après le vêtement. Dans la première, un lion de style assyrien forme le milieu d'une plaque carrée ornée de trois rosettes en haut et en bas de deux têtes d'aigle. Trois anneaux suspendus à la base de la plaque supportent, celui du milieu une fleur de grenade, et ceux de côté des chaînettes auxquelles sont adaptées de petites têtes portant une coiffure égyptienne; des espèces de grelots suspendus à ces petites têtes complètent la décoration de cette pendeloque. L'autre est formée de deux plaques enrichies de rosettes, mais c'est une figure humaine et non un lion qui occupe le motif central de la décoration.

HÉBREUX

Ici les monuments figurés nous font absolument défaut et nous sommes obligés de nous en tenir aux textes. Malgré l'apparence légendaire des récits concernant la sortie d'Égypte, c'est là seulement que l'industrie en général, et celle des métaux en particulier, commence historiquement pour le peuple de Dieu. Il faut convenir, au reste, que ce peuple de pasteurs, qui vient de traverser la mer Rouge en fuyant, n'est pas assez vite en besogne. A peine est-il campé sur la limite du désert, avec l'intention bien arrêtée de ne pas y rester, puisqu'il cherche la terre promise, qu'il reçoit du Seigneur la plus belle commande d'orfèvrerie dont il ait été question dans les fastes historiques du métal. Il s'agit d'abord de l'arche sainte qui doit être entièrement revêtue de plaques d'or, et au-dessus de laquelle il faut suspendre un propitiatoire du même métal. Puis il faut un propitiatoire de l'or le plus pur, qui aura deux coudées et demie de longueur, sur une coudée et demie de largeur, avec deux chérubins d'or; puis des plats, des coupes, des encensoirs, des vases pour les libations, des lampes, etc., tout cela en or; puis enfin le fameux chandelier à sept branches, trois de chaque côté de la branche principale, et, sur chaque branche, des pommes et des lis d'or, avec une coupe en forme de noix..

D'après les descriptions très précises de la Bible, les objets fabriqués dans le désert par les Hébreux devaient ressembler, à s'y méprendre, à ceux que nous voyons représentés sur les monuments égyptiens de la dix-huitième dynastie, époque à laquelle on rattache ordinairement le départ des Israélites. L'arche sainte dont parle l'Écriture reproduit identiquement celle que nous voyons figurer sur les barques sacrées d'Osiris et d'Ammon, et, si la barque a disparu, c'est qu'elle était l'emblème du Nil, dont la fécondité aurait inspiré des regrets aux Hébreux, pendant la rude traversée du désert. Si nous ajoutons à cela que le Veau d'or, auquel les Hébreux rapportent si volontiers leurs hommages, dès que Moïse a le dos tourné, rappelle singulièrement le culte d'Apis, on verra que les Hébreux, durant toute cette période, n'ont fait qu'appliquer ce qu'ils avaient appris des Égyptiens pendant leur captivité.

Il peut, du reste, paraître assez singulier que des hommes qui traversent un désert, sans autre nourriture que la manne qui tombe du ciel, sans autre abri que la tente où vivent les tribus nomades, se livrent à des travaux du genre de ceux dont on vient de parler, et soient suffisamment outillés pour les mener à bonne fin. La critique du dernier siècle s'est beaucoup inquiétée de savoir où les Hébreux prenaient les métaux nécessaires pour de pareils travaux; l'exploitation des mines n'est guère dans les habitudes des peuples nomades, et, quand on est en quête de la terre promise, on doit s'arrêter difficilement en chemin pour creuser des rochers et demander à la terre ses richesses souterraines. Il est vrai que les vases précieux pris aux Égyptiens pouvaient à la rigueur être fondus et employés à d'autres usages, mais ce travail exige encore une installation incompatible avec le genre de vie qu'on mène forcément sous la tente. Cependant, comme on sait que les Égyptiens exploitaient des mines importantes dans la presqu'île du Sinaï, et qu'ils y avaient des usines dont on retrouve la trace, dans un lieu actuellement nommé Oualy-Magarah, qui est à peu près le point où, suivant la tradition, Moïse aurait reçu les ordres du Seigneur, on peut supposer que les Hébreux, maîtres pendant quelque temps du pays, auraient exploité eux-mêmes les mines de la contrée qu'ils occupaient, ou plutôt encore, qu'ils auraient fait travailler pour leur compte les ouvriers égyptiens, devenus momentanément leurs prisonniers.

Ce qui donne à cette dernière version un certain caractère de probabilité, c'est qu'à partir du moment où ils ont quitté la presqu'île du Sinaï, les Hébreux paraissent ignorer absolument l'art de travailler les métaux. Pendant qu'ils sont commandés par Josué, et, durant toute la période des juges, il n'est aucunement question de cette industrie. Lorsque Salomon veut bâtir son temple, il ne trouve dans son peuple personne qui soit capable de le seconder dans ses vues, et est obligé d'appeler à son aide le Phénicien Hiram, qui fait toute la besogne avec ses ouvriers de Tyr et de Sidon. L'Écriture entre dans de minutieux détails pour décrire toutes les magnificences du temple, mais il résulte des textes mêmes qu'elles étaient dues à des ouvriers étrangers, et il n'est pas probable que Salomon aurait employé des païens pour l'orfèvrerie religieuse dont il avait besoin, s'il avait pu confier à ses coreligionnaires un travail qui devait être considéré comme sacré. Au reste, les Juifs ne paraissent pas davantage s'être livrés à la bijouterie profane, car, lorsque les prophètes reprochent aux femmes d'Israël leur penchant effréné pour les parures, ils ne manquent pas d'ajouter que les bracelets et les colliers qu'elles portent sont des ouvrages de Tyr et de Sidon.

En somme, si les récits de la Bible prouvent que, à différentes époques de leur histoire, les Israélites ont possédé de grandes richesses comme pièces d'orfèvrerie ou de bijouterie, ils n'affirment pas qu'ils en soient les auteurs directs, et semblent même indiquer qu'elles n'étaient chez eux que des importations étrangères. Il est donc impossible d'établir que les Hébreux aient jamais eu en art un style qui leur fût personnel; on n'a retrouvé aucun objet qui leur appartienne, et, si l'on veut s'en tenir aux textes, on verra que tout ce qui s'est fait au temps de Moïse appartient à l'art égyptien, ce qui s'est fait ensuite, à l'art de la Phénicie et de l'Assyrie, jusqu'à la conquête d'Alexandre, où le goût grec, et ensuite romain, s'est substitué aux vieilles traditions orientales.

ASSYRIE ET CHALDÉE

L'origine des peuples qui habitaient la vallée de l'Euphrate et du Tigre est tellement enveloppée de récits légendaires, que leur histoire primitive se confond partout avec la mythologie. A plus forte raison n'est-il pas possible de raconter les développements successifs de leur industrie, dont les premiers tâtonnements sont absolument inconnus. Une inscription cunéiforme, gravée sur un bronze assyrien et traduite par M. Oppert, paraît démontrer que, vingt siècles avant notre ère, les Assyriens savaient assez travailler le bronze pour en faire des statuettes. Les palais de Khorsabad et de Nimrod, qui répondent au VIIe et au VIIIe siècle avant notre ère, ont fourni à nos musées quelques échantillons qui dénotent à cette époque un art très puissant et absolument maître de ses procédés.

Tout le monde a vu, au musée assyrien du Louvre, le petit lion en bronze qui est placé sur un autel à trois faces; c'est le premier monument découvert par M. Botta à Khorsabad. M. de Longpérier en explique ainsi l'emploi : « Cette admirable figure, dit-il, un des plus beaux ouvrages que l'antiquité nous ait légués, paraît n'avoir pas eu d'autre destination que de servir de base et de décoration à l'anneau qui la supporte; anneau auquel on attachait probablement l'extrémité d'une corde, à l'aide de laquelle on hissait un voile au-dessus de la porte. Ce lion n'était pas mobile; à sa partie inférieure existe un goujon de scellement. Il ne doit donc pas être confondu avec d'autres lions de bronze trouvés récemment à Nimrod, et sur lesquels on voit des inscriptions cunéiformes et en caractères phéniciens. On pense que ces monuments ont servi comme poids. Quant au lion de Khorsabad, il appartenait bien certainement au système général des portes; car à chacune d'elles on a retrouvé les pierres du scellement où des figures pareilles avaient été fixées. »

Les inscriptions assyriennes nous fournissent quelques renseignements sur les objets d'or et d'argent que possédaient les monarques assyriens, et témoignent de leur prodigieuse opulence. Celle qui est connue sous le nom de *Fastes de Sargon* nous apprend, par exemple, que ce prince a réjoui le cœur des dieux par ses magnifiques présents consistant en vases d'argent ciselé, en bijoux pesants, et qu'il prodiguait à ses lieutenants des cadeaux consistant presque toujours en riches pièces d'orfèvrerie.

Au reste, la prodigalité était une vertu facile à ces rois guerriers, dont la richesse consistait en un butin qui se renouvelait sans cesse. Et dans la description de ce butin nous voyons toujours un trône en or, un char en argent, des tiares, des sceptres, des parasols, où les pierreries de tous genres sont associées aux métaux précieux. Assurdanipal, dans une inscription contenant le récit d'une de ses victoires, rapporte qu'il a pris comme butin une quantité de chevaux et de mules dont les harnais étaient d'or et d'argent.

Néanmoins, tant de dévastations ont passé sur ces contrées, aujourd'hui transformées en déserts, que les pièces d'orfèvrerie ou de bijouterie assyriennes sont aujourd'hui de la plus extrême rareté. Le musée du Louvre renferme pourtant, dans la salle des bronzes, quelques bijoux d'or, des tablettes en or, en argent et en bronze, et quelques menus objets, insuffisants d'ailleurs pour caractériser le style de l'époque.

PERSE

Nous sommes obligés pour ce qui concerne la Perse, comme pour ce qui concerne les Hébreux, de nous en tenir aux documents écrits. Le luxe inouï des rois de Perse et de leurs satrapes est attesté par trop d'historiens contemporains pour qu'on puisse le mettre en doute, mais nous manquons de renseignements pour déterminer le style et le caractère particulier des grands ouvrages d'orfèvrerie dont il est si souvent question dans les auteurs. Hérodote, parlant du camp des Perses, pris par Pausanias, après la bataille de Platée, dit qu'on y trouva des lits dorés et argentés, et une quantité énorme de cratères, de coupes et de vases de toutes grandeurs en or et en argent. Ces richesses étonnèrent tellement le général grec, qu'il trouva plaisant, après sa victoire, de se faire préparer deux dîners, l'un dans la vaisselle du vaincu, l'autre suivant l'usage lacédémonien. Alors, réunissant ses officiers : « Comprenez-vous, leur dit-il, la folie de ces gens-là, qui, ayant chez eux une table si riche, viennent de si loin pour en chercher chez nous une si misérable ? »

Alexandre éprouva la même surprise en pénétrant dans le camp de Darius après la bataille d'Arbelles. Plutarque rapporte que, lorsqu'il vit que toutes les coupes, les bassins, et la baignoire elle-même étaient faits de métaux précieux, le monarque macédonien ne put retenir un cri d'admiration. Les descriptions des palais de Suse, de Persépolis, d'Ecbatane, dépassent en splendeurs celles qu'on voit dans les *Mille et une Nuits*. Malheureusement, les fouilles qu'on voudrait tenter dans ces contrées inhospitalières présentent de telles difficultés, que nous ne trouvons dans nos musées aucune pièce à l'appui de ces récits.

II

LE MÉTAL

DANS L'ANTIQUITÉ CLASSIQUE

GRÈCE

Suivant les traditions mythologiques, Vulcain, le dieu forgeron, faisait tous les ouvrages en métal dont les dieux avaient besoin, et c'est Prométhée, le grand instructeur du genre humain, qui, en dérobant le feu du ciel pour le donner aux hommes, est le créateur des industries métallurgiques. Comme ces légendes n'ont aucun caractère historique, nous devons renoncer pour le moment à rechercher l'origine du travail des métaux en Grèce. Nous pouvons seulement constater que les objets en métal, découverts récemment par M. Schliman dans la Troade et dans l'Argolide, fournissent les plus anciens documents qu'on connaisse sur le sujet qui nous occupe. Ce n'est pas ici le lieu d'examiner si, lorsqu'il parle des bijoux de la belle Hélène ou des armes d'Agamemnon, le savant antiquaire ne met pas un peu de complaisance pour certaines attributions historiques, qui conviennent plus particulièrement au but de ses recherches. L'absence complète de fer, la présence de flèches dont la pointe est en obsidienne, et les nombreux fragments de poterie dont aucune n'est au tour, indiquent une époque qui ne saurait être bien éloignée de celle qu'on assigne à la guerre de Troie. Comme on n'a trouvé aucune inscription dans les tombeaux ouverts à Mycènes, ce qui est contraire à toutes les habitudes postérieures, on est autorisé à penser que l'alphabet n'était pas connu à l'époque où ces tombes ont été creusées.

Dans la première tombe qui a été ouverte à Mycènes, le docteur Schlieman a trouvé trois squelettes de femme littéralement couverts de bijoux : elles étaient couchées sur un lit de cailloux et entourées encore des cendres du bûcher funèbre. La quantité de pièces d'orfèvrerie déposées dans ce sépulcre prouve à la fois le rang élevé des personnages auxquels il était destiné, et l'importance que, dans ces époques reculées, on attachait au travail des métaux. Une grande couronne ornée de trente feuilles d'or, dix couronnes et dix diadèmes d'or de moindre dimension, six coupes d'or, et une quantité d'objets et de fragments du même métal, montrent que l'or était d'un emploi fréquent dans la classe opulente. Au point de vue de l'art, le travail de ces objets est assez barbare, mais l'intention de l'artiste est toujours nettement exprimée et se comprend aisément malgré l'inexpérience du dessin. Plusieurs statuettes représentent des femmes très grossièrement sculptées : les représentations d'animaux sont assez nombreuses. Dans le premier sépulcre on a trouvé onze petits cerfs, sept lions couchés et quatre debout, plusieurs grands oiseaux. Enfin plusieurs plaques d'or sont décorées de tours sur lesquelles est posée une colombe.

La seconde chambre sépulcrale contenait cinq hommes, dont les corps, couverts de bijoux, portaient la trace évidente du feu qui les avait consumés. Trois de ces personnages avaient le visage entièrement recouvert d'un masque en or massif, d'un travail extrêmement soigné dans les détails, car on peut y compter les poils de la barbe et des sourcils. Toutefois, je ne puis souscrire à l'opinion du docteur Schlieman, qui voit là des portraits d'une individualité fortement accusée. C'est un peu moins barbare que les images phéniciennes ou chypriotes de l'époque primitive, mais c'est tout ce que je puis leur accorder. On peut voir dans la salle de Chypre, au musée du Louvre, quelques têtes qui marquent la première enfance de la sculpture : les parties saillantes sont toujours beaucoup plus accentuées que les parties rentrantes, et c'est là un caractère essentiel de l'art à son début, qu'on retrouve également dans les idoles de la Polynésie. Un gamin qui veut faire une tête avec de l'argile prend une boulette de terre pour faire le nez, une autre pour faire le menton, et ces deux appendices prennent toujours dans son travail une importance démesurée. En revanche, quand il entreprend de faire l'œil ou la bouche, il ne sait plus du tout comment s'y prendre. C'est pour cela que les artistes phéniciens et chypriotes se dispensent tout à fait de les faire, et nous avons au Louvre des têtes, où l'on voit deux moignons pour exprimer le nez et le menton, avec deux trous pour exprimer les yeux, mais rien de plus. Les Grecs contemporains de la guerre de Troie ont dépassé depuis longtemps cette période et leur expérience est suffisante pour leur permettre de rendre tous les traits du visage : les narines, les lèvres, les paupières, tout y est assurément, et on ne se trompe pas sur l'intention. Mais si l'on compare ces têtes à celles que l'Égypte savait faire bien des siècles auparavant, on reconnaîtra que je n'affirme rien d'exagéré en disant que l'art grec à cette époque était encore dans la barbarie.

Le docteur Schlieman voit dans les personnages dont nous venons de parler les corps d'Agamemnon et de ses compagnons, massacrés par Égisthe et Clytemnestre. Celui qui, si l'on adopte cette attribution, serait sans doute Agamemnon, portait, outre son masque, un casque en or massif, dont la partie postérieure est sculptée de manière à imiter la chevelure ; il avait également une cuirasse composée de plaques d'or.

Parmi les objets placés dans ce tombeau, il y avait deux sceptres dont M. Schlieman donne la description suivante. « La tige d'argent de ces sceptres a été plaquée d'or, comme on peut le voir sur la partie qui s'enfonce dans les pommeaux de cristal de roche tournés avec tant d'élégance. La boule de cristal est ornée de sillons verticaux et percée dans toute sa longueur. » Il est fâcheux qu'Homère, en nous faisant savoir que le sceptre d'Agamemnon a été fabriqué par Vulcain, ne nous ait donné aucun détail sur sa forme : il eût été curieux de comparer la description du poète avec la trouvaille de l'archéologue.

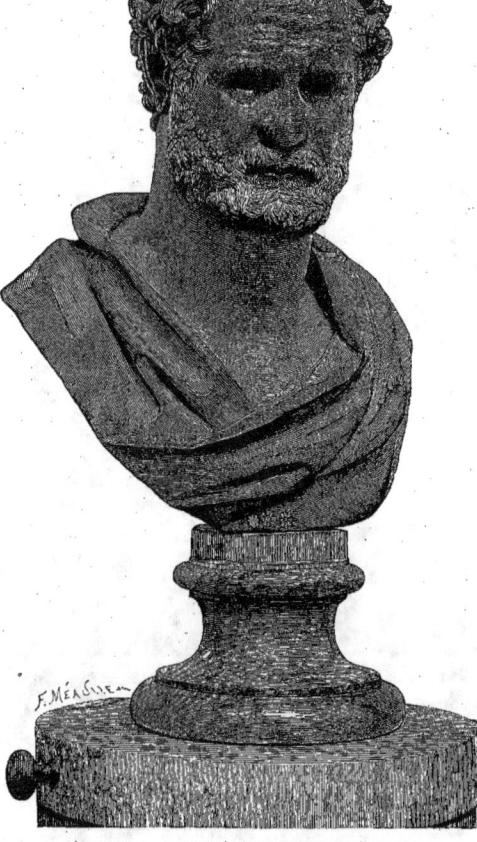

HÉRACLITE. — BUSTE EN BRONZE DU MUSÉE DE NAPLES.

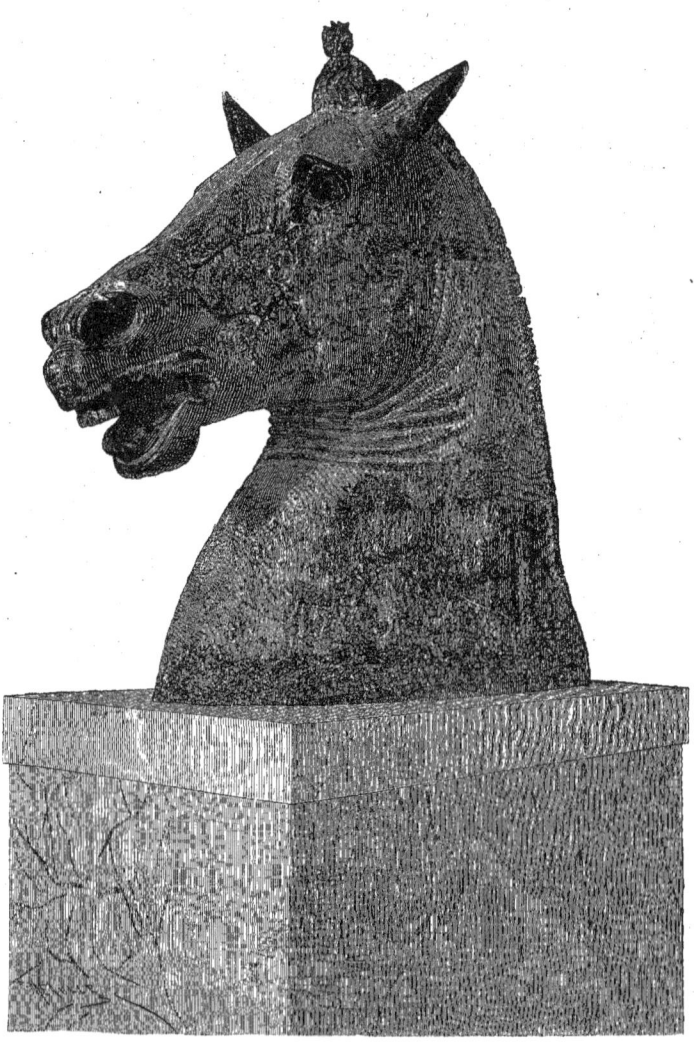

TÊTE DE CHEVAL, D'APRÈS UN BRONZE DU MUSÉE DE NAPLES.

Aucune des pièces découvertes dans les tombeaux de Mycènes ne nous autorise à penser que le fameux bouclier d'Achille, dans l'*Iliade*, soit autre chose qu'une œuvre de pure imagination. D'après les indications du poète, on aurait vu sur ce bouclier la représentation des astres, celle de la terre et de la mer, les luttes sanglantes de la guerre, les travaux des champs, l'image des villes et celle des campagnes, avec les peuples qui les habitent, les troupeaux au pâturage, etc. Une pareille complication de sujets, difficile dans tous les temps, à cause de la confusion qu'elle aurait présentée, est inadmissible sous le rapport technique, à l'époque où ont été exécutées les pièces d'orfèvrerie découvertes à Mycènes. Mais si la description d'Homère ne nous semble pas pratique sous le rapport de la disposition de l'ensemble et de l'agencement multiple des scènes à représenter, elle ne nous fournit pas moins un document très curieux pour la partie technique du travail des métaux. Nous y voyons l'emploi simultané de l'or, de l'argent, du cuivre, du fer et de l'étain, et la connaissance des procédés de la soudure, de la gravure et de la ciselure. On y voit même qu'à cette époque on savait, au moyen de certains alliages, modifier la couleur apparente des métaux. De même, dans la description du bouclier d'Hercule, par Hésiode, on trouve une cuirasse en

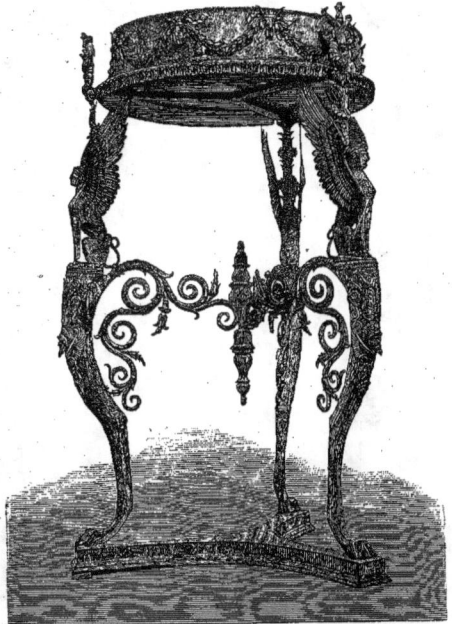

TRÉPIED EN BRONZE. — MUSÉE DE NAPLES.

or de diverses teintes, des jambières en cuivre jaune, etc. Si le poète a donné libre cours à son imagination, lorsqu'il décrit les scènes représentées, il doit certainement être cru sur parole, lorsqu'il parle de certains effets métallurgiques, qu'il n'a pas pu inventer, et qui indiquent une industrie déjà maîtresse de ses procédés.

Les instruments qu'on employait au temps d'Homère pour travailler les métaux ne paraissent pas très nombreux, ni très compliqués. Vulcain avait dans ses forges un marteau, une enclume et des tenailles. C'est avec cela que ses ouvriers façonnaient le métal après l'avoir allié et fondu d'une manière convenable. Les soufflets de la forge de Vulcain, si nous en croyons les scoliastes, n'avaient qu'une seule ouverture pour aspirer et pour exprimer l'air, en sorte qu'il y avait forcément interruption dans le souffle. On conçoit dès lors qu'il y ait eu dans la forge de Vulcain vingt soufflets agissant alternativement; c'était sans doute pour établir un courant d'air continu. Le métal se fondait dans des creusets, et était ensuite travaillé au marteau et ciselé dans certaines parties. Pendant toute l'antiquité l'art du statuaire a été absolument confondu avec l'industrie du fondeur : chaque artiste pratiquait lui-même toutes les parties techniques de ses ouvrages.

L'industrie de la fonte fleurit d'abord dans l'île d'Égine, ensuite dans l'île de Délos. Corinthe eut pendant plusieurs siècles la réputation de fournir les plus beaux bronzes, mais cette réputation déchut et s'éteignit même complètement plus tard. Le bronze corinthien était de plusieurs couleurs et les différentes parties de la statue présentaient elles-mêmes des nuances différentes. L'étain, le zinc et le plomb constituaient avec le cuivre les alliages les plus ordinaires, mais dans des proportions très variables. Le fer a été très rarement employé pour la statuaire : quant au plomb, on s'en servait surtout pour des amulettes, des cachets ou autres petits objets du même genre.

« Dans les statues comme dans les bustes en bronze, dit M. Guillaume, les yeux sont souvent rapportés. Ces yeux rendent le regard bien mieux qu'ils ne représentent l'organe lui-même ; faits de pierre dure ou d'émaux, ils ont une puissance de fixité et d'attraction aussi conforme à la vie supérieure, qui est celle de l'art, qu'éloignée de la réalité vulgaire. Rien ne ressemble moins aux yeux que pourraient fabriquer nos naturalistes. La bouche, elle, présente d'ordinaire un travail particulier, dans ce sens que le cartilage qui borde les lèvres est accusé par un sillon très prononcé faisant de la partie qui est rouge dans la nature une sorte de cloison dans laquelle on croit quelquefois apercevoir des restes de couleur. » A l'appui de ce qu'on vient de dire, il est bon de

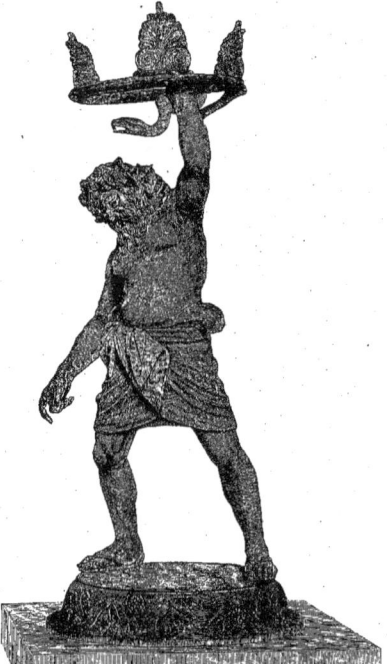

SILÈNE EN BRONZE. — NAPLES.

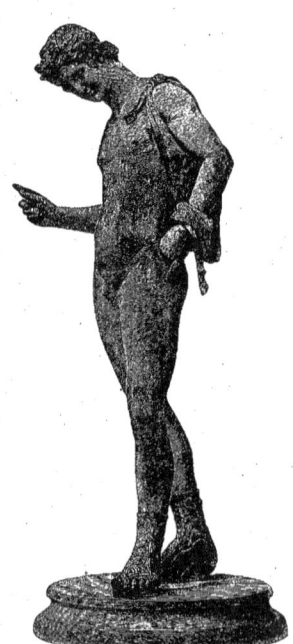

NARCISSE. — MUSÉE DE NAPLES.

rappeler que les fameuses danseuses qui décoraient le théâtre d'Herculanum ont les yeux en émail. Dans une jolie statue d'Apollon, en bronze, qui fait partie des collections du Louvre, les yeux étaient en argent. Une foule de bustes en bronze n'ont plus aujourd'hui que des trous à la place des yeux, qui étaient rapportés et faits avec différentes matières.

Les statues en bronze étaient beaucoup plus communes dans l'antiquité que les statues en marbre, mais elles ont été presque toutes fondues, pour utiliser le métal dont elles étaient formées. Les grandes statues étaient placées dans les temples et décoraient les édifices. L'usage des bustes n'est devenu fréquent qu'après la conquête de la Grèce par les Romains. Les bustes de philosophes dont la série est assez nombreuse se plaçaient soit dans les bibliothèques attachées aux gymnases et aux temples, soit dans celles que les particuliers avaient toujours chez eux. Quelques-uns de ces bustes sont superbes, mais ils ne présentent pas tous des garanties bien complètes de ressemblance, parce que la plupart ont été exécutés longtemps après la mort du personnage qu'ils représentent. Quant aux statuettes, il est probable qu'on les employait surtout à la décoration des appartements, à peu près comme nous le faisons aujourd'hui. On en a retrouvé un grand nombre dans les maisons de Pompéi et d'Herculanum. Les fouilles exécutées dans ces dernières années par M. Fiorelli ont encore mis au jour quelques statuettes ravissantes, entre autres celle que l'on désigne sous le nom de Narcisse.

Les armes, les boucliers, et maints objets en bronze étaient d'abord travaillés au marteau et recevaient ensuite l'ornement d'un dessin en or : les ornements d'argent étaient, en général, ceux qu'on préférait pour les chars. Pour les petits objets portatifs, tels que les vases ou les candélabres, on employait souvent plusieurs métaux dont la teinte faisait contraste. Mais le bronze est de beaucoup le métal qui était employé le plus fréquemment pour la confection du mobilier. Les trépieds, notamment, sont presque toujours en bronze; on sait que les trépieds servaient aux cérémonies sacrées dans les temples. Mais leur usage était aussi très répandu chez les particuliers, où ils faisaient en quelque sorte l'office de nos fourneaux. Quelques-uns sont décorés avec la plus grande recherche.

Les premiers candélabres n'étaient pas autre chose que la

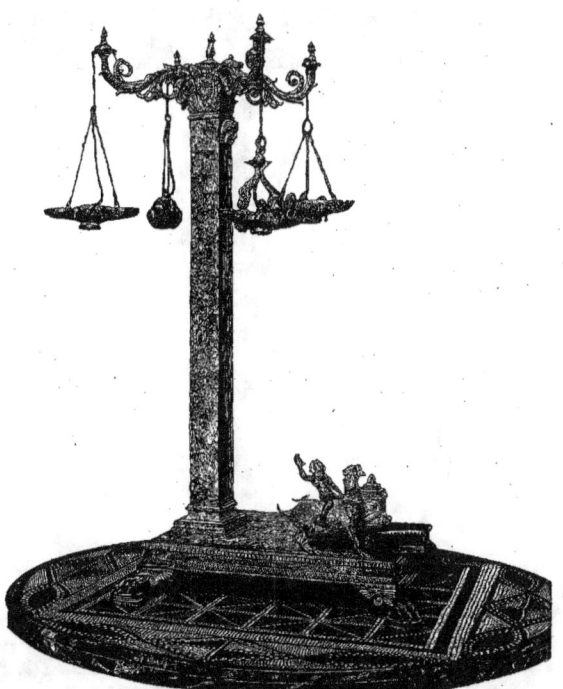

LAMPADAIRE EN BRONZE AVEC INCRUSTATIONS D'ARGENT.
MUSÉE DE NAPLES.

tige d'une plante ou d'un roseau, qu'on enterrait dans la terre et en haut de laquelle on mettait un plateau pour y poser une lampe. On fit plus tard de ces tiges des imitations en métal, dans lesquelles le plateau prit bientôt la forme d'une fleur ou d'un vase, tandis que la base fut formée de pieds d'animaux et plus spécialement des griffes d'un lion. La plupart des tiges des candélabres sont de longues colonnettes cannelées; quelques-unes pourtant appartiennent au style rustique et affectent d'imiter un tronc d'arbre ou un roseau, mais celles-ci ne sont pas pour cela d'une date plus ancienne, seulement elles montrent une fois de plus le penchant qu'avaient les anciens à revenir aux formes primitives. Pour décorer les candélabres, on employait généralement des feuillages rameux ou des arabesques de différentes couleurs, résultant de l'emploi accessoire des métaux dont la teinte contraste avec celle du fond. La plupart des candélabres sont en bronze, et paraissent être sortis du moule entièrement terminés, car s'il en était autrement, on verrait la trace du burin. La damasquinure s'exécutait en creusant le métal principal, de sorte que les côtés du creux soient en biais et qu'il aille en s'élargissant vers le fond comme une espèce de mortaise. Quand on a introduit dans ces sillons le second métal, on polit soigneusement la surface entière de l'ouvrage, de manière que le fond et les métaux enchâssés paraissent être d'une seule pièce.

Quelquefois la tige du candélabre se transforme en un personnage qui fait ainsi l'office de porte-lumière. Le Silène candélabre du musée de Naples peut être regardé comme un des modèles les plus exquis que nous ait laissés l'antiquité dans les applications de l'art à l'industrie. Silène qui, dans la mythologie, personnifie l'outre dans laquelle le vin était enfermé, n'est pas par lui-même un type bien gracieux. Le père nourricier de Bacchus est représenté vieux, et presque toujours obèse et caractérisé par la saillie énorme de son ventre. C'est en quelque sorte une caricature, mais l'art a su en tirer le plus heureux parti, surtout dans les objets mobiliers, où, malgré son allure chancelante, Silène est souvent employé comme support.

On donne le nom de lampadaires à des candélabres auxquels les lampes sont suspendues par des petites chaînes au lieu d'être simplement posées sur la tige. On trouve à Pompéi plusieurs lampadaires dont la décoration est très remarquable. Les lampes ont quelquefois des formes assez bizarres : il y en a qui repré-

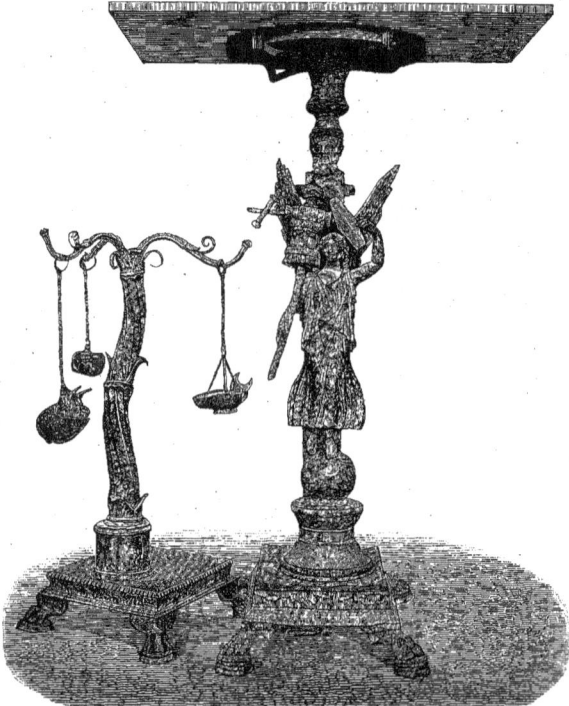

TABLE ET LAMPADAIRE DE POMPÉI. — BRONZE DU MUSÉE DE NAPLES.

sentent des animaux, chevaux, bœufs, chiens, cerfs, oiseaux, reptiles et jusqu'à des colimaçons.

Les grands meubles tels que les coffres pour resserrer les vêtements, les lits, les chaises, les tables, étaient très souvent en métal. Il y a au musée de Naples une belle table en bronze dont le pied unique est formé par une Victoire ailée qui porte un trophée.

Chez les Grecs, le travail de l'ivoire était considéré comme une branche du travail des métaux, et on associait l'ivoire et l'or, non seulement dans une foule d'objets mobiliers, mais encore dans des statues de grande dimension. L'ivoire venait de l'Inde et surtout de la Libye : les morceaux d'ivoire étaient assemblés sur une âme de bois soutenue par des barres de fer, au moyen de la colle de poisson. L'or qu'on employait était travaillé au repoussé, et se composait de lames généralement très minces. Les statuaires les plus illustres se livraient à ce genre de travail : le Jupiter, que Phidias avait fait pour le temple d'Olympie, et sa fameuse Minerve qui était placée dans le Parthénon étaient en ivoire et en or. En général, le visage, les mains, et les parties nues étaient exécutés en ivoire, et on réservait l'or pour les draperies et les accessoires.

La bijouterie et l'orfèvrerie sont les annexes naturels de la sculpture dont elles ne diffèrent que par la dimension des objets. Mais comme elles n'emploient que des matières précieuses, il est aisé de comprendre pourquoi les productions de ce genre sont si rares dans nos collections. L'usage de déposer dans les tombeaux les objets ayant appartenu au défunt fait qu'on a pu néanmoins retrouver quelques bijoux de fabrication grecque. Au Louvre, ils sont mêlés dans les vitrines avec les bijoux étrusques dont nous nous occuperons tout à l'heure.

La numismatique forme une des branches les plus importantes de l'histoire artistique du métal. La première manière dont on s'est servi du métal comme moyen d'échange fut de le donner au poids. Les monnaies furent d'abord des pièces informes et grossièrement travaillées, sur lesquelles on imprima ensuite une marque pour en indiquer le poids et la valeur. Le poids est la base et le fondement de toute espèce de monnaie; mais l'histoire de l'art ne commence pour les monnaies qu'à partir du moment où y figura, comme signe, un emblème ou une effigie.

La monnaie étant une mesure qui sert à établir la valeur de toutes choses, a dû être connue très anciennement; mais il est impossible de fixer une date à son origine. Rien dans les poèmes d'Homère ne donne à penser que la monnaie existât de son temps. Quelques-uns attribuent à Phidon, roi d'Argos, l'usage de remplacer par du métal monnayé le métal en barre qui avait eu cours jusque-là. Les premières monnaies avaient une face plate et une autre dont la convexité était au contraire très prononcée. Les emblèmes étaient représentés sur la face convexe.

Il faut compter plusieurs périodes dans l'histoire artistique des monnaies grecques. Les premières monnaies sont reconnaissables à leur forme globuleuse et à la grossièreté de leurs emblèmes. Dans la seconde période, qui est celle des guerres médiques, la pièce est moins épaisse, mais si la fabrication laisse encore à désirer, la beauté du dessin en fait de véritables œuvres d'art. La troisième période, qui est celle des Macédoniens, est la plus brillante de l'histoire monétaire.

Les emblèmes représentés sur les monnaies grecques sont de plusieurs sortes. Ainsi on voit une tortue sur les monnaies d'Égine, des boucliers sur celles de Béotie, des abeilles sur celles d'Éphèse. Plus tard, l'usage s'introduisit de graver sur les monnaies l'image des divinités, et dans la période macédonienne celle des princes. Quelquefois le sujet représenté sur le revers de la monnaie est une allusion aux jeux publics; ainsi un bige couronné par la Victoire symbolise les courses de char. Enfin les médailles reproduisent souvent les œuvres d'art célèbres, que les voyageurs venaient visiter dans la ville; c'est ainsi que les médailles de Cnide représentent la fameuse Vénus de Praxitèle, qui était placée dans le temple de la déesse. Ces reproductions sont, il est vrai, des imitations libres, mais elles servent aux restitutions tentées par l'archéologie, et nous avons souvent par la numismatique des documents intéressants sur les chefs-d'œuvre disparus.

ÉTRUSQUES

L'art de fondre les métaux paraît avoir existé chez les Étrusques dès les temps les plus reculés. Les statues de bronze étaient tellement nombreuses dans leurs cités, que les Romains en comptèrent jusqu'à deux mille. Les frontons des temples étaient généralement décorés avec des statues en bronze doré. On faisait des statues colossales, mais surtout un très grand nombre de statuettes, de vases, de candélabres, de trépieds, de réchauds, de cistes, de miroirs. Les cistes, auxquelles on attribuait autrefois un caractère purement religieux, passent pour avoir été simplement des boîtes en bronze à l'usage des dames qui y resserraient les parfums et les objets divers dont elles se servaient pour leur toilette. Les cistes sont rondes, et généralement décorées sur leur face extérieure de sujets gravés au trait et souvent empruntés à la mythologie. Il en est de même des miroirs de métal, dont le revers porte presque toujours une scène mythologique gravée au trait et souvent encadrée dans une ornementation très gracieuse. Les miroirs étrusques ont une forme ronde ou ovoïde et sont pourvus d'un manche qui est fréquemment décoré de ciselures, et prend quelquefois la forme d'une statuette.

Quoique les Étrusques aient, à un moindre degré que les Grecs, le sentiment de la pureté des formes, on leur doit quelques très belles statues, par exemple celle qui est intitulée *l'Orateur*. Dans la représentation des animaux, les Étrusques ont gardé, presque sans les modifier, les formes traditionnelles qui avaient cours en Asie. C'est ainsi que la fameuse Chimère du musée de Florence, que les lions, les griffons, les oiseaux, rappellent fréquemment les animaux du même genre que l'on voit sur les monuments de l'Assyrie et de la Perse.

La bijouterie étrusque avait dans l'antiquité une très grande réputation, que justifient pleinement les objets de ce genre qui ont pris place dans nos collections. Elle diffère d'ailleurs très peu de la bijouterie grecque, et l'attribution qu'on donne aux bijoux antiques vient moins des caractères particuliers de leur style que du lieu où ils ont été trouvés. Aussi les range-t-on généralement sous la désignation de bijoux gréco-étrusques. Mais les tombeaux de l'Étrurie en ont fourni beaucoup plus que ceux de la Grèce proprement dite.

Nos collections renferment un grand nombre de fibules étrusques. Les hommes se servaient de fibules pour retenir sur le haut de la poitrine les extrémités du vêtement. Les femmes les employaient aussi pour divers usages, mais surtout pour retenir leur manteau, ou bien pour retenir le voile sur leur tête. Les fibules étrusques présentent assez généralement la forme d'un axe renflé vers le milieu, et la pointe de l'épingle est recouverte par une espèce de fermoir.

Les colliers forment une série très importante parmi les bijoux étrusques, et nos musées en renferment une série très intéressante. Ils se composent en général de fils d'or tressés ou contournés au nœud, avec un pendant de dimension variable qui occupe le milieu du collier. Ce pendant représente une fleur, un animal, une tête, ou un petit personnage. Il y a entre autres, dans notre collection de bijoux du Louvre, une petite tête barbue portant des cornes et des oreilles de taureau, qui est un petit chef-d'œuvre de ciselure. La barbe est composée de granules d'or excessivement fins et réguliers, et les cheveux sont imités avec des fils d'or tournés en spirale et terminés au centre par un petit grain. La tête est coiffée d'un diadème d'une forme ravissante.

La couronne, qui, chez les peuples modernes de l'Occident, est devenue l'emblème de la royauté, n'était pour les anciens qu'un simple bijou faisant partie de la parure, au même titre que le bracelet ou le collier. Les couronnes d'or sont quelquefois très simples de forme. Il y en a qui consistent en une lame de

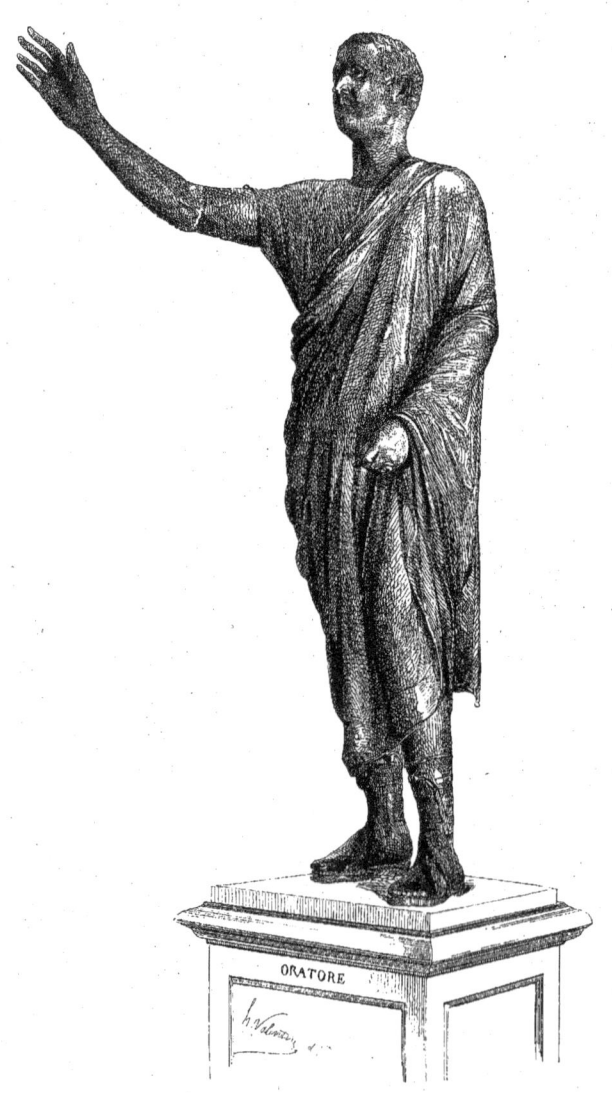

L'ORATEUR. — BRONZE ÉTRUSQUE DU MUSÉE DE FLORENCE.

métal souple et étroite faisant l'office du ruban qu'on plaçait sur la chevelure. D'autres, au contraire, sont extrêmement chargées d'ornementation. Nous avons au Louvre un diadème en or et en émail, qui est décoré par une série de petites marguerites dont le centre est orné d'une perle en pâte de verre, et qui sont entourées d'autres fleurs plus petites et de palmettes émaillées. A ce motif principal se mêlent des ornements en feuilles d'or, en cordelé et en émail, dont l'assemblage forme un ensemble d'une extrême élégance.

Plusieurs des couronnes antiques exposées dans nos musées sont d'une dimension trop petite pour avoir été portées sur la tête; d'autres sont composées de feuilles d'or rattachées à une tige d'une telle ténuité, qu'il n'est pas probable non plus qu'elles aient pu servir de parure. On présume que ce sont des ornements funéraires fabriqués tout exprès pour être déposés dans la tombe avec les restes du défunt.

L'ornementation des pendants d'oreilles est extrêmement riche et surtout d'une incroyable variété. On y voit des disques, des cornes d'abondance, des fleurs, des fruits, des têtes humaines ou des personnages entiers, des animaux réels ou fantastiques, s'entremêlant à des rosaces, à des houppes, à des croissants, se reliant par des petites chaînettes, ou se groupant ensemble de la manière la plus gracieuse. Des petits génies dans toutes les postures se jouent parmi des pierres précieuses, des pâtes de verre ou des émaux dont la couleur est d'une délicatesse exquise.

Les scarabées étaient très employés dans la bijouterie

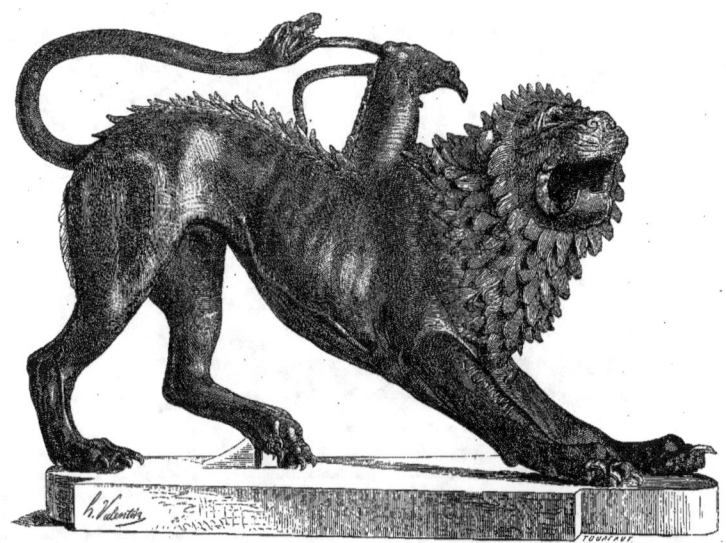

CHIMÈRE ÉTRUSQUE, BRONZE. — MUSÉE DE FLORENCE.

étrusque, principalement pour les chatons de bague. Bien que ce type soit égyptien, il est probable qu'il n'avait pour les Étrusques aucune signification religieuse et qu'il ne faut voir dans ces objets qu'une mode importée de l'étranger, mais dépourvue de toute idée symbolique. Presque toutes les bagues sont accompagnées d'un chaton plus ou moins saillant, de forme variable et décoré d'ornements divers. Quelquefois cependant le chaton est remplacé par un simple élargissement de l'anneau : il y en a un certain nombre qui portent un nom ou des initiales gravées en creux, et qui ont très probablement servi de cachet. Les cachets étaient d'une grande utilité dans les sociétés primitives où l'usage des serrures était encore peu répandu.

Les bracelets sont en général d'un travail assez simple et ils offrent cette particularité qu'ils ne portent presque jamais les pierres fines et les pâtes de verre, qu'on employait au contraire à profusion dans les colliers, dans les diadèmes et dans les pendants d'oreille. Ils sont ordinairement formés soit de petites bandes et de plaques d'or réunies, soit de fils d'or tournés en manière de corde : quelquefois aussi ils imitent les enroulements du serpent.

ROMAINS

Quand on parle de l'art chez les Romains, il s'agit toujours de l'époque impériale, car avant cette époque il y a des ouvrages de style étrusque ou de style grec, mais l'art romain n'est en réalité qu'une continuation, ou, si l'on veut, une transformation de ce qui s'était fait précédemment. De très belles statues de bronze, de superbes bustes, et une quantité de statuettes représentant des divinités ou des personnages de tout genre caractérisent cette période qui fut très brillante jusqu'à l'arrivée des princes syriens, où commence la décadence qui est complète sous Constantin. On a fait en métal des colosses de grandeur inusitée comme cette statue de Néron, œuvre du sculpteur gaulois Zénodore, qui ne mesurait pas moins de 35 mètres de hauteur. L'usage des apothéoses fait que les artistes, qui appartiennent pour la plupart à la nationalité grecque, associent souvent le portrait d'un personnage avec le dieu auquel il est assimilé : c'est pour cela que les empereurs sont souvent représentés tout nus, ou avec les attributs d'une divinité. Pendant toute la période impériale, on fit des meubles éclatants formés de métaux précieux, et les récits des écrivains prouvent des habitudes inouïes de luxe. Malheureusement, il ne nous reste rien, ou presque rien, pour appuyer ces descriptions, et la valeur intrinsèque de la matière première employée pour les objets mobiliers en a amené la destruction complète et inévitable.

Parmi les pièces rarissimes de l'orfèvrerie romaine, il faut citer celles qui composaient le trésor découvert à Hildesheim en 1868 et qui sont maintenant au musée de Berlin. M. Christofle en a fait d'excellentes reproductions en galvanoplastie : elles sont exposées dans une des salles du rez-de-chaussée du musée de Cluny. Elles appartiennent comme fabrication à des époques très différentes, mais leur enfouissement doit avoir eu lieu à l'époque des grandes invasions barbares.

La pièce la plus importante du trésor de Hildesheim est la jolie coupe au fond de laquelle une figure de Minerve se détache avec un relief extrêmement prononcé. La déesse, coiffée d'un casque à triple aigrette, et vêtue d'une longue tunique, est représentée assise et sous l'apparence pacifique de la protectrice des arts utiles. Tandis qu'elle porte son bouclier sous le bras gauche, sa main droite repose sur un bâton recourbé dans lequel on a reconnu l'araire primitive. Plusieurs traditions mythologiques attribuent en effet à Minerve l'invention de cet outil, qui fut en usage chez les plus anciens agriculteurs. La chouette, l'oiseau

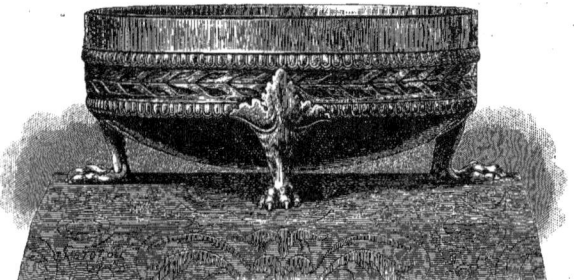

COUPE DU TRÉSOR DE HILDESHEIM (REPRODUITE PAR M. CHRISTOFLE).

favori de la déesse, est placée en face d'elle, sur un rocher, avec une couronne d'olivier, l'arbre précieux dont elle a doté l'Attique. Cette gracieuse composition est encadrée dans une élégante bordure de palmettes dont la sobriété de relief contraste avec la saillie très prononcée de la figure.

Cette saillie excessive est un des caractères de l'orfèvrerie romaine, mais la pureté du style annonce une bonne époque, où l'influence du goût grec était encore prépondérante, et les archéologues font remonter la date de cette coupe au siècle d'Auguste, sinon aux derniers temps de la République.

Le système de polychromie qui a prévalu dans tous les arts de l'antiquité se retrouve ici. Ainsi les draperies sont dorées, tandis que l'argent a été réservé dans les chairs et sur le fond. Les palmettes si légères qui décorent l'encadrement s'enlèvent aussi en or sur de l'argent mat. Cette alliance de tons produit le plus heureux effet, et elle paraît avoir été habituelle aux ciseleurs de l'antiquité. Pline assure que les ciseleurs célèbres négligeaient l'or pour travailler l'argent ; il serait peut-être plus exact de dire qu'ils associaient volontiers les deux métaux, mais en faisant prédominer l'argent et en employant l'or pour rehausser certaines parties par une teinte différente.

Une autre patère, qui semble d'une époque postérieure à celle qui contient la Minerve, et qui est d'un style moins pur, quoique d'une facture singulièrement robuste, nous montre un buste d'Hercule enfant, dont la saillie forme une ronde bosse complète. Le jeune héros écrase avec une force inconsciente et satisfaite les deux serpents, que la jalouse Junon a envoyés dans son berceau. Le besoin de rattacher tout à un souvenir historique a fait croire à des archéologues allemands que le musée de Berlin avait en sa possession la coupe offerte à l'acteur Roscius, dont il est question dans Cicéron, et qui représentait le même sujet. Mais le style de la coupe ne permet pas d'y voir une œuvre du temps de la République. La tête de l'enfant est au surplus d'un caractère tellement individuel qu'il est difficile de n'y pas voir un portrait.

Un grand cratère, en forme de cloche, est surtout remarquable par cette ornementation délicate et pleine de fantaisie, que les artistes de la Renaissance ont souvent empruntée à l'antiquité, et dont ils ont tiré un si heureux parti. La base du cratère est ornée de deux griffons affrontés d'où partent des tiges d'une extrême ténuité, qui s'enroulent tout autour du vase et s'épanouissent en fleurs et en feuillage. Sur ces tiges se jouent des petits enfants qui tiennent des tridents et poursuivent des crevettes ou des poissons, ou bien se reposent délicatement en embrassant la tige dans leurs petits bras. Il y a une parenté évidente entre cette décoration et celle des bains de Titus, dont Jean d'Udine a fait un si merveilleux emploi pour les peintures ornementales du Vatican. Cette troupe de génies enfantins qui se marient aux arabesques, les rinceaux ciselés qui courent sur la panse du vase et l'enveloppent comme dans un filet, sont d'un goût exquis, dont certaines cuirasses italiennes de la Renaissance rappellent la finesse et la légèreté.

Parmi les artistes qui s'étaient acquis une grande réputation en ciselant l'argent, Pline cite Pythéas et Acragas. Pythéas avait représenté sur un vase l'*Enlèvement du Palladium* et Acragas une composition sur *les Bacchantes et les Centaures*. Ces deux vases avaient une très grande célébrité : on croit en avoir une répétition dans deux très beaux vases qui faisaient partie du trésor de Bernay, et sont au cabinet des médailles de la Bibliothèque nationale. On sait en effet que dans l'antiquité une œuvre

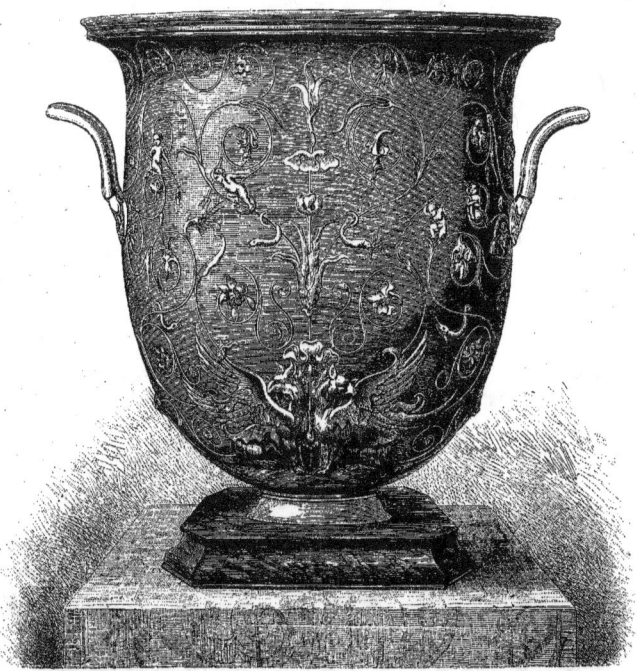

GRAND CRATÈRE DU TRÉSOR DE HILDESHEIM (REPRODUIT PAR M. CHRISTOFLE).

fameuse servait toujours de modèle à une foule d'artistes qui en faisaient des reproductions qu'ils livraient au commerce. C'est par suite de cet usage qu'on voit très souvent la même statue dans plusieurs musées. Le hasard qui a fait découvrir, près de Bernay, le trésor d'un temple de Mercure, a doté notre collection de plusieurs admirables pièces de style grec. Outre les deux vases dont nous avons parlé, qui sont des canthares bachiques, il y a deux autres superbes vases se faisant pendant et qui appartiennent à la classe des œnochés. Ils sont pourvus d'une seule anse, qui dépasse leur col allongé, et est séparée de la panse par une petite rangée d'oves et d'annelets ciselés dans la masse. Le pied est orné de fleurons et la panse est décorée de sujets empruntés à la guerre de Troie. Le premier, qui ne compte pas

moins de vingt-quatre figures, représente sur une de ses faces *Achille pleurant sur le corps de Patrocle* et sur l'autre le *Rachat du corps d'Hector*. Le second vase, qui compte vingt et une figures, représente d'un côté *Achille traînant le corps de Patrocle* et de l'autre la *Mort d'Achille*. Ils ont conservé des traces de dorure, et on voit que les vêtements et les accessoires, suivant un usage fréquent dans l'orfèvrerie antique, ont dû être entièrement dorés, tandis que les figures conservaient la couleur naturelle de l'argent.

« Les procédés de fabrication des monuments de Bernay, dit le catalogue du Cabinet des médailles, méritent de fixer l'attention ; à l'exception de quelques anses des ustensiles et de parties accessoires, rien n'a été fondu ; tout a été fait au marteau et ciselé ensuite par-dessus le repoussé, que les Grecs nommaient *sphyrélaton*. Les statues sont formées de plaques d'argent battu admirablement soudées; les vases sont exécutés de la même manière; il en est plusieurs qui offrent une particularité intéressante, c'est qu'ils sont doublés d'une sorte de cuvette mobile d'argent massif, travaillée aussi au marteau, qui contenait le liquide et servait à donner du corps à la partie extérieure, laquelle consistait en une plaque d'argent très mince, travaillée au repoussé et offrant par conséquent, en relief, les sujets dont l'artiste voulait décorer le vase. Quant aux patères ou coupes plates,

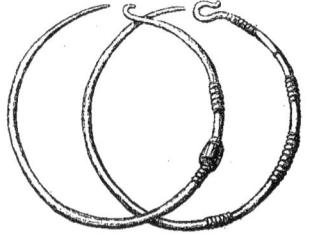

BOUCLES D'OREILLES.

elles sont presque toutes décorées d'*emblemata* mobiles, que l'on a trouvés détachés des patères auxquelles ils appartenaient et qu'on a replacés en y exécutant d'indispensables et prudentes restaurations. Le retentissement des découvertes des monuments d'argent prouve leur excessive rareté; je ne terminerai pas cette note sans rappeler ce que nous dit Pline de la passion des anciens pour les vases d'argent décorés de sculptures. L'encyclopédiste romain qui nous a fait connaître les plus célèbres artistes qui s'adonnèrent à cette *spécialité*, il faut bien employer le mot

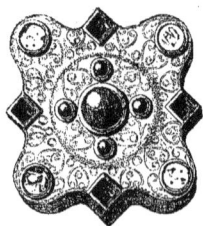

BIJOU ANTIQUE.

puisque la chose existait, s'étonnait que personne ne se fût illustré à ciseler sur or, tandis que tant d'artistes étaient devenus célèbres en ciselant l'argent. »

Ces pièces et quelques autres qui sont disséminées dans les musées d'Europe et notamment dans celui de Naples, constituent à peu près tout ce que nous connaissons de l'orfèvrerie romaine. Encore est-il bon de noter que quelques-unes d'entre elles, comme la Minerve de Hildesheim et les vases de Bernay, sont évidemment de style grec, bien que l'exécution puisse être de travail romain. Dans la bijouterie d'argent, nous connaissons quelques belles boucles décorées de charmants petits bas-reliefs. La bijouterie d'or est assez riche, notamment en bracelets : ce bijou, qui n'avait chez les Grecs qu'une importance assez restreinte, en a pris au contraire une énorme chez les Romains.

Les Romains des premiers temps ne portaient pas de bagues en métal précieux, mais ils se sont amplement dédommagés par

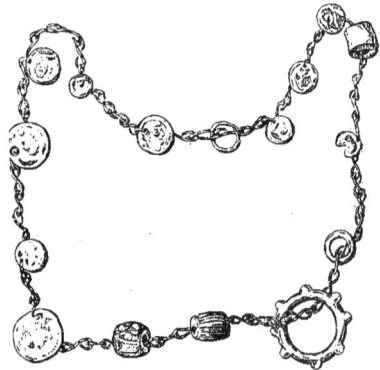

CHAINE AVEC DES MONNAIES DE MAXENCE.

la suite; on en mettait à tous les doigts. On reconnaît les bagues nuptiales au sujet qu'elles représentent et qui est généralement tiré de la jolie légende de l'Amour et Psyché. Celles où l'on voit des animaux féroces, ou des chars, passent pour avoir appartenu à des gladiateurs ou à des cochers du cirque. Mais ce sont là des

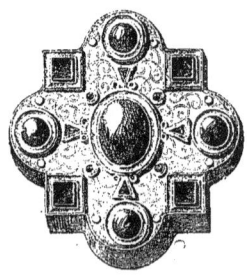

BIJOU ANTIQUE.

suppositions dont il serait difficile de démontrer l'exactitude absolue.

Les épingles à cheveux avaient dans la toilette des dames romaines un rôle extrêmement important. Elles en portaient souvent un nombre considérable, et la forme en était très variée. L'extrémité supérieure était quelquefois percée d'un trou dans lequel on passait le lacet destiné à séparer les cheveux qu'on arrangeait en tresses derrière la tête de ceux de devant l'on portait habituellement frisés. Les épingles servaient aussi à maintenir l'échafaudage souvent très compliqué de la coiffure.

La numismatique romaine comprend les monnaies consulaires et les monnaies impériales. Un très grand intérêt historique s'attache aux monnaies consulaires, mais la plus belle période de l'art monétaire est celle qui s'étend depuis Auguste jusqu'aux princes syriens. C'est surtout dans les grands médaillons, qui ne paraissent pas avoir été mis dans la circulation avec une valeur légale, qu'on admire la perfection du travail et de la composition gravée au revers. Les médaillons d'Antonin, Galba, Vitellius, sont comparables aux plus grands chefs-d'œuvre de la sculpture. A partir de Septime Sévère, le profil s'amaigrit, le dessin devient sec et incorrect, et on arrive presque subitement à une décadence, qui apparaît au même moment dans toutes les branches de l'art.

Avant de quitter l'antiquité, il serait peut-être bon de dire quelques mots des méthodes employées pour l'extraction des

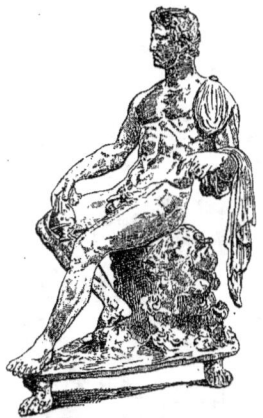

MERCURE EN BRONZE.

métaux. Diodore de Sicile nous fournit quelques renseignements curieux sur les ouvriers employés au travail des mines.

« Les montagnes nommées Pyrénées, dit-il, surpassent les autres par leur hauteur et leur étendue; séparant les Gaules de l'Ibérie et de la Celtibérie, elles s'étendent de la mer du midi à l'Océan septentrional, dans un espace de trois mille stades. Autrefois elles étaient en grande partie couvertes de bois épais et touffus; mais elles furent, dit-on, incendiées par quelques pâtres qui y avaient mis le feu. L'incendie ayant duré continuellement pendant un grand nombre de jours, la superficie de la terre fut brûlée, et c'est de là que l'on a donné à ces montagnes le nom de Pyrénées. La combustion du sol fit fondre des masses de minerai d'argent, et produisit de nombreux ruisseaux d'argent pur. Ignorant l'usage de ce métal, les indigènes le vendirent en échange d'autres marchandises de peu de prix, aux marchands phéniciens instruits de cet événement. Important cet argent en Asie, en Grèce et chez d'autres nations, ils gagnèrent d'immenses richesses. La cupidité de ces marchands fut telle, que leurs navires étant déjà chargés, ils coupèrent le plomb de leurs ancres,

et y substituèrent l'argent qui s'y trouvait encore en abondance. Les Phéniciens continuèrent longtemps ce commerce, et devinrent si puissants, qu'ils envoyèrent de nombreuses colonies dans la Sicile et les îles voisines, ainsi que dans la Libye, la Sardaigne et l'Ibérie. Longtemps après, les Ibériens, ayant appris les propriétés de l'argent, exploitèrent des mines considérables. Presque tout l'argent qu'ils en retirèrent était très pur et leur procura de grands revenus. Nous allons faire connaître la manière dont les Ibériens exploitent ces mines.

« Les mines de cuivre, d'or, d'argent, sont merveilleusement productives. Ceux qui exploitent les mines de cuivre retirent du minerai brut le quart de son poids de métal pur. Quelques-uns extraient des mines d'argent dans l'espace de trois jours un talent euboïque. Le minerai est plein de paillettes compactes et brillantes. Aussi faut-il admirer à la fois la richesse de la nature et l'adresse des hommes. Les particuliers se livraient d'abord avec ardeur à l'exploitation des mines d'argent, dont l'abondance et la facilité d'exploitation procuraient de grandes richesses. Mais lorsque les Romains eurent conquis l'Ibérie, ces mines furent envahies par une tourbe d'Italiens cupides, qui se sont beaucoup enrichis. Ces industriels achètent des troupeaux d'esclaves, et les livrent aux chefs des travaux métallurgiques. Ceux-ci, leur faisant creuser le sol en différents points, mettent à découvert des filons d'or et d'argent. Les fouilles s'étendent aussi bien en longueur qu'en profondeur; ces galeries ont plusieurs stades d'étendue. C'est de ces galeries longues, profondes et tortueuses que les spéculateurs tirent leurs trésors. Si l'on compare ces mines avec celles de l'Attique on trouvera une grande différence. Là, à d'énormes travaux on ajoute beaucoup de dépenses, quelquefois, au lieu d'en tirer le profit qu'on espérait, on y perd ce que l'on avait. Au contraire, les exploiteurs des mines d'Espagne ne voient jamais leurs espérances et leurs efforts trompés; s'ils rencontrent bien dès le commencement de leurs travaux, ils découvrent à chaque pas de nouveaux filons d'or et d'argent. Toute la terre des environs n'est qu'un tissu de ramifications métalliques. Les mineurs trouvent quelquefois des fleuves souterrains, dont ils diminuent le courant rapide en les détournant dans des fossés, et la soif inextinguible de l'or les fait venir à bout de leurs entreprises. Ce qu'il y a de plus étonnant, c'est qu'ils épuisent entièrement les eaux au moyen des vis égyptiennes qu'Archimède de Syracuse inventa pendant son voyage en Égypte. Ils les élèvent ainsi successivement jusqu'à l'ouverture de la mine, et, ayant desséché les galeries, ils y travaillent à leur aise. Cette machine est si ingénieusement construite que par son moyen on ferait écouler d'énormes masses d'eau et on tirerait aisément un fleuve entier des profondeurs de la terre à sa surface. Les ouvriers qui travaillent dans les mines rapportent donc à leurs maîtres d'énormes revenus. Ces malheureux, occupés nuit et jour dans les galeries souterraines, épuisent leurs forces et meurent en grand nombre d'un excès de misère. On ne leur donne aucun répit; les chefs les contraignent par des coups à supporter leur infortune, jusqu'à ce qu'ils expirent misérablement. Quelques-uns, dont le corps est plus robuste et l'âme plus fortement trempée, traînent longtemps leur malheureuse existence; cependant l'excès des maux qu'ils endurent leur doit faire préférer la mort.

« Parmi les nombreuses particularités de ces mines, on remarque comme un fait curieux qu'il n'y en a aucune dont l'exploitation soit récente : toutes ces mines ont été ouvertes par l'avarice des Carthaginois, à l'époque où ils étaient maîtres de l'Ibérie. C'était là la source de leur puissance; c'était de là qu'ils tiraient l'argent pour solder les puissantes et nombreuses armées dont ils se servaient dans toutes leurs guerres. On trouve aussi de l'étain en plusieurs endroits de l'Ibérie, non pas à la surface du sol, comme quelques historiens l'ont prétendu, mais dans des mines d'où on le retire pour le faire fondre comme l'argent et l'or. Les plus riches mines d'étain sont dans les îles de l'Océan en face de l'Ibérie et au-dessus de la Lusitanie, et nommées pour cette raison les îles Cassitérides. On fait aussi passer beaucoup d'étain de l'île Britannique, située en face de la Gaule; les marchands le chargent sur des chevaux et le transportent à travers l'intérieur de la Celtique jusqu'à Marseille et à Narbonne. Cette dernière ville est une colonie des Romains; en raison de sa situation et de son opulence, elle est le plus important entrepôt de cette contrée. »

III

LE MÉTAL

PENDANT LE MOYEN AGE.

BYZANTINS

Héritiers naturels des Grecs et des Romains, les Byzantins, qui mettaient leur travail au service d'un culte nouveau, durent transformer du tout au tout les traditions qu'ils avaient reçues. Toutes les églises recevaient de la munificence des empereurs, ou des personnages de leur suite, de magnifiques présents en orfèvrerie, mais les vases sacrés n'étaient plus les mêmes qu'autrefois, et il fallait, pour tous les objets du culte, abandonner les anciens types pour se conformer à ceux que la liturgie commandait. Il fallait maintenant des châsses, des croix, des calices, et sur les objets qui appartiennent à tous les temps, comme les lampes ou les candélabres, il fallait substituer les symboles chrétiens aux anciennes décorations puisées dans les légendes païennes. Mais, en dehors même des transformations nécessitées par l'usage même des objets, il s'était opéré dans le goût public un changement radical, sous l'influence des idées orientales devenues prédominantes.

Pour les anciens Grecs, la forme primait tout le reste, et la première qualité qu'on demandait à un bijou aussi bien qu'à une statue, c'était la grâce et la délicatesse du contour. Aussi le métal, qu'on coule, qu'on frappe, qu'on coupe, qu'on cisèle à volonté, auquel l'artiste peut donner toutes les formes qui se présentent à son esprit, faisait-il tous les frais de l'orfèvrerie et de la bijouterie. Quand les perles ou les pierres précieuses apparaissaient, c'était d'une façon modeste et à titre accessoire. Le contraire arriva chez les Byzantins : sacrifiant tout à l'éclat et au brio de la couleur, recherchant par-dessus toute chose la diversité en même temps que l'harmonie des teintes, ils firent des pierres précieuses l'objet principal et employèrent le métal pour les faire valoir en leur servant de repoussoir. Non seulement les perles fines, les camées, les pierres de toutes couleurs furent employés à profusion, mais on incrusta dans le métal des pâtes de verres colorées, et l'émail, que les anciens n'avaient pas connu, devint une des parties les plus importantes de l'orfèvrerie byzantine. L'emploi de l'émail paraît être une importation de l'extrême Orient, où il a été employé dès une haute antiquité. Dans tous les cas, le procédé des Byzantins ne diffère pas essentiellement de celui des Chinois. Il consiste à appliquer sur la surface du métal une matière vitreuse qu'on fixe par la fusion et qui s'y maintient par un léger cloisonnage métallique. Ces petites cloisons ont pour but d'accuser nettement les traits du dessin, en même temps qu'elles relient les couleurs diverses dans une harmonie charmante. Les couleurs de l'émail sont généralement translucides et ont la propriété d'être inaltérables. Selon M. Labarte, c'est au temps de Justinien, c'est-à-dire au vi[e] siècle de notre ère, que l'emploi de l'émail a commencé à Byzance.

Quoique l'orfèvrerie byzantine soit surtout religieuse, elle s'est appliquée également à tous les usages de la vie civile. Constantin est le premier empereur qui ait porté des pierreries et des perles sur sa couronne, et ses successeurs y ajoutèrent des pendeloques en pierres fines, que des petites chaînettes rattachaient au diadème d'or. Au lieu de la toge que les empereurs romains avaient toujours portée comme costume civil, les Byzantins adoptèrent la robe de soie tissée d'or et ruisselante de pierres précieuses. Avec de telles mœurs, que toute la partie opulente de la nation suivait avec empressement, on comprend que la profession d'orfèvre ait pu être très lucrative à Constantinople, et que saint Jean Chrysostome se soit plaint que l'attention publique fût tout à fait captivée par ces futilités. Cette passion, du reste, était générale à cette époque et les objets byzantins s'exportaient partout.

Les statues de bronze étaient devenues tellement communes que, pour se distinguer, les membres de la famille impériale faisaient souvent faire la leur en argent. Au reste, les descriptions données par les écrivains byzantins sur le luxe des appartements impériaux sont tellement pompeuses que l'on aurait peine à y croire, si l'on ne savait qu'à cette époque tous les trésors de l'univers étaient en quelque sorte concentrés à Constantinople. Il faut ajouter que toute l'Europe étant à cette époque sous la domination des barbares, les Byzantins, qui avaient à peu près seuls une industrie florissante, en tiraient un profit considérable et suffisaient à satisfaire les besoins des peuples étrangers.

L'emploi fréquent de l'émail et du filigrane a été de tout temps un des traits distinctifs du style byzantin. Une croix qui faisait partie des collections de San Donato nous paraît marquer la

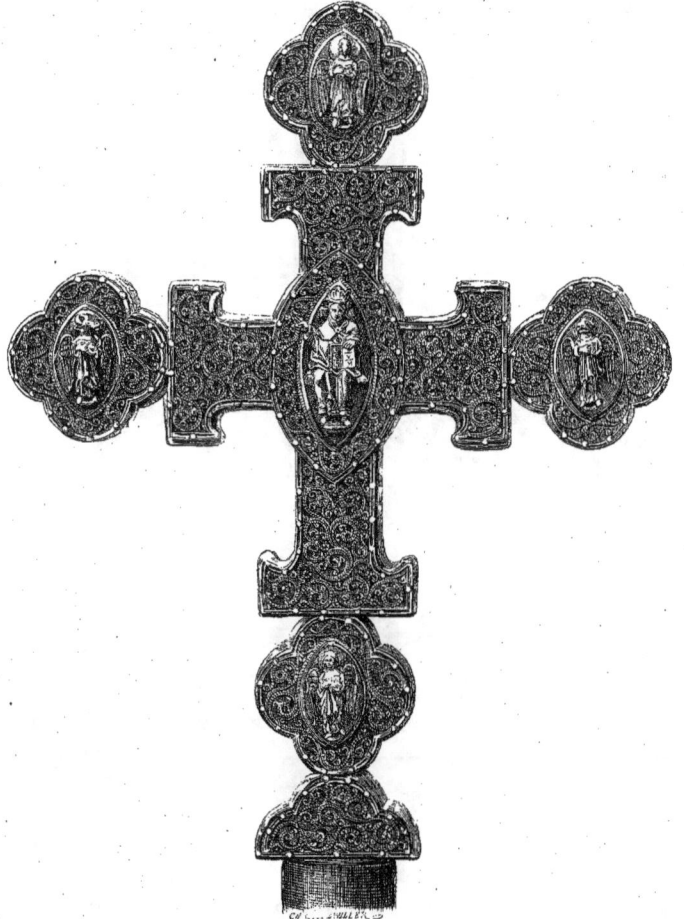

CROIX EN FILIGRANE D'ARGENT. — TRAVAIL BYZANTIN.

fin de cet art, qui garda jusqu'au bout ses traditions ornementales mais qui cessa d'être lui-même le jour où les orfèvres, suivant le courant général qui entraînait tous les artistes vers l'observation de la nature, s'avisèrent de vouloir donner quelque souplesse à leurs figures. La croix dont nous parlons est en argent repoussé, gravé et orné d'émaux translucides, et le Christ et les personnages qui en décorent les quatre extrémités se ressentent déjà tellement des recherches de la Renaissance, qu'on est tenté de les croire d'une époque postérieure à la croix sur laquelle ils se détachent.

ITALIE

Le changement de culte qui signala la dernière période de l'histoire romaine devait amener une transformation complète dans tous les arts. Au point de vue technique, les procédés que les Romains avaient employés pour le travail des métaux continuèrent à être pratiqués par les ouvriers chrétiens, et le changement ne se fit sentir que dans la forme et la décoration des objets employés. Des candélabres, des lustres, des lampes en cuivre ou en bronze, ornèrent les églises chrétiennes comme ils avaient orné les temples païens. Dès que les chrétiens se sentirent

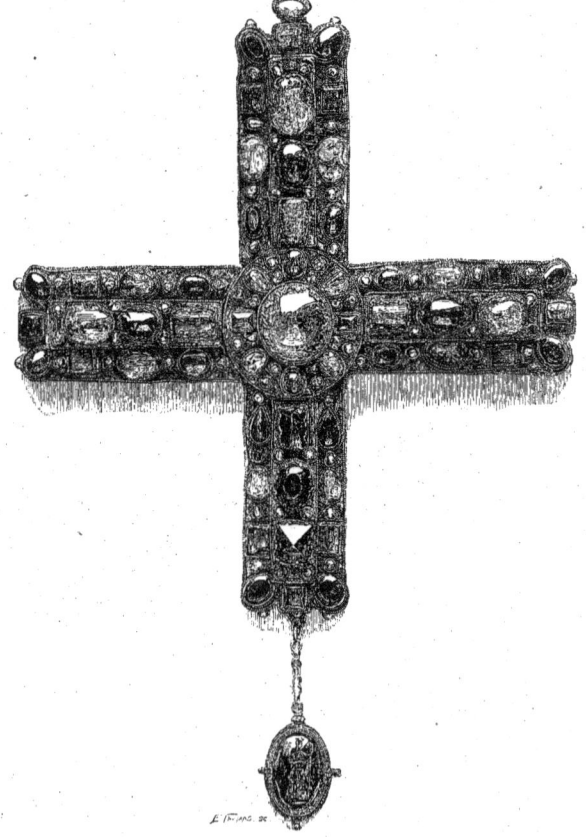

CROIX DE BÉRENGER Iᵉʳ, EN OR ET PIERRES PRÉCIEUSES. — TRAVAIL DU IXᵉ SIÈCLE.

maîtres de la situation, ils apportèrent dans la décoration de leurs édifices religieux un luxe qui contraste avec la simplicité de l'époque précédente. La libéralité des empereurs, les richesses et la haute position des néophytes, la piété des fidèles, contribuaient également à développer ces magnificences.

Anastase le bibliothécaire a fait une histoire des papes où il décrit les libéralités de Constantin à l'égard des églises. Il cite entre autres dix-huit statues en argent massif, savoir : « le Sauveur assis, pesant cent vingt livres ; les douze apôtres, pesant chacun quatre-vingt-dix livres ; quatre anges, pesant chacun cent vingt livres, avec des pierres précieuses en guise d'yeux ; une lampe d'or avec cinquante dauphins pesant avec sa chaîne vingt-cinq livres... » On voit que les œuvres d'art s'estimaient alors suivant leur poids : la valeur du métal était la seule chose qui fût appréciée. L'art était en effet tombé au dernier degré de la décadence. Les peintures des catacombes, quelques sarcophages, les monnaies des derniers empereurs et celles des premiers rois barbares, attestent la grossièreté du goût pour ce qui concerne la forme et l'ornement. Depuis Constantin, la vie était en quelque sorte passée de Rome à Byzance, et tandis que le style byzantin se formait en Orient, l'Italie et tout l'Occident, vivant sur des traditions qu'on ne comprenait plus, et qui ne trouvaient pas dans ces temps de désordre extrême la tranquillité nécessaire pour se renouveler, ne conservaient du passé qu'un souvenir vague des procédés, sans que l'inspiration pût leur donner la vie. Aussi, quand nous lisons les descriptions pompeuses du temps, y voyons-nous la preuve d'un très grand luxe déployé dans les églises, mais nulle part la trace d'un style personnel et caractéristique.

Les trésors amoncelés dans les édifices religieux étaient une tentation permanente pour les barbares qui de toutes parts envahissaient l'Italie, aussi les églises ont-elles été plusieurs fois dévastées, notamment par les Vandales de Genséric, qui, dans le sac de Rome, n'épargnèrent rien. Des faits semblables se renouvelaient sans cesse dans les villes de l'Italie. Il est vrai que les barbares se convertissaient facilement, en sorte que leur piété rendait assez vite l'équivalent de ce que leur rapacité avait enlevé. Les églises pillées renouvelaient assez facilement leurs richesses, mais les objets d'art disparaissaient pour être remplacés par d'autres plus grossiers. Les palais n'étaient pas moins pillés que les églises; cependant les envahisseurs ne tardaient pas à vouloir jouir de leur conquête et vivre dans l'opulence, en sorte que le mobilier civil se renouvelait aussi promptement que le mobilier religieux et dans les mêmes conditions. En somme, il ne semble pas que le travail des objets de luxe en métal ait cessé un seul moment en Italie pendant les invasions, et les ouvriers

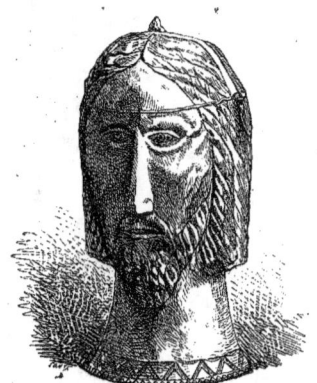

TÊTE DE CHRIST, RELIQUAIRE DE CUIVRE DORÉ, A PORDENONE.

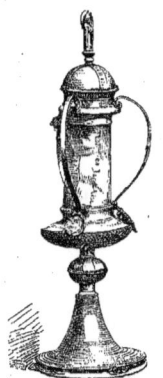

RELIQUAIRE.

qui le pratiquaient étaient peut-être les moins malheureux parmi les artisans de ce triste temps. La rareté excessive des objets se rattachant à cette époque provient des destructions sans cesse renouvelées, et leur faiblesse atteste le peu d'habileté de ceux qui les faisaient.

Théodoric, roi des Ostrogoths, paraît avoir eu conscience de l'abaissement de l'art et avoir voulu le relever. Mais les guerres de Bélisaire et de Narsès, les invasions successives des Francs, des Alamans et des Lombards, ne laissèrent aucun moment de répit à la malheureuse Italie. Quelques-unes des pièces du trésor de Monza passent pour avoir appartenu à Théodelinde, reine des Lombards, mais la plupart sont d'une époque postérieure à Charlemagne. Celles-ci au reste ont un caractère byzantin tellement prononcé, qu'on peut douter qu'elles aient été faites en Italie; il semble même qu'elles y aient été importées. Les plus importantes sont une croix pectorale, une couverture d'évangéliaire, des amulettes d'or, et la fameuse couronne connue sous le nom de *couronne de fer*; celle-ci est en or, et son nom vient uniquement d'un cercle de fer placé à l'intérieur. Le célèbre retable de Saint-Marc de Venise, qu'on appelle la *Pala d'Oro*, a été très certainement commandé à des orfèvres de Constantinople. La part qui revient dans tout ceci aux artistes natifs d'Italie paraît assez mince. On sait pourtant que les moines du Mont-Cassin travaillaient l'or et l'argent; on sait aussi que les artistes byzantins, chassés avec fureur par les iconoclastes, arrivèrent en foule en Italie où ils durent former des élèves. Le beau parement d'autel de l'église de Saint-Ambroise, à Milan, le *paliotto*, paraît d'origine byzantine, mais il est impossible de savoir si les mains qui l'ont si délicatement travaillé étaient grecques ou italiennes.

Un reliquaire conservé dans l'église Saint-Marc, à Pordenone, se rattache aussi à l'orfèvrerie italienne. Il est en cuivre doré et présente la forme d'une tête de Christ, avec une extrême barbarie d'exécution. Le travail est encore de style byzantin, mais il est difficile de lui assigner une date positive, car jusqu'au XIIe siècle les types offrent une grande uniformité et en même temps une telle barbarie, qu'il est impossible de les classer. Ce Christ est analogue à ceux que l'on rencontre dans le Frioul, et dans quelques parties de l'Italie septentrionale. Un autre reliquaire, appartenant à la même église, mais qui peut être d'une date un peu postérieure, montre une plus grande connaissance pratique du travail du métal, et il a en outre cet avantage énorme que, ne portant pas de figure humaine, la représentation en paraît nécessairement moins grossière.

Pendant toute la première partie du moyen âge, l'art avait été comme ballotté entre deux tendances contradictoires. D'une part, les Byzantins, dont l'industrie était beaucoup plus avancée que celle des autres nations, répandaient à profusion leurs produits en Italie, et, au temps de la guerre des iconoclastes, leurs artistes vinrent en foule s'y établir. D'autre part, les vieilles traditions latines étaient restées, malgré tout, très vivaces dans le pays, et le style latin dégénéré persistait en face des innovations byzantines, sans progresser, sans se transformer en rien, et faisant toujours acte, sinon d'activité, au moins d'existence. L'art ogival, qui s'était développé dans le nord, n'avait eu que peu de prise sur l'Italie, et, quand on vit apparaître les premières lueurs de la Renaissance, le pays se trouvait encore dans la situation que nous venons de dépeindre.

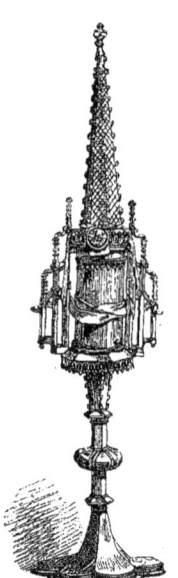
RELIQUAIRE DU XIVᵉ SIÈCLE.

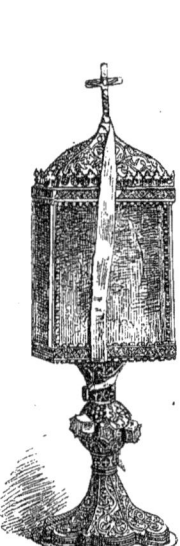
RELIQUAIRE DU XIVᵉ SIÈCLE.

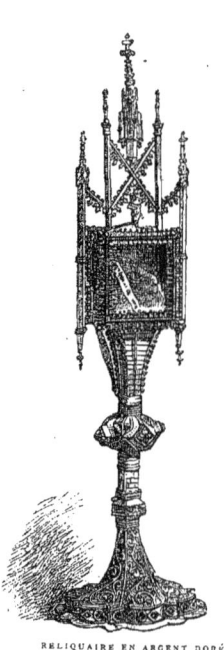
RELIQUAIRE EN ARGENT DORÉ.
XVᵉ SIÈCLE.

Le Mont-Cassin, dont l'abbaye était une des plus riches de l'Italie, formait en même temps un vaste laboratoire d'orfèvrerie religieuse, dans lequel, tout en faisant de temps à autre des ouvrages de style byzantin, on ne cessa jamais de pratiquer les méthodes purement italiennes. L'abbaye du Mont-Cassin, située près de Naples, représente surtout la fabrication de l'Italie méridionale. A Venise, c'est au contraire le style byzantin qui a dominé à peu près exclusivement pendant tout le moyen âge. Enfin les influences septentrionales se sont fait sentir, quoique d'une manière restreinte, dans la Lombardie, principalement à Milan et à Vérone. Les reliquaires conservés en Italie nous offrent des échantillons de ces diverses manières.

Les reliquaires forment à cette époque la plus grande partie des objets fabriqués par des orfèvres. Le reliquaire portatif affecte des formes très diverses, il s'allonge, s'étend, se modèle comme une cire obéissante. Il offre, tantôt l'image d'une chapelle ou d'un château, tantôt celle d'une coupe ou d'un vase, et plus souvent encore il réunit les deux types en une seule pièce, les tourelles et les clochetons s'ajustent sur le pied d'un vase. Des figures de saints ou d'anges, des fleurs, des fruits, des ornements de tout genre, ciselés souvent avec une grande délicatesse, en décorent toutes les parties.

Le mouvement d'idées d'où est sorti le style de la Renaissance a pris son premier développement dans l'Italie centrale. Sienne, Pise et Florence en ont été les principaux foyers. Comme à cette époque on ne connaissait pas encore la distinction que l'on a voulu établir depuis, entre l'art et l'industrie, tout sculpteur était orfèvre en même temps, et tout orfèvre se chargeait volontiers de faire une statue quand l'occasion s'en présentait. Il y avait des artistes qui exerçaient plus volontiers leur talent sur de petits ouvrages, et d'autres qui préféraient en exécuter de grands, mais tous indistinctement se pliaient aux commandes qui leur étaient faites, et faisaient au besoin marcher de front, suivant la mesure de leur savoir, un bijou de la dimension la plus exiguë, et un groupe monumental destiné à la décoration d'une place publique. Il en résulta un grand bien pour l'art, car les grandes statues montrent toutes les délicatesses qu'on exige d'un objet portatif, et les petits ouvrages sont traités avec la largeur que donne l'habitude des grands travaux. Il résulte aussi de cette nécessité où l'on était d'universaliser en quelque sorte ses études, que l'histoire de l'orfèvrerie ne se distingue pas de celle de la statuaire, et que les mêmes noms d'artistes se représentent quand on parle de l'une ou de l'autre de ces deux branches de l'art.

Le besoin d'assigner à toutes choses une date positive a fait regarder un bas-relief antique, encastré dans la cathédrale de Pise, comme étant le point de départ de toute la Renaissance italienne. Nicolas de Pise, sculpteur du XIIIe siècle, aurait, en voyant ce bas-relief qui représente la mort de Méléagre, conçu le projet de ramener l'art aux principes qui avaient guidé les sculpteurs de l'antiquité.

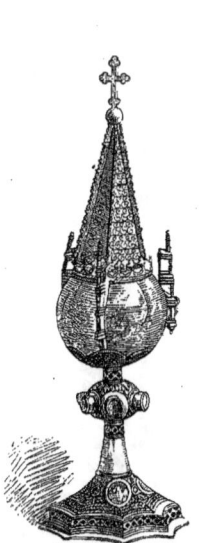

OSTENSOIR MONTÉ EN ARGENT DORÉ. — XVe SIÈCLE.

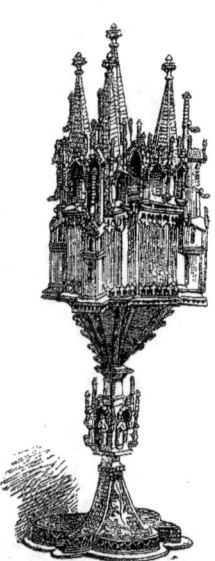

RELIQUAIRE DE SAINTE CROIX. XVe SIÈCLE.

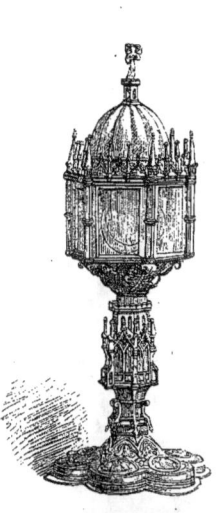

OSTENSOIR EN ARGENT DORÉ.

Je ne crois que d'une façon restreinte aux transformations subites du goût public et aux résolutions instantanées d'un artiste en quête de la voie qu'il doit suivre. Les transformations du goût public se font en général petit à petit, et un artiste n'adopte une manière de voir que par une série de réflexions qui se déduisent l'une de l'autre. Si on n'avait pas eu déjà le goût des ouvrages antiques, on n'aurait pas employé pour la décoration d'un monument nouveau, et il est permis de douter que Nicolas de Pise, seul parmi les sculpteurs de son temps, eût songé à les étudier pour se perfectionner dans son art. Seulement il a mieux su que les autres en profiter, et comme son nom est devenu illustre, on a concentré en lui tous les efforts d'un siècle dont il n'était que la plus haute expression.

Il ne nous est pas resté de pièces d'orfèvrerie de Nicolas de Pise, qui est surtout célèbre par ses sculptures monumentales; mais il avait associé à ses travaux son frère Jean de Pise qui s'acquit une grande réputation pour ses ouvrages en métal. Jean fut chargé en 1286 de faire pour la cathédrale d'Arezzo un parement d'autel en orfèvrerie dont la partie centrale représentait la Vierge; un bijou, que les inventaires du temps évaluent à trente mille florins, brillait sur la poitrine de cette Vierge, et les pierres précieuses enrichissaient en maint endroit ce précieux travail. Pour l'aider dans les nombreuses commandes qu'il recevait, l'artiste s'associa deux sculpteurs siennois, Agostino et Agnolo, et le sculpteur San Andrea. Ce groupe d'artistes forma une école qui fut la souche d'où sont sortis la plupart des maîtres qui ont donné l'impulsion à la grande Renaissance italienne. A Pise, à Sienne, à Florence, les artistes dans tous les genres se forment dans la boutique d'un orfèvre, et l'éducation qu'on y recevait était tellement solide, que non seulement les apprentis en sortaient capables de faire à volonté des statues ou des vases, des bijoux ou des médailles, mais encore un grand nombre d'entre eux ont pu joindre à leur titre d'orfèvre-sculpteur celui de peintre et même d'architecte.

Les ouvrages qui sont restés de cette époque sont assez nombreux, car l'Italie, qui n'a pas été déchirée comme la France par les guerres religieuses, a pu conserver intact le trésor de ses églises. Venise, Vérone, Milan, Monza, Pordenone, dans le nord de l'Italie ; Florence, Pise, Sienne, Pistoia, Arezzo, Pérouse, Orvieto, dans le centre, montrent avec orgueil d'admirables pièces d'orfèvrerie religieuse, se rattachant aux XIIe, XIIIe et XIVe siècles.

Les ouvrages de cette époque se ressentent un peu, comme style, du goût de la période précédente. Dans la figure humaine par exemple, les formes sont toujours osseuses, la barbe et les cheveux sont traités avec le plus grand soin et d'un travail souvent minutieux ; l'ensemble est généralement expressif, et l'exécution parfois maigrelette. Tous ces traits sont parfaitement caracté-

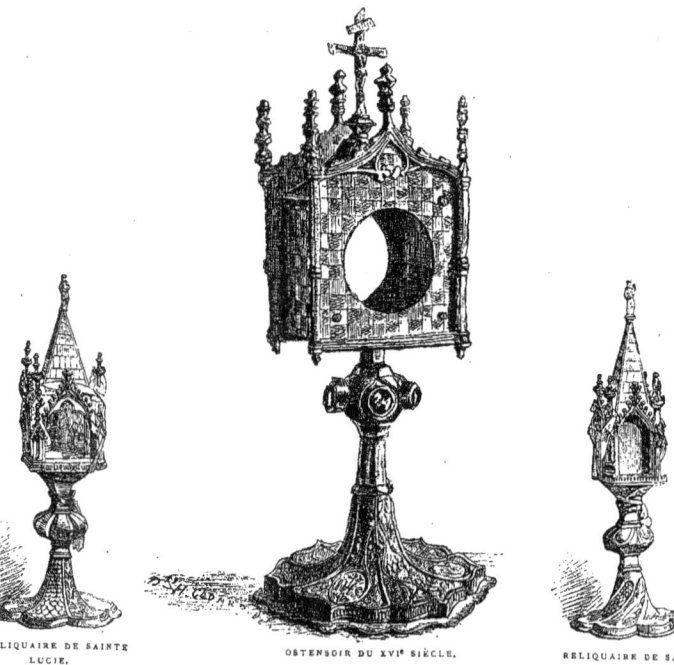

RELIQUAIRE DE SAINTE LUCIE. — OSTENSOIR DU XVIe SIÈCLE. — RELIQUAIRE DE SAINT JEAN-BAPTISTE.

risés dans un saint Jean-Baptiste en argent que possède le trésor de Monza, et qui date du XIVe siècle, ainsi que plusieurs autres ouvrages disséminés dans diverses églises d'Italie et se rattachant à la même époque. Les images du Christ se distinguent aussi par leur extrême maigreur ; leur visage ascétique et contracté par la douleur contraste avec la riche ornementation qui décore les crucifix et les pierres précieuses dont ils sont presque toujours ornés.

En dehors de l'orfèvrerie religieuse, on trouve en Italie peu de monuments d'or et d'argent se rattachant à la même période ; au milieu de guerres civiles continuelles, les familles les plus opulentes étaient souvent obligées de partir pour l'exil en cédant la place à la faction ennemie, et le creuset a été de tout temps un moyen commode pour réaliser des fonds en peu de temps.

Quand nous abordons le XVe siècle, nous nous trouvons en face des plus grands noms de la sculpture. C'est Donatello qui ouvre la série avec ses belles statues de bronze. Cet artiste était ce qu'on appellerait aujourd'hui réaliste, et une histoire de sa jeunesse, racontée par Vasari, laisse voir, à travers la naïveté du récit, les deux tendances qui dominaient alors parmi les artistes. Il s'agit d'un Christ que Donatello avait fait lorsqu'il n'était encore qu'apprenti. « Lorsqu'il l'eut achevé, dit Vasari, croyant avoir enfanté un chef-d'œuvre, il le montra à son ami Filippo Brunelleschi en le priant de dire ce qu'il en pensait. Filippo, qui, sur les paroles de Donatello, s'attendait à trouver quelque chose de mieux, ne put s'empêcher de sourire. Donatello s'en aperçut et le somma, au nom de l'amitié, de s'expliquer. Brunelleschi lui dit alors qu'il avait mis en croix un paysan, et non le

Christ, dont le corps fut le plus parfait que l'on vit jamais. Donatello, qui espérait recevoir des éloges, fut piqué de la vivacité de cette critique et s'écria : « Si tu savais qu'il est plus difficile d'agir que de parler, tu ne dirais point que mon Christ ressemble à un paysan. Du reste, prends un morceau de bois, et tâche d'en faire un qui soit mieux. » Filippo, sans rien répliquer, se retira et, pour justifier sa critique, entreprit aussitôt un crucifix qu'il termina au bout de plusieurs mois. Alors, un matin, il va inviter Donatello à déjeuner. Nos deux amis partent ensemble; arrivés sur la place du Marché-Vieux, Filippo achète quelques vivres et les remet à Donatello en lui disant : « Porte cela à la maison, et attends-moi; je te rejoindrai dans un instant. » A peine entré dans l'atelier, Donatello aperçoit sous un beau jour le crucifix de Filippo. Frappé d'admiration et comme hors de lui-même, il ouvre les mains; le déjeuner lui échappe, le fromage tombe dans la poussière, les œufs se brisent, mais rien n'est capable de le distraire de son étonnement. Sur ces entrefaites, arrive Filippo qui lui dit en riant : « Que diable as-tu? Et nos œufs? et notre fromage? comment déjeunerons-nous? — J'ai mangé ma part, répondit Donatello, si tu veux la tienne, ramasse-la. C'est bien! c'est bien! tu fais des Christs, toi, et moi... je fais des paysans! »

Brunelleschi, qui avait commencé par être sculpteur, devint un grand architecte et Donatello fut un des plus grands statuaires de la Renaissance. L'espace nous manque pour examiner en détail ses ouvrages; nous citerons seulement le *David vainqueur de Goliath*, un chef-d'œuvre d'élégance et de vérité. Un naturalisme décidé est le trait distinctif du talent de ce maître, qui sous le rapport du style monumental est pourtant dépassé par son contemporain et rival Ghiberti. Celui-ci est surtout célèbre par ses portes en bronze que Michel-Ange déclarait être dignes

RELIQUAIRE.

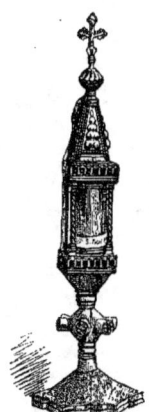

RELIQUAIRE DE SAINT RENÉ, MARTYR.

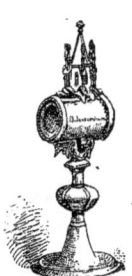

RELIQUAIRE DES SS. INNOCENTS.

d'être les portes du paradis. L'exécution de ces portes fut confiée à l'artiste, à la suite d'un concours célèbre dans l'histoire des arts. Andrea de Pise avait fait une porte en bronze pour le Baptistère de Florence. Quand on voulut entreprendre la suivante, la Seigneurie exprima le désir que cette porte fût le chef-d'œuvre du siècle. On ouvrit un concours où furent conviés tous les artistes; un premier choix désigna sept concurrents et on leur alloua un traitement, pour exécuter, à titre d'essai, un panneau en bronze représentant le *Sacrifice d'Abraham*.

« L'époque du jugement étant arrivée, dit Vasari, les sept modèles furent livrés à la communauté des commerçants. Les consuls nommèrent trente-quatre experts, tous très habiles dans leur art, parmi les peintres, les sculpteurs et les orfèvres, soit de Florence, soit du dehors, que la curiosité avait rassemblés. Ces juges ne s'accordaient pas en tous points, car l'un préférait naturellement la manière de celui-là, et l'autre celle de celui-ci; mais tous reconnurent unanimement que les modèles de Filippo Brunelleschi et de Lorenzo Ghiberti l'emportaient par l'entente de la composition, par l'abondance et la beauté des figures, et par le fini de l'exécution, sur celui de Donatello, qui cependant se distinguait par un dessin large et vigoureux. Les figures de Jacopo della Quercia étaient correctes, mais manquaient de finesse. Le modèle de Francesco di Valdambrina renfermait de belles têtes, mais la composition était confuse. Celui de Simone da Colle, remarquable par la beauté de la fonte, péchait par le dessin. Nicolas d'Arezzo avait fait preuve d'une grande connaissance du métier, mais ses figures étaient lourdes. Seul, le modèle de Lorenzo Ghiberti était parfait dans toutes ses parties. Le dessin et la composition étaient irréprochables, les figures sveltes et gracieuses, et l'exécution d'un fini précieux et inimitable. Donatello et Brunelleschi, frappés de la supériorité de cet ouvrage, se retirent à l'écart, s'interrogent réciproquement et se confessent vaincus. Ils reconnaissent que leur rival, âgé seulement de vingt ans, a mieux réussi que tous les autres, et que sa jeunesse fait encore espérer davantage pour la gloire de sa patrie. « Il serait plus honteux, disaient-ils, de lui disputer la palme, qu'il n'y a de générosité à lui céder. »

Ghiberti commença alors cet immense travail qui a absorbé

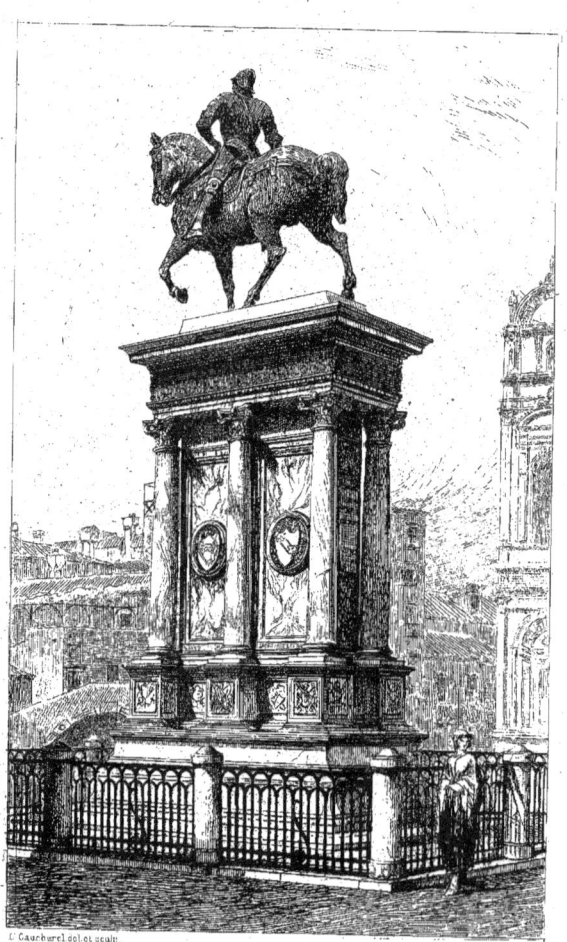

MONUMENT DU COLLEONI.
(Place de l'Hôpital Civil à Venise.)

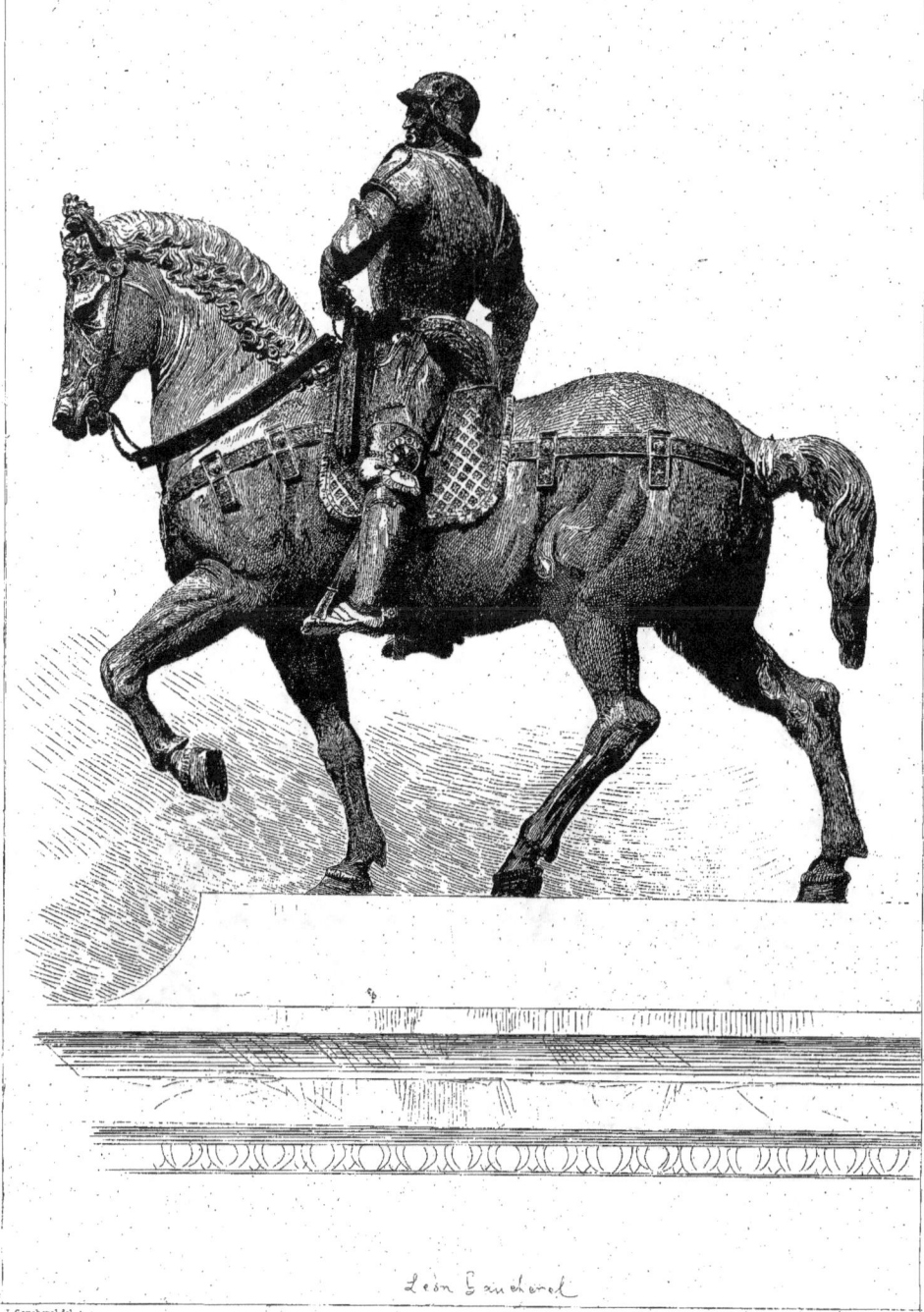

STATUE ÉQUESTRE DU COLLEONI.
Place de l'Hôpital civil, à Venise.

presque toute sa vie d'artiste. La première porte lui a coûté vingt années de travail; ces portes sont décorées de bas-reliefs représentant divers sujets tirés de l'Ancien et du Nouveau Testament et entourées d'un magnifique encadrement ornemental, formé de fleurs, de fruits et d'animaux divers. Outre ses portes, Ghiberti a exécuté plusieurs grandes statues célèbres, mais il n'abandonna jamais son premier état, l'orfèvrerie : plusieurs mitres d'or ornées de figures et décorées de pierres précieuses lui furent commandées par les papes Martin V et Eugène IV.

Verrocchio, qui fut le maître de Léonard de Vinci, était également un orfèvre. Il avait fait entre autres plusieurs figures d'apôtres en argent pour la chapelle pontificale et un parement

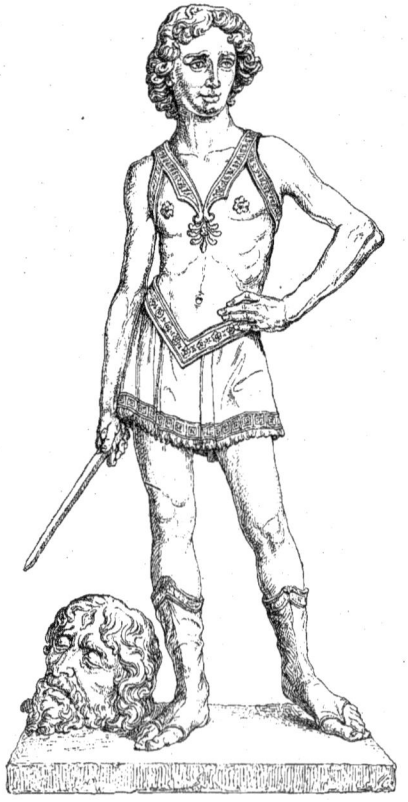 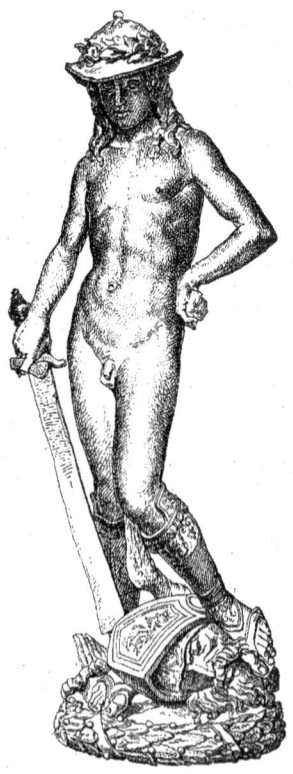

DAVID. — BRONZE DE VERROCCHIO.   DAVID. — BRONZE DE DONATELLO.

d'autel qui est demeuré célèbre. On sait aussi qu'il a exécuté un certain nombre de bijoux et diverses pièces d'orfèvrerie usuelle. Mais les ouvrages de ce genre qui lui sont attribués dans diverses collections ne présentent pas de caractères d'authenticité bien déterminés, en sorte qu'il est difficile de juger de son style dans ses petits ouvrages. Heureusement pour sa mémoire, il n'en est pas de même pour ses grands ouvrages de bronze. La statue équestre du condottière Colleone, à Venise, suffirait pour montrer qu'il fut un maître de premier ordre. On connaît également de lui un David, placé au musée de Florence, qui est loin, il est vrai, de présenter l'élégance de celui de Donatello, mais Verrocchio est exquis dans la statue de bronze qui décore la cour du Palais Vieux de la même ville, et dans d'autres ouvrages répandus dans les musées d'Italie.

Pollajuolo, connu à la fois comme peintre et comme sculpteur, ne cessa jamais pourtant de pratiquer l'orfèvrerie et il tenait une boutique à Florence, sur la place du Marché-Neuf. Il fit pour la Seigneurie un grand bassin d'argent décoré d'une ronde d'enfants et, pour diverses corporations de marchands, de nombreuses croix ornées de figures, des candélabres enrichis de petits bas-reliefs, et plusieurs *paix* : on appelait ainsi des petits tableaux de métal, sur lesquels on gravait des petits sujets, et qui étaient souvent ornés de figures émaillées. C'est à une de ces *paix*, œuvre de l'orfèvre florentin Finiguerra, que l'on doit l'invention de la gravure en taille-douce.

Voici comment cette invention est racontée dans les *Mer-*

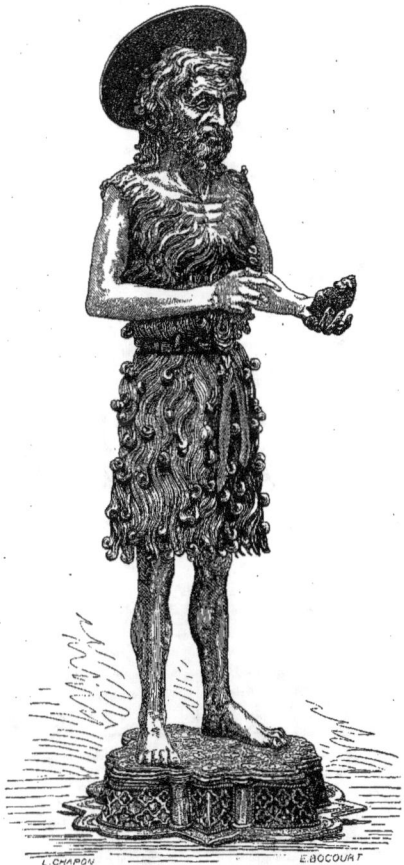

SAINT JEAN-BAPTISTE, STATUETTE EN OR ÉMAILLÉ.
XIVe SIÈCLE.

veilles de la gravure de Georges Duplessis : « A cette époque les orfèvres décoraient presque toujours leurs ouvrages d'ornements gravés en creux, et ces ornements s'appellaient *nielli*. Pour vérifier leur travail, pour en suivre les progrès et le corriger, voici comment ils procédaient. Quand ils avaient gravé sur le métal le dessin qu'ils voulaient exprimer, ils en prenaient d'abord une empreinte avec une terre très fine; sur cette empreinte, ils coulaient ensuite du soufre et pouvaient, en remplissant de noir de fumée les tailles répétées sur le soufre, se rendre un juste compte de l'état de leur œuvre. De sorte qu'ils ne songeaient à couler l'émail indestructible (cette matière colorée et particulière nommée *nigellum*, qui, une fois en place, interdisait toute empreinte) que lorsqu'ils étaient parfaitement éclairés sur le résultat définitif. Le jour où ils s'aperçurent que le papier humide, soumis à une forte pression sur la plaque imprégnée d'une certaine encre, pouvait donner le même résultat, ils renoncèrent au soufre, et leurs essais sur le papier furent des estampes. Mais ce ne fut pas immédiatement que l'on comprit les avantages d'une telle découverte et le parti qu'on en pouvait tirer; longtemps les orfèvres se bornèrent à imprimer le petit nombre d'épreuves utiles à la marche de leurs travaux, et c'est à cette insouciance sans doute qu'il faut attribuer l'extrême rareté de ces estampes primitives et le prix élevé que les amateurs y attachent. »

Bien qu'on attribue habituellement à Finiguerra la première application de ce procédé, dont la découverte exerça une influence capitale sur la marche des beaux-arts, quelques érudits pensent qu'il ne lui était pas personnel et que bien d'autres avant lui l'avaient employé déjà pour essayer leurs nielles. Tout ce qu'on peut dire, c'est que la plus ancienne empreinte de Florence est celle de la *paix* de Finiguerra, dont il y a une épreuve à la Bibliothèque nationale de la rue de Richelieu. Ce monument rarissime était resté longtemps ignoré dans nos collections, et ce fut seulement en 1797 que l'abbé Zani en fit la découverte parmi des estampes non cataloguées. Quoique le nom de Finiguerra doive surtout à cette gravure la célébrité qui s'est attachée à lui, il avait en son temps une grande réputation comme orfèvre et il eut occasion de déployer son talent dans plusieurs églises d'Italie, qui lui demandèrent des candélabres et divers objets pour le service du culte.

La plupart des orfèvres faisaient de la peinture en même temps que de la sculpture et c'est chez eux que se sont formés la plupart des maîtres de l'école florentine, qui s'habituaient ainsi dès l'enfance à ne pas restreindre leur activité artistique à une

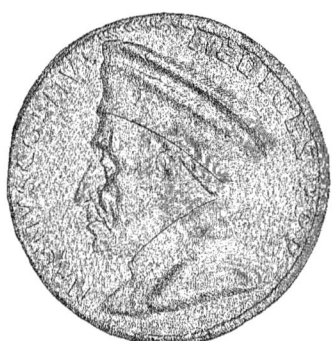

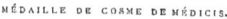

MÉDAILLE DE COSME DE MÉDICIS.

spécialité. C'est ainsi que Ghirlandajo, avant de se faire connaître par ses fresques, avait fabriqué des lampes d'argent dans l'atelier de son père; il en est de même de Francia, qui était déjà célèbre comme orfèvre à l'époque où il commença à se rendre illustre par ses tableaux.

La gravure en médailles, dont nous n'avons pas encore parlé, eut une grande importance dans le mouvement de la Renaissance italienne. Au XVᵉ siècle, le goût pour l'antiquité était très répandu en Italie. Les grands seigneurs, qui étaient tous lettrés, tenaient à honneur de se connaître en médailles et d'en posséder une collection. Ce goût fut même si prononcé que, la spéculation s'en mêlant, plusieurs artistes d'une grande habileté se mirent à imiter ces médailles, et les vendaient à des marchands qui les faisaient passer pour des originaux afin d'en augmenter la valeur. Ces artistes n'étaient peut-être pas tous des faussaires et un grand nombre d'entre eux pouvaient n'avoir en vue qu'un exercice, mais le résultat était le même pour les marchands, et les imitations qui depuis cette époque ont circulé dans le commerce étaient quelquefois si parfaites, que les plus fins connaisseurs s'y trompent encore souvent de nos jours. Les numismates appellent *Padouans* les fausses médailles qui ont un mérite suffisant pour tromper les connaisseurs. Ce nom vient d'un artiste de Padoue, qui montra une prodigieuse habileté dans ce genre de plagiat, mais comme la réputation qu'il s'est acquise a donné de la valeur à ses ouvrages, on lui en attribue aujourd'hui beaucoup plus qu'il n'a pu en faire réellement.

En même temps qu'ils faisaient de fausses médailles grecques et romaines, pour le plus grand bonheur des antiquaires, les graveurs italiens reproduisaient sur les médailles contemporaines les traits de tous les personnages illustres de leur temps. Ces portraits, d'une individualité frappante, fournissent des documents précieux pour l'histoire, en même temps qu'ils sont des œuvres d'art très recherchées des amateurs. Un fait qu'il est bon de noter en passant, c'est que les villes de l'Italie méridionale et de la Sicile, qui, dans l'antiquité avaient produit tant de chefs-d'œuvre, ont été au contraire d'une stérilité absolue pendant le moyen âge et la Renaissance. C'est dans les villes de l'Italie septentrionale, Pise, Sienne, Florence, Padoue, Mantoue, Vérone, etc., que s'est développé le grand mouvement artistique, qui de l'Italie devait rayonner sur l'Europe.

ESPAGNE

L'Espagne a reçu dès une haute antiquité des colonies phéniciennes et est devenue plus tard une province romaine. Comme on ne connaît rien de l'ancienne Ibérie, c'est avec l'invasion des Visigoths qu'on peut chercher les origines d'un art

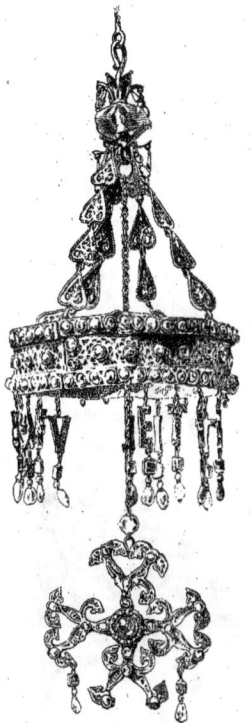

COURONNE VOTIVE VISIGOTHE
TROUVÉE A GUARRAZAR.

national dans ce pays. Évidemment il y avait des orfèvres romains établis dans le pays, et les couronnes de Guarrazar pourraient bien se rattacher un peu par leur fabrication aux traditions des anciens ouvriers établis dans le pays. On peut aussi y trouver une influence byzantine, qui à cette époque se faisait sentir à peu près dans toute l'Europe. Néanmoins, comme elles ont été faites en Espagne et pour des rois visigoths, elles doivent être considérées comme de travail espagnol et constituent le plus ancien monument d'orfèvrerie que l'on connaisse sur ce pays.

Cette découverte a eu lieu en 1858, près de Tolède, dans un lieu appelé la Fuente de Guarrazar; les premiers objets en or qu'on trouva en ce lieu furent portés à Madrid et convertis en lingots par la monnaie de cette ville. Mais de nouvelles recherches faites dans le même endroit mirent au jour des couronnes d'or massif, rehaussées de saphirs orientaux, de perles fines et de pierreries de toutes sortes, qui furent reconnues pour avoir une grande importance historique. On les amena à Paris où elles furent acquises pour le musée de Cluny, et elles sont aujourd'hui un des plus précieux monuments de notre collection nationale.

Une des couronnes de Guarrazar porte une inscription qui en fixe la date à la seconde moitié du VIIe siècle. La plus grande de ces couronnes a dû appartenir à un roi goth, monté sur le trône en 649 et mort en 672; elle se compose d'un large bandeau en or et porte en relief trente saphirs orientaux avec autant de perles fines. L'ornementation est formée d'une suite

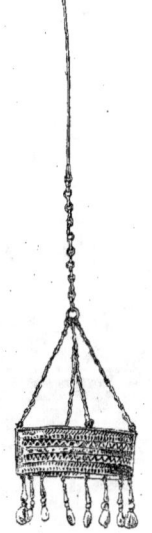

COURONNE VISIGOTHE TROUVÉE
A GUARRAZAR.

de palmettes découpées à jour et dont les feuilles sont remplies d'une matière rouge qui ressemble à de la cornaline. La couronne porte en outre une croix et une quadruple chaîne d'un beau travail. Parmi les couronnes de Guarrazar, il y en a qui paraissent avoir été portées, et d'autres qui semblent n'avoir été faites que dans un but de consécration religieuse.

Deux ans après la découverte qui enrichissait le musée de

Cluny, on trouvait au même endroit des objets analogues qui sont maintenant à la *Real Armeria* de Madrid. Ces pièces, peu connues en France, se composent de deux couronnes, une croix et divers fragments, d'un travail tout à fait analogue à ceux que nous possédons. L'une des deux couronnes porte le nom du roi Svintila; l'autre a été offerte à saint Étienne par l'abbé Théodosius. Ces monuments paraissent avoir une date un peu antérieure à ceux du musée de Cluny.

Il est difficile de suivre les transformations que l'art a subies en Espagne, par suite de l'invasion des Arabes, car nous ne connaissons pas de monuments où la transition soit indiquée, et ceux que nous ont laissés les Arabes sont tous d'une date

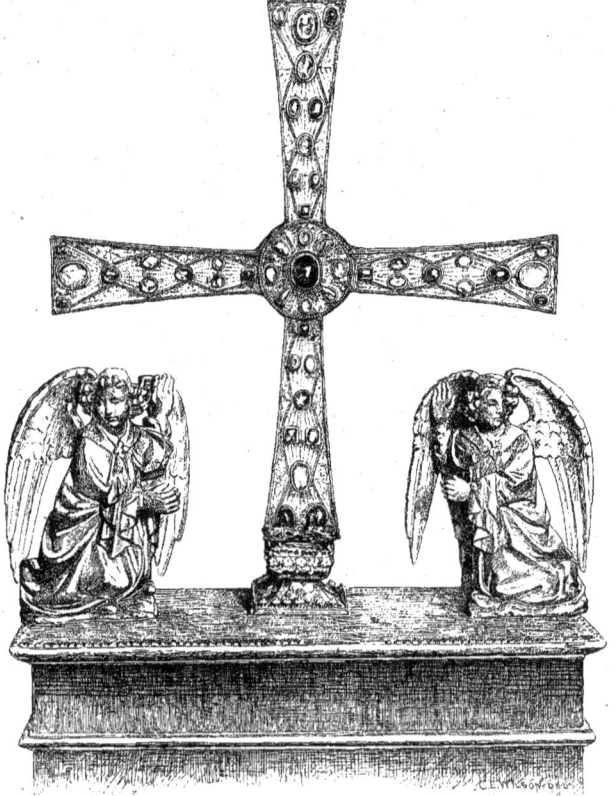

LA CROIX DES ANGES. Xe SIÈCLE. — CATHÉDRALE D'OVIÉDO.

bien postérieure à leur arrivée. Il est certain pourtant que l'orfèvrerie chrétienne a persisté pendant tout le temps de la domination des musulmans, auxquels elle n'a rien emprunté en dehors des procédés techniques. La cathédrale d'Oviedo, en Espagne, possède une croix d'or, qui date du Xe siècle, où l'on trouve encore l'empreinte de l'ancienne orfèvrerie visigothe, à une époque où la domination arabe avait déjà changé le goût ornemental. Les deux anges qui accompagnent cette belle croix paraissent être d'un travail postérieur. Cette croix célèbre est ordinairement désignée sous le nom de *Croix des anges*.

ALLEMAGNE

Dès les temps les plus reculés, l'Allemagne a eu des ouvriers sachant travailler le métal. Tacite parle de vases d'argent que les Germains offraient en présent, mais il ne nous est rien resté de cette antique orfèvrerie. Tout au plus pourrait-on citer une ou deux pièces, qui ont été trouvées sur le sol de l'Allemagne actuelle, mais dont on ignore la date de fabrication. Le musée de Munich possède une pièce très curieuse en or massif et de forme conique, que les uns regardent comme la bosse d'un bouclier, les autres comme le couvre-chef d'un prêtre druidique. Cet objet, qui paraît être de travail celtique, a été trouvé près du Rhin. Comme il est à peu près unique en son espèce, il est difficile, faute de points de comparaison, d'en déterminer exactement l'usage.

Les peuples d'Asie, qui à l'époque des grandes invasions se sont rués sur la Germanie et en ont refoulé les habitants sur le monde romain, connaissaient eux-mêmes le travail des métaux, comme le prouvent quelques pièces rarissimes recueillies dans quelques collections. Tel est par exemple un diadème scythe, du musée de l'Ermitage, à Saint-Pétersbourg. Ce diadème, trouvé sur les bords du Don, est en or très pur et orné de perles, de cabochons, et d'un camée de travail grec. Les Grecs ayant été de tout temps en rapport avec les populations de la Russie méridionale, il n'y a rien de surprenant que l'on y retrouve de leurs productions, mais la partie métallique de l'objet dont nous parlons, c'est-à-dire le diadème lui-même, n'a certainement aucun rapport avec l'industrie des Grecs à aucune époque. Ce diadème est orné dans sa partie supérieure d'une rangée d'animaux en relief d'un travail extrêmement grossier. L'élan et le bouquetin du Caucase, employés pour cette décoration, n'existaient pas en Grèce, tandis qu'ils étaient assez communs dans les pays occupés par les Scythes.

On a vu à l'Exposition de 1867, dans les galeries de *l'histoire du travail*, des pièces fort curieuses découvertes en Valachie, et maintenant déposées au musée de Bukharest. Ces pièces, dont

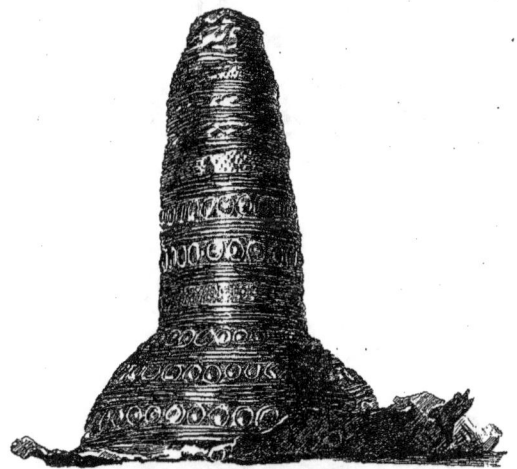

BOSSE DE BOUCLIER EN OR, PÉRIODE CELTO-GERMANIQUE. — MUNICH.

l'ensemble forme le *trésor de Pétrossa*, du nom de la ville près de laquelle elles ont été découvertes, passent pour avoir été enfouies à l'époque de l'invasion des Huns, mais on n'a sur ce sujet aucune donnée positive. Elles sont en or, et ce qu'elles offrent de particulier, c'est qu'on n'y trouve ni armes, ni objets usuels, mais simplement des disques, des aiguières, des patères destinées aux libations, et se rattachant à un culte qu'une inscription en caractères runiques a fait regarder comme étant celui d'Odin, mais qui dans tous les cas est antérieur à celui du christianisme dans le pays. Elles ont un caractère oriental très prononcé, et quelques-unes sont décorées de lions et de panthères dont le style rappelle celui de l'ancienne Perse.

Ces objets sont à peu près étrangers à la véritable Allemagne, où l'on n'a rien découvert qui ait un caractère national, antérieurement à Charlemagne. Encore est-on obligé de reconnaître que parmi ces pièces, les plus belles qui nous aient été conservées portent un cachet byzantin tellement prononcé, qu'il est difficile de ne pas admettre, au moins pour quelques-unes, qu'elles ont été fabriquées à Constantinople. Cette tradition s'est même perpétuée pendant très longtemps et ce n'est pas avant le XIIe siècle qu'on voit se dessiner un style allemand proprement dit.

Nous avons vu que l'art allemand était resté assez longtemps dans un état embryonnaire. Le moine Bernward, qui fut évêque de Hildesheim de 992 à 1022, acquit à cette époque la réputation d'un artisan très habile, et son rôle dans l'orfèvrerie allemande répond à peu près à celui que saint Éloi avait eu en France. Toutefois on ne connaît de lui aucun ouvrage dont l'authenticité soit absolument démontrée. Parmi les objets dont la fabrication est d'origine allemande, un des plus anciens et des plus importants est le parement d'autel de la cathédrale de Bâle qui est maintenant au musée de Cluny. M. Du Sommerard raconte ainsi l'origine de ce monument qui date du XIe siècle. « L'autel d'or de Bâle, exécuté par ordre de l'empereur

Henri II, fut donné par lui à la cathédrale qu'il avait relevée de ses ruines. La légende qui se rattache à cette donation nous apprend que Henri, attaqué par la maladie de la pierre, ayant épuisé en vains efforts tout le savoir des médecins, avait, en désespoir de cause, imploré l'assistance de son patron saint Benoît. Le saint lui était apparu en songe au Mont-Cassin, et l'avait allégé de ses souffrances et guéri de sa cruelle maladie en lui déposant dans les mains la pierre, instrument de ses tortures. Alors Henri, en reconnaissance de cette sainte intervention, avait fait vœu de consacrer un monument dont la splendeur pût en rappeler la puissance. »

La façade de ce monument, toute en or, est composé de cinq grandes figures en haut-relief placées sous des pleins cintres. Le Christ bénissant est au milieu ; il a à sa droite l'archange saint Michel et saint Benoît, à sa gauche les archanges Gabriel et Raphaël.

Le fronton placé au-dessus des voûtes est décoré des quatre vertus personnifiées : la Prudence, la Justice, la Tempérance et

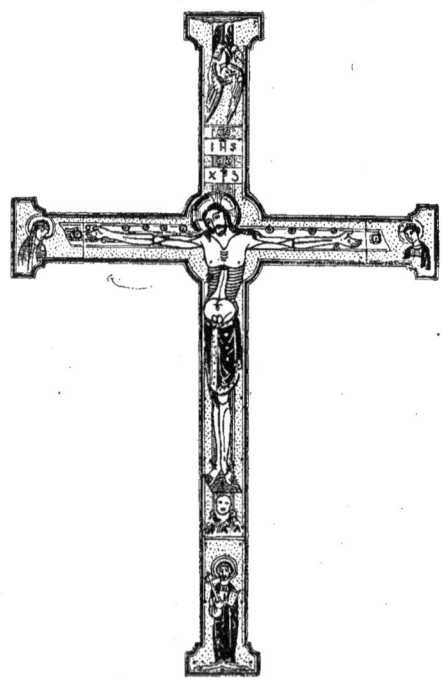

GRANDE CROIX EN CUIVRE CHAMPLEVÉ ET ÉMAILLÉ
TRAVAIL DES BORDS DU RHIN AU XIIIe SIÈCLE.

la Force. L'encadrement de l'autel est orné d'arabesques entremêlées d'animaux, de fleurs et de feuillages.

Au XIIIe siècle, les bords du Rhin et les contrées avoisinantes étaient couverts de monastères, dans lesquels il y avait généralement des ateliers d'orfèvrerie religieuse. Beaucoup d'artistes byzantins avaient trouvé là un refuge après la guerre des iconoclastes, et on continua longtemps à y mettre en pratique les traditions importées de Byzance. C'est dans ces couvents que l'on fabriquait ces grandes croix en cuivre champlevé et émaillé sur fond doré, dont le centre est occupé par un Christ maigre, aux chairs émaillées blanc et à la face légèrement rosée. Ces pièces, devenues très rares aujourd'hui, ne se voient guère que dans les musées publics ou dans les collections privilégiées.

On fabriquait dans les mêmes endroits des grands reliquaires et des châsses dont quelques-unes remontent au XIIe siècle. *La châsse des Rois Mages,* à Cologne, et d'autres monuments du même genre qui se voient dans plusieurs églises des bords du Rhin, sont extrêmement célèbres. Les artistes qui les fabriquaient étaient fort nombreux et on range généralement leurs ouvrages sous le nom d'*École de Cologne* ou d'*École rhénane.* La gravure et la ciselure concouraient également à la décoration de ces châsses qui étaient presque toujours ornées de nombreuses statuettes. Outre l'émail cloisonné, dont le procédé pouvait avoir été importé par les Byzantins, les Allemands pratiquaient l'émail à taille d'épargne, c'est-à-dire introduit par la fusion dans les entailles du métal. Ce genre d'émail avait été autrefois mis en pratique par les Gaulois, mais il semblait avoir été oublié dans les premiers siècles du moyen âge.

Un reliquaire du XIVe siècle, qui fait partie du trésor impérial de Vienne, montre des compartiments dans chacun desquels on voit une scène de la vie de saint Jean. Les figures sont d'une grande délicatesse d'exécution. Le reliquaire a la forme d'une cassette plate en or niellé; une ouverture en forme de croix, percée au milieu de la cassette, et recouverte de cristal de roche, laisse voir la relique, qui est un fragment du manteau de saint Jean l'évangéliste.

A partir du XIVe siècle, on ne voit plus guère de ces grandes châsses et les reliquaires deviennent au contraire fort petits. Cela vient, suivant M. F. de Lasteyrie, de ce que bien peu de corps de saints restaient dans leur entier, en sorte que la plupart des reliques n'étaient que des fractions dont le reliquaire prenait généralement la forme. La tête d'un saint était contenue dans

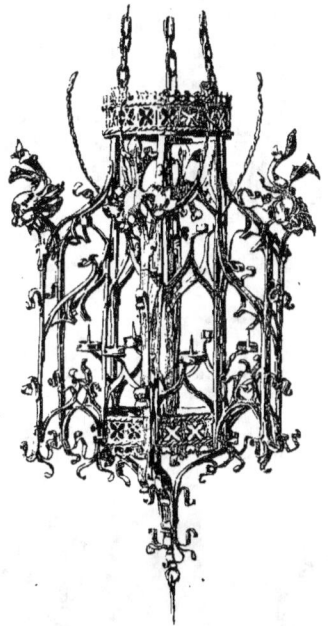

LUSTRE GOTHIQUE EN FER FORGÉ. — MUNICH.

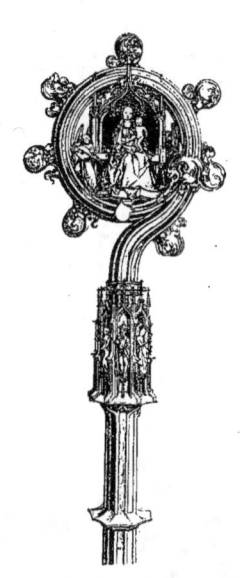

CROSSE, D'APRÈS MARTIN SCHONGAUER.

un buste, le bras ou la jambe se renfermait dans une pièce métallique affectant la même forme. La simple vue du reliquaire suffisait ainsi pour en indiquer le contenu. Cet usage au reste n'était pas particulier à l'Allemagne; pendant le XIVe et le XVe siècle, on en fit de semblables dans tous les pays chrétiens, et un assez grand nombre se voient encore dans nos églises. Quant aux reliquaires destinés à contenir simplement un objet ayant appartenu au saint, leur forme était à peu près la même qu'en Italie, et elle n'en différait que par le style ornemental. L'ogive était pour les Allemands le point de départ et en quelque sorte la clef de l'ornementation, dans l'orfèvrerie aussi bien que dans l'architecture, tandis qu'en Italie le plein cintre a toujours été la forme dominante. On fabriqua aussi, à partir du XVe siècle,

un grand nombre de reliquaires en cristal montés à jour, qui permettaient aux dévots de contempler la relique elle-même. Habituellement ces reliquaires sont de simples tubes de cristal, posés soit horizontalement soit verticalement suivant la nature de la relique, mais toujours supportés par un piédestal richement décoré.

Nos musées possèdent aussi quelques belles crosses d'évêque et des calices d'une grande élégance. Les plus remarquables sont celles du XVe siècle, mais les gracieux modèles dessinés par Martin Schongauer, bien que gardant encore le style ogival dans l'ornementation, montrent déjà en plein le goût de la Renaissance qui va succéder au gothique.

Cette période a laissé en Allemagne très peu de monuments

de l'orfèvrerie usuelle. Ce n'est pas que ce genre de fabrication ait été plus restreint, car les princes allemands, bien qu'ils n'aient jamais atteint le luxe effréné des ducs de Bourgogne et des grands seigneurs français, étaient en général assez richement meublés ; mais les destructions ont été beaucoup plus fréquentes dans les châteaux que dans les églises. Celles-ci, malgré les pillages qui accompagnèrent les guerres religieuses, ont pu dans beaucoup d'endroits conserver leurs trésors.

De grands gobelets d'or et d'argent et des lustres en fer forgé d'un beau travail sont à peu près tout ce qu'on peut signaler en Allemagne, en dehors de l'orfèvrerie purement religieuse.

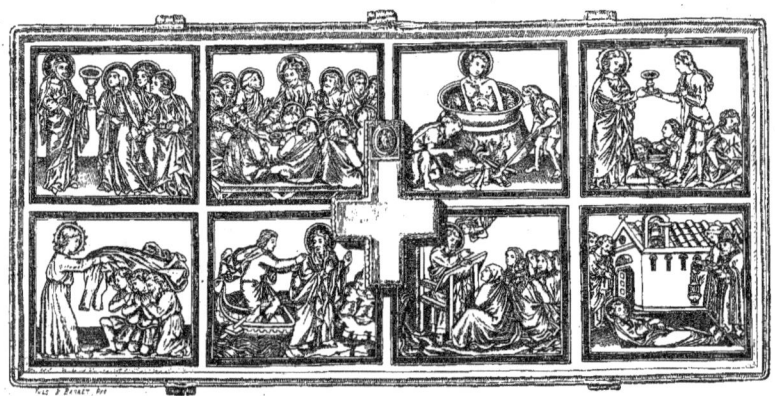

RELIQUAIRE DU XIVe SIÈCLE. — TRÉSOR IMPÉRIAL DE VIENNE.

FRANCE

Avant de parler des Francs et de leurs productions, il convient de dire quelques mots des Gaulois qui ont occupé le pays avant eux et avant les Romains. Jules César ne fait pas grand cas des épées gauloises dont les lames ne valaient rien. Cependant on peut voir au musée de Saint-Germain un casque et une belle cuirasse gauloise trouvés dans la Saône ; mais ce sont surtout les bijoux qui ont été trouvés en abondance dans les tombeaux, car les Gaulois, comme tous les peuples de l'antiquité, plaçaient à côté du défunt les objets précieux qu'il avait possédés. Tous les

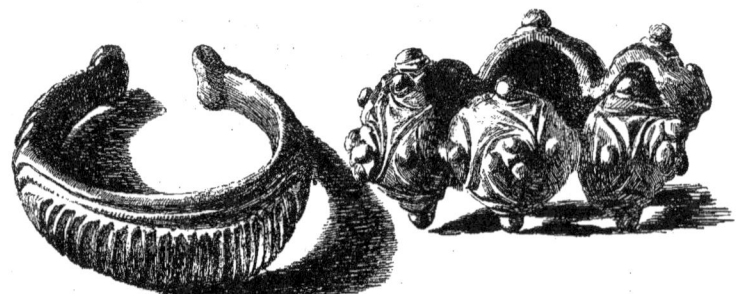

BRACELETS EN BRONZE CELTO-GERMANIQUES. — MUNICH.

auteurs anciens sont d'accord sur la passion qu'avaient nos ancêtres pour la parure. Les bijoux gaulois sont presque toujours de forme circulaire et consistent souvent en un certain nombre de fils d'or roulés en spirale. On donne le nom de *torques* à des bijoux que les Gaulois portaient comme bracelets ou comme colliers. Les bracelets présentent quelquefois la forme d'une série d'anneaux de différentes grandeurs emboîtés les uns dans les autres. Le musée de Saint-Germain possède de beaux échantillons de bijoux roulés en spirale, d'agrafes, de boucles de ceinturons, etc.

L'art de l'émaillerie était connu et pratiqué chez les Éduens de l'ancienne Gaule. C'est un fait depuis longtemps acquis à la science historique, mais qui a pris une assez grande importance, depuis les dernières fouilles exécutées aux environs d'Autun.

Une question pourtant restait encore pendante et ne manquait assurément pas d'importance. Les objets qu'on trouvait en foule sur le sol gaulois y avaient-ils été réellement fabriqués. Un passage souvent cité de Philostrate ajoutait un vif intérêt à cette question sans pourtant l'éclaircir beaucoup. Cet auteur, qui vivait au IIIe siècle de notre ère, dit, en parlant des couleurs variées des bijoux celtes : « elles y adhèrent, se pétrifient et conservent leurs dessins. » Ceci s'applique évidemment à des émaux, mais ces émaux pouvaient bien avoir été importés en Gaule par le commerce, et ne prouvaient nullement que l'émaillerie fût pour les Gaulois une industrie nationale.

La découverte faite par M. Bulliot d'un centre de fabrication sur le mont Beuvray, à vingt-cinq kilomètres d'Autun, a tranché la question en faveur de nos aïeux. C'est une ville entière dont M. Bulliot a retrouvé les fondations, et cette ville, abritée par sa forteresse, était une cité toute d'industrie. Dans cette ville, où les fenêtres étaient inconnues et où la lumière n'éclairait la chambre que par la porte, il y avait un quartier spécial pour les forgerons et les métallurgistes. Dans ces tanières une population industrieuse se livrait incessamment au travail du bronze qu'elle gravait et qu'elle enrichissait d'émaux. Des ateliers, pourvus de tout leur outillage, ont été mis à jour. « Les ustensiles, dit M. Bulliot, gisaient pêle-mêle; les fours étaient encore remplis de charbon; à côté de spécimens complètement terminés, on en voyait d'autres à peine ébauchés, d'autres en pleine fabrication, l'un même encore enveloppé de terre cuite; tout autour des fragments d'émail brut, des creusets de terre, des grès à polir, une quantité considérable de déchets, des bavures, des rognures provenant de la taille, des coques vitreuses qui conservaient l'empreinte des dessins du bronze, et par-dessus tout, le témoin même des opérations, véritable fossile de nos terrains historiques, nous voulons parler de la médaille qui en fixe l'âge et l'époque. » (G. Bulliot et H. de Fontenay, *l'Art de l'émaillerie chez les Éduens avant l'ère chrétienne*.)

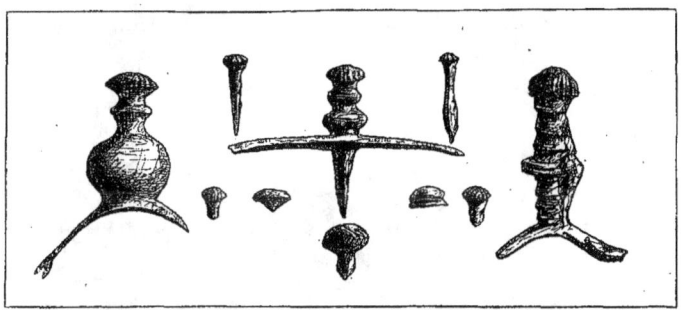

BRONZES ÉMAILLÉS TROUVÉS DANS LE MONT BEUVRAY.

La conquête romaine modifia naturellement les pratiques en usage dans les travaux du métal, qui formèrent, pendant toute la durée de l'Empire, une branche importante des industries gallo-romaines. Les invasions du IVe siècle eurent à peu près les mêmes résultats qu'en Italie, c'est-à-dire qu'elles amenèrent des pillages et des destructions sans nombre. Comme les barbares avaient les mêmes besoins que les peuples qu'ils avaient conquis, la production ne tarit pas pour cela, mais elle fut plus hâtive et par conséquent moins soignée. A une époque où la fortune mobilière consistait exclusivement en or et en argent, il était tout naturel que l'orfèvrerie fût considérée comme le premier et le plus important de tous les arts. Une pièce d'orfèvrerie était un trésor facilement transportable, qu'on pouvait cacher aisément et fondre au creuset en cas de pénurie. Les objets métalliques furent importés de Byzance en très grande quantité pendant toute cette période et transformèrent le goût.

L'orfèvrerie, des premiers siècles du moyen âge, se distingue de celle de l'antiquité par un caractère spécial qui est l'alliance des pierres fines avec les métaux précieux. Dans la période mérovingienne, l'ornementation consiste presque exclusivement dans l'emploi de pierres fines; cet usage paraît avoir été importé de Byzance.

Bien que les importations byzantines aient été fort nombreuses pendant la période mérovingienne, il est certain que la fabrication des pièces d'orfèvrerie n'a jamais cessé en France. On sait, par exemple, qu'il existait à Reims des ateliers importants, et saint Remy ordonne par son testament de fabriquer un ciboire et un calice orné de figures sur lequel on devait graver une inscription qu'il avait composée. La reine Brunehaut fit faire un grand bouclier en or et en pierres précieuses qu'elle destinait au roi d'Espagne. On a beaucoup parlé du goût que montrèrent les Francs pour l'orfèvrerie. Un trait va en donner l'idée. « Un jour, Chilpéric, ayant reçu en présent divers objets en métal travaillé qui excitaient une admiration universelle, fit mettre à côté un large bassin d'or orné de pierreries qu'il avait lui-même fait fabriquer, et le montrant à Grégoire de Tours : « C'est moi, dit-il, qui l'ai fait faire pour orner et rehausser la « nation des Francs. Ah! je ferai encore, si je vis, bien des « choses. » Toutefois il ne faut pas s'y tromper, ce n'était pas le travail qu'admirait le barbare, mais la richesse de l'ouvrage et la richesse de la matière.

Parmi les ouvrages de bronze de l'époque mérovingienne qui sont parvenus jusqu'à nous, le plus intéressant sous tous les rapports est le siège connu sous le nom de trône de Dagobert, qui est conservé au cabinet des médailles de la Bibliothèque nationale. Ce siège est attribué, sans que l'on puisse d'ailleurs invoquer aucune preuve à l'appui, à l'orfèvre saint Éloi, qui est devenu dans la légende le type de l'artisan de cette époque. Le monastère que ce saint a fondé près de Limoges est devenu une pépinière d'artisans qui ont acquis une grande réputation d'habileté et qui se sont beaucoup inspirés des ouvrages byzantins, alors en vogue. L'imitation de ces ouvrages fut même quelquefois si parfaite, qu'il est souvent difficile de distinguer ce qui a été fait dans le pays et ce qui y a été importé par le commerce.

Les armes et bijoux trouvés dans le tombeau de Childéric, maintenant au cabinet des médailles de la Bibliothèque nationale, sont certainement les objets les plus précieux parmi ceux qui appartiennent à l'époque mérovingienne. La pièce la plus importante de cette série est l'épée, ou plutôt la poignée de l'épée, et la garniture du fourreau, car le reste est moderne. Le travail se compose d'un cloisonnage d'or, dont les lames sont soudées sur le fond; des petits morceaux de verre rouge sont placés dans les compartiments du cloisonnage auxquels ils s'adaptent exactement. M. Labarte considère cette épée comme d'origine

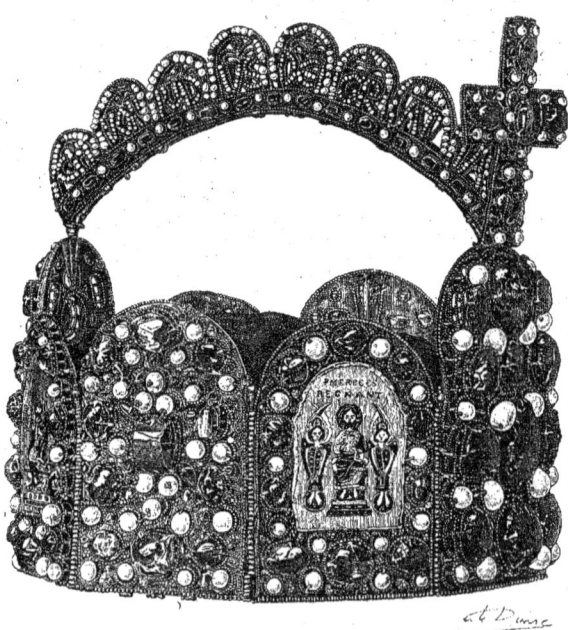

COURONNE DU SAINT EMPIRE ROMAIN. — TRÉSOR IMPÉRIAL DE VIENNE.

byzantine, ce qui n'aurait rien de surprenant, puisque les empereurs de Constantinople faisaient fréquemment des présents aux rois barbares, dont le trésor formait toujours le mobilier funéraire. Une origine analogue est attribuée par le même auteur aux objets qui composent le trésor de Gourdon, et qui étaient accompagnés d'un grand nombre de pièces de monnaies byzantines. Quand un empereur d'Orient faisait un présent en orfèvrerie, il l'accompagnait ordinairement d'un présent en pièces monnayées. Des monnaies byzantines ont également été trouvées dans le tombeau de Childéric.

Le règne de Charlemagne, s'il ne mérite pas tout à fait le titre un peu ambitieux de Renaissance qu'on lui donne quelquefois, fut du moins un moment d'arrêt dans la barbarie, et sous sa protection les hommes de travail trouvèrent un moment de repos. Les portes de bronze qui se voient au dôme d'Aix-la-Chapelle, et une statuette équestre de l'empereur Charlemagne, qui a figuré dans les salles de l'histoire du travail, à l'exposition de 1867, sont les spécimens les plus importants qui nous restent de l'art de fondre le bronze à cette époque. On sait par les chroniqueurs que l'industrie fut assez active sous Charlemagne, pour que nombre d'églises et d'abbayes aient pu réparer les dégâts de la période précédente, ou même se créer à nouveau un mobilier religieux dans lequel le métal avait nécessairement la plus grande part. Mais cette activité factice fut de courte durée et s'arrêta presque subitement après la mort de celui qui en était l'auteur.

Le musée du Louvre possède une poignée d'épée et quelques objets qui ont appartenu à Charlemagne. On peut encore rattacher à la période carlovingienne la couronne du saint Empire romain, c'est-à-dire de l'empire d'Allemagne, une des pièces les plus précieuses du Trésor impérial de Vienne. Elle est formée de huit plaques d'or et ornée de perles et de pierres précieuses. Le travail est de style byzantin et la date de fabrication est inconnue.

Si le nom de saint Éloi résume en quelque sorte tous les efforts de l'orfèvrerie française pendant la première partie du moyen âge, Suger, le célèbre abbé de Saint-Denis, fut pendant le XIIe siècle l'instigateur des plus grands travaux qui furent exécutés à cette époque, et il en parle longuement dans le livre qu'il a écrit sur son administration. Ce fut lui qui dirigea l'exécution de l'autel et des châsses de saint Denis et de ses deux compagnons, saint Rustique et saint Eleuthère; sur le lieu où les saints martyrs avaient longtemps reposé, il éleva une croix d'or, enrichie de pierres précieuses, surmontant une colonne carrée où soixante-huit plaques d'émail représentant des sujets de l'Ancien et du Nouveau Testament alternaient avec des plaques filigranées. Toutes ces richesses ne sont point restées, mais quelques pièces rarissimes, conservées au musée du Louvre, nous donnent une idée du talent des orfèvres employés par Suger. Il faut surtout citer un vase antique de porphyre, que l'ingénieux artiste chargé d'exécuter sa monture a transformé en aigle. L'urne égyptienne est devenue le corps de l'oiseau, auquel on a ajouté des parties métalliques qui s'y adaptent parfaitement, et notamment la tête qui est d'un grand caractère. Un autre vase antique, en cristal de roche, a subi à la même époque une transformation du même genre, en ce sens que sa monture lui donne une physionomie toute spéciale et empreinte d'un certain goût oriental. C'est la célèbre pièce qu'on désigne habituellement sous le nom de vase d'Alienor d'Aquitaine, parce qu'il fut donné par cette princesse au roi Louis VII, qui en fit lui-même présent à Suger, pour être consacré au Saint Lieu, ainsi que le constate l'inscription niellée sur son pied.

Le puissant abbé qui donnait l'impulsion aux arts de son temps ne doit pas nous faire oublier un simple moine, nommé Théophile, qui non seulement pratiqua lui-même tous les arts que l'on connaissait alors, mais qui, dans un livre où de vastes connaissances sont partout mêlées aux naïvetés les plus étranges, a décrit tous les procédés alors connus. L'introduction qu'il met en tête de son livre nous initie aux mœurs de ce temps où les ateliers ont des couvents et les artistes des moines. « O toi qui liras cet ouvrage, dit Théophile, que tu sois, ô mon cher fils! je ne te cacherai rien de ce que il m'a été possible d'apprendre, je t'apprendrai ce que savent les Grecs dans l'art de choisir et de mélanger les couleurs; les Italiens, dans la fabrication des vases, dans l'art de dorer, dans celui de sculpter l'ivoire et les pierres précieuses; les Toscans dans l'art de nieller et de travailler l'ambre; les Arabes, dans la ciselure et les incrustations. Je te dirai ce que pratique la France dans la fabrication des précieux vitraux qui ornent ses fenêtres; l'industrieuse Germanie, dans l'emploi de l'or, de l'argent, du cuivre et du fer, et dans l'art de sculpter le bois. Conserve, ô mon cher fils! et transmets à tes disciples ces connaissances que nous ont léguées nos anciens; nécessaires à l'ornement des temples, elles sont l'héritage du Seigneur.... Lorsque tu auras souvent relu ces choses et que tu les auras bien gravées dans ta mémoire, toutes les fois que tu te seras utilement servi de mon œuvre, en retour de mes préceptes, je ne te demande que d'adresser pour moi une prière à la miséricorde du Dieu tout-puissant. » Ce précieux traité, dans lequel soixante-dix-neuf chapitres sont consacrés à l'orfèvrerie, montre que, bien loin d'avoir, comme dans nos industries modernes, la division infinie du travail, les artistes possédaient une universalité de connaissances telle, qu'on ne sait bien souvent à quelle profession spéciale on doit les rattacher.

Le moine Théophile, à qui nous devons de si précieux renseignements sur la pratique des arts au moyen âge, nous parle entre autres des métaux travaillés au repoussé et ciselés ensuite. « On fait, dit-il, des fers pour exécuter sur l'or, l'argent et le cuivre, des figures humaines, des oiseaux, des animaux et des fleurs repoussées. Ces fers sont de la longueur d'une palme, larges et garnis d'une tête à la partie supérieure, effilés, ronds, minces, triangulaires, carrés ou recourbés à la partie inférieure, selon l'exigence du travail qu'on se propose de faire; on les frappe avec un marteau... Battez une feuille de cuivre de la largeur et de la longueur que vous voudrez, jusqu'à ce qu'elle soit d'une épaisseur à ne pouvoir avec peine, et sans fissure ni taches; puis tracez-y l'image que vous voudrez... Lorsque vous aurez donné à l'image le relief que vous désirez, prenez des fers de la longueur d'une palme, plus gros du bout sur lequel on doit frapper avec le marteau, et de l'autre bout plus effilés, fins, ronds ou pointus, que vous aurez préparés pour ce travail; ensuite, ayant fait asseoir devant vous un enfant exercé à ce genre de travail, tenez la feuille de la main gauche, et avec les fers que vous tenez de la droite et que l'enfant frappe avec un marteau d'une moyenne grosseur, tracez les yeux, les narines, les cheveux, les doigts des mains, ceux des pieds et les plis des vêtements, de manière à les faire paraître à l'intérieur où vous frappez avec les fers, et que les traits se produisent extérieurement en relief. Quand vous aurez ainsi travaillé assez longtemps pour obtenir complètement la forme, vous fouillerez avec des burins et des ébarboirs, autour des yeux, des narines, de la bouche, du menton et des oreilles, et vous dessinerez les cheveux, les ongles des pieds et des mains et les plis délicats des vêtements. »

Théophile ne parle que des procédés techniques, mais un écrivain du XIIIe siècle, Jean de Garlande, poète et grammairien, nous a donné dans son vocabulaire latin quelques renseignements sur les artisans de cette époque. Les ouvriers qui travaillaient les métaux précieux se divisaient en quatre classes : fermailleurs, monétaires, fabricants ou monteurs de coupes, orfèvres.

« Les fermailleurs, dit-il, offrent des fermoirs grands et petits, faits de plomb et d'étain, de fer et de cuivre. Ils ont aussi de beaux colliers et des grelots sonores.

« Les monétaires qui fabriquent les monnaies semblent riches, mais ils ne le sont pas. Les deniers qu'ils fabriquent ne sont pas leur propriété, on les envoie au change pour être à la disposition des changeurs sous espérance de gain.

« Les ouvriers qu'on appelle *cipharii* décorent les vases de lames d'or et d'argent et montent les coupes sur des pieds; ils les entourent de cercles métalliques pour les consolider et les embellir.

« Les orfèvres se tiennent devant leurs fourneaux et leurs tables sur le Grand-Pont; ils fabriquent des hanaps d'or et d'argent, des fermoirs, des colliers, des épingles, des agrafes; ils ornent les anneaux de pierreries rondes, de jaspes, saphirs et émeraudes. Les industrieux orfèvres frappent avec de légers marteaux les lames d'or et d'argent sur une enclume de fer; ils enchâssent les pierreries dans les chatons des bagues qui sont à l'usage des barons et des nobles dames. »

Ce fut seulement au XIIIe siècle que les orfèvres de Paris furent assez nombreux pour se séparer des autres industries qui travaillaient le métal, et purent s'organiser en une corporation spéciale, dont on voit les règlements dans le *registre des métiers* rédigé par Étienne Boileau. Ces règlements avaient surtout pour

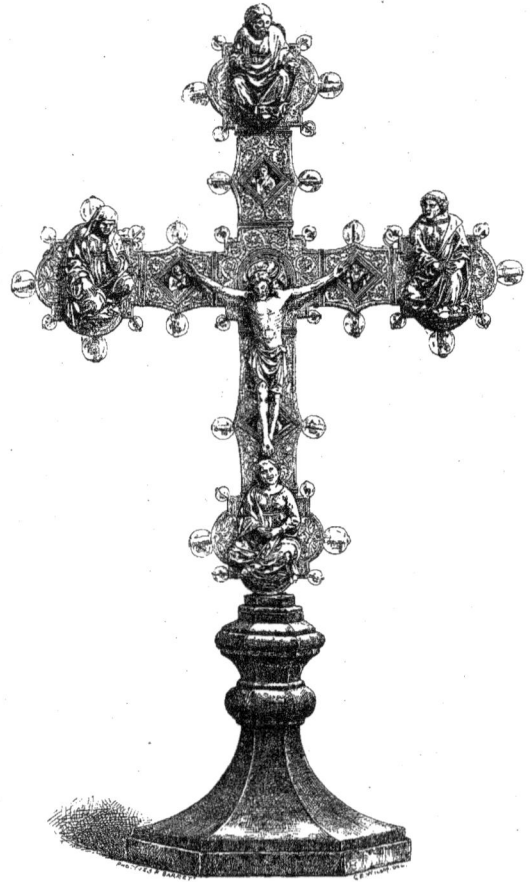

CROIX AVEC PERSONNAGES.

but d'empêcher la concurrence étrangère et de fixer les conditions de l'apprentissage. Les restrictions si étranges apportées au nombre d'apprentis que chaque maître peut avoir chez lui et l'avantage fait aux enfants des maîtres montrent le désir qu'on avait d'avoir des familles professionnelles où chaque métier fût toujours exercé de père en fils.

Le règne de saint Louis peut être considéré comme marquant l'apogée de l'orfèvrerie religieuse en France; les richesses immenses que les églises et les monastères possédaient à cette époque s'augmentaient sans cesse par les dons des fidèles. C'est ainsi que l'orfèvre parisien Bonnard, assisté de ses meilleurs ouvriers, consacra plusieurs années de son temps à fabriquer la châsse de sainte Geneviève, qui fut terminée et installée en 1212. Cette châsse célèbre, qui avait la forme d'une petite église, toute couverte de statuettes et de bas-reliefs rehaussés de pierreries, fut portée à la Monnaie et détruite en 1793. Cette imitation des monuments dans les châsses est un des traits les plus caractéristiques de l'orfèvrerie religieuse à cette époque. « A partir du xiie siècle, dit M. A. Darcel, l'orfèvrerie suit l'architecture dans ses développements, mais la suit de loin, toujours en retard de quelques années. Déjà au ixe siècle, en 877, un orfèvre d'Angers avait fondu des châsses en façon d'église, ce qui laisse soupçonner dans son œuvre certaines imitations des formes de l'architecture. A mesure que l'on s'avance vers l'époque ogivale, ces imitations deviennent de plus en plus fréquentes; imitations libres, il est vrai, qui n'empruntent aux édifices religieux que leurs formes générales, et dans lesquelles l'ornementation, à part quelques colonnes, appartient exclusivement à l'orfèvrerie... Plus tard, vers la fin du xiiie siècle, l'imitation des œuvres de pierre devient plus flagrante... Ce que firent les orfèvres, élèves ou laïques de l'abbaye de Saint-Denis, œuvres aujourd'hui perdues, mais dont la gravure a conservé le souvenir, c'était des églises avec contreforts à pinacles, arcs-boutants et clochers, colonnes et appareils de maçonnerie. Il est vrai que tout cela est singulièrement interprété. Les colonnes sont bien grêles pour leurs bases aplaties et leurs chapiteaux évasés, dont les crossettes feuillagées, rapportées après coup, se dégagent en longues volutes. On devine qu'elles n'ont rien à porter. Des bandes de feuilles estampées d'émaux ou de filigranes remplacent les moulures des soubassements, des corniches ou des arcs garnissent le rampant des pignons ou le faîte des toits. C'est un habile compromis entre deux arts, celui de la pierre et celui du métal, qui en somme ne peut tromper personne. Plus tard encore l'imitation des formes et des décorations architecturales devient plus servile, et il est telle œuvre d'orfèvrerie ou de bronze exécutée au xve siècle, dont il n'y a qu'à changer les proportions pour en faire un édifice de pierre. »

Au xive siècle, un grand changement se fit dans les mœurs, et l'orfèvrerie qui, jusque-là, avait été presque exclusivement religieuse, commença à prendre un grand développement dans les sphères laïques. On cria naturellement à l'impiété, et une ordonnance royale, en date de 1356, défendit aux orfèvres de fabriquer pour les usages civils aucun vase ou joyau de plus d'un marc d'or ou d'argent. On espérait ainsi maintenir la suprématie que l'orfèvrerie religieuse avait toujours eue. Mais une ordonnance suffit rarement pour arrêter le courant des idées, et quand elle se met en travers des mœurs, elle n'est pas observée. Le roi de France n'hésita même pas à enfreindre lui-même cette loi somptuaire, car l'inventaire du trésor de Charles V mentionne plusieurs bijoux et pièces d'orfèvrerie d'une valeur énorme. C'est de ce trésor que nous vient le fameux camée antique de la Bibliothèque dont la monture fait le plus grand honneur aux orfèvres de ce temps. Ce camée représente un Jupiter, mais comme il y a un aigle à côté du roi des dieux, on avait cru y voir l'image de saint Jean l'évangéliste, dont l'aigle est également l'attribut.

Tous les édits royaux ne pouvaient empêcher les gens riches de vivre à leur guise, et le xive siècle, qui fut pour le petit peuple des villes et des campagnes une période d'épouvantable misère, fut au contraire remarquable par le débordement de luxe qui envahit les classes opulentes. Dans le service de la table, nous trouvons l'or et l'argent employés avec le cristal de roche, pour la confection des hanaps, des coupes, des aiguières, des salières, etc. Il est bon de remarquer que, si les couteaux et les cuillères ont toujours été employés parmi les ustensiles de table, il n'en est pas de même des fourchettes, dont l'usage ne paraît pas remonter plus haut que Charles V. Ces fourchettes étaient d'ailleurs assez différentes des nôtres, puisqu'elles n'avaient que deux dents. En revanche, plusieurs pièces d'orfèvrerie, qui étaient alors en usage, ne sont plus guère employées aujourd'hui, du moins sous la forme qu'on leur donnait alors. Tels sont les *pots à aumône*, sortes de vases richement ciselés, dans lesquels les convives déposaient des aliments que l'on distribuait ensuite aux pauvres; les *drageoirs*, petits coffrets damasquinés destinés à contenir des friandises; les *nefs*, vastes bassins qui affectent parfois la forme d'un navire et dans lesquelles on resserrait divers objets de petite dimension. Parmi les grandes pièces d'orfèvrerie qui apparaissaient dans les festins d'apparat, il faut citer les fontaines portatives que l'on posait sur la table et qui laissaient couler pendant le repas plusieurs sortes de vins ou de liqueurs. Tous ces objets étaient décorés de petites figures de chevaliers, d'animaux réels ou fantastiques, de fleurs ou de feuillages, etc.

Un poète de cette époque, Eustache Deschamps, décrit ainsi les joyaux et bijoux des nobles dames de son temps : « Il faut, dit-il,

> Aux matrones
> Nobles palais et riches trônes,
> Et à celles qui se marient
> Qui moult tôt (bientôt) leurs pensers varient,
> Elles vealent tenir d'usaige,...
> Vestements d'or, de draps de soye,
> Couronne, chapel et courroye
> De fin or, espingle d'argent...,
> Puis couvrechiefs a or batus,
> A pierres et perles dessus....
> Encore voi..je que leurs maris,
> Quand ils reviennent de Paris,
> De Reims, de Rouen et de Troyes,
> Leur rapportent gants et courroyes...
> Tasses d'argent ou gobelets...,
> Avec bourse de pierreries,
> Coulteaux à imagineries...
> Espingliers (étuis) taillés à émaux. »

Jusqu'au xiiie siècle les bijoux byzantins avaient été très recherchés par la noblesse, et les joyaux fabriqués en France n'étaient la plupart du temps qu'une imitation plus ou moins libre de ceux qui étaient importés de Byzance, ou plutôt encore de Venise, ville dans laquelle le style oriental s'est maintenu pendant très longtemps. « On employait alors dans les vêtements, dit Viollet-le-Duc, des plaques d'or travaillées, repoussées, gaufrées et burinées, ornées de pierreries et de perles qui s'appliquaient aux cols des robes des hommes et des femmes, aux ceintures, aux cercles qui retenaient les cheveux longs, et même aux chaussures. Ces plaques, posées jointives, cousues sur l'étoffe, pouvaient prendre ainsi la forme des parties du corps qu'elles couvraient. Les statues du xiie siècle nous fournissent d'assez nombreux exemples de ces sortes de joyaux, dont quelques échantillons se trouvent encore dans nos musées. » Ces sortes de plaques étaient, suivant Viollet-le-Duc, de fabrication occidentale, mais les cercles ou couronnes de métal que l'on portait sur la tête venaient probablement de Byzance, puisque les plus anciens types que l'on en connaisse proviennent des manuscrits grecs. De petits bijoux attachés à ces couronnes pendaient le long de la chevelure des deux côtés de la tête et remplaçaient les boucles d'oreilles qu'on ne portait pas à cette époque.

A l'exception du clergé, qui a toujours aimé les joyaux, on ne voit pas que la bijouterie ait eu une bien grande importance au xiiie siècle; le costume, d'ailleurs, ne s'y prêtait pas beaucoup. Mais le contraire arriva dans la période suivante. Sous Charles VI, nous voyons les ducs de Bourgogne et d'Orléans rivaliser de faste : les perles fines furent très à la mode à cette époque. Le besoin de pierreries fut si général dans la noblesse, qu'on alla jusqu'à dépouiller les châsses et les reliquaires de l'époque précédente, pour enrichir les larges ceintures et les coiffures des seigneurs de la cour et des nobles dames. L'extension énorme que prit la joaillerie française au xive siècle est d'ailleurs un fait que tous les historiens ont remarqué.

Viollet-le-Duc résume ainsi l'histoire de la bijouterie française pendant le moyen âge : « Empreinte du goût oriental byzantin pendant la période carlovingienne et jusqu'au xiiie siècle, la fabrication des joyaux occidentaux s'en affranchit peu à peu vers le commencement du xiiie siècle, pour adopter un caractère nouveau. Aux vieux types conventionnels de l'Orient, à ces filigranes perlés appliqués sur des fonds unis, aux lourdes et très saillantes bâtes sertissant les pierreries, les joailliers substituent les travaux d'*enlevure*, c'est-à-dire repoussés ou emboutis, les délicates gravures, les bâtes de monture relativement peu saillantes, parfois la ciselure, ou tout au moins un burinage très ferme et délié du métal préalablement repoussé. Cependant les habits de la noblesse ne sont plus faits d'étoffes ornées d'orfrois et de plaques d'orfèvrerie. Les bijoux se bornent à des ceintures, des colliers, des coiffures et des couronnes, des fermoirs et mordants. Le goût pour le port des joyaux sur les habits reparaît après la mort de Louis IX, et ne fait que se développer pendant le cours du xive siècle. L'inventaire du trésor de

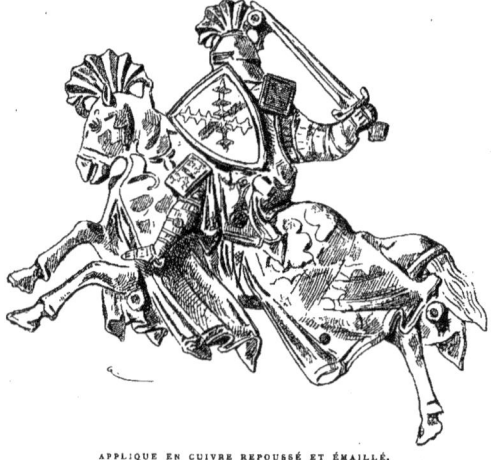

APPLIQUE EN CUIVRE REPOUSSÉ ET ÉMAILLÉ.

Charles V contient un nombre prodigieux de joyaux de corps d'un grand prix, indépendamment de la vaisselle plate d'or et d'argent, des châsses, reliquaires et tableaux d'orfèvrerie. C'est aussi sous ce prince que l'industrie des joailliers atteint l'apogée, non seulement comme quantité de fabrication, mais comme qualité et comme goût. Jamais on ne sut mieux adapter cet art à la toilette. Les quelques objets qui nous restent de cette époque, et les nombreux monuments figurés qui nous en ont conservé les formes et la composition, montrent la supériorité de cette fabrication française à la fin du xive siècle.

« Après les désastres du commencement du xve siècle, le luxe des joyaux reparaît, mais l'influence de la cour de Bourgogne a remplacé celle des Valois, et cette influence est, au point de vue du goût, médiocre, tout entachée de style flamand et tudesque. La profusion des détails, la confusion des compositions, la sécheresse de l'invention, et l'affectation à suivre certains types de convention, maniérés toujours, laids assez souvent, font des œuvres intéressantes, curieuses à coup sûr, belles très rarement... L'art et l'industrie en France, sous les Valois de la fin du xive siècle, ont un caractère nettement empreint du génie français, et, parmi ces industries, l'orfèvrerie et la joaillerie se distinguent particulièrement. Ce caractère s'efface pendant les malheurs du xve siècle, et ne recommence à se montrer avec franchise qu'à la fin de ce siècle, c'est-à-dire aux premières lueurs de la Renaissance. »

Le cuivre a toujours été employé, conjointement avec l'argent et l'or, pour les pièces d'orfèvrerie religieuse et notamment pour les châsses, les reliquaires, les candélabres, les crosses, etc. Aussi nos collections renferment-elles nombre d'objets extrêmement précieux, bien que leur valeur intrinsèque soit presque nulle, parce que les orfèvres apportaient autant de soins à leur confection que s'ils eussent été en métal précieux. L'emploi du cuivre était beaucoup moins fréquent dans l'orfèvrerie usuelle. Dans les classes pauvres on se servait à peu près exclusivement d'écuelles de bois ou de poteries communes, tandis que sur la table des riches la vaisselle était toujours en argent.

Cependant les objets en cuivre que nous a laissés le moyen âge montrent en général une assez grande habileté chez ceux qui les ont confectionnés. Nos collections renferment quelques appliques en cuivre repoussé portant encore des traces de dorure et d'émail. Jusqu'au xve siècle, on a fait, pour les besoins de notre noblesse guerroyante, des chevaliers galopant et armés de toutes pièces, comme ceux qui sont figurés sur les jetons et les sceaux de la même époque. Des animaux fantastiques, généralement en cuivre jaune, et qui servaient probablement d'enseignes, témoignent de l'imagination de nos pères dans le génie bizarre. On y trouve notamment un type qui rappelle un peu la Chimère antique. Les époques barbares ont la conception des formes étranges et savent leur donner une apparence décorative, que l'imitation plus rigoureuse des périodes civilisées atténue nécessairement.

Dès une haute antiquité, le fer avait été dans les Gaules d'un emploi assez commun, et on s'en servait dans la plupart des cas où les Romains employaient le bronze. L'art du forgeron paraît aussi avoir eu dans l'époque carolingienne un certain développement, mais comme les monuments qui sont parvenus jusqu'à nous ne remontent pas au delà du xiie siècle, c'est à

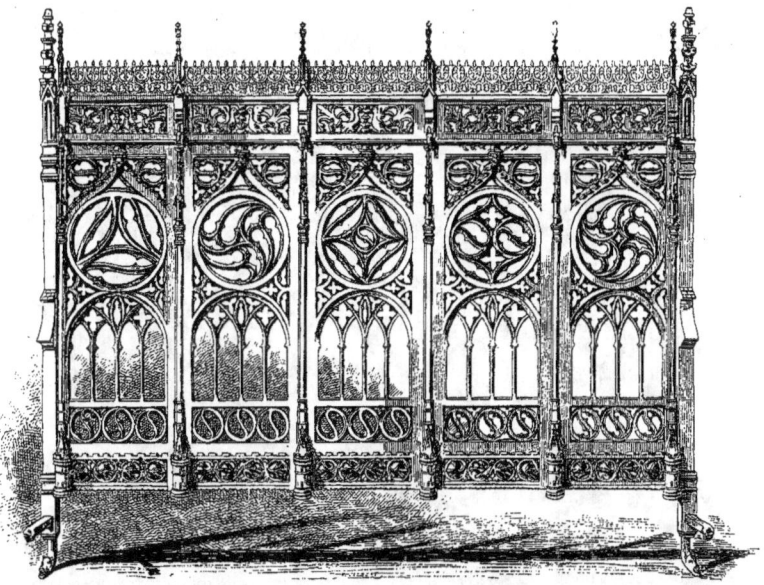

GRILLE GOTHIQUE, SECONDE MOITIÉ DU XVe SIÈCLE.

cette époque seulement qu'on peut commencer l'histoire de la serrurerie française. On n'avait pas alors les puissants moyens dont la mécanique dispose aujourd'hui et le forgeron devait tout faire à la main. Ce qui frappe dans les ouvrages de cette époque, c'est un goût exquis de l'ornementation uni à une incroyable habileté dans la main d'œuvre.

« Au commencement du xiiie siècle, dit M. Labarte, l'art de forger le fer avait été porté à un très haut degré de perfection. Les grilles composées de rubans de fer enroulés et décorés seulement de quelques coups de poinçon parurent trop simples aux habiles forgerons de ce temps. Ils imaginèrent de terminer les brindilles de fer qui formaient les enroulements par des ornements d'un bon style enlevés à fer chaud au moyen d'une étampe. Souvent les brindilles de fer richement ornementées, au lieu d'être disposées entre les montants et les traverses qui forment l'armature principale, sont appliquées sur cette armature. La grille, en ce cas, n'est décorée que du côté extérieur. A côté des grilles, il faut placer les pentures de porte que les forgerons du xiie et du xiiie siècle exécutèrent avec une rare perfection. Que les pentures soient simples ou riches, elles sont toujours d'un goût remarquable. Dans les plus belles, les enroulements qui consolident les madriers de bois dont se composent les portes sont décorés d'animaux et de feuillages, et terminés par des fleurons élégants. »

Les pentures des portes de Notre-Dame de Paris sont un magnifique exemple de la serrurerie de cette époque. Une vieille légende s'y rattache; les ferrures ont été exécutées par un serrurier appelé Biscornette, qui avait vendu son âme au diable pour être aidé dans ce travail et surpasser ainsi tous ses confrères. Mais le diable fut volé dans cette affaire comme dans toutes celles du même genre qu'il a voulu entreprendre; le pacte fut forcément rompu, parce que le diable ne parvint pas à faire la porte du milieu, attendu que c'est par cette porte que passe le Saint-Sacrement, qui a toujours pour effet d'empêcher l'œuvre du diable de subsister, de sorte qu'elle ne put être terminée. L'art y a beaucoup perdu, car c'est pour cette raison que les pentures du XIIIe siècle ne se trouvent que sur les portes qui sont de chaque côté de l'entrée principale.

Le fer était également employé pour les coffrets; nous avons aussi de beaux spécimens des serrures monumentales et des grandes clefs du moyen âge. Mais c'est surtout dans les grilles que les serruriers déployaient tout le luxe de l'ornementation. Il en existe d'assez nombreux échantillons, qui pour la plupart appartiennent au XVe siècle. Le style ogival y prend les mêmes allures que dans les monuments en pierre ou en bois; seulement les colonnettes sont en général plus grêles.

Ainsi voyons-nous qu'au moyen âge, tous les métaux habituellement employés dans l'industrie ont donné lieu à des travaux d'un grand mérite, et dont le style ornemental suit toujours, d'une manière plus ou moins rigoureuse, l'impulsion donnée par les architectes aux monuments de la même époque.

« S'il est une matière impérieuse, dit M. Viollet-le-Duc, ce sont les métaux. Il n'est que deux manières de les employer. La première consiste à les faire entrer en fusion et à les couler dans un moule creux; on obtient ainsi un objet concret, résistant, auquel on peut donner des formes très variées, en évitant, autant que faire se peut, les arêtes trop vives, les angles et les membres rectilignes, qui ne viennent pas bien à la fonte. Mais ce procédé donne des objets d'un poids relativement considérable, et ne peut guère convenir qu'exceptionnellement, si l'on met en

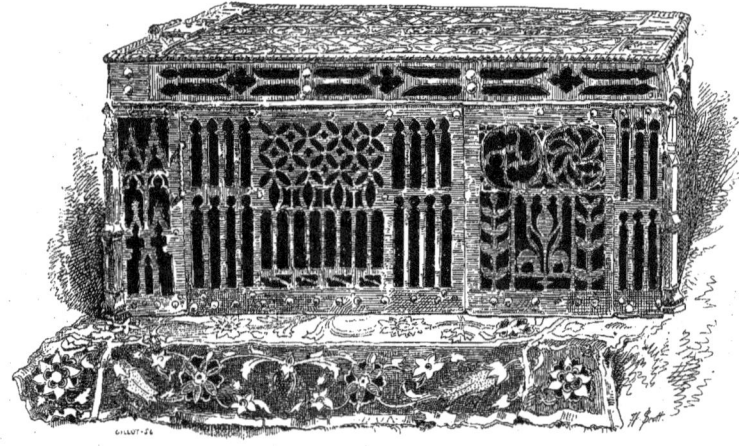

COFFRET EN FER DÉCOUPÉ ET CISELÉ. — XVe SIÈCLE.

œuvre des métaux d'un prix très élevé. Le second procédé consiste à laminer les métaux par le martelage, et à les *repousser*, en raison de leur propriété malléable, jusqu'à ce qu'on leur ait donné le modelé convenable. Les deux procédés peuvent être parfois employés simultanément dans la fabrication d'un même objet, mais le métal repoussé n'ayant jamais l'aspect du métal fondu, il est difficile d'obtenir un résultat complètement satisfaisant par ce mélange des deux modes. Les parties fondues peuvent être réunies par le moyen de la soudure, par des rivets, des assemblages. Les orfèvres du moyen âge ont été très discrets dans l'emploi de ces expédients, et, autant que possible, leurs fontes sont faites d'un jet. Mais la soudure est particulièrement propre à la confection des objets composés de pièces martelées, étirées, repoussées, et ils ont porté très loin cette industrie, qui exige une grande habileté et une expérience consommée. En effet, lorsqu'il s'agit de souder des pièces minces et délicates de métal, la chaleur modifie la forme de ces pièces et peut même les fondre. D'ailleurs, ces orfèvres du moyen âge ne possédaient pas les moyens qui nous sont connus aujourd'hui. Pour fondre, ils n'avaient que le charbon et des soufflets qui remplaçaient nos chalumeaux perfectionnés. Cette pauvreté de moyens n'était pas un obstacle pour eux, puisque nous voyons une grande quantité de pièces d'orfèvrerie des XIIe et XIIIe siècles, et même antérieures à cette époque, très adroitement réunies par le moyen de la soudure. Le métal fondu pouvait être retouché par la ciselure ou au burin; aussi ces artisans employaient-ils ces procédés qui, entre des mains habiles, enlèvent à la fonte l'aspect mort et froid qu'elle conserve habituellement. Quant aux pièces martelées, elles étaient également retouchées au burin, gravées, et le repoussé acquérait ainsi de la vivacité et quelque chose de précieux. Il est évident que ces procédés si simples et qui demandent un outillage si peu important, prenaient leur valeur de l'adresse et du talent de l'ouvrier qui les employait. La main de l'homme, qu'aucun moyen mécanique ne surpasse, se sentait partout sur ces pièces d'orfèvrerie, mais quand les procédés matériels ont été très développés, leur exactitude, leur précision même, leur inintelligence, ont remplacé peu à peu cet attrait qui s'attache à tout ce que la main humaine façonne. Aussi ne doit-on pas être surpris si l'on a tant de peine aujourd'hui, dans l'orfèvrerie comme dans d'autres branches de l'industrie, à obtenir des objets qui aient le charme des choses anciennes. Le voisinage du moyen mécanique a déshabitué la main de l'ouvrier de ce travail intelligent et personnel, et ses efforts tendent à imiter la régularité sèche et froide de la machine. »

ANGLETERRE

On a retrouvé dans un grand nombre de sépultures anglo-saxonnes des armes, des bracelets, des fibules, et des bijoux d'or incrustés de grenat, qui montrent que, dans la période mérovingienne, l'industrie de la Grande-Bretagne ne différait pas essentiellement de la nôtre. Mais les pièces d'orfèvrerie religieuse sont d'une extrême rareté en Angleterre, et c'est en Irlande qu'il faut aller pour trouver des pièces d'un caractère bien spécial se rattachant à la première partie du moyen âge. L'Irlande a eu de nombreux confesseurs dont les reliques pieusement recueillies ont donné naissance à une orfèvrerie extrêmement curieuse. La plupart des saints irlandais étaient des solitaires, et leurs ermitages étaient ordinairement pourvus d'une petite cloche, à l'aide de laquelle sans doute ils appelaient près d'eux les fidèles désireux de recevoir leur enseignement. Ce qu'il y a de sûr, c'est que ces clochettes, devenues par la suite des objets vénérés, ont été fréquemment enchâssées dans de riches montures d'orfèvrerie, d'un style tout à fait spécial et dont l'équivalent ne se trouve guère dans les autres pays. Des entrelacs très ingénieusement combinés, comme ceux qu'on retrouve sur les manuscrits de la même époque, constituent l'ornementation de ces reliquaires, dont la forme suit toujours assez exactement celle des clochettes sur lesquels ils sont adaptés. Le *British Museum* possède plusieurs de ces joyaux religieux, qui se rencontrent également dans plusieurs autres collections anglaises, mais on n'en trouve guère dans celles du continent.

Plusieurs abbayes, notamment celle de Saint-Alban, près de Londres, avaient des ateliers dans lesquels les moines faisaient de l'orfèvrerie religieuse. On sait que l'orfèvrerie anglaise, du xiie au xve siècle, ne le cédait à celle d'aucun pays d'Europe à la même époque, mais la révolution religieuse qui a transformé ce pays a été tellement radicale dans ses principes et tellement violente dans ses actes, qu'il n'est presque rien resté des immenses travaux accomplis par les moines. On le voit à la rareté des produits anglais se rattachant à cette période, rareté qu'il est facile de constater, non seulement dans les expositions rétrospectives qui se font en Europe, mais même dans celles qui ont eu lieu en Angleterre. C'est presque uniquement à l'aide des descriptions écrites, que l'on peut présumer ce qu'était au moyen âge l'orfèvrerie religieuse des Anglais, et il ne semble pas, en mettant à part les pièces irlandaises dont nous avons parlé, qu'elle ait dû être bien différente de celle qui se fabriquait sur le continent.

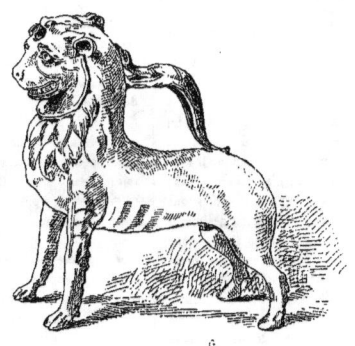

DEUXIÈME PARTIE

LE MÉTAL

DANS LES TEMPS MODERNES

LA BIJOUTERIE

Jusqu'au XVIe siècle, les artistes qui travaillaient le métal, soit pour des ouvrages de grande dimension, soit pour des bijoux portatifs, n'avaient pour ainsi dire pas de spécialités. La qualification d'orfèvre s'appliquait indistinctement à tous les artistes qui faisaient des objets de métal et Benvenuto Cellini ciselait des boutons de chape pour les évêques, en même temps qu'il fondait son *Persée*. Mais il est à peu près le dernier qui ait possédé cette universalité, et la division du travail, réparti en professions spéciales, qui est le caractère de l'art et de l'industrie des temps modernes, commence aussitôt après la Renaissance. Il n'est donc plus possible, quand on aborde les temps modernes, de prendre en bloc le travail des métaux, dans une période ou dans une nationalité, et nous serons obligé d'étudier l'une après l'autre chacune des professions qui relèvent du métal.

Nous commencerons par la bijouterie : un des maîtres de la profession va nous expliquer lui-même en quoi consiste le travail du bijoutier. Nous extrayons les lignes suivantes d'un rapport de M. Falise, sur l'exposition organisée par l'Union centrale des Beaux-Arts appliqués à l'industrie, en 1876.

« Si la plus grande difficulté consiste à renfermer l'idée, à resserrer la composition dans le cadre étroit d'un bijou, les moyens d'exécution sont plus développés et plus multiples que dans la plupart des autres métiers.

« La matière est riche, c'est l'or, c'est l'argent, ce sont les pierres dans leur infinie variété ; docile à prendre toutes les formes, l'or se modèle sous le marteau, la lime et le ciselet, il se cambre sous la pince, il épouse la forme du moule, on le tourne, on l'emboutit, on le soude, on le découpe comme une dentelle, on le grave, on l'incruste, on le sertit. Il se prête donc à toutes les variations de la forme.

« Puis sa couleur chaude et rutilante est une fête pour les yeux, et cependant les pierres ou les émaux y viennent encore ajouter leurs effets chatoyants. Le coloriste y peut trouver les contrastes les plus heureux, la peinture l'orne de figures ou d'entrelacs et devient inaltérable au feu ; les nielles, les camées, les mosaïques, les sertissages de pierres fines, tout est matière à d'heureuses modifications, et cette même souplesse que nous avions dans la forme, nous la possédons encore dans l'emploi des couleurs.

« Mais ce sont là autant de professions diverses, qui, connexes à celles de l'orfèvre et du bijoutier, demandent une étude spéciale et dont un artiste habile, mais peu initié, risquerait de se mal servir. Bien peu déjà parmi nos meilleurs fabricants savent employer utilement les collaborateurs qu'ils ont chez les ciseleurs, les graveurs, les émailleurs, les peintres, les nielleurs, les fondeurs, les lapidaires, les sertisseurs, les incrusteurs, les doreurs, les reperceuses et les cent autres mains qui s'offrent à eux. Cette infinie division du travail, qui est un progrès au point de vue économique, est un embarras pour la composition, car l'inventeur qui n'est pas versé dans chacune de ces spécialités ne pourrait plus, comme autrefois Benvenuto, en parler et s'en servir tout ensemble. »

Benvenuto Cellini a en effet composé un traité très complet sur l'orfèvrerie, dans lequel il décrit tous les procédés techniques employés par les orfèvres de son temps qui étaient en même temps bijoutiers, car sous la Renaissance, ces deux professions

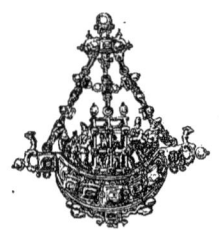

PENDELOQUE DU XVe SIÈCLE.

étaient absolument confondues et n'en faisaient qu'une. « Depuis la fin du XIII° siècle, dit Jules Labarte, l'orfèvrerie italienne avait suivi pas à pas les progrès de la sculpture, avec laquelle elle s'était identifiée pour ainsi dire. Les orfèvres avaient adopté des formes pures et correctes, et leur style s'était amélioré par l'étude des monuments de l'antiquité, sans qu'ils aient négligé pour cela de conserver aux pièces destinées à l'église un caractère religieux. Au XV° siècle, l'orfèvrerie avait atteint le plus haut degré de perfection sous la direction des grands artistes qui s'y étaient adonnés. Le XVI° siècle ne compta pas parmi ses orfèvres des artistes de la valeur des Ghiberti, des Verrocchio, des Pollajuolo, des Francia, et si les grands sculpteurs de cette époque consentirent à fournir des modèles à l'industrie, aucun, si ce n'est Benvenuto Cellini, ne fit de l'orfèvrerie sa profession habituelle; mais il était sorti des ateliers des orfèvres du XV° siècle une foule d'artistes de talent qui perpétuèrent la tradition des maîtres. L'orfèvrerie resta intimement liée à la sculpture, durant tout le cours du XVI° siècle, et elle s'attacha dans toutes ses compositions à la reproduction de la figure humaine. Le goût très prononcé pour les sujets mythologiques et poétiques de la Grèce antique, qui se produisit alors, eut une grande influence sur l'orfèvrerie Pour se reposer des grandes compositions où l'on faisait figurer

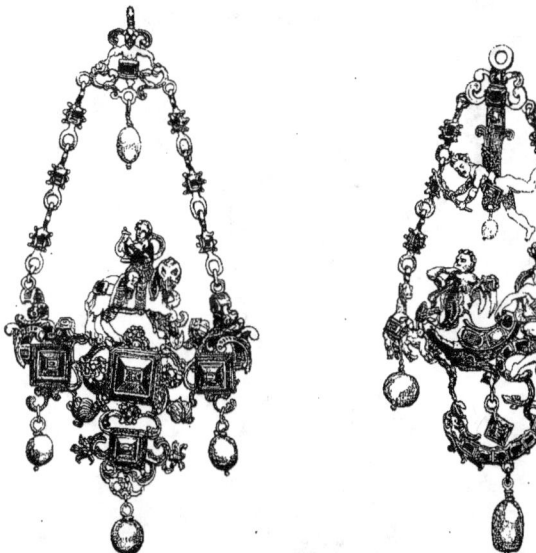

PENDELOQUES DU XVI° SIÈCLE.

ordinairement les personnages de l'Ancien et du Nouveau Testament ou les héros de l'histoire profane, les artistes ressuscitèrent à plaisir les monstres rêvés par les anciens. Au milieu d'une végétation tortueuse de rameaux et de feuillages, au centre d'enroulements fantastiques, ils firent revivre les Centaures, les Pans, les Sylvains, les Tritons, les Néréides, toutes ces productions fabuleuses où la nature humaine et la nature animale s'unissent de la façon la plus gracieuse. La découverte des Thermes de Titus, dont les peintures inspirèrent à Raphaël la décoration des Loges du Vatican, avait mis en vogue les compositions auxquelles on donna alors le nom de grotesques, parce que les modèles s'en étaient trouvés dans des souterrains appelés grottes, et que plus tard on désigna sous celui d'arabesques. C'était un mélange de figurines, de masques, de fleurs et de fruits, en bouquets ou en guirlandes, d'objets et de détails fort divers assemblés avec goût de manière à charmer les yeux. Les orfèvres ne manquèrent pas d'enrichir leurs compositions de ces arabesques, qui sont ordinairement du plus gracieux effet. Le style qui se forma sous cette influence convenait parfaitement aux bijoux, qui prirent au XVI° siècle des formes d'une rare élégance. Les orfèvres du XV° siècle avaient fait un grand usage des émaux de basse taille dans l'ornementation de leurs travaux d'or et d'argent; les procédés d'exécution des émaux furent perfectionnés par Caradosso et par Cellini, et ils devinrent d'un emploi général. »

L'influence exercée par Benvenuto Cellini sur la bijouterie française du XVI° siècle a été considérable. Les bijoux qu'il avait exécutés pour les dames de la cour, pendant le séjour qu'il fit en France, de 1540 à 1545, furent regardés comme une grande nouveauté et très prisés dans la noblesse. Les sujets mythologiques traités dans le style italien devinrent fort à la mode, et décorèrent à qui mieux mieux les pendants, les anneaux et les bracelets. C'est d'ailleurs une mythologie capricieuse et qui ne se pique nullement d'érudition. Dans de jolies pendeloques en or émaillé, rehaussées de perles fines, les héros de la fable apparaissent quelquefois dans les travestissements les plus singuliers. C'est ainsi qu'on rencontre Amphion, qui, au lieu du dauphin, a pris pour monture un éléphant.

On donne le nom de pendants, ou plutôt encore d'*enseignes*, à un genre de bijoux, qui a été très recherché à partir du commencement de la Renaissance et qui a continué à être en vogue jusqu'à l'avènement de Henri IV. Ces bijoux, qui étaient généralement décorés d'émaux, se portaient sur le corsage des femmes, ou bien se suspendaient à la chaîne qui s'attachait à la coiffure ou aux colliers que les hommes jetaient sur leurs vêtements. Au XVIe siècle, on en voyait beaucoup sur le chapeau des hommes, à peu près comme nos cocardes : dans ce cas l'enseigne prenait assez souvent la forme d'une médaille. Souvent aussi on tailla en pierres précieuses les figures qui décoraient les enseignes, car la glyptique était fort en vogue et on ne manquait pas d'habiles graveurs. En France comme en Italie, les orfèvres se confondaient avec les bijoutiers, et il est assez probable qu'ils étaient eux-mêmes graveurs et sculpteurs. Cependant il n'est pas démontré que les grands statuaires de

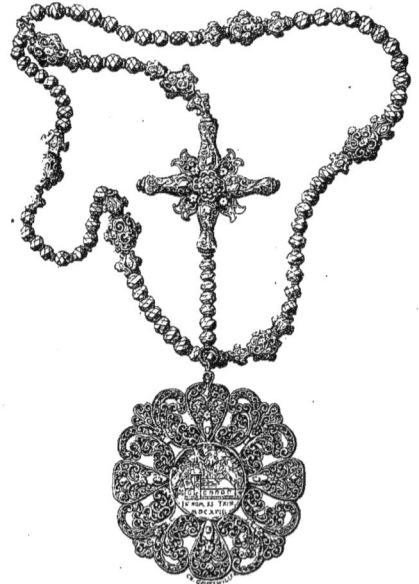

BIJOU DU XVIIe SIÈCLE. — MUSÉE DE COLMAR.

la Renaissance française, les Jean Goujon, les Germain Pillon, les Jean Cousin, aient fourni eux-mêmes des dessins à l'industrie, mais on ne saurait non plus affirmer le contraire, car on est dans une incroyable pénurie de documents pour tout ce qui concerne la biographie de ces grands maîtres. Les bijoux français du XVIe siècle sont de la plus extrême rareté ; le Musée du Louvre possède cependant quelques jolies bagues et plusieurs pendeloques. Il y a aussi quelques enseignes intéressantes au cabinet des médailles de la Bibliothèque nationale.

Au XVIIe siècle, l'Italie s'efface à peu près complètement dans l'industrie comme dans l'art, et, en France, malgré le goût de cette époque pour la magnificence, la bijouterie n'est pas en progrès. L'accumulation d'un grand nombre de petits personnages dans le décor d'un bijou déjà fort exigu en lui-même, se rencontre assez fréquemment à partir de la fin du XVIe siècle. Les pendeloques affectent tantôt la forme d'un petit navire pourvu de son équipage au complet, tantôt celle d'un léger portique formé de termes, de colonnes ou de balustres, sous lequel sont placées des figurines qui affectent quelquefois de représenter des scènes de la comédie italienne. Les éléments décoratifs que J. Berain a prodigués dans le décor des appartements et du mobilier se retrouvent également dans la bijouterie de la même époque. Ce sont partout des mascarons, des bustes de femmes cambrées sur leurs gaînes terminées en pointes, des colonnes grêles encadrant une divinité, des singes grimaçants, des sphinx coiffés d'un toquet avec l'aigrette sur l'oreille, et mille autres inventions bizarres et capricieuses, qui font quelquefois bon effet sur une tapisserie, mais qui, réduits à des proportions presque microscopiques, produisent une confusion inévitable et rarement heureuse.

Un bijou qu'on voit fréquemment représenté dans la seconde partie du XVIIe siècle et pendant toute la première moitié du XVIIIe, c'est une espèce de disque percé à jour, et dont le dessin consiste habituellement en feuilles d'acanthe arrondies à leur extrémité et combinées avec des entrelacs et des palmettes. Quelquefois la palmette sert de coiffure à un petit masque humain, plusieurs fois répété à la circonférence, car ces bijoux sont presque toujours d'une ornementation symétrique et rayonnante. C'est principalement dans les bijoux se rattachant à l'horlogerie que ce mode de décor a été employé.

« C'est surtout, dit Alfred Darcel, dans les émaux translucides sur relief, qu'on retrouve les fleurs naturelles souvent combinées avec des ornements composés. C'est au XVIIe siècle surtout que les jonchées de fleurs, ainsi que les animaux réels, écureuils, perroquets et oiseaux de toute espèce, colimaçons, etc., interviennent dans l'ornement ; aussi la plupart des artistes qui ont fourni des modèles aux arts décoratifs de cette époque ont-ils eu soin de joindre à leurs compositions des études d'après nature, que les artisans employaient et combinaient à leur gré. »

Un recueil publié en 1623 par l'orfèvre G. Lesgaré contient un grand nombre de gravures représentant des modèles de la bijouterie du temps, dont les pièces originales sont d'une extrême rareté dans nos musées. On y trouve des bouquets et des guirlandes dont les feuilles, généralement très pointues, sont combinées avec des perles et des pierres précieuses. La bijouterie est pour ainsi dire noyée dans la joaillerie dont elle forme en quelque sorte la partie accessoire. Les dessins consistent presque exclusivement en nœuds et en entrelacs destinés à recevoir des diamants et autres pierres précieuses.

« Le goût des pierres précieuses et des perles, dit Albert Jacquemart, dans son *Histoire du mobilier*, a détrôné peu à peu celui des bijoux ciselés et l'on a vu, pour ainsi dire, le joaillier se substituer au bijoutier. Cette transformation est-elle une cause ou un effet ? Les grands artistes manquaient-ils pour créer de ces œuvres qui s'imposent, ou le changement de la mode força-t-il les ciseleurs et les émailleurs à déserter les ateliers de bijouterie ? Ce qui est sûr, c'est qu'au XVIIe siècle, les bouquets en diamants, les ornements en perles brillaient seuls, là où s'étalaient, peu de temps avant, les colliers en lacs d'amour, en chiffres émaillés, en emblèmes héraldiques ou amoureux, qu'accompagnaient les pendants et les enseignes. »

Pendant la première moitié du XVIIIe siècle, à l'époque où le style rocaille prévalait en France dans la confection des meubles et où la bijouterie prenait un caractère contourné qui frise quelquefois la bizarrerie, un mouvement analogue, mais beaucoup plus prononcé, se produisait en Allemagne et principalement en Saxe.

Toutes les fois que dans les arts industriels, la fabrication française se laisse entraîner à un goût douteux, on est sûr de voir, de l'autre côté du Rhin, surgir des tendances analogues, mais exagérées jusqu'à la caricature. Pendant trente ans, l'orfèvre Melchior Diglinger eut à Dresde un atelier, où, aidé de ses fils et de ses ouvriers, il travaillait pour le compte du roi Auguste de Saxe. C'est le représentant le plus direct et le plus connu du goût allemand de cette époque dans les objets d'or et d'argent, qu'il mettait d'ailleurs en œuvre avec un véritable talent de praticien.

« Les ouvrages principaux, conservés aujourd'hui dans une des salles de la Grune-Gœwelbe, forment, dit M. Alfred Darcel, le plus éclatant, mais le plus bizarre assemblage de merveilles de matières et d'exécution. Ce n'est point le rococo qui domine, mais le baroque. On ne voit que perles de formes hétéroclites montées en personnages empruntés aux caprices de Callot, et formant des scènes compliquées. L'une des plus vastes est la réception d'un ambassadeur à la Cour du grand Mogol, en or émaillé, fruit de huit années de travaux. Ces œuvres ont formé une école de bijouterie qui a répandu en Europe ses boîtes de pierres dures, montées en ors de plusieurs couleurs, qui sont des modèles d'exécution. »

Dans les arts industriels aussi bien que dans les beaux-arts proprement dits, lorsque le maniérisme est allé trop loin, il se produit une réaction en sens inverse, et c'est toujours au nom des traditions de l'antiquité qu'on prétend revenir au bon goût. Le retentissement qu'eut, au XVIIIe siècle, la découverte des villes enfouies depuis des siècles sous les laves du Vésuve, fut un aide puissant pour ceux qui, par lassitude du style contourné, attendaient et préconisaient un changement dans le goût public. Les artistes français qui faisaient le voyage d'Italie ne manquaient pas de faire à Naples un assez long séjour et en revenaient avec des préoccupations nouvelles. Le goût des bergers et des moutons enrubannés, employés alors dans la décoration des appartements, nous semble aujourd'hui s'accorder difficilement avec la sévérité de l'art antique, mais à cette époque tout ce qui avait la prétention d'être agreste semblait un retour à la simplicité. C'est de cette association d'idées qu'est né le style du temps de Louis XVI.

Le bijoutier Lempereur fut le premier qui se créa une réputation dans la bijouterie renouvelée ; quelques-uns de ses ouvrages ont été gravés par son élève Pouget en 1767.

« Les formes antiques, dit M. Alfred Darcel, même telles qu'on les comprenait alors, se montrent d'une façon très discrète dans ces bijoux de formes balancées d'ailleurs, où les ors de diverses couleurs devaient se marier aux pierres précieuses, en figurant encore les attributs des bergerades, si chères à l'époque précédente. Quelques grecques introduisent seules, parfois, leur ligne géométrique au milieu des rubans et des guirlandes de lauriers. L'émail redevint à la mode, et nous le voyons couvrir de sa glaçure transparente et des tons les plus fins l'or guilloché des boîtes. »

Le goût de l'antiquité se développant de plus en plus, on tenta de ressusciter l'emploi des pierres gravées dans la bijouterie, mais cette tentative ne parvint jamais à dominer complètement la mode. Les femmes ont rarement le goût de l'archéologie, et si quelques-unes, cédant au courant général, affectaient dans leur parure un goût sobre et épuré, la plupart préféraient les pierreries étincelantes aux délicates gravures d'un camée. Seulement, comme les dessinateurs de bijoux étaient tous dans le même mouvement, le diamant s'associait à la palmette, et la fine ornementation grecque était tuée par les brillants joyaux qu'elle avait pour mission d'encadrer. En somme, la bijouterie ne s'est pas élevée bien haut sous la Révolution, et l'influence de David sur les arts industriels, mais principalement sur les objets de toilette, ne fut pas très heureuse. Il y eut pourtant à cette époque quelques très beaux bijoux, qui, comme les portraits du temps en font foi, sont de simples imitations, quelquefois même des copies littérales des bijoux grecs représentés sur les vases, ou des bijoux romains découverts à Pompéi.

Quand le mouvement romantique se décida dans la littérature et dans les arts, l'industrie n'y demeura pas étrangère, mais tous les essais de résurrection du moyen âge furent assez malheureux. Quelques ébénistes tentèrent de chercher des modèles dans les vieux bahuts et dans les fauteuils d'évêques, mais ce système ornemental fut promptement abandonné, parce qu'il n'était pas du tout conforme à nos habitudes modernes, et qu'il cadrait assez mal avec nos appartements. La bijouterie demeura

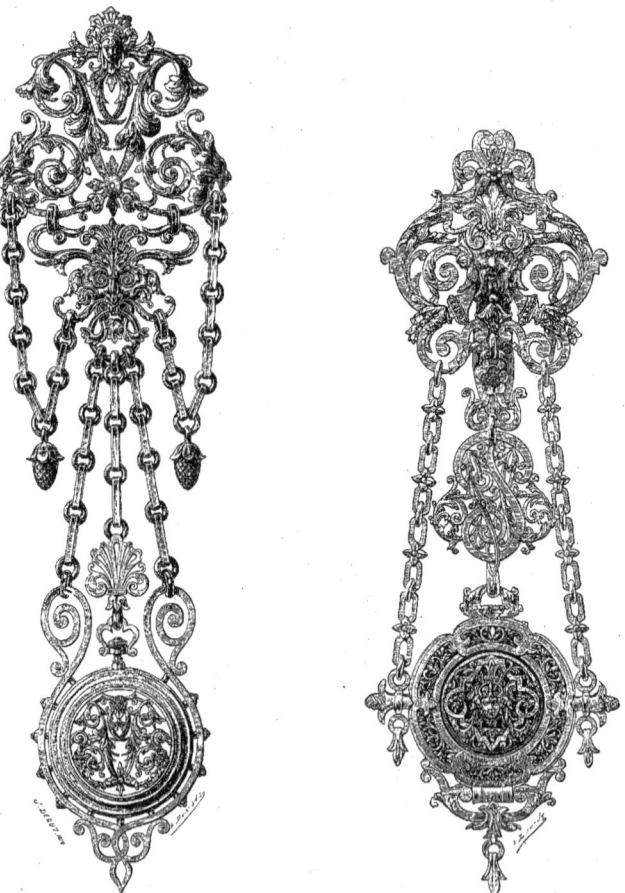

CHATELAINES, PAR BOUCHERON.

à peu près étrangère à ce mouvement, peut-être parce que les documents lui faisaient défaut. Mais ce mouvement, qui dans les arts ne fut qu'éphémère et qui, dans l'industrie, échoua complètement, eut pourtant un bon résultat. En appelant l'attention sur notre architecture nationale et sur tout le passé intime de notre pays, il fit retrouver des traditions perdues, revenir à des styles oubliés. C'est ainsi que dans le mobilier on se passionna pour les meubles de Henri II, et que les bijoux de la Renaissance commencèrent à être appréciés de nos fabricants.

Aujourd'hui encore, c'est dans cette direction que se font les plus grands efforts de la bijouterie. Mais il faut signaler la différence très grande qui existe entre les dessinateurs de meubles. et les dessinateurs de bijoux. Quand un de nos grands ébénistes fait un meuble style Henri II, son produit n'accuse la plupart du temps aucune invention; son dessinateur a calqué une ancienne gravure, et le modèle qu'il présente est une imitation littérale. Il n'en est pas du tout de même dans la bijouterie ; le style de la Renaissance est un point de départ, mais rien de plus. Le dessinateur s'ingénie à trouver mille combinaisons diverses, et il sait à l'occasion se montrer créateur tout en restant fidèle à l'ordre d'idées qui a ses préférences.

Il suffit pour s'en convaincre de regarder les beaux ouvrages de M. Boucheron, qui est bien véritablement le roi de la bijouterie contemporaine. Voici par exemple une châtelaine en or ciselé, avec mascarons, dans le style de la Renaissance. La montre

BOUCLE D'OREILLE, PAR BOUCHERON.

est renfermée dans une boîte formant deux anses auxquelles se rattachent les chaînes qui joignent la montre à la châtelaine. Ces chaînes, en or rouge poli, se relient de la manière la plus heureuse au chiffre qui fait le fond de l'ornementation. La couleur rosée de ce bijou est du plus heureux effet. Quoique l'ornementation ait bien le cachet de l'époque à laquelle on a voulu nous reporter, personne ne s'y trompera, car il y a une forte dose d'originalité dans ce bijou qui ne rappelle aucun modèle connu.

Les boucles d'oreilles, en lames d'or rouge, que nous reproduisons, sont remarquables par le style du dessin et par la perfection rigoureuse des contours. Ces boucles d'oreilles sont tournées à la main et réunies également à la main par des petits boulons, comme dans les travaux de serrurerie, ce qui leur donne un aspect extrêmement original. Ces boucles d'oreilles en ferrures d'or rouge poli sont certainement un des plus jolis produits de la bijouterie française à l'Exposition de 1878. En voici d'autres, qui proviennent de la même maison et qui, cette fois, sont absolument modernes. Ces boucles d'oreilles, en forme d'aumônières, accompagnent un bracelet oxydé avec ferrures et parties à jour. Une chaîne, qui fait le tour du bracelet, soutient un médaillon en forme d'aumônière, comme les boucles d'oreilles, et qui est travaillé à jour comme le bracelet.

Nous allons voir maintenant comment M. Boucheron est apprécié par M. Falize (Rapport sur l'Exposition de l'Union centrale 1876) :

« Nous avons les émaux translucides ou émaux à jours qui,

brevetés un peu à la légère par feu M. Riflaut, sont devenus la propriété de M. Boucheron; on ne saurait mieux réussir que lui ce travail difficile, et nous avons été heureux de voir que l'emploi qu'on en avait fait jusqu'ici allait être modifié de la façon la plus heureuse. Nous gardons le secret à M. Boucheron, mais nous pouvons en son nom promettre des merveilles pour l'Exposition de 1878.

« Si l'on veut nous en croire, c'est vers l'émail que les bijoutiers doivent surtout diriger leurs efforts. C'est un converti qui en parle sans arrière-pensée, sans mesquine jalousie, persuadé qu'il est que la voie est assez large pour tous, et que, dans ce genre, moins que dans les autres, la concurrence étrangère est à craindre. Il n'y a d'habiles émailleurs qu'à Paris, et les conditions de fabrication à bas titre des bijoux allemands créeront aux fabricants d'outre-Rhin de grosses difficultés pour la réussite de certains émaux.

« Restons chez M. Boucheron puisque nous y sommes entrés, et signalons en passant une jolie parure d'or garnie de filigrane. On nous permettra d'en prendre prétexte pour nommer M. Fontenay, qui l'a dessinée et exécutée, et pour envoyer à M. Castellani, le savant artiste de Rome, un tribut d'admiration pour ses remarquables travaux.

« Le filigrane donne à l'or des tons charmants, il est l'œuvre complète de l'ouvrier bijoutier; il ne réclame le secours d'aucun autre collaborateur, il se plie à toutes les formes, suit et accentue les moindres finesse du dessin. Son emploi s'accommode des styles grec et romain, du byzantin, des ornements florentins du xvııe siècle, et généralement le filigrane se prête à toutes les fantaisies. Si quelques-uns après M. Fontenay se risquent à ce mode de travail, ils auront affaire à forte partie, mais ils auront encore chance de réussir, surtout s'ils s'inspirent des formes et des ornementations indiennes.

« M. Boucheron s'inquiète peu, lui, d'être Indien, Grec ou Chinois, de donner à ses bijoux le style d'une époque ou d'une autre, et si je me permets de le dire aussi nettement, c'est que chez lui quelqu'un le dit tout haut. Il a la prétention d'être lui-même et d'inaugurer, dans son genre, un genre nouveau qui soit de notre époque.

« J'ignore s'il y réussit, mais je serais tenté de le croire, car la vogue s'attache à sa maison et la coureuse fortune y demeure prisonnière.

« M. Boucheron a cet esprit très parisien qu'on retrouve chez la modiste, la couturière et la fleuriste, et c'est à dessein

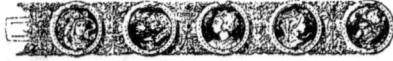

BRACELET, PAR FALIZE.

que je cite ces états féminins en qui résident la grâce et l'imprévu, et dont les doigts coquets chiffonnent la soie, la dentelle, les fleurs et créent à chaque saison une mode nouvelle.

« Les mains qui travaillent sous le contrôle de notre bijoutier en vogue chiffonnent aussi l'or et l'argent, et si les types qu'ils créent n'ont pas plus de durée que la mode, ils en ont du moins le côté attrayant et piquant; ils exercent une séduction à laquelle résistent peu de femmes. C'est beaucoup, mais la mode n'est pas un style, et le bijou mérite qu'on le traite avec plus d'étude. Sa matière est solide et défie le temps; il ne faut pas que, née d'un caprice, un autre caprice la condamne au creuset; c'est déjà trop souvent ce qu'il advient des joyaux de prix. Je n'admets pas pour eux, que la fantaisie soit un style et je me défie de ces coquetteries séduisantes où le dessin n'a pas de rôle. Pour qu'un bijou me satisfasse, il faut qu'il soit plus beau que joli, plus sévère que coquet; toutes les perfections de la main-d'œuvre ne sont rien sans la recherche de la forme, la logique et le voulu du dessin. »

M. Falize, qui parle si doctement de choses qu'il connaît à fond, est lui-même un artiste de premier ordre dans la bijouterie. En 1878, son exposition comprenait des bracelets, des colliers, des croix, des coiffures appartenant à tous les styles. Elle nous faisait passer de l'égyptien au gothique, du grec à la Renaissance; mais on trouve toujours le même respect du dessin et de la silhouette.

Ce qui nous a surtout frappé dans cette exposition, c'est un bijou en or ciselé, décoré de deux délicieuses figurines d'émail. Ce bijou, fait d'après une gravure attribuée à Étienne de Laulne, est un véritable petit chef-d'œuvre. Il est impossible de rien rêver de plus gracieux et de plus élégant.

M. Falize est un des hommes à qui l'art de l'application de l'émail à l'industrie doit le plus. Son bracelet en or ciselé, orné d'émaux limousins et décoré dans la manière de Virgilius Solis, montre à quel degré de perfection ce fabricant est arrivé. Style

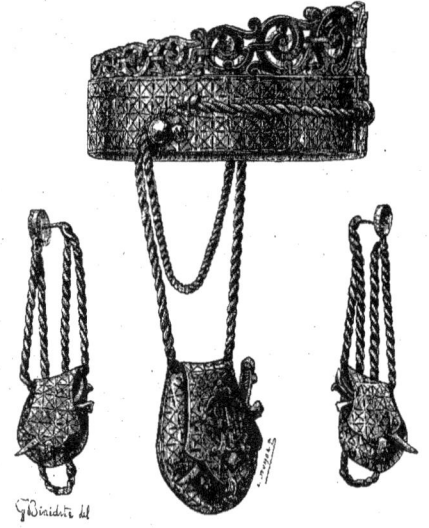

BRACELET ET BOUCLES D'OREILLES EN AUMONIÈRES, PAR BOUCHERON.

oriental, influence japonaise ou perse, genre moyen âge, entrelacs saxons, animaux fantastiques, feuillages multicolores du xv⁰ siècle, M. Falize a tout fait servir pour ses applications de l'émail à la bijouterie. Il en a tiré des broches, des bagues, des flacons, des bonbonnières, des bracelets, etc. Les premiers émaux de basse taille de cet artiste doublé d'un chercheur infatigable furent très remarqués.

Aujourd'hui, grâce à lui, l'émail de basse taille pratiquée aux xiv⁰ et xv⁰ siècles, est rendu à l'art de la bijouterie.

M. Falize, en effet, a le droit de s'attribuer une grande part dans la résurrection à laquelle nous assistons, non qu'il ait la prétention d'avoir trouvé à lui seul des procédés inconnus ou oubliés, mais il s'est attelé pendant quinze ans à un travail de recherches dans lequel il a dépensé une rare énergie, et il a singulièrement contribué à remettre en faveur un art qui a produit autrefois des chefs-d'œuvre et qui depuis longtemps était tombé dans un discrédit complet. En même temps que Christofle tentait sur des grandes pièces d'orfèvrerie l'emploi des émaux cloisonnés, M. Falize s'efforçait d'appliquer aux proportions intimes des bijoux ce travail déjà si délicat par lui-même.

Il est toujours curieux de voir un artiste jugé par un autre. Voici un extrait d'un rapport fait par M. Carrier-Belleuse sur M. Falize, rapport qui a été inséré dans le Bulletin de l'Union centrale de mai 1877 :

« En empruntant aux Japonais leurs belles couleurs, et en ne copiant pas leurs dessins, dont beaucoup sont la négation de l'art ou de véritables caricatures, MM. Falize donnent un exemple qu'il serait bon de voir suivre dans d'autres industries.

« MM. Falize sont avant tout des coloristes; et quand l'émail ne leur suffit pas, ils emploient les effets changeants des pierres précieuses; leurs sardoines, rappelant à s'y méprendre l'œil-de-chat, cette pierre à laquelle les Indiens attribuent des propriétés bizarres, leur servent à faire des bracelets, des châtelaines et d'autres bijoux d'un caractère tout nouveau et d'un effet charmant.

« La Renaissance leur a inspiré cette parure en or ciselé et si pure et si distinguée de dessin, et dont les reliefs, d'une exécution irréprochable, laissent se jouer si heureusement la lumière; ce joli pendant de cou, en or et perles avec émaux rehaussés, qui est un petit chef-d'œuvre de style, et ces bracelets dans lesquels un ornement courant en or ciselé donne à ce bijou la grâce et la légèreté qui lui manquent si souvent. »

A l'exposition de l'Union centrale de 1880, M. Falize avait associé ses envois à ceux de la maison Bapst, qui est peut-être aujourd'hui la plus connue de Paris. Les deux artistes-

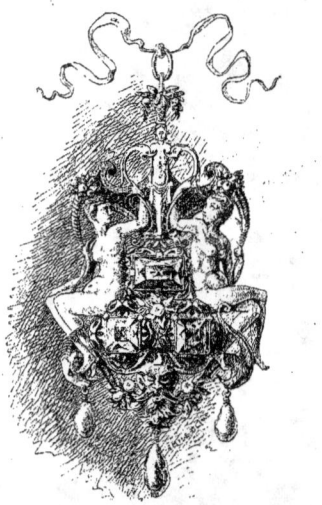

PENDELOQUE, PAR FALIZE.

fabricants se complètent l'un l'autre sans se nuire, car ils ne se ressemblent nullement.

L'exposition de M. Bapst a été une des plus remarquées en 1878. Il avait envoyé une magnifique rivière de diamants appartenant à Mme de Rothschild, une splendide parure en émeraudes et en brillants à Mme la duchesse Decazes, une parure en brillants et en saphirs à Mme la comtesse de Paris, et de très beaux bijoux qui sont la propriété de la comtesse Duchatel. Les montures de M. Bapst se recommandent par une absolue perfection plutôt que par une invention bien nouvelle. Dans la bijouterie, M. Bapst est un classique, mais un classique dans le bon sens du mot; plus d'un parmi ses collègues voudrait peut-être lui chercher des défauts, mais s'il en a, il est assez adroit pour les dissimuler, de sorte qu'on n'entend que des éloges autour de ses produits.

On a parlé tout à l'heure de M. Fontenay; celui-ci n'est pas un classique, c'est un Athénien, ou plutôt encore un Étrusque égaré parmi nous. Ses bijoux se recommandent par la pureté du dessin autant que par la délicatesse du goût. On croirait que sa clientèle se compose exclusivement d'artistes et de raffinés. La collection du marquis Campana, dont les splendides bijoux antiques font maintenant partie des collections du Louvre, a exercé sur son talent une influence décisive et caractéristique. Connus en Italie avant de l'être en France, les bijoux étrusques avaient été précédemment l'objet des études les plus attentives d'un célèbre bijoutier romain, M. Castellani, à qui l'on doit d'avoir fait revivre et remis en honneur les procédés techniques de la bijouterie antique.

« La recherche des procédés de travail employés par les anciens, dit M. A. Castellani, le but de nos efforts. Nous vîmes que tous les joyaux de l'antiquité, moins ceux destinés à des cérémonies funèbres, se trouvaient fabriqués par pièces rapportées et superposition de parties, au lieu de ne devoir leurs saillies qu'à la ciselure et au burin. C'est là ce qui constitue la cause pour laquelle les bijoux des anciens ont un caractère tout particulier, empruntant son cachet bien plutôt à l'idée spontanée et à l'inspiration de l'artiste qu'à la froide et régulière exécution de l'ouvrier. Les imperfections mêmes et les oublis volontaires de quelques parties donnent au travail de la joaillerie antique cette physionomie artistique que l'on chercherait en vain dans la plus grande partie des travaux modernes. Ceux-ci, reproduits avec une uniformité fatigante par le poinçon et le roulage, prennent une apparence de banalité qui ôte à notre art ce caractère intime dont le charme s'observe constamment dans la bijouterie antique.

« Le premier problème qui s'offrait à nous était donc de trouver un moyen de souder ensemble, avec netteté et délicatesse, tant de pièces rapportées d'une ténuité incomparable. Les granules, entre autres, ces petites perles presque invisibles qui jouent un rôle si important dans l'ornementation des bijoux antiques, nous offraient des difficultés presque insurmontables. Nous fîmes d'innombrables essais, employant tous les agents possibles et les fondants les plus puissants pour composer une soudure adaptée à de tels travaux. Les écrits de Pline, du moine Théophile, de Benvenuto Cellini, furent consultés par nous. Nous étudiâmes le travail des joailliers de l'Inde, celui des Maltais et des Génois; mais ce fut seulement dans un coin reculé des Marches, à Sant'Angelo in Vado, petite localité cachée au fond des Apennins loin de tout centre de civilisation moderne, que nous trouvâmes encore en usage quelques-uns des procédés employés par les Étrusques.

« En effet, on conserve dans cette région de l'Italie une école spéciale de bijouterie traditionnelle assez semblable à l'art ancien, non certainement pour le goût et l'élégance du dessin, mais du moins pour la méthode et l'exécution matérielle. Les belles paysannes de ces contrées, lorsqu'elles vont assister aux fêtes de mariage, portent des colliers et de longues boucles d'oreilles appelées *Navicelli*, assez semblables pour le travail aux produits de la joaillerie antique. »

Nous terminerons en citant un extrait d'un rapport de M. Falize, sur l'exposition de l'Union centrale en 1878, dans lequel notre éminent bijoutier fait la critique de certaines formes que la mode a semblé quelque temps vouloir adopter :

« D'abord nous excluons les bijoux *bêtes*, et il y en a beaucoup. Ce sont ceux dans lesquels on s'applique à reproduire une forme banale — le fer à cheval, — le boulet, les gros cadenas, les courroies à clous saillants, et généralement toute copie en or d'une matière vile ou d'un objet d'usage tout à fait familier. Je n'en fais pas la description saugrenue, par respect pour mes lecteurs. Après ces bijoux-là, repoussons encore ceux qui ne sont que la traduction en or d'une massive serrurerie. Ce genre a été fort goûté sous le premier Empire et s'est introduit chez nous sous le titre de bijouterie anglaise.

« Cette froide et menteuse simplicité a découragé peu à peu les auxiliaires que j'ai cités en commençant. L'or mat a gâté la main des polisseuses. Les graveurs n'ont plus eu que des filets à couper sur ces fonds unis, les émailleurs n'ont trouvé qu'un maigre aliment dans le décor des montres. Les ciseleurs délaissés sont retournés aux bronzes, — et ainsi de tous les corps d'état dont la bijouterie était tributaire. Qu'en est-il résulté ? C'est que pendant dix ou quinze ans on n'a plus fait d'apprentis graveurs, ciseleurs, émailleurs ou peintres, et qu'en sortant de cette longue phase de paresse et de mauvais goût, notre industrie n'a plus trouvé que de vieux ouvriers fatigués, rouillés et déshabitués de bien faire, ou des jeunes gens mal préparés qui ont tout à apprendre. »

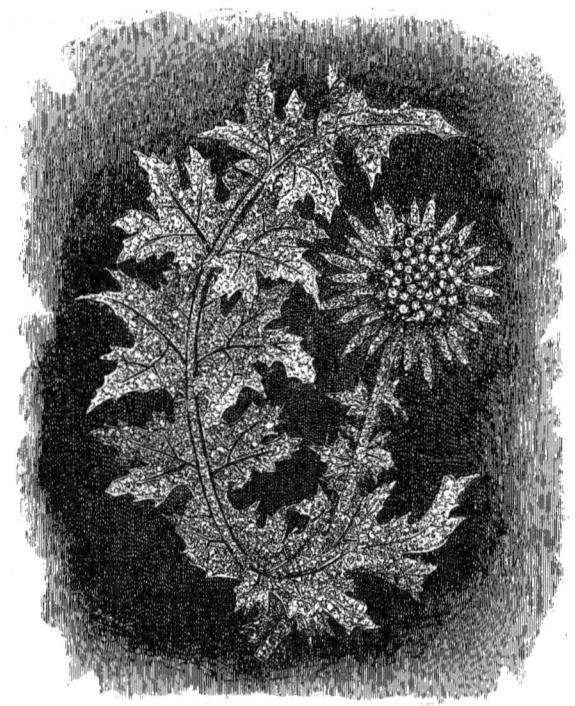

CHARDON EN BRILLANTS, PAR BOUCHERON.

JOAILLERIE

La joaillerie est un art particulier, dans lequel la forme est combinée surtout dans le but de faire valoir l'éclat et le brillant des pierreries. Le programme du joaillier consiste d'abord à faire valoir sa matière, qui doit étinceler dans une parure comme les astres dans le ciel. Aussi, dans cette végétation enchantée, le montage se dissimule, et les diamants mobiles brillent dans toute leur beauté sur un échafaudage qui se voit à peine. Mais cette charpente invisible est pourtant établie et dessinée d'après certaines lois que l'artiste puise dans l'étude de la nature. C'est ainsi que nous voyons des bouquets qui semblent des feux de Bengale solidifiés.

Voici par exemple une rose en brillants, avec son bouton et ses feuilles faisant traîne dans la coiffure ; il est bien certain que l'artiste n'a pas eu l'intention de produire une illusion complète de la fleur qu'il représente. La nature des matériaux qu'il emploie ne comportait pas une exactitude rigoureuse, mais le modèle que lui a fourni la fleur naturelle a été le point de départ de sa conception décorative. Et ce ne sont pas seulement des fleurs que la joaillerie interprète de la sorte, nous voyons même des animaux reproduits en brillants.

La joaillerie, dans sa définition la plus précise, est donc l'art de monter en or ou en argent et sans le concours des arts auxiliaires de la ciselure, gravure ou émaillure, les diamants et pierres précieuses pour en former des joyaux, et l'on ne doit, à proprement parler, considérer comme œuvre de joaillerie que les objets dont toutes les surfaces sont couvertes et serties de pierres de façon à permettre au diamant de jouer, au point de vue de la forme et du mouvement, comme au point de vue de l'éclat, le rôle principal. C'est cette prépondérance des pierreries qui distingue une œuvre de joaillerie des œuvres d'orfèvrerie partiellement ornées de diamants, comme les chefs-d'œuvre des anciens orfèvres nous en offrent maints exemples.

La joaillerie est un art relativement peu ancien. Ce sont les perfectionnements de la taille du diamant réalisés par Louis de Berquem, de Bruges en 1476, qui ont dû lui permettre de se classer définitivement comme art distinct.

C'est à tort que l'on a attribué à Louis de Berquem l'invention de la taille du diamant. Voici en quels termes Viollet-le-Duc rectifie cette erreur : « Vers le milieu du XIIIᵉ siècle les pierres pures, diamants, rubis, émeraudes, topazes, améthystes et hyacinthes, grenats, opales et calcédoines n'étaient taillées qu'en cabochon, c'est-à-dire arrondies et polies du côté externe, planes en dessous, quelquefois (notamment pour les saphirs et émeraudes) avec des biseaux mousses sur les rives. Il est évident que ce genre de taille ne donnait pas au diamant une apparence même égale à celle du cristal de roche. Mais, vers le temps de saint Louis, on commença à tailler quelques pierres en table, les émeraudes, les saphirs, les rubis et les diamants ; ceux-ci dès

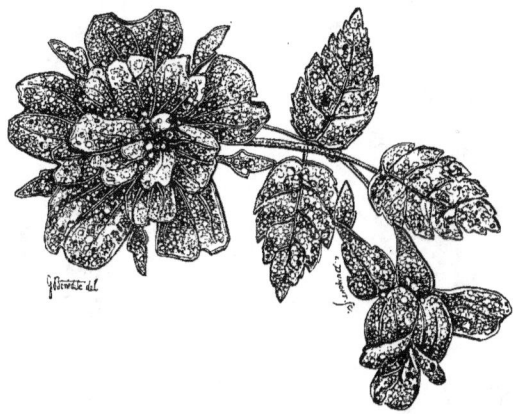

ROSE EN BRILLANTS, PAR BOUCHERON.

lors prirent plus de valeur parce qu'ils pouvaient déjà produire des reflets irisés. Aussi n'est-ce qu'à dater du XIVᵉ siècle que les diamants paraissent estimés et qu'ils figurent dans les bijoux. Cependant on donne comme ayant appartenu à saint Louis un diamant en pointe. Il est donc à croire que les joailliers se contentaient de polir les faces naturelles du diamant tel qu'on le trouvait. Ce qui est certain, c'est que Louis de Berquem n'a pas été, comme le prétend l'un de ses descendants, Robert de Berquem, en 1669, l'inventeur de la taille du diamant, puisque les Romains avaient trouvé déjà le moyen de le percer à l'aide de sa propre poussière, et que les comptes et inventaires, dès le XIVᵉ siècle, signalent quantité de diamants en table, en pointe, en rose.

« Jusqu'à l'époque de la Renaissance, on continua néanmoins de tailler les pierres fines, autres que le diamant, en cabochon, et encore aujourd'hui ce genre de taille est conservé pour les rubis, les opales et calcédoines. »

Peu d'arts offrent autant de difficultés de fabrication et laissent aussi peu de champ à l'imagination de l'artiste que la joaillerie. Il faut en effet que la joaillerie tienne compte des qualités d'éclat, de taille, de dureté et de transparence du diamant. Elle a à ménager les oppositions de valeur enfantées par le dessin, à éviter l'uniformité, la monotonie et les discordances. Puis viennent les difficultés qui naissent de la taille ; il faut rendre harmonieux un ensemble de pierres dures dont on ne peut modifier ni la forme, ni la silhouette.

La joaillerie est presque sans histoire et sans tradition, parce que ses productions sont fatalement vouées à une destruction dont la richesse des matériaux employés est la cause principale. Aussi combien les collections de joyaux sont-elles rares ! A part les quelques collections appartenant à des États puissants connues sous le nom de Diamants de la couronne et plus riches que vraiment artistiques, à part quelques menus objets des XVIIᵉ et XVIIIᵉ siècles répandus dans le commerce de la curiosité, à part quelques gravures de maîtres anciens, — rien ne vient en aide à l'artiste avide de s'instruire à l'école du passé.

La couronne qui a servi au sacre de Louis XV, couronne possédée par le musée du Louvre, nous permet de nous faire une idée du développement de l'art de la joaillerie sous ce monarque et de la valeur de Rondi le fils. Les pierres précieuses qui l'ornaient ont été remplacées par des strass, et il serait à souhaiter que l'on nous eût conservé, par le même procédé, de nombreux spécimens du travail ancien.

Sous Louis XVI, les deux fameux joailliers Bœhmer et Bossange n'ont survécu à leur œuvre que par le scandale du collier de la reine (1786).

A la suite de cette affaire M. Ménière était nommé *joaillier de la couronne*, titre qui passa ensuite à son gendre Ebrard Bapst, et qui depuis s'est toujours perpétué dans cette famille, dont le représentant actuel est M. Germain Bapst.

La Révolution fit partager à l'art de la joaillerie le sort qu'elle faisait subir aux autres arts industriels; l'Empire lui redonna droit de cité. Malheureusement, le mauvais goût du temps empêcha d'attacher une trop grande importance artistique aux joyaux qu'il vit produire. Cependant quelques-uns furent, dit-on, dessinés par Prud'hon pour les impératrices Joséphine et Marie-Louise.

Les bijoux de l'Empire se recommandent plutôt par leur exécution que par la façon dont ils ont été conçus. Ces qualités de main-d'œuvre se conservèrent sous la Restauration. Le seul perfectionnement apporté par cette époque est l'introduction du feuillage pris sur la pièce. On fit aussi sur les boucles de ceinture des remplissages d'ornements déliés sertis de petites roses.

Vers 1840, un travail d'importation viennoise vint faire

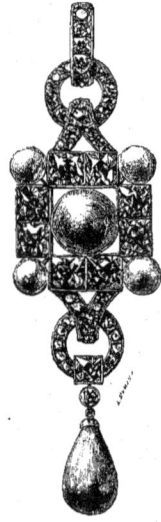

PENDANT DE COU EN CRISTAL DE ROCHE,
PAR BOUCHERON.

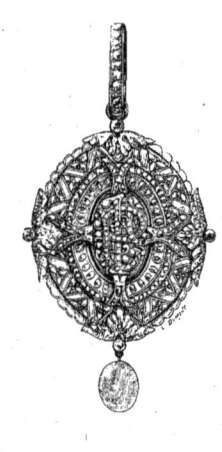

PENDANT DE COU AVEC PERLES ET BRILLANTS,
PAR BOUCHERON.

diversion au goût soi-disant classique de l'Empire et de la Restauration. Les fleurs, les feuillages pour la coiffure, les bouquets de corsage font leur apparition. Le goût semble prendre son essor, délivré des liens qui l'enserraient. On est en droit de prédire une heureuse période pour la joaillerie. Et, cependant, ce mouvement n'a pas de durée et, chose plus curieuse, nous conduit à une décadence visible de l'art qu'il a fait briller un instant d'un assez vif éclat. Au moment où les matériaux précieux sont moins rares, à l'instant où le goût du diamant se répand le plus on constate un abaissement de la conception, un relâchement dans la main d'œuvre que les efforts des Fossin et des Bapst, les maîtres du temps, sont impuissants à arrêter. Ne doit-on pas chercher la cause de ce phénomène bizarre dans le mouvement social et industriel de l'époque? Il s'est formé une clientèle d'enrichis; mais ces maîtres du jour n'ont pas encore eu le temps de faire leur éducation artistique et veulent avant tout briller; le luxe passe avant le goût.

L'art de la joaillerie doit beaucoup aux expositions. A celle de 1851, il fait acte d'apparition; à celle de 1855, il accuse nettement et révèle certaines personnalités artistiques que le jury oublia de récompenser. C'était la belle époque des marchands; non encore celle des fabricants et des artistes. Fontenay et Falize père demeurèrent longtemps méconnus pour le jury. En 1867, la joaillerie se montre avec éclat. Le jury signale comme types nouveaux neuf ouvrages dont sept sortaient des ateliers de O. Massin. Un petit oiseau-mouche de Rouvenat eut un grand succès. Un paon exécuté dans les ateliers de Boucheron ne fut pas moins admiré. Toutefois c'est M. Massin qui a apporté la plus forte part d'innovations dans la joaillerie moderne et son exposition de 1878 a été un véritable triomphe.

Tous les éblouissements des *Mille et une Nuits*, toutes les merveilles que l'Orient peut rêver, toutes les pierreries dont les fées pouvaient s'ajuster au temps des légendes, étaient prodigués dans la vitrine de M. Massin, qui en jetant ses diamants par poignées, a mis une singulière coquetterie d'artiste à montrer que l'art est tout-puissant partout où il se montre, car, au milieu de ces éblouissements, ce qui frappe le plus c'est le goût exquis et l'ingéniosité de celui qui a su créer de telles parures. M. Massin est dans la joaillerie un novateur singulièrement audacieux : ne s'avise-t-il pas de faire avec le diamant, la plus dure de toute les pierres connues, de véritables dentelles, qui si elles ne coûtaient pas quelque chose comme quinze ou vingt mille francs le mètre, feraient à nos fabricants de la France une concurrence terrible? Qu'il l'emporte par l'éclat, je n'en suis pas surpris, mais qu'il rivalise avec la dentelle par la souplesse du tissu et la délicatesse du dessin, voilà le tour de force. Il y avait une Valenciennes et une Malines qui sont étourdissantes.

Je veux encore citer dans cette exposition une *pensée*, améthystes et diamants, qui est adorable de forme et de couleur.

Je suis étonné que la bijouterie française emploie aussi rare-

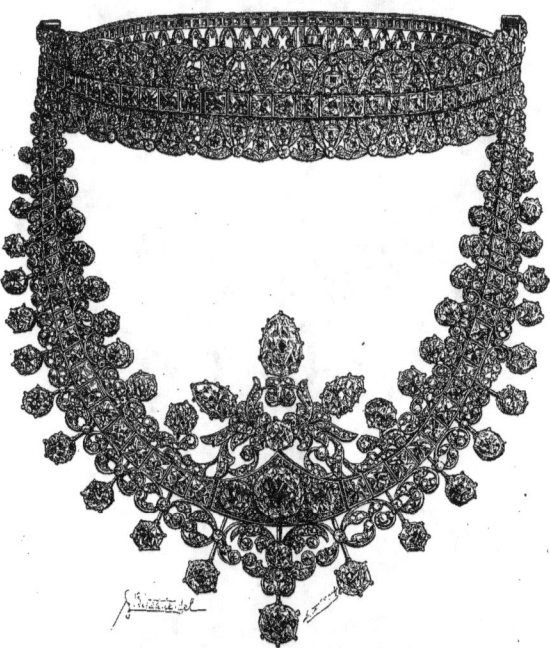

COLLIER HAUSSE-COL EN BRILLANTS, PAR BOUCHERON.

ment le filigrane, qui par sa délicatesse et son éclat, mériterait de tenir une place plus importante dans la parure des femmes. L'Orient en a tiré le meilleur parti, et on pouvait certainement corriger par son excessive légèreté ce que nos joyaux chargés de pierres précieuses ont quelquefois d'un peu massif. M. Massin a ouvert le premier le feu, espérons qu'il trouvera des imitateurs. Son exposition nous a montré combien est heureuse la nouvelle voie qui s'ouvre devant la bijouterie française.

M. Boucheron, qui est venu après M. Massin, a l'avantage de n'être pas seulement joaillier, puisqu'il pratique en même temps la bijouterie proprement dite et même l'orfèvrerie. Malheureusement les moyens dont dispose la gravure sont impuissants à rendre l'aspect éblouissant des pierres précieuses, en sorte qu'il faut juger les bijoux que nous reproduisons, seulement sous le rapport de la forme et du goût général de l'agencement.

Voici un collier hausse-col en brillants. Ce collier est composé d'un tour de cou vulgairement appelé collier de chien : du centre se détache une belle rangée de brillants, de chaque côté de laquelle montent et descendent de jolis ornements en petites pierres. A ce tour de cou est rattaché un grand ornement en brillants formant draperie sur la poitrine et s'épanouissant au milieu pour supporter trois beaux brillants en forme de poire.

La même maison avait exposé en 1878 un autre collier d'une forme moins cherchée, mais non moins élégante. Celui-ci, qui a la forme d'une simple collerette, est composé de deux rangées de brillants reliés par un ornement à jour. D'autres brillants détachés surmontent les deux rangées principales et donnent de la légèreté à ce beau bijou, au centre duquel sont suspendues deux perles blanches séparées par une noire.

Nous devons également signaler parmi les chefs-d'œuvre

de joaillerie exposés par la même maison, un diadème de chardons en brillants qui était de la plus grande beauté, ainsi qu'un joli pendant de cou en cristal de roche, taillé, gravé et repercé à jour avec ornement en rose sur argent et terminé en bas par une perle.

M. Boucheron s'entend singulièrement aux combinaisons d'effets et de couleurs, produites par l'opposition des pierres précieuses taillées à angles vifs, et des perles dont la teinte un peu mate et la forme arrondie font valoir et étinceler les brillants. C'est ce que nous voyons dans un pendant de cou, dont l'entourage est formé de huit gros brillants avec une grosse perle au milieu et quatre plus petites aux angles. Le bijou se termine

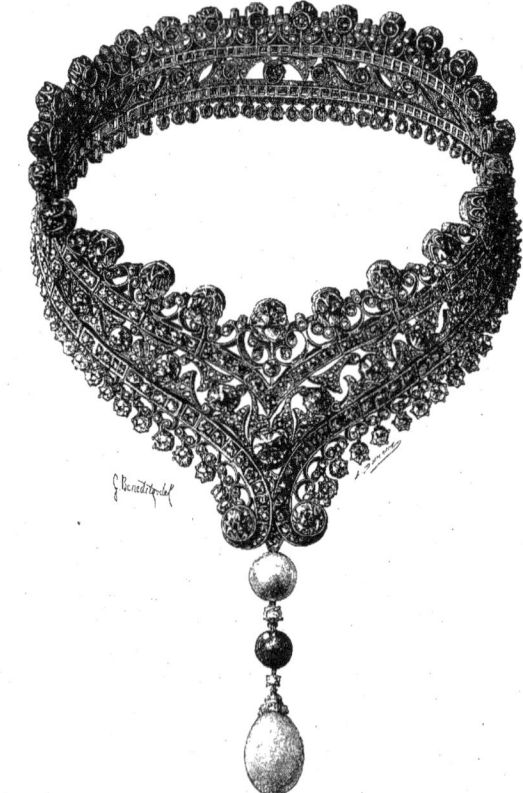

COLLIER COLLERETTE EN BRILLANTS, PAR BOUCHERON.

dans sa partie inférieure par une magnifique perle blanche en forme de poire.

Ce qui caractérise avant tout Boucheron, c'est le don qu'il semble avoir de comprendre les besoins, les aspirations, le goût de son époque et de les incarner. Il est avant tout le joaillier de notre temps. Qu'il demande ses modèles à la Renaissance, aux Byzantins ou même aux peuples de l'extrême Orient, les produits sortis de chez lui n'auront pas moins un cachet particulier éminemment parisien, appartenant au Paris du jour. Partout, aussi bien dans ses émaux à jour que dans ses bijoux d'acier ciselé, dans ses médaillons de cristal incrusté, dans ses parures les plus diverses, on retrouve les qualités principales de Boucheron : l'élégance et la légèreté.

Les joyaux en diamants que M. Falize avait exposés en 1878 n'étaient pas fort nombreux. En effet la joaillerie n'entre que d'une manière accessoire dans sa fabrication. Mais si les diamants ne sont pas jetés à profusion dans ses bijoux, la manière dont il en use montre toujours l'ingéniosité et le goût épuré qui

8

distinguent ses ouvrages. Nous citerons par exemple une branche de mûrier, c'est-à-dire une touffe de feuilles en diamants dont l'éclat est très bien combiné avec le mouvement de la feuille, il s'en échappe deux ou trois fruits taillés dans le grenat. Nous aimons particulièrement le bouquet d'amandiers et de mimosas, pour son aspect vraiment printanier. La fleur de l'amandier, que les gelées d'avril dessèchent si vite, a des pétales d'une fraîcheur charmante dont le centre rose est d'une adorable délicatesse de ton ; on se demande comment la joaillerie, éclatante par essence, peut trouver ces teintes adoucies. Mais M. Falize, qui connaît mieux que personne toutes les ressources de l'émail, les a employées avec infiniment de goût, pour corriger ce que le diamant pouvait avoir de trop incisif. Ces fleurs, qui, dans l'amandier, comme dans le pommier et le pêcher, sont plus précoces que la feuille, ressortent directement sur le bois robuste de la branche, dont les bourgeons naissants ne sont pas encore épanouis, et sont d'une vérité qui ferait illusion. Le mimosa, qui se mêle dans ce bouquet avec l'amandier, est une plante dont la tige sèche et cassante porte des fleurs assez semblables à ces grelots d'étoffe dont sont bordées certaines broderies espagnoles.

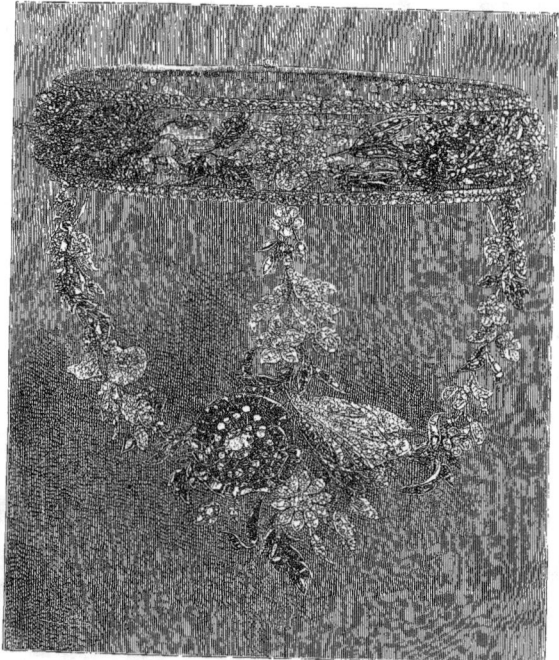

COLLIER DE FLEURS EN PIERRES DE COULEUR ET BRILLANTS.
(MODÈLE DE SARAH BERNHARDT.)

elles sont très bien imitées avec de l'or mat. C'est ainsi que la joaillerie, qui semble une industrie tout urbaine, peut puiser parfois ses inspirations les plus heureuses dans le goût de la campagne et l'observation de la nature champêtre, et vraiment il n'est pas possible de rêver un bouquet plus printanier.

Nous ne quitterons pas M. Falize sans avoir signalé un objet d'un caractère tout différent, un peigne de style japonais. Celui-ci est une fantaisie toute nouvelle : deux monstres en diamant, un dragon et une espèce de phénix sont préposés à la garde d'un énorme diamant placé entre eux. Ces deux animaux fantastiques ne seraient assurément pas de nature à effrayer un voleur; mais ils n'en font pas moins bonne contenance et se détachent en ronde bosse sur un fond d'une grande légèreté que forme une dentelle d'argent noirci. Malgré l'étrangeté de sa conception première, ce joli objet séduit encore plus qu'il n'étonne, c'est du japonais, mais du japonais assaisonné au goût parisien.

M. Falize parle ainsi de la joaillerie dans un rapport qu'il a fait en 1876 sur l'Exposition centrale : « Autant l'orfèvre et le bijoutier trouvent auprès d'eux d'aides et de collaborateurs empressés à les servir, autant reste abandonné le joaillier; plus d'émail, plus de ciselure, pas d'incrustation ni de gravure. Les peintres ne peuvent rien pour lui, il est seul dans son atelier devant un éblouissement de pierres taillées, et c'est avec ces diamants qu'il doit construire des parures toujours nouvelles.

« Les outils sont la pince, la lime, le foret et le marteau; la matière : l'or ou l'argent. Mais cette matière doit être peu apparente; elle n'est que le moyen de sertir ou d'enchâsser la pierre; elle ne doit jouer qu'un rôle secondaire.

« On repousse le métal, on le découpe, on le façonne, on le perce de trous, qu'il faut disposer d'une manière symétrique et agréable à l'œil.

« On polit ensuite, et c'est dans cette surface ajourée qu'on sertit les diamants, les émeraudes, les rubis ou les saphirs ; mais les diamants surtout, car le diamant est la base et, pour ainsi dire, le seul prétexte à la joaillerie; mais son éclat, sa richesse, sa beauté constituent les premiers obstacles à son emploi. Sa transparence et ses facettes irradiées repoussent toute apparence de solidité.

« Le diamant a des effets imprévus ; il déjoue le modelé de la forme, il trompe les yeux, il s'enflamme d'une lumière qui le fait saillir mal à propos ou reste transparent, et fait trou dans la masse.

« Vues à quelque distance, toutes les pierres se confondent dans un seul rayonnement, c'est un fouillis de lumière qui n'a plus ni plans, ni formes, ni contours.

« On conçoit, après ce que je viens dire, les difficultés d'un tel état, d'autant que si les moyens d'exécution sont peu variés, les motifs d'inspiration sont plus rares aussi.

« C'est parmi les fleurs que le joaillier choisit généralement ses modèles, et il en est certaines qui ont été copiées un nombre incalculable de fois; l'églantine, la pervenche, la marguerite sont les types les plus aimés, mais aussi les plus vulgarisés, et l'habileté du dessinateur et de l'ouvrier consiste à rendre le modelé des pétales, le mouvement de la fleur, et à pousser très loin la copie de la nature.

« C'est à la recherche d'une expression nouvelle que se lancent tous les joailliers aujourd'hui ; les uns empruntent au bijou ses formes ornées, et traduisent avec le diamant, des palmettes, des rinceaux, des enlacements ou des grecques. D'autres préfèrent les figures géométriques ; mais la plupart, restant dans le domaine de la plante, cherchent dans les contours variés des feuilles un nouvel élément de succès. »

ORFÈVRERIE

Italie. — Nous avons vu déjà que dès le xv⁰ siècle l'Italie avait atteint les plus hauts sommets de l'art moderne et que l'orfèvrerie avait été durant cette période la profession par excellence, celle dans laquelle se sont formés tous les maîtres qui, dans la peinture comme dans la sculpture, ont illustré l'école italienne sous la Renaissance. L'universalité dans les études et par conséquent dans la production avait été le caractère de l'art, qui ne commença qu'au siècle suivant à se renfermer dans des spécialités. Il est bien peu d'artistes fameux sous la Renaissance auquel on n'ait pu attribuer, sans trop d'invraisemblance, quelque ouvrage se rattachant à l'industrie par son usage, mais prenant un caractère d'art par la manière dont il avait été conçu et exécuté. L'authenticité de l'attribution est loin d'être démontrée pour la plupart de ces pièces dont nos amateurs se montrent aujourd'hui si avides, mais la facilité même avec laquelle on place un nom illustre sur leur étiquette prouve l'alliance intime qui existait entre l'art proprement dit et ses applications les plus directes aux industries usuelles.

La Lombardie est, plus qu'aucune partie de l'Italie, riche en orfèvrerie religieuse du xvi⁰ siècle. Parmi les pièces d'orfèvrerie religieuse que l'on signale plus particulièrement à l'attention des étrangers, nous citerons une aiguière en vermeil, dans l'église de Santa Maria presso San Celso, à Milan, et le superbe plateau qui l'accompagne. On doit citer aussi une très belle croix enrichie d'émaux, conservée à l'Ospedale Maggiore de Milan, et dont la décoration est particulièrement remarquable.

Au reste, les collections privées de la Lombardie ne sont guère moins riches en objets d'art de tout genre, que les édifices religieux et municipaux, et les expositions rétrospectives qui ont eu lieu à Milan, ces dernières années, ont révélé aux amateurs une foule de pièces intéressantes qui étaient demeurées jusqu'ici ignorées du public, au moins en France. C'est notamment dans les petits objets usuels, tels que les bonbonnières et les coffrets que l'on voit avec quelle délicatesse les orfèvres italiens de la Renaissance traitaient le filigrane d'argent. Les objets du genre de ceux dont nous parlons ont rarement les honneurs d'une collection publique, mais ils n'en sont pas moins intéressants par leur caractère intime et ils montrent certainement un des côtés les plus charmants de l'orfèvrerie italienne du xvi⁰ siècle.

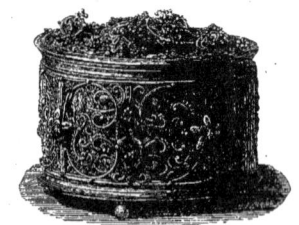

BONBONNIÈRE DU XVI⁰ SIÈCLE, EN FILIGRANE D'ARGENT,
REHAUSSÉE D'ÉMAUX.
(COLLECTION DE M. LECOMTE.)

Le musée national bavarois possède un marteau en argent repoussé et doré, qui est une pièce historique dans l'orfèvrerie italienne. On en attribue le dessin à Michel-Ange, sans d'ailleurs apporter aucune pièce à l'appui de cette assertion. Il a servi au pape Jules III pour inaugurer le jubilé proclamé par son prédécesseur Paul III, en 1550. D'après le cérémonial usité dans cette occasion, le pape doit frapper trois coups de marteau sur la porte d'or de l'église Saint-Pierre, et le marteau dont il s'est servi est généralement offert comme cadeau à quelque grand personnage : celui-ci a en effet appartenu au duc Ernest de Bavière.

Benvenuto Cellini, qui exécutait avec le même talent une bague, un vase d'orfèvrerie ou une statue de grandeur colossale, est le dernier des artistes italiens qui aient eu cette universalité, et après lui, non seulement les orfèvres ne pratiquent plus la grande sculpture, mais ils sont même distincts des bijoutiers; chacun adopte une profession à laquelle il demeure exclusive-

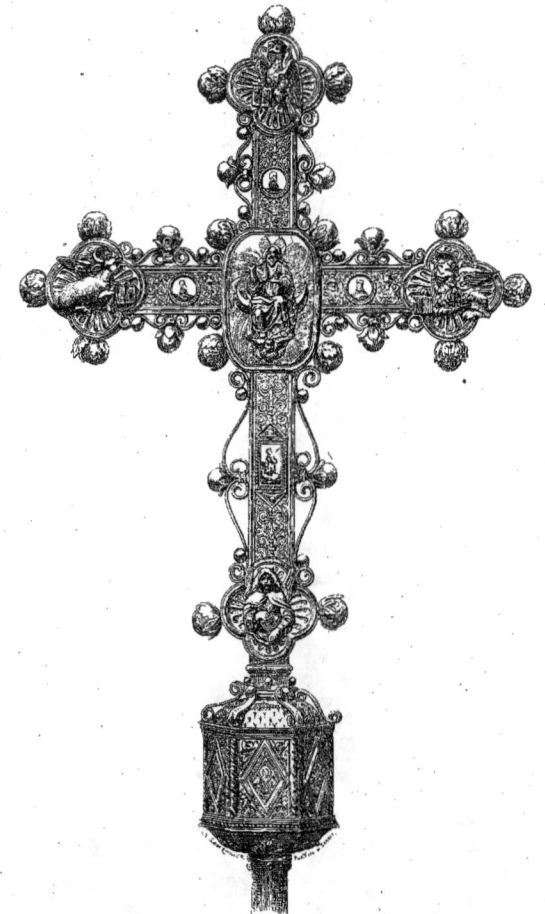

CROIX EN VERMEIL ENRICHIE D'ÉMAUX, XVIᵉ SIÈCLE. (A L'OSPEDALE MAGGIORE, A MILAN.)

ment attaché, et le cercle dans lequel se meut l'intelligence créatrice des artistes, va en se rétrécissant de plus en plus.

Cellini, qui fut un écrivain fort spirituel en même temps qu'un grand artiste, a raconté sa vie dans un livre traduit dans toutes les langues et extrêmement curieux par les détails qu'il donne sur les mœurs de son temps. L'auteur fait le cynique récit de ses aventures, qui, dans une autre époque, l'eussent mené tout droit aux galères ou à l'échafaud, et en même temps il décrit avec la plus grande complaisance les ouvrages qu'il a faits pour le pape, pour le roi de France ou pour les autres princes qui l'ont employé. Comme il maniait le poignard avec autant de facilité que l'ébauchoir et qu'il avait partout des démêlés avec la

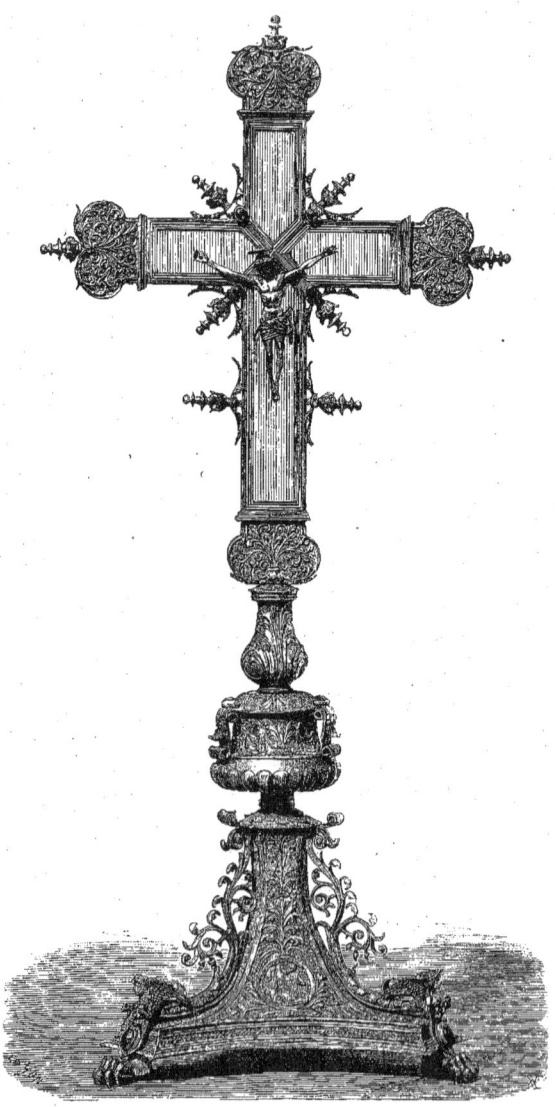

CROIX EN CRISTAL DE ROCHE, AVEC MONTURE EN VERMEIL, DATÉE DE 1511.
(COLLECTION DE M. G. G. POLDI PEZZOLI.)

justice locale, il dut quitter plusieurs fois Florence où il était né et Rome où il avait établi sa résidence. En 1540 il entra au service du roi de France, pour lequel il travailla pendant cinq années consécutives; après son retour en Italie, il se fixa à Florence, où il

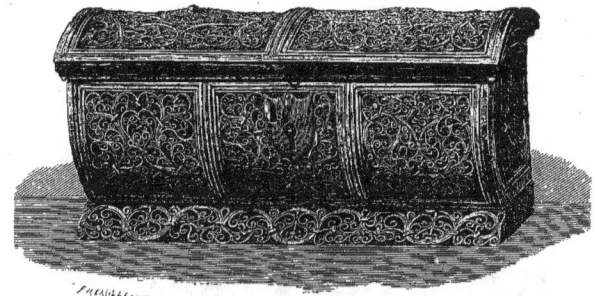

COFFRET EN FILIGRANE D'ARGENT ÉMAILLÉ, XVIe SIÈCLE.
(COLLECTION DE M. G. POLDO PEZZOLI.)

mourut en 1571. C'est pendant cette dernière partie de sa vie qu'il exécuta sa fameuse statue de Persée, qui est certainement le plus bel ouvrage qu'il ait fait comme sculpteur. Quoiqu'il ait exécuté dans le cours de sa vie de très nombreuses pièces d'orfèvrerie, on en connaît bien peu qui présentent comme authenticité une garantie absolue. La plus importante est la fameuse salière qu'il

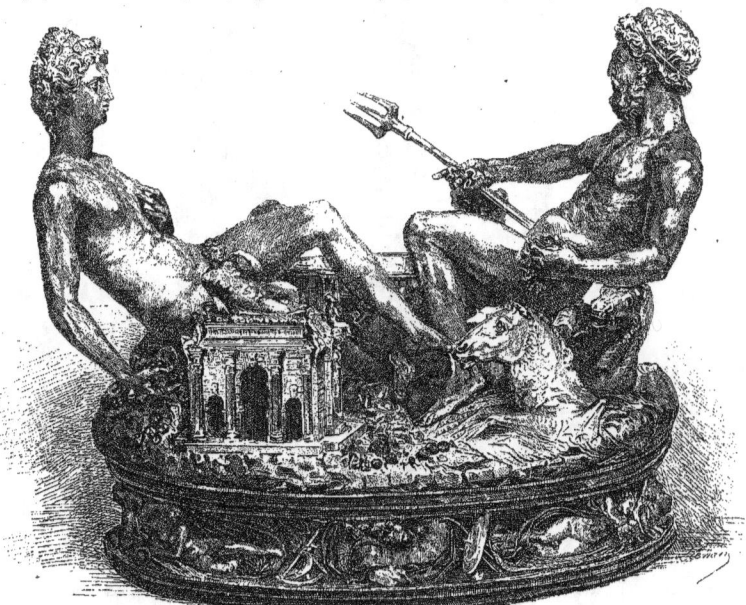

SALIÈRE DE BENVENUTO CELLINI. (CABINET IMPÉRIAL DE VIENNE.)

avait exécutée pour François Ier et qui fait maintenant partie du cabinet impérial de Vienne. Le travail en est extrêmement soigné et la ciselure en est parfaite, mais la disposition des lignes est assez malheureuse, et en somme c'est surtout l'habileté du praticien qu'il faut admirer ici. On peut en dire autant d'une aiguière conservée au palais Durazzo, à Gênes, et d'une coupe de forme bizarre, qu'on voit à Munich, et dont l'attribution est d'ailleurs incertaine. Plusieurs belles pièces d'argenterie, ayant appartenu aux grands-ducs de Toscane, se voient dans les collections de Florence, et on ne manque pas de les donner à Cellini, mais ce qui peut jeter un certain doute sur leur auteur, c'est que Cellini a décrit très minutieusement dans ses écrits tous les ouvrages qu'il a faits, et il serait au moins singulier qu'il eût omis précisément ceux qui nous sont parvenus. Toutes ces pièces d'ailleurs se recommandent par l'excellence du travail, mais rarement par le goût, qui est assez souvent faux et maniéré. Quoiqu'il ait eu

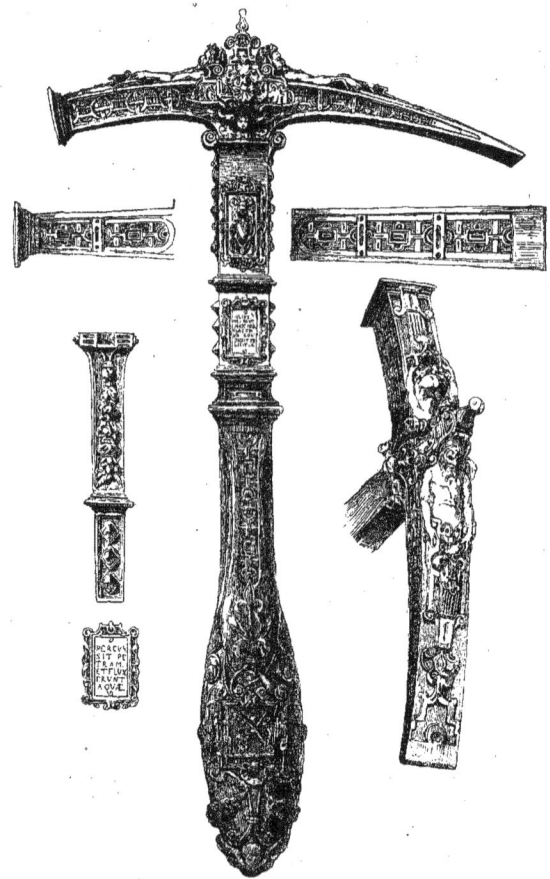

MARTEAU EN ARGENT REPOUSSÉ ET DORÉ. (MUSÉE DE MUNICH, XVIe SIÈCLE.)

de nombreux élèves, Cellini n'est pas un chef d'école et la décadence arrive aussitôt après lui.

M. Ferdinand de Lasteyrie apprécie ainsi les dernières étapes de l'orfèvrerie italienne. « Si, pour en revenir à notre point de départ, dit-il, nous jetons un regard sur l'orfèvrerie italienne, que nous avons vue si admirable aux XIVe et XVe siècles, mais déclinant déjà dans la seconde moitié du XVIe, nous trouvons que, pendant le cours du siècle suivant, cette décadence ne fit que s'accentuer de plus en plus sous l'influence néfaste du chevalier Bernin, dont l'omnipotence en fait d'art fut, on le sait, presque aussi grande que celle de Lebrun à la cour de France. Ce fut encore bien pis au XVIIIe siècle. Le maniérisme, chez nos voisins, ne se racheta pas même par la grâce parfois piquante de l'école de Boucher et de Watteau. Aussi, les pièces

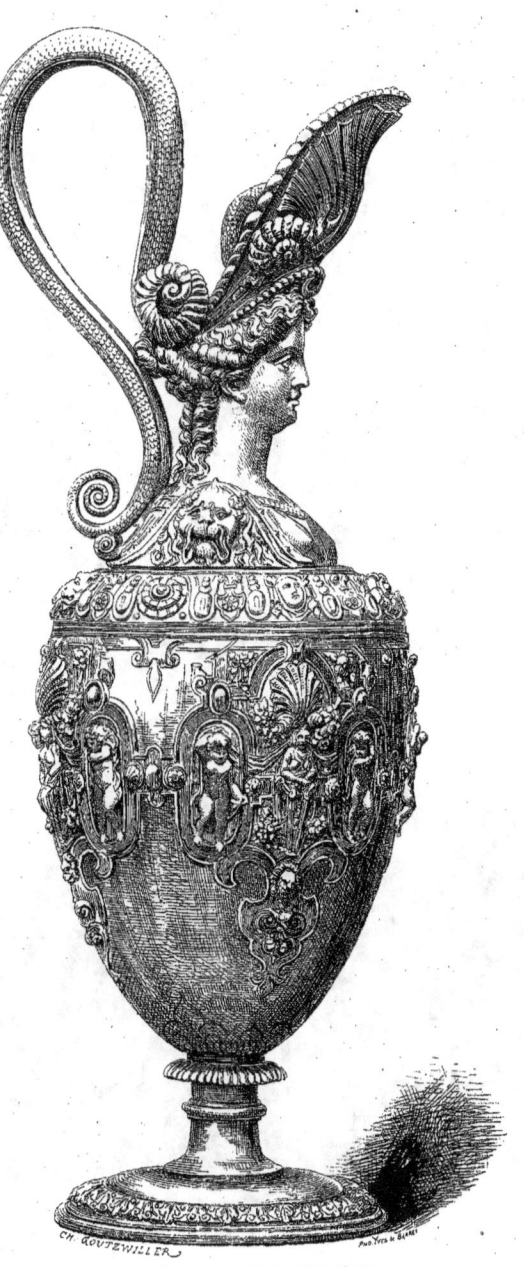

AIGUIÈRE EN VERMEIL DU XVIᵉ SIÈCLE.
TRÉSOR DE L'ÉGLISE DE SANTA MARIA PRESSO SAN CELSO, A MILAN.

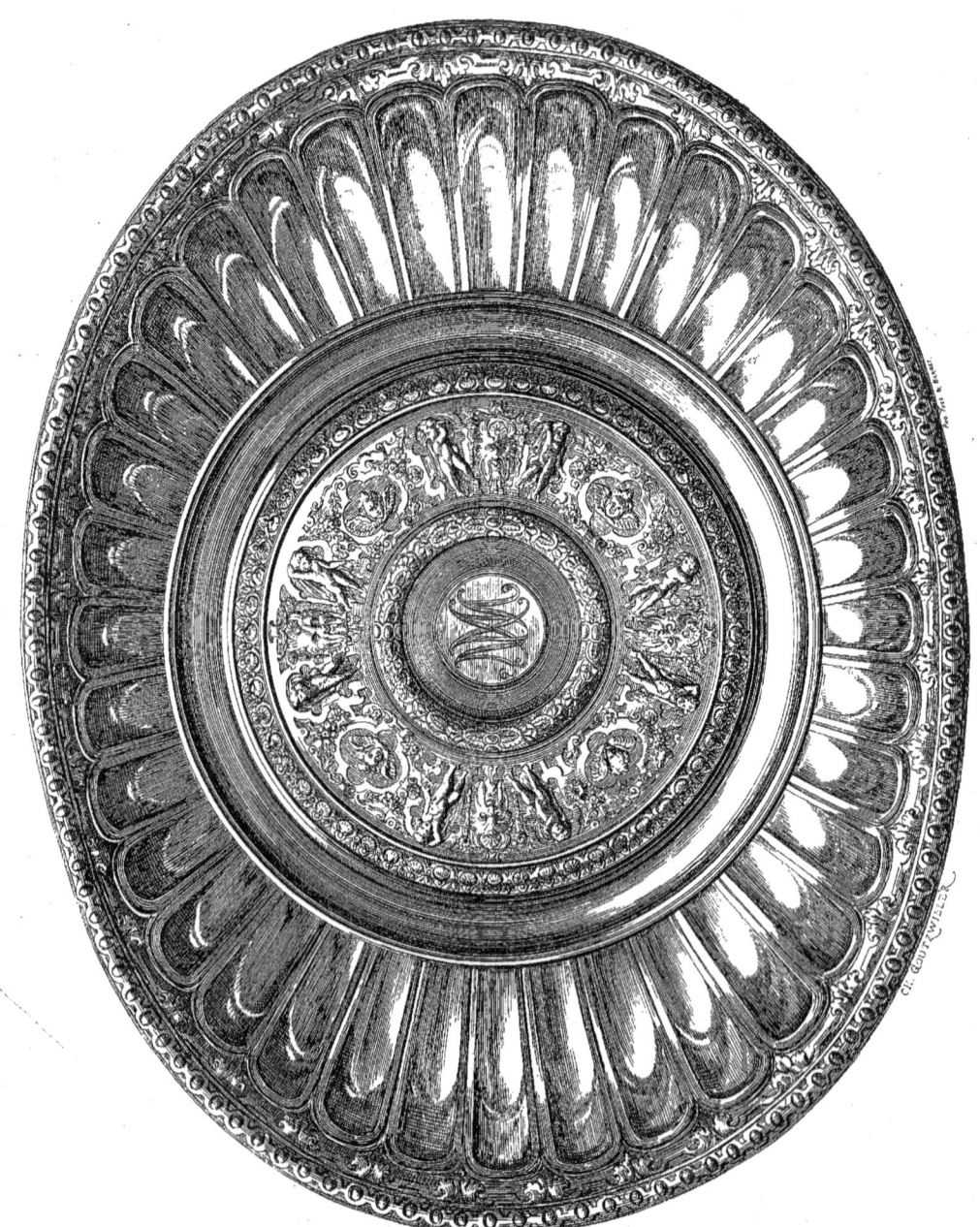

PLATEAU EN VERMEIL DU XVIe SIÈCLE.
(TRÉSOR DE L'ÉGLISE DE SANTA MARIA PRESSO SAN CELSO, A MILAN.)

d'orfèvrerie italienne de cette époque sont-elles peu recherchées par les amateurs. Le duc d'Hamilton en a cependant recueilli quelques-unes, entre autres une aiguière et un grand plateau à liqueurs fabriqués pour le dernier des Stuarts, le cardinal d'York, qui, comme on le sait, passa en Italie la plus grande partie de sa longue existence. Ces deux pièces sont l'œuvre d'un orfèvre de Rome, qui était alors fort en vogue. Il avait pour lui le goût de son temps. Mais était-ce donc là qu'en devait venir la belle industrie illustrée par les Orcagna, les Ghiberti et les Pollajuolo ? »

ALLEMAGNE. — Jusqu'au xve siècle, l'orfèvrerie allemande avait été presque exclusivement religieuse : des châsses, des calices, des ciboires, des crucifix, des candélabres et des ornements d'autel étaient continuellement façonnés pour le besoin des églises. « Parmi les autres pays de l'Europe, dit F. de Lasteyrie, après avoir parlé de l'Italie et de la France, l'Allemagne est peut-être le seul où la Renaissance eut un caractère propre, le seul qui ait fait autre chose que de suivre servilement et de plus ou moins loin le mouvement de transformation du goût commencé en Italie. En dehors de ce mouvement, une grande impulsion avait été directement imprimée à l'art allemand par un groupe d'artistes éminents, en tête desquels figure Albert Dürer. La tradition gothique existait encore; mais, tout en conservant les formes allongées caractéristiques de ce style, l'imagination des artistes dont il s'agit en avait modifié les éléments constitutifs. Aux lignes rigides de l'architecture, ils avaient mêlé d'abord, puis substitué presque entièrement une ornementation

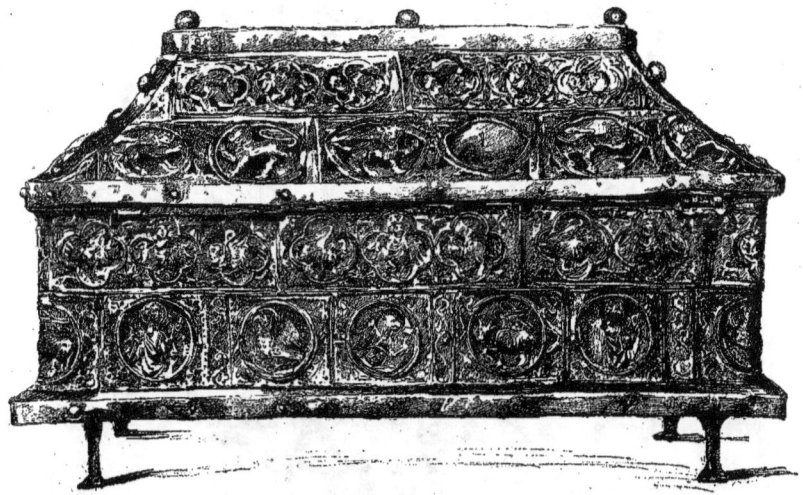

RELIQUAIRE DU XIIIe SIÈCLE, EN ARGENT REPOUSSÉ. (MUSÉE GERMANIQUE, A NUREMBERG.)

tout empruntée au règne végétal, entrelaçant capricieusement rameaux et feuillages, de façon à conserver néanmoins toujours à la pièce une harmonieuse symétrie. Ce système de décoration, inauguré vers la fin du xve siècle, et qui prévalut pendant la première partie du xvie, est ce qui caractérise le mieux, selon moi, le vrai style de la Renaissance allemande. »

L'orfèvrerie, comme les autres arts qui se rattachent directement ou indirectement à la sculpture ou à la peinture, était donc dans une bonne voie pendant la première partie de la Renaissance. Mais la Réforme, qui arrêta si complètement l'essor de la peinture religieuse, devait porter le coup fatal à l'orfèvrerie d'église. Du moment qu'on abandonnait avec le culte des saints la plupart des cérémonies pompeuses de l'église romaine, les pièces les plus importantes du mobilier ecclésiastique n'avaient plus de raison d'être. L'orfèvrerie religieuse ne fut pas anéantie subitement, mais sa fabrication diminua sensiblement comme nombre, en même temps que, comme style, elle perdait son originalité.

Le trésor impérial de Vienne possède plusieurs reliquaires en or émaillé et ornés de pierres fines dont le style ornemental marque la dernière période de la Renaissance. On trouve encore une certaine élégance ornementale dans les pièces de cette époque, mais on y sent une influence italienne qui d'ailleurs dura peu.

L'orfèvrerie allemande du xviie siècle est généralement assez lourde de forme et extrêmement surchargée d'ornementation. Dans les calices, les écussons et les figures de saints et d'anges sont à peine visibles, tant ils sont noyés dans les arabesques et les ornements de tout genre. Deux calices en argent repoussé et ciselé, qui faisaient partie de la collection de San Donato, caractérisent bien le style de l'orfèvrerie religieuse qui Allemagne.

L'un d'eux porte à la base des médaillons représentant saint

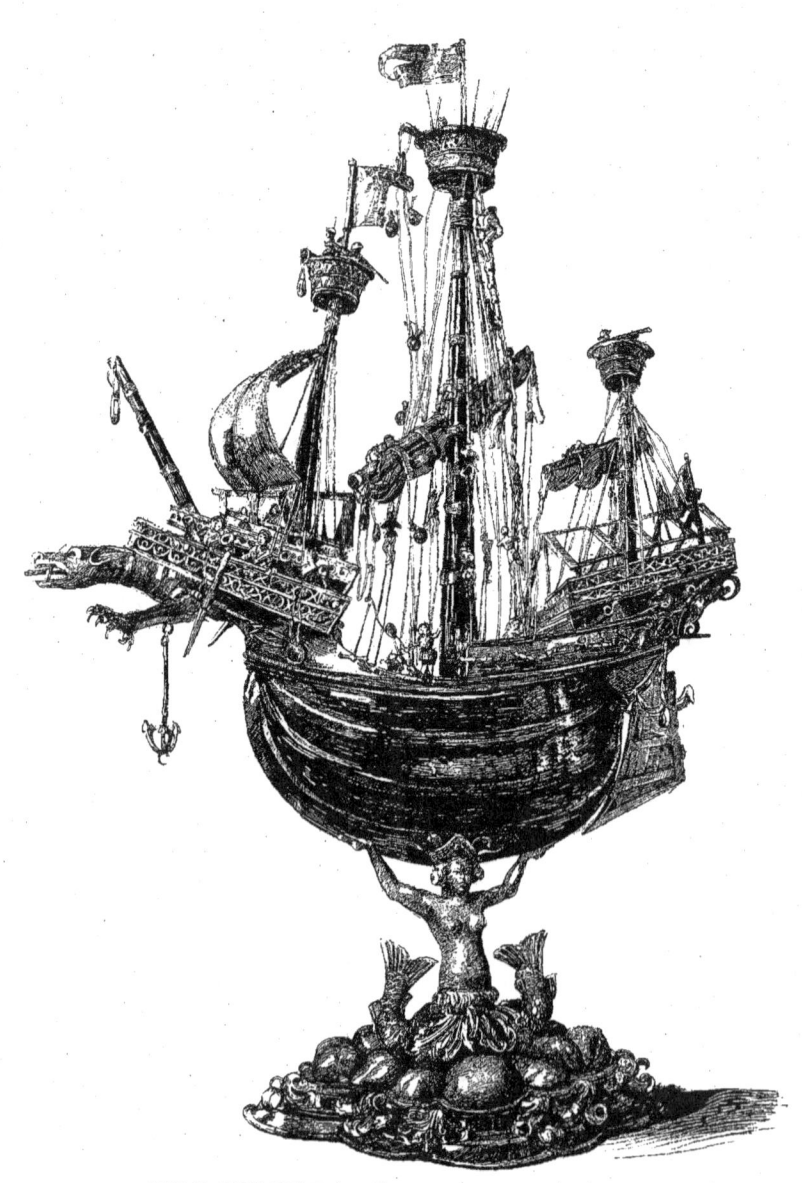

COUPE EN ARGENT DORÉ ET ÉMAILLÉ, EN FORME DE VAISSEAU. (MUSÉE DE NUREMBERG.)

Augustin et saint Paul, séparés par des anges avec les attributs de la Passion, et l'autre est décoré avec les figures des évangélistes, mais dans l'un comme dans l'autre il faut un œil assez exercé pour distinguer ces personnages au milieu des ornements enchevêtrés dans lesquels ils se trouvent.

C'est donc plus spécialement de l'orfèvrerie profane qu'il faut nous occuper, car c'est dans cette direction que l'art s'est développé à partir de la Réforme. « Quant à l'orfèvrerie allemande, dit Albert Jacquemart dans son *Histoire du mobilier*, nous en possédons un échantillon des plus curieux daté de 1536 :

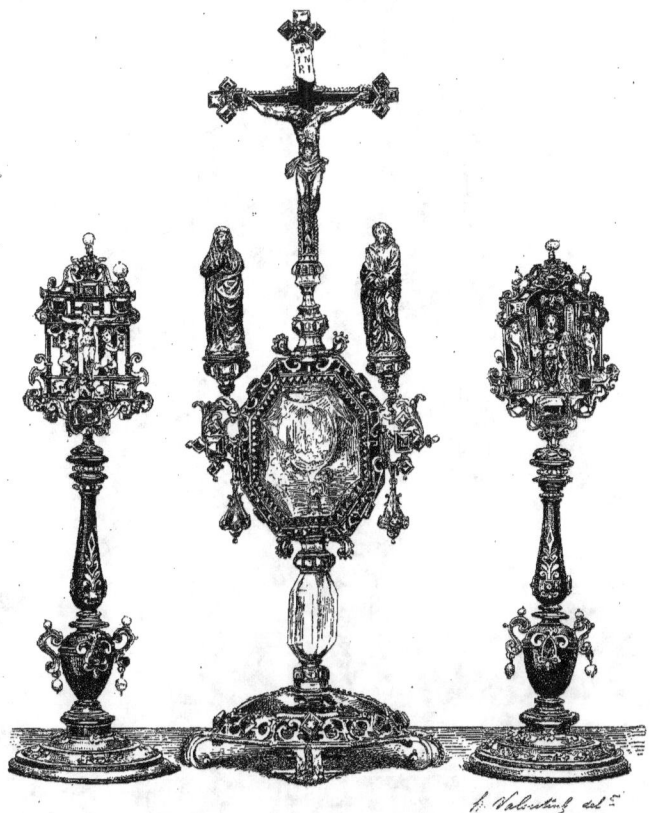

RELIQUAIRE DU TRÉSOR IMPÉRIAL DE VIENNE.

c'est l'aiguière avec son plateau représentant la victoire de Charles-Quint sur les Africains et la prise du fort de la Goulette, sujet représenté sur diverses matières et toujours avec apparat. On peut reprocher, en général, au style allemand une certaine lourdeur; mais les orfèvres ont su imprimer à leurs pièces et surtout à certains vidrecomes, un caractère de pompe véritablement monumental. Dans cette foule de pièces qui survivent au naufrage des temps, il y a, certes, un choix à faire; mais on peut trouver encore aujourd'hui des types bien dignes d'entrer dans le mobilier d'un curieux. Citons même, parmi les orfèvreries allemandes du XVIᵉ siècle, certaines merveilles de mécanique, telles que la nef en orfèvrerie dorée et émaillée que possède l'hôtel de Cluny et sur laquelle figure Charles-Quint sur son trône, entouré de sa cour. Une horloge, placée sur le pont, indique les heures, et d'ingénieux rouages mécaniques mettent en mouvement tous les personnages et la nef elle-même, allument les canons qui tonnent, orientent les voiles, et font sonner les fanfares aux musiciens, pendant que les dignitaires défilent devant l'empe-

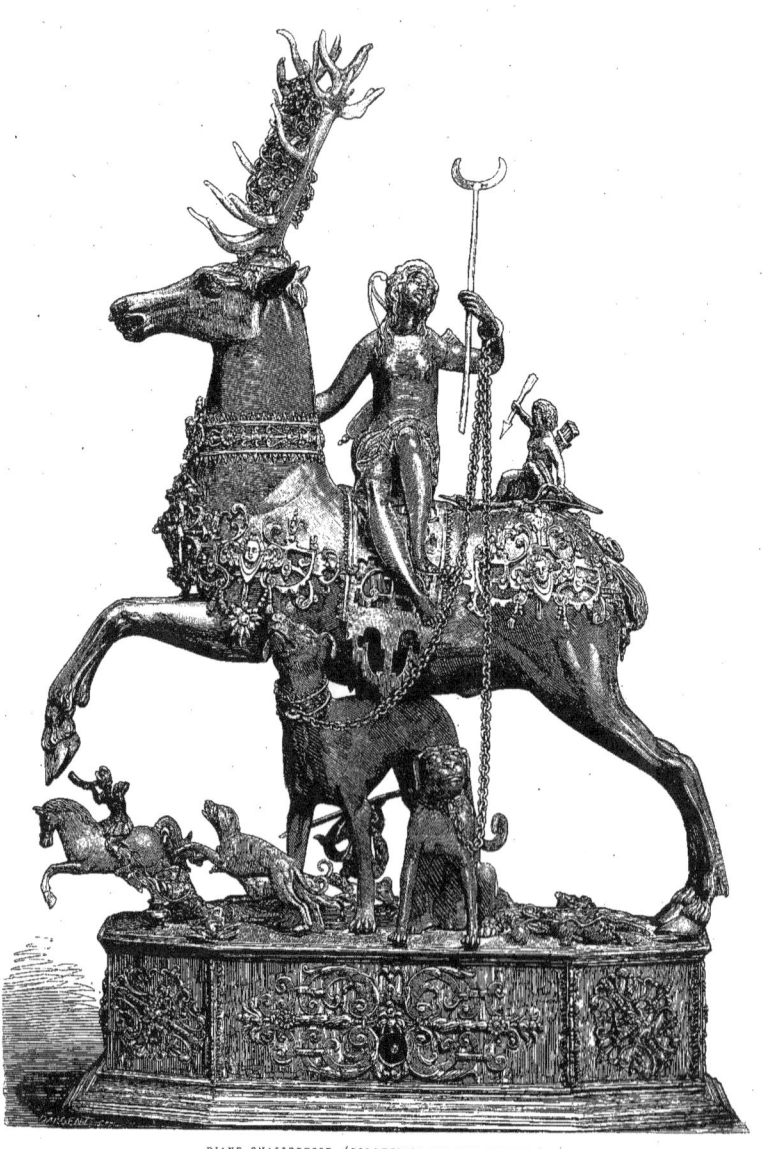

DIANE CHASSERESSE. (COLLECTION DE SAN DONATO.)
GROUPE MÉCANIQUE EN ARGENT ET EN VERMEIL, PAR JAMNITZEF.

reur, qui les salue, et rentrent dans la dunette dont ils étaient d'abord sortis. De pareilles pièces, que l'on considérerait presque de nos jours comme des jeux d'enfants, étaient alors d'un prix élevé et constituaient les cadeaux que se faisaient les souverains entre eux. »

Plusieurs pièces importantes de l'orfèvrerie allemande se rattachent à des types analogues. On peut citer entre autres une coupe en argent doré et émaillé, en forme de vaisseau, qui fait partie du Musée germanique à Nuremberg, et qui est d'un travail très remarquable.

Les pièces mécaniques étaient fort estimées sous la Renaissance, et l'Allemagne avait en quelque sorte la spécialité de leur fabrication. C'est du moins en Allemagne qu'on trouve les pièces les plus importantes dans ce genre, pour lequel on avait recours aux plus fameux orfèvres en même temps qu'aux plus fameux mécaniciens du temps. Un des morceaux les plus célèbres de cette orfèvrerie est la Diane chasseresse qui faisait partie des collections de San Donato, et qui est l'œuvre de Wenzel Jamnitzer, orfèvre, né à Vienne en 1508 et mort à Nuremberg en 1585. Ce groupe mécanique est en vermeil et en argent. La déesse, montée sur un cerf dix cors, tient dans la main droite un épieu terminé par un croissant, et la laisse de deux chiens

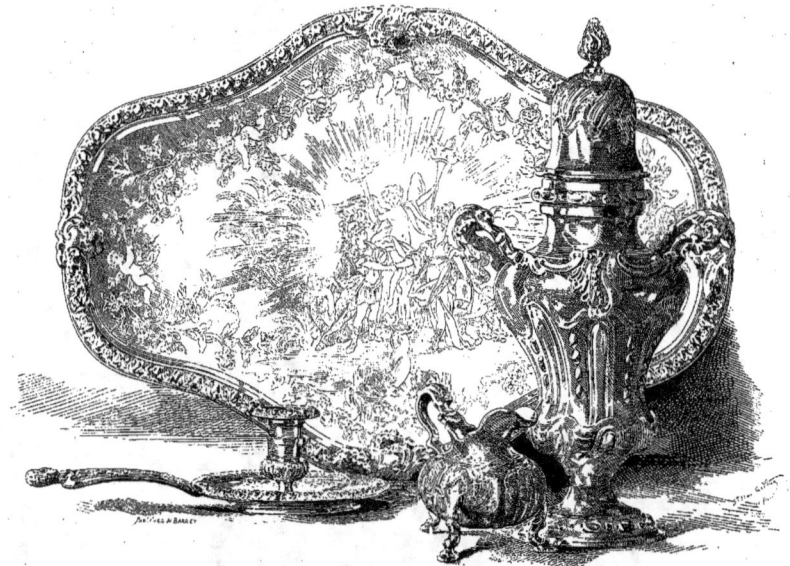

PLATEAU EN VERMEIL, PAR MICHEL RAUNER. (XVIIIe SIÈCLE.)

L'Amour est monté en croupe à côté d'elle et, sous les pieds de sa monture, on voit un tout petit Nemrod chassant à courre. La serrure est placée dans le piédestal et une clef servait à remonter le mouvement mécanique.

L'horlogerie allemande a acquis sous la Renaissance une assez grande réputation, non seulement pour le mouvement, mais encore pour la monture. Cette monture affecte quelquefois des formes un peu bizarres, qui ne répugnent pas, on le sait, à l'esprit germanique. Assez souvent les pendules prennent les allures d'un animal en marche. Il y a au musée de Munich une horloge en argent doré, qui remonte au xvie siècle et dont la forme est celle d'un chameau.

La coupe de l'empereur Frédéric IV, conservée dans le trésor impérial de Vienne, passe pour une des plus belles pièces de l'orfèvrerie allemande. Cette coupe repose sur un trépied formé par trois paires de lions héraldiques portant des écussons. Des figurines d'anges en relief décorent la coupe ainsi que le couvercle, sur lequel se dresse, émergeant d'une couronne, une fleur bossuée servant de piédestal à un porte-étendard, armé de pied en cap : l'oriflamme qu'il tient à la main est orné des armes d'Autriche qu'on retrouve également sur le bouclier. Suivant un usage, qui fut très en faveur au xve siècle, mais qu'on ne trouve plus dans le siècle suivant, l'argent est recouvert, à l'intérieur comme à l'extérieur, d'émaux de couleur, qu'animent encore des incrustations de grenaille d'or figurant des rayons et des flammes.

L'argenterie hongroise ne semble pas avoir atteint un niveau artistique très élevé, surtout si on la compare à celle des Italiens du xvie siècle; cependant elle n'est pas sans mérite, surtout sous le rapport de l'invention, car l'exécution est quelquefois un peu brutale. Les assiettes, les plats, les corbeilles, sont généralement décorés au milieu d'un sujet qui représente quelquefois un

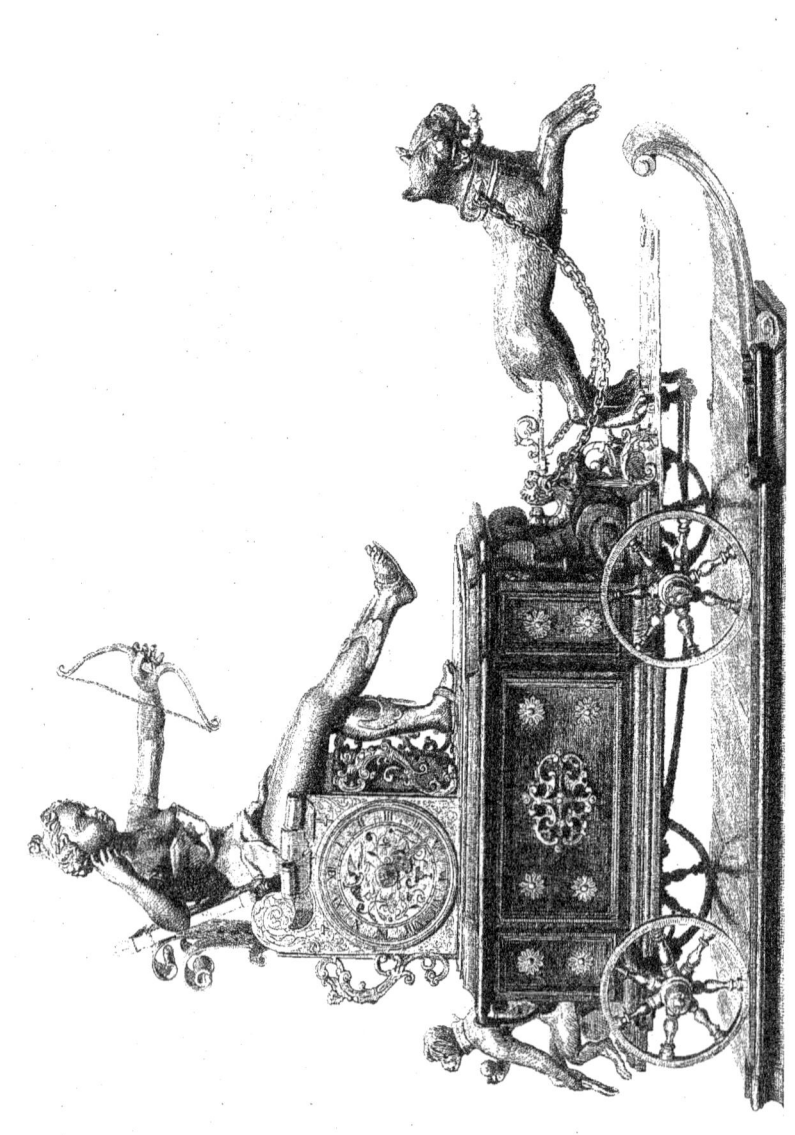

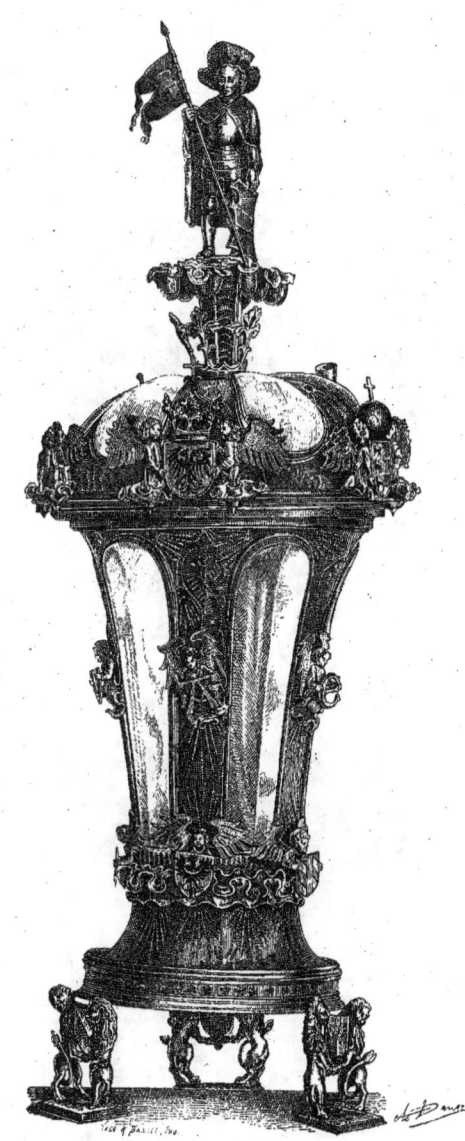

COUPE DE L'EMPEREUR FRÉDÉRIC IV. (TRÉSOR IMPÉRIAL DE VIENNE.)

paysage, et qu'encadrent sur les bords des fruits ou des fleurs. Le musée de Pesth contient sous ce rapport une foule de pièces intéressantes, et c'est à lui qu'il faut avoir recours pour les pièces de l'industrie hongroise, qui sont assez rares dans nos collections. Il y a des plats de dimension tout à fait monumentale, entre autres celui qui représente la mort d'un jeune comte Esterhazy, dans un combat livré en 1652 entre les Hongrois et les Turcs. Il y a aussi des pocals enrichis d'émaux, avec des petites statuettes de guerriers, etc.

La bijouterie hongroise est généralement d'un travail plus soigné que l'orfèvrerie du même pays. On explique ce fait par la passion que ce peuple a toujours montré pour la parure, passion qui a dû activer de bonne heure les développements de cette industrie. Des fleurs émaillées, encadrées dans des orne-

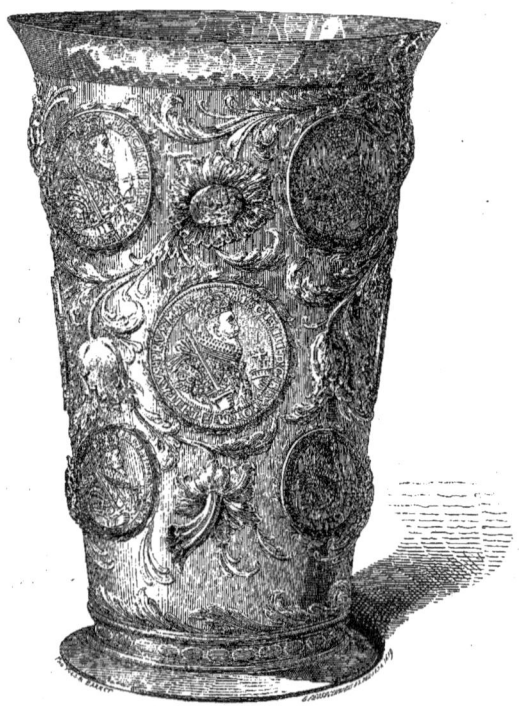

GOBELET EN ARGENT ET VERMEIL.
TRAVAIL ALLEMAND DU XVIIᵉ SIÈCLE.

ments de filigrane d'argent forme le fond de cette bijouterie. Les figurines jouent aussi un certain rôle dans cette bijouterie, mais au lieu des personnages mythologiques, si en vogue dans les autres pays, ce sont des guerriers armés de pied en cap, qui en font habituellement les frais. Ces personnages empruntent souvent leurs costumes des peuples orientaux avec lesquels les Hongrois ont été si souvent en rapport, et auxquels ils ont demandé une partie de leur ornementation.

Un vidrecome du XVIᵉ siècle, portant la date de 1582, avec le portrait du roi de Pologne auquel il a appartenu, est décoré d'une façon assez curieuse. A la base quatre hiboux sont placés dans des petites niches, sous des dragons portant des capara-çons avec l'aigle impériale russe et le saint Georges à cheval, et sur le pourtour quatre médaillons ovoïdes représentant des chasseurs et des chasseresses.

Le mouvement de la Renaissance, qui se ressentit dans les Flandres un peu plus tard qu'en Italie, s'y manifesta aussi d'une manière différente. La forme ornementale s'y montre en général plus lourde dans son ensemble, tandis que l'exécution présente par places d'inconcevables finesses. L'usage qui s'introduisit de monter en or et en argent, des fruits naturels, comme la noix de coco des Indes, ne fut certainement pas sans influence, et les figures délicatement sculptées, qui enserrent l'écorce fibreuse et raboteuse de la noix, forment l'effet le plus singulier.

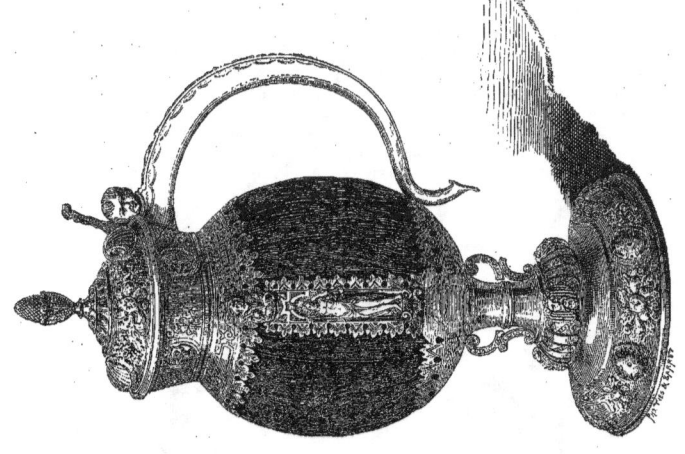

VASE FORMÉ D'UNE NOIX DE COCO AVEC MONTURE EN ARGENT DORÉ.

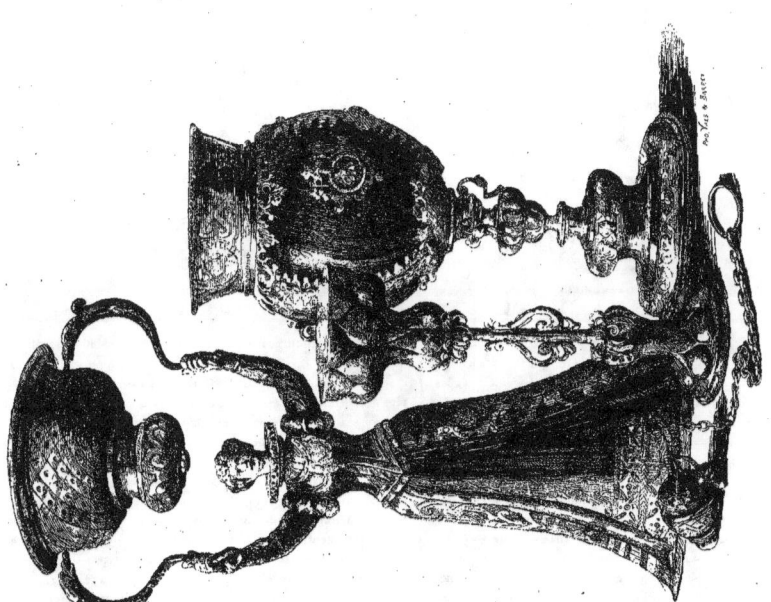

COUPE ET FLACON RENAISSANCE. (MUSÉE BAVAROIS A MUNICH.)

Des flacons analogues à celui qu'on vient de voir ne sont pas rares dans l'orfèvrerie allemande, qui présente une étroite parenté avec celle des Pays-Bas. Une autre particularité, que nous ne trouverons pas dans l'orfèvrerie française, mais qui n'est pas rare de l'autre côté du Rhin, c'est la présence de femmes élégamment vêtues, selon le costume du xvi° siècle, et servant de supports à des coupes qui s'offraient généralement comme présents de noces.

La petite ville de Ribeauvillé en Alsace a conservé de précieux restes de l'orfèvrerie alsacienne du xvii° siècle. Ce sont des vases offerts par les comtes de Ribeaupierre, qui étaient seigneurs de Ribeauvillé. La forme de ces vases est assez originale : l'un d'eux est une coupe posée sur un sauvage agenouillé qui s'apprête à tirer de l'arc. Sur la panse du vase, les amours s'ébattent avec les monstres marins et, sur le couvercle, Neptune, tenant d'une main son trident, souffle dans une conque marine. Près de lui, un grand cygne aux ailes déployées allonge dans la direction opposée son long col effilé. Sur une autre coupe qui porte la date de 1639, le couvercle est surmonté d'un Cupidon décochant une flèche; la panse et le piédestal sont ornés de nombreux bossages en haut-relief, ovales et piriformes, ressortant au milieu d'arabesques.

Le style allemand du xvii° siècle est bien apparent dans ces grands gobelets à forme conique, dont le col est légèrement

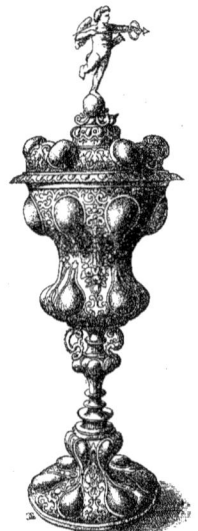

VASE DE RIBEAUVILLÉ.

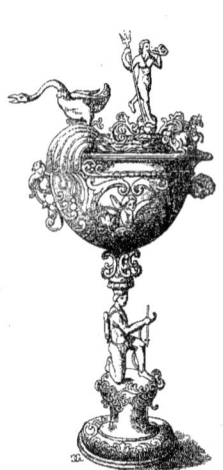

VASE DE RIBEAUVILLÉ.

évasé. Leur décor consiste habituellement en pièces de monnaie autour desquelles courent des tiges de plantes portant des feuilles ou des fleurs qui semblent énormes à côté des médailles qu'elles ont pour mission d'encadrer.

Les Allemands ont fréquemment décoré les vidrecomes du xvii° et du xviii° siècle avec des bacchantes et autres personnages mythologiques, mais ils y mettent aussi quelquefois des sujets religieux. Un très beau vidrecome hollandais montre Jésus-Christ et la Samaritaine à la fontaine, en argent repoussé et traité en haut-relief.

Le mariage du dauphin de France, fils de Louis XV, avec Marie-Josèphe de Saxe, en 1747, est représenté sous une forme allégorique sur un plateau en vermeil, œuvre de Michel Rauner d'Augsbourg. La composition centrale, assez heureusement agencée, est entourée d'amours et de rinceaux, et les bords du plateau sont contournés à oves et enrichis de médaillons et de fleurs.

C'est à Augsbourg que l'orfèvrerie allemande a atteint son plus grand développement, et c'est là aussi que les traditions de la Renaissance persistèrent le plus longtemps. Toutefois on peut dire, sans y mettre trop de sévérité, que l'orfèvrerie allemande cesse de compter comme art à partir du xviii° siècle. » On voit encore d'assez nombreux spécimens d'orfèvrerie allemande dans les collections d'amateurs, dit Ferdinand de Lasteyrie; mais, passé la première moitié du xvii° siècle, je n'en connais pas qui mérite une mention particulière. »

Il ne faut pourtant pas omettre un artiste prussien d'un grand mérite, Charles Wagner, qui vint s'établir à Paris vers 1830, et exerça sur l'orfèvrerie et surtout sur la bijouterie française une action des plus heureuses et des plus efficaces.

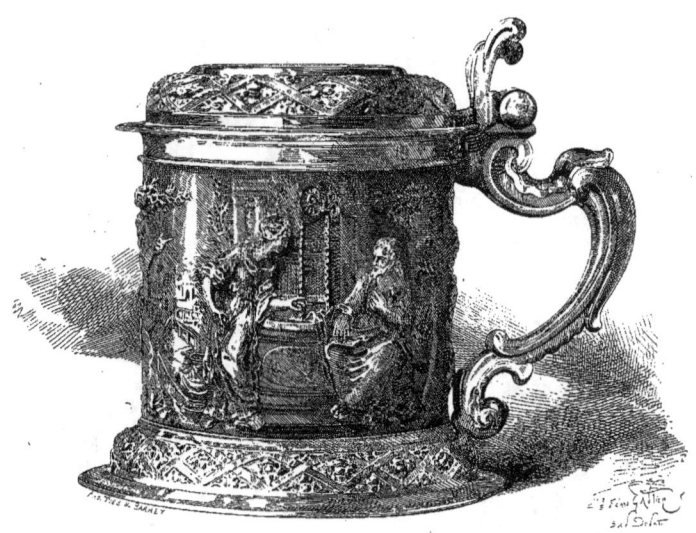

VIDRECOME EN ARGENT ET EN VERMEIL REPOUSSÉ, TRAVAIL ALLEMAND DU XVIIᵉ SIÈCLE.

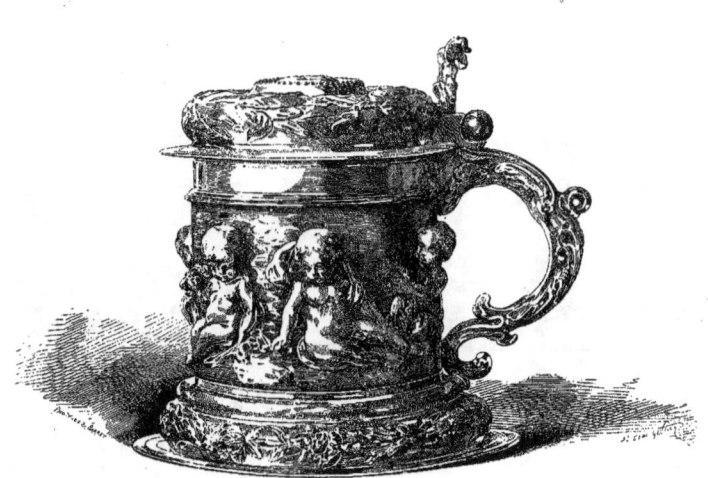

VIDRECOME EN ARGENT REPOUSSÉ, TRAVAIL ALLEMAND DU XVIIᵉ SIÈCLE.

FRANCE. — L'arrivée en France de Benvenuto Cellini exerça-t-elle sur notre orfèvrerie nationale une influence aussi décisive qu'on l'a dit quelquefois? Si la chose n'est pas impossible, ni même improbable, elle est au moins assez difficile à prouver, puisque l'on ne possède presque pas de pièces d'orfèvrerie authentique du temps de François Ier. Les superbes services commandés pour le roi et dans lesquels la statuaire jouait un rôle si important, ont été fondus pour payer sa rançon. Aussi c'est d'après les gravures du temps plutôt que d'après les ouvrages originaux que l'on peut se rendre compte du style de l'orfèvrerie française. Mais l'artiste qui eut à cette époque la plus grande réputation, celui qui nous a laissé les modèles les plus parfaits, c'est Étienne de Laulne. On lui attribue une superbe aiguière avec son plateau qui se trouve à Londres dans une collection particulière. Cette aiguière, reproduite dans le grand ouvrage de Labarte, est en argent doré; sa décoration comprend plusieurs sujets mythologiques, formant des bas-reliefs peu saillants qui recouvrent la panse, et une tête de femme fait le motif principal du goulot, auquel se rattache une jolie anse terminée par un faune. Une jolie coupe du Louvre, dont la vasque soutenue par Bacchus représente Vénus faisant forger les armes d'Énée, passe également pour être son œuvre. Mais il règne à ce sujet la plus complète incertitude.

Étienne de Laulne était en même temps un très habile graveur en taille-douce et on doit à cela de connaître son style, car il n'est resté de lui aucune œuvre originale dont on puisse dire

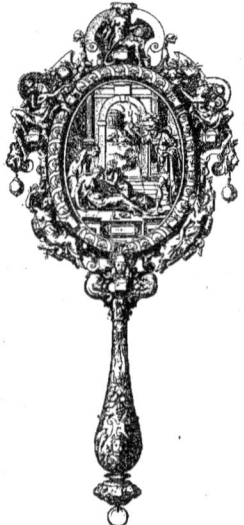

MIROIR, D'APRÈS ÉTIENNE DE LAULNE.

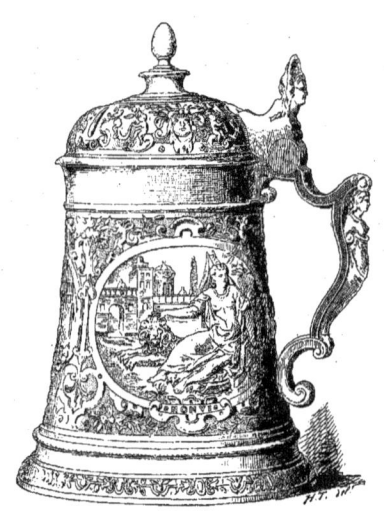

POT EN ÉTAIN, PAR FRANÇOIS BRIOT.

qu'elle est réellement authentique. Mais les quatre cents pièces qu'il a laissées, tant d'après ses propres dessins que d'après ceux d'autres maîtres, comprennent une foule de modèles pour l'industrie, entre autres, des manches de couteaux, des pommeaux d'épées et des miroirs d'une grande élégance.

Le règne de Henri II est considéré comme l'époque où l'art français de la Renaissance s'est élevé le plus haut, et l'orfèvrerie a naturellement été appelée à participer au mouvement artistique de cette époque. Mais de toutes les créations des beaux-arts, les pièces d'orfèvrerie sont assurément les moins durables. En France particulièrement elles ont subi une destruction à peu près complète. L'orfèvrerie sacrée a disparu pendant les guerres religieuses, et la politique a fait successivement envoyer à la fonte tous les services d'or et d'argent qu'employaient la cour et la noblesse. Si nous avons conservé quelques pièces de François Briot, nous le devons uniquement à ce qu'elles sont en étain.

Tout le monde connaît le plat et la fameuse aiguière du musée de Cluny, mais quand on a nommé son auteur, François Briot, il faut s'arrêter faute de documents. « L'aiguière de Cluny, dit Jal, n'est point datée et l'on n'assigne pas avec quelque certitude une époque à son exécution. Mais on y voit François Briot, en apparence âgé d'une trentaine d'années et dans un costume qui est celui des Français du temps de Henri III; on pourrait donc supposer que Briot fit cet ouvrage quelques années après la mort de Benvenuto Cellini, dont le style était à la mode et vers 1580. Cela reporterait la naissance de François Briot à une année très voisine de 1550. »

L'artiste a fait plusieurs plats dont les dispositions essentielles sont identiques à celui du musée de Cluny, mais où les figures sont différentes. C'étaient des variantes d'un même type, que l'artiste était chargé de faire pour divers personnages. Le plat du musée de Cluny est tellement connu que nous avons préféré en donner un autre dont nous empruntons la gravure au grand ouvrage de M. Édouard Lièvre. Briot a fait des hanaps et différents vases enrichis d'arabesques et de médaillons représentant habituellement des sujets mythologiques. Son style ornemental caractérise bien les élégances raffinées de la sculpture française sous la Renaissance.

« Un orfèvre parisien dont nous ne connaissons aucune œuvre, dit Ferdinand de Lasteyrie, mais dont le nom est resté célèbre par la part qu'il prit aux évènements de son temps, c'est Claude Marcel. Il fut prévôt des marchands sous la Ligue, comme son aïeul Étienne Marcel, de turbulente mémoire, l'avait été au xive siècle. Claude fut un des familiers de Catherine de Médicis. Triste époque que la fin de ce siècle, triste pour la France d'abord, pour les arts ensuite, dont elle devait nécessairement amener la ruine. Les guerres de religion sont assurément de tous les fléaux le plus destructeur. En même temps qu'elles s'attaquent aux œuvres du passé, elles arrêtent la production du présent. Ainsi fut-il au temps de la Ligue. Quelques ordonnances malencontreuses, mais bientôt rapportées, de Charles IX, n'auraient pas suffi pour amener la décadence d'une industrie aussi florissante que l'orfèvrerie parisienne, si la guerre civile en permanence et la pénurie des finances n'y avaient eu, de leur

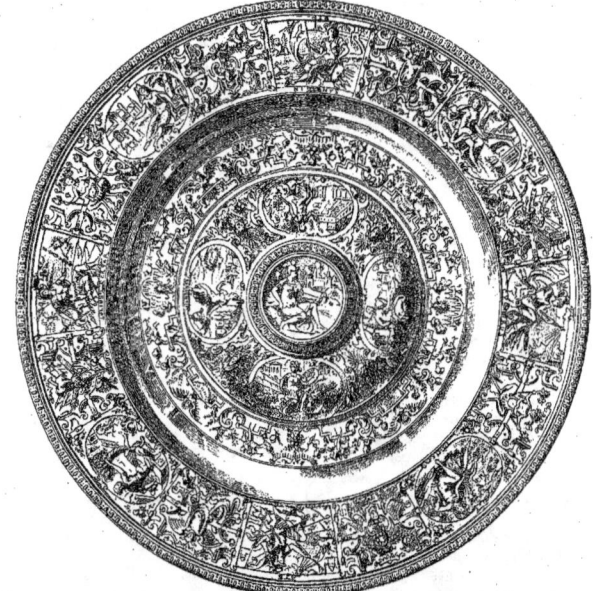

PLAT, PAR FRANÇOIS BRIOT.

côté, une part plus décisive encore. Une autre cause de la décadence de l'orfèvrerie ce fut l'engouement inouï pour les pierres précieuses de tout genre qui prit naissance sous le règne des derniers Valois. L'éclat du diamant et des perles éclipsa tout à coup celui de l'or et de l'argent, l'éblouissante industrie du joaillier, si bien appropriée au goût d'une cour efféminée, fit rejeter au second plan l'art exquis de l'orfèvre. »

L'inventaire récemment découvert des biens et meubles de Gabrielle d'Estrées montre pourtant de grandes richesses qu'on ne soupçonnait pas à la cour de France à cette époque. Quant au roi, il avait un orfèvre nommé Vimont, qu'il employait sans doute pour les joyaux et le service de table de sa maîtresse, bien plus que pour son usage personnel, car la seule pièce qu'il lui ait commandée directement est un crachoir.

Henri IV n'a pas été un roi fastueux comme François Ier et il n'a jamais eu bien grande estime pour les beaux-arts. Néanmoins son règne a été marqué par une innovation qui mérite d'être signalée. On doit à Henri IV d'avoir établi des logements dans le Louvre pour les artistes et les artisans les plus distingués. Ses intentions sont clairement manifestées par des lettres patentes du 22 décembre 1608. « Nous avons eu cet égard en la construction de notre galerie du Louvre, d'en disposer les bâtiments en telle forme que nous y puissions loger commodément quantité des meilleurs ouvriers et plus suffisants maîtres qui se pourraient rencontrer, tant de peinture, sculpture, orfèvrerie, horlogerie, sculpture en pierreries, qu'autres de plusieurs et excellents arts, tant pour nous servir d'iceux, comme pour être par ce même moyen employés par nos sujets en ce qu'ils auraient besoin de leur industrie, et aussi pour faire comme une pépinière d'ouvriers de laquelle, sous l'apprentissage de si bons maîtres, il en sorte plusieurs qui, par après, se répandraient par tout notre royaume, et qui sauraient très bien servir le public, etc. »

Pour les gens de métier, en général, mais surtout pour les orfèvres, le logement au Louvre offrait de très grands avantages, notamment celui de les soustraire aux règlements parfois très gênants du corps de métier auquel ils appartenaient. Car la corporation n'avait aucun pouvoir sur ceux qui étaient attachés à la maison du roi. Plus tard, sous Louis XIV, on tenta de former dans les ateliers des Gobelins une grande manufacture dont les produits fabriqués devaient être employés pour le mobilier des châteaux royaux et exécutés sous la direction du peintre Charles Lebrun. Les plus grands maîtres de nos industries d'art ont attaché leurs noms à cette institution, qui n'eut d'ailleurs qu'une durée assez courte, puisque, du vivant même de Louis XIV, la manufacture des Gobelins perdit le caractère d'universalité que Colbert avait voulu lui donner, et ne fut plus utilisée que comme fabrique de tapisseries.

Si l'orfèvrerie fut exclue de la fabrication royale, les orfèvres n'en continuèrent pas moins à travailler pour la maison du roi, et à être attachés à sa maison. Ce fut dans son extrême jeunesse, lorsqu'il jouait encore au soldat, que Louis XIV prit le goût de l'orfèvrerie. Comme il était passionné pour ce jeu et que de simples soldats de plomb eussent été jugés indignes d'amuser l'auguste enfant, on chargea l'orfèvre Merlin de confectionner des petits soldats en argent, et cet orfèvre est toujours demeuré depuis cet emploi attaché à la personne du roi. Au reste, il ne fut pas le seul, et toute une légion d'artistes, travaillant sous la haute direction de Lebrun, reçut pour mission de satisfaire les caprices du roi.

Bérain, qui a fait de si beaux dessins de meubles et de tapisseries, a fait aussi des modèles d'orfèvrerie. On lui doit entre autres la composition d'une cafetière en argent repoussé et ciselé qui faisait partie de la fameuse collection de San Donato et dont la panse octogone repose sur un culot sphérique couvert de roseaux en fleur, de gaînes et de lambrequins sur fond grainé-jorgé.

Ballin est le plus célèbre parmi les orfèvres qui se sont fait un nom sous Louis XIV. Dès l'âge de dix-neuf ans il avait composé quatre grands bassins décorés de figures en relief, qui eurent un tel succès que le cardinal de Richelieu, en les achetant, lui commanda quatre grands vases pour les accompagner. Ballin a fait tous les genres, et il a travaillé pour les églises autant que pour les châteaux, mais c'est surtout pour le somptueux mobilier de Versailles qu'il a été appelé à déployer son talent. « Il y avait là, dit Perrault dans ses *Hommes illustres*, des tables d'une sculpture et d'une ciselure si admirables que la matière, toute d'argent et toute pesante qu'elle était, faisait à peine la dixième partie de leur valeur. C'étaient des torchères ou de grands guéridons de huit à neuf pieds de hauteur, pour porter des flambeaux ou des girandoles ; de grands vases pour mettre des orangers et de grands brancards pour les porter où l'on aurait voulu ; des cuvettes, des chandeliers, des miroirs, tous ouvrages dont la magnificence, l'élégance et le bon goût étaient peut-être une des choses du royaume qui donnaient une plus juste idée de la grandeur du prince qui les avait fait faire. »

Après Claude Ballin, Delauney, son gendre, Alexis Loir, et ensuite Lacoste, furent les orfèvres les plus occupés du règne de Louis XIV. « Lacoste, dit Alexis Monteil, alla dans sa jeunesse à Paris pour y terminer son apprentissage ; et comme il maniait avec une égale habileté le crayon, le marteau et le ciseau, il fut admis chez Ballin et chez Delaunay, qu'il n'appelait pas des orfèvres, mais bien des sculpteurs en argent et en or. Il avait travaillé avec eux à ces beaux meubles d'orfèvrerie qui ornaient les maisons royales : à ces grandes balustrades d'argent, à ces grandes tables d'argent, à ces grands bancs d'argent, dont l'ambassadeur de Siam avait de la peine à soulever ; à ces grands chandeliers d'argent hauts de huit ou neuf pieds, à ces grands bassins d'argent de dix ou douze pieds de tour ; à ces grands cadres de miroir en or massif, pesant jusqu'à quinze ou vingt livres. Mais quand il vit, dans les temps de détresse, fondre à la monnaie ces chefs-d'œuvre qui avaient été dessinés par Le Brun, qui avaient coûté dix millions et qui n'en rendirent que trois, il quitta Paris. « Ce que je regrettai le plus, disait-il un jour, ce ne furent pas les profits de mon état, ce fut de ne pouvoir plus espérer de devenir garde-juré. Tous les orfèvres de Paris, nous vivons dans l'espoir de le devenir, d'être revêtus de la robe à manches de velours, enfin d'avoir l'honneur de porter un des glorieux bâtons du dais aux solennelles entrées des rois. Toute notre vie nous voyons ce glorieux bâton, et en mourant nous le voyons encore. »

La fonte des objets de métal à laquelle Alexis Monteil fait allusion remonte aux années néfastes de 1689 et 1690. Cette fonte, qui n'amena pas du tout de résultats pécuniaires qu'on en attendait, n'eut d'autre résultat que la destruction complète de l'ancienne orfèvrerie royale, dont quelques pièces seulement nous sont connues par la gravure. Mais elle ne porta pas un bien grand préjudice à la corporation des orfèvres de Paris que nous retrouvons bientôt plus florissante que jamais.

« Les orfèvres, écrit Charles Louandre, l'un des corps de métier les plus riches et les plus influents de la capitale, étaient très nombreux dans la section du Pont-Neuf et de l'île Notre-Dame. En 1700, on en comptait trente-six sur le quai qui porte leur nom, treize dans la rue du Harlay, douze sur la place Dauphine, six sur le quai de l'Horloge, trois rue de Lamoignon, un cour du Palais.

« Un recensement général du mobilier de la bourgeoisie parisienne, fait en 1700, nous montre quelle était à cette date la richesse des bourgeois de Paris. Ce recensement constate qu'on trouvait chez les simples particuliers, outre la vaisselle plate, des soufflets, des grils, des sonnettes, des écritoires en argent, de petits ménages en argent à l'usage des jeunes filles, des tentures en tapisserie à fleurs d'or et d'argent, des garnitures de cheminées à crépines d'or, des guéridons et des fauteuils d'ébène massif à pieds en argent massif ou doré, des chaises de velours à galons d'or, des bureaux en bois de violette et en bois d'olivier, des bibliothèques ornées d'incrustations d'ivoire ou d'écaille. »

Les lois somptuaires qui accompagnèrent la vieillesse morose de Louis XIV et qui furent maintenues dans les premières années de la Régence ne purent jamais recevoir une exécution bien complète et finirent même par tomber complètement en désuétude. Aussi nous voyons malgré tout de nouvelles réputations se former.

Le second Claude Ballin, neveu et élève du précédent, n'atteignit jamais la réputation de son oncle ; néanmoins il obtint une grande vogue dans la première moitié du xviiie siècle. C'est lui qui fut chargé de faire la couronne dans la composition de laquelle entraient les deux plus beaux diamants connus alors, le Sancy et le Régent; le nom de ce dernier vient du duc d'Orléans, régent du royaume, par qui il avait été acheté pour le roi. « Ballin, dit Ferdinand de Lasteyrie, était un excellent orfèvre. Quant au style de ses œuvres, il devait nécessairement se ressentir du goût de son époque, le goût le plus faux, le plus abâtardi, le plus dépravé qui fut jamais. La ligne droite, les surfaces planes, les courbes régulières elles-mêmes, la symétrie, la régularité sous toutes leurs formes, étaient absolument proscrites. Rien de ce qui peut se résoudre par une formule mathématique n'était admis dans ce style baroque, « rocaille », comme on l'a nommé depuis, dont les aspérités sans nombre et les formes contournées fatiguent l'œil, autant qu'à l'usage elles doivent blesser la main. Quelques artistes habiles, quelques bons ciseleurs traitaient certainement avec grâce le nu de la figure humaine, mais cette grâce elle-même était mêlée de tant d'affé-

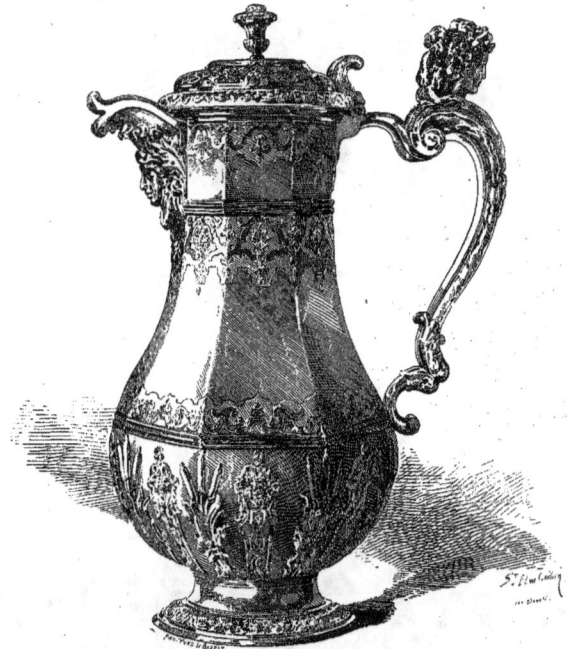

CAFETIÈRE EN ARGENT, STYLE LOUIS XIV.

terie, qu'elle était là comme une nouvelle preuve de la décadence du goût. »

Après ce second Ballin, qui peut être regardé comme un trait d'union entre le xviiie siècle et le siècle précédent, nous voyons surgir dans l'orfèvrerie deux artistes, ou plutôt deux groupes d'artistes, se rattachant, les uns à Germain, les autres à Meissonier. A notre avis, Germain a un talent infiniment plus distingué, mais comme Meissonier nous semble caractériser beaucoup mieux la tendance et le goût de son temps, nous en parlerons en premier. « En feuilletant l'œuvre de Meissonier, dit M. A. Darcel, on voit que l'on n'a affaire qu'à un décorateur, bien qu'on y trouve une foule de modèles pour vaisselle religieuse, vaisselle de table et bijouterie, comme tabatières, pommes de canne à cannelures en spirale et poignées d'épées. Cependant la nécessité, triste contrainte pour des gens de cette trempe, de fournir aux exécutants des modèles qu'ils pussent mettre en œuvre et aux acheteurs des pièces dont ils pussent se servir, a réfréné parfois l'intempérance de Meissonier. Il y a une imagination presque assagie, eu égard au goût de l'époque, dans la cuvette et la nef composées pour le roi, et dans le modèle d'un seau à rafraîchir dont les deux sirènes forment les anses, qu'il dessina en 1723. Cependant nous devons noter comme des modèles d'extravagance dans le jet des rocailles qui se hérissent autour des pièces, trop semblables à des amas de rocs et de glaçons, le surtout composé en 1735 pour le duc de Kensington Pour cette orfèvrerie, où l'on sent une recherche si

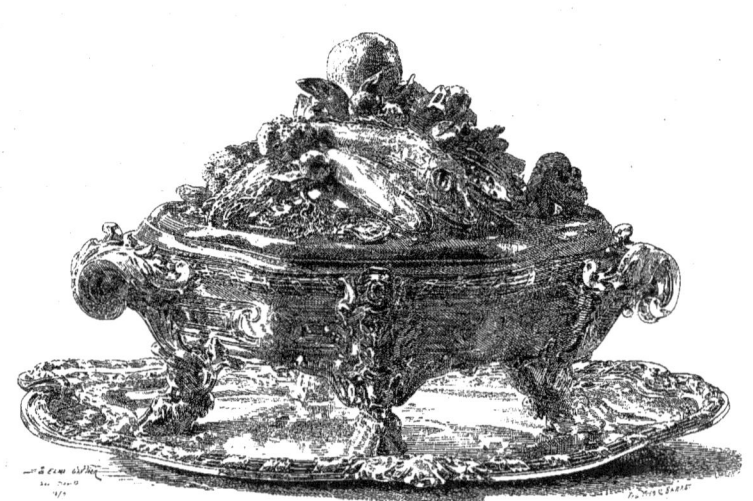

SOUPIÈRE A PIEDS FOURCHUS, TRAVAIL FRANÇAIS DU TEMPS DE LOUIS XV.

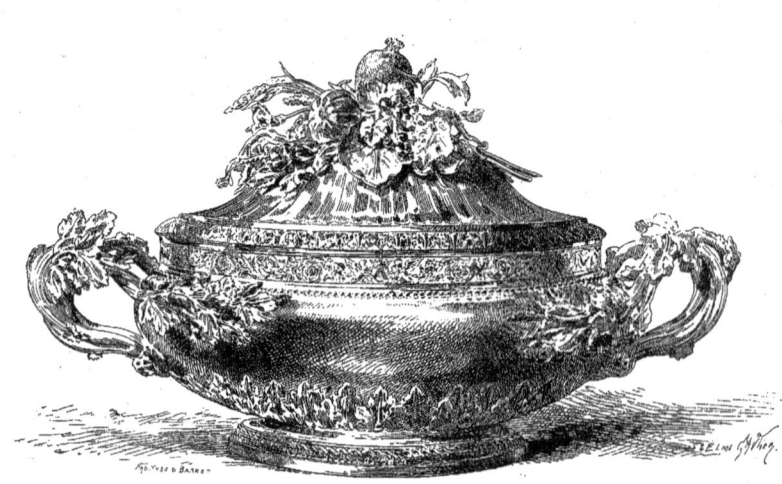

SOUPIÈRE EN ARGENT, TRAVAIL FRANÇAIS DU TEMPS DE LOUIS XV.

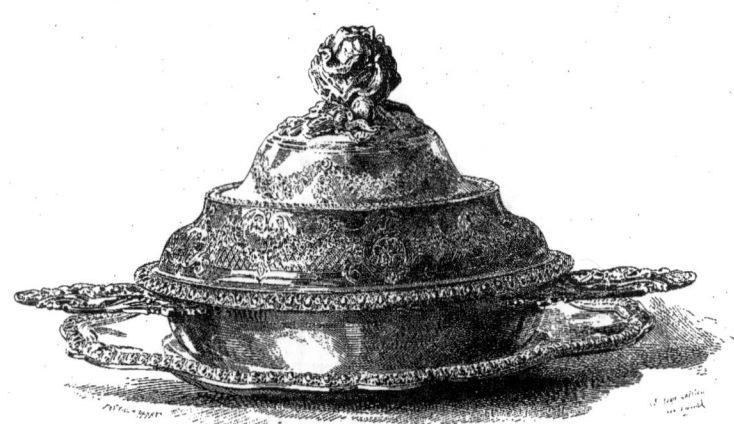

LÉGUMIER EN ARGENT, STYLE LOUIS XV.

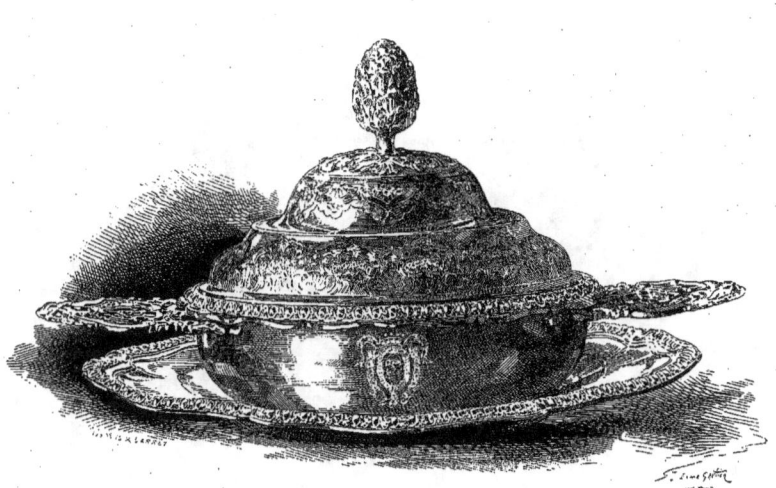

ÉCUELLE EN ARGENT, TRAVAIL FRANÇAIS.

extravagante de la nature que les qualités du métal y disparaissent, sinon dans l'exécution, qui est généralement fine et précieuse, du moins dans la composition, il fallait des ornements pris sur le vif des choses. Aussi Meissonier a-t-il publié un *Livre de légumes* disposés en groupe, tels qu'on les retrouve encore servant de bouton au couvercle des casseroles à légumes et des soupières. »

Meissonier avait certainement exagéré ses tendances, mais

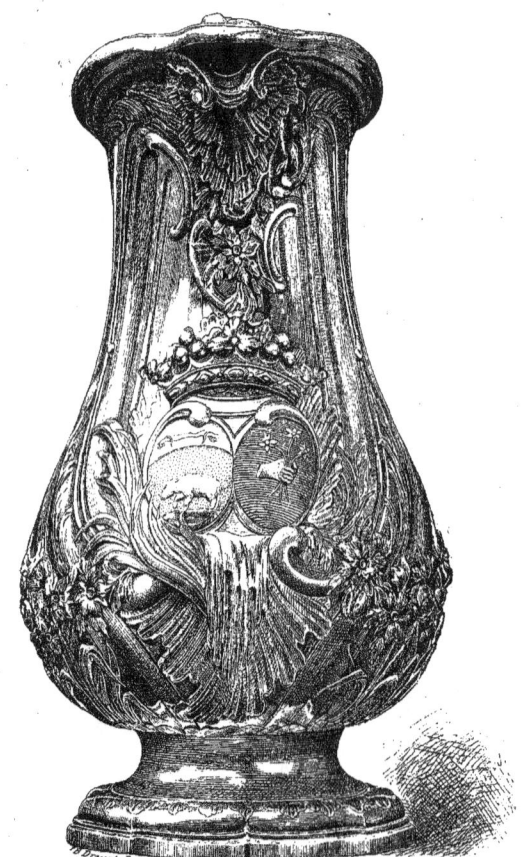

AIGUIÈRE EN ARGENT, STYLE LOUIS XV.

les principes auxquels il prétendait rattacher l'art ornemental dans l'orfèvrerie n'étaient pas mauvais en eux-mêmes, puisqu'ils répondent en somme à une des époques les plus brillantes de nos industries d'art, et notamment de l'orfèvrerie.

L'emploi des fleurs, des fruits, et même des animaux, rendus avec une grande rigueur d'observation, mais présentant toujours de belles dispositions décoratives, est le principal caractère de cette belle orfèvrerie française du xviiie siècle, dont l'époque la plus brillante peut être fixée aux alentours de 1730. Une superbe terrine, qui a passé successivement dans les collections Pichon et San Donato, nous en offre un brillant spécimen. Ses pieds fourchus, d'où s'échappe une tige de céleri, reposent sur un plateau ovale dont les bords sont enrichis de feuillage. Sur le couvercle sont jetés, autour d'une orange garnie de son feuillage

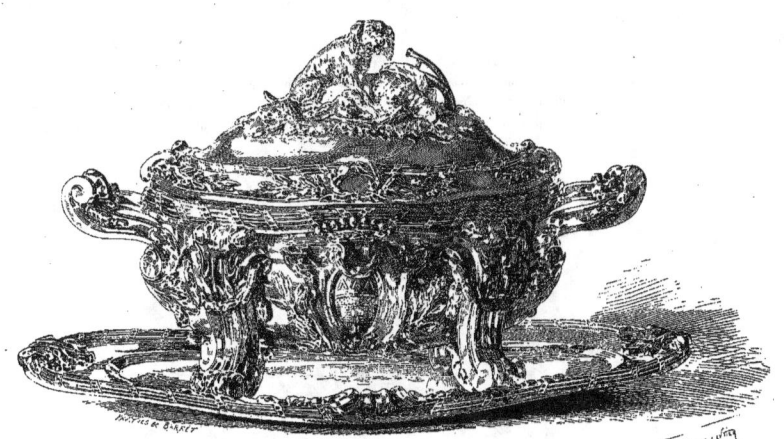

SOUPIÈRE EN ARGENT, PAR ANTOINE JEAN DE VILLECLAIR.
XVIIIe SIÈCLE.

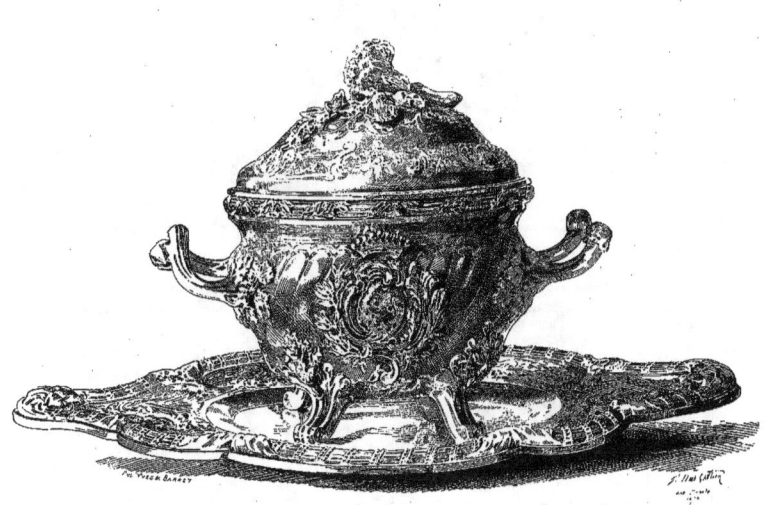

SOUPIÈRE EN ARGENT, STYLE LOUIS XV.

des ortolans, des huîtres, des truffes, des champignons, des artichauts et des poissons modelés dans la perfection.

Sur une autre pièce du même genre, on voit sur le couvercle une carotte et des oignons formant centre, et des épis groupés autour avec divers feuillages, tandis que la panse est décorée de feuilles de chêne et de laurier. Ailleurs c'est un chou qui est le point de départ de cette décoration, qui est très variée dans ses détails, mais dont le principe ornemental est toujours le même.

Ailleurs c'est un artichaut isolé qui décore le haut du couvercle, et cet isolement n'est même pas très heureux, si on veut le comparer aux groupes de plantes, de fruits et d'animaux, que nous avons vus précédemment.

On est un peu surpris de trouver un écusson de la maison Demidoff dans une magnifique soupière, due à l'orfèvre Antoine-Jean de Villeclair, reçu maître en 1750; mais cette belle pièce, qui faisait partie des collections de San Donato, avait reçu primitivement un écusson français qui a été recouvert depuis. Le couvercle est formé d'un chien entouré de gibiers et de divers attributs de la chasse. On a pu remarquer déjà que ce genre de décoration est extrêmement fréquent dans l'orfèvrerie de table à cette époque.

Les pièces que nous avons jusqu'ici sont d'un style très riche, quelquefois même un peu surchargé, qui caractérise très bien une des faces du XVIIIe siècle, mais qui ne l'absorbe pas d'une manière aussi exclusive qu'on l'a prétendu quelquefois.

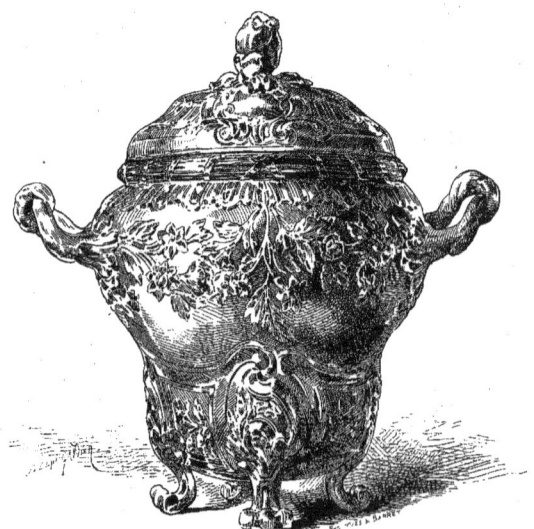

SUCRIER EN ARGENT, PAR PIERRE GERMAIN.

Ce mode contourné devient certainement un peu fatigant, à la longue, mais il l'est moins que l'affectation de simplicité qui est venue à la mode un peu plus tard et qui était bien voisine de la raideur.

Nous avons parlé plus haut de Germain : ce nom est celui d'une famille d'orfèvres dont plusieurs ont eu un très grand talent, quoique l'un d'eux, Thomas Germain, ait éclipsé les autres par son immense réputation. C'est en parlant de Thomas Germain que Voltaire a dit :

« ..... Et ces plats si chers, que Germain
A gravés de sa main divine..... »

Le succès de Th. Germain fut immense, et toutes les cours de l'Europe lui demandaient ses ouvrages et sacrifiaient au bon goût du jour. « Ce qu'était ce bon goût et ce qu'étaient ces œuvres, dit A. Darcel, Th. Germain a pris soin de nous le montrer dans les éléments d'orfèvrerie qu'il publia chez lui, place du Carrousel, à l'orfèvrerie du roi, en 1748, l'année même de sa mort. Ce recueil, divisé en deux parties, orfèvrerie d'église et orfèvrerie de table, est bien la réunion des plus réjouissantes fantaisies que l'on puisse rêver. Germain, qui, dans un court avant-propos, annonce qu'il procédera toujours du simple au composé, semble avoir toujours eu grand souci des contours. Ceux-ci sont presque toujours coulants et arrondis, malgré les rocailles au ton mat dont le fond poli des pièces est surchargé, et il est rare qu'une moulure solide vienne en interrompre la ligne serpentine. En même temps que ses propres compositions, Th. Germain a publié quelques pièces du service que Jacques Roettiers exécuta pour le Dauphin, pièces qui ne se distinguent de celles du maître que par un emploi plus grand de la figure humaine, mais ce sont toujours les mêmes formes contournées, le même abus de ce style qu'un seul mot suffit à caractériser et qu'on appelle *rocaille*.

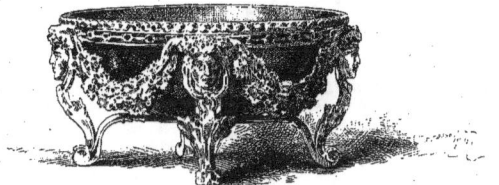

SALIÈRE EN ARGENT, STYLE LOUIS XVI.

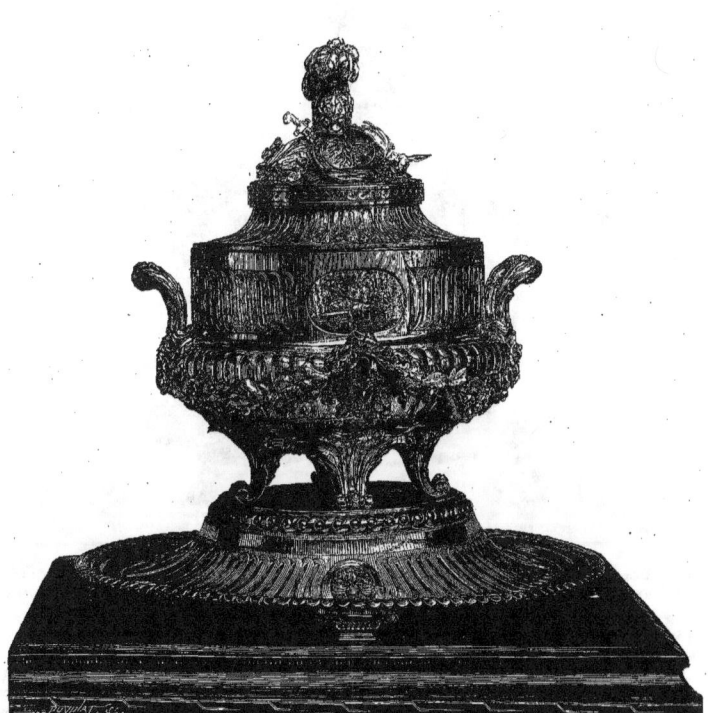

SOUPIÈRE EN ARGENT, COMMANDÉE A PIERRE GERMAIN PAR CATHERINE II.
(COLLECTION DE M. LE BARON GUSTAVE DE ROTHSCHILD.)

Le père de Th. Germain s'appelait Pierre, et il avait obtenu, à la fin du règne de Louis XIV, une assez grande célébrité comme orfèvre. Le fils de Th. Germain, dont le prénom est également Pierre, eut à son tour une assez grande réputation, en sorte que le nom de Germain revient pendant tout le cours du xviiie siècle dès qu'il s'agit d'orfèvrerie. Comme il y a bien peu de pièces de Thomas dont l'authenticité soit bien établie, les amateurs se rejettent assez volontiers sur l'un des deux Pierre, lorsqu'il s'agit de désigner l'auteur d'un vase ou d'un plat d'argent qui leur semble mériter un nom illustre.

Faut-il accepter le nom de Germain pour une aiguière, très jolie d'ailleurs, qui a fait partie de la fameuse collection de San Donato? En tout cas, l'auteur de cette aiguière est assurément un orfèvre d'un grand mérite.

La présence d'écussons armoriés sur le milieu de la pièce est un des caractères de l'orfèvrerie au xviiie siècle. La couronne héraldique qui les surmonte se mêle aux feuillages et aux roseaux qui recouvrent les aiguières dont le bec s'enrichit de feuilles d'acanthe. Tout cet ensemble, finement ciselé, produit le plus heureux effet.

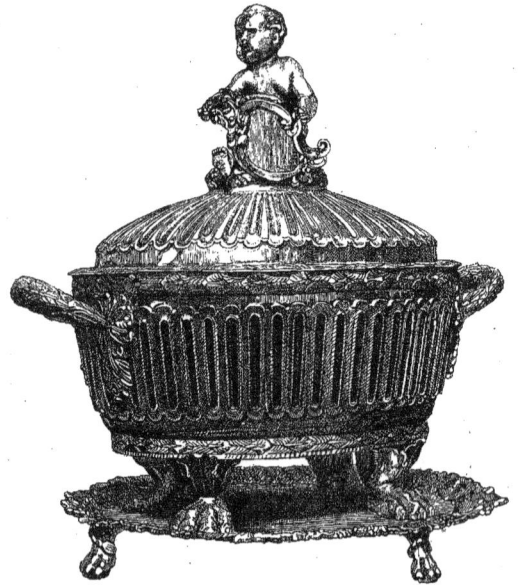

SOUPIÈRE EN VIEIL ARGENT, STYLE LOUIS XVI. (COLLECTION DE M. VAISSE.)

On attribue également à Pierre Germain un charmant sucrier à anses formées de ceps de vigne, en argent repoussé et ciselé, avec décor de guirlandes de fleurs, culot à contours et palmettes, pieds en volutes et couvercle surmonté d'un fruit; en tout cas, ce travail appartient à la période peut-être la plus exquise de l'orfèvrerie, puisqu'il date de 1720.

Parmi les pièces les plus remarquables de l'orfèvrerie française au xviiie siècle, il faut citer une soupière en argent de Pierre Germain, qui fait partie de la collection de M. le baron Gustave de Rothschild et qui a fait l'admiration des connaisseurs à l'exposition rétrospective du Trocadéro. Cette soupière est en quelque sorte historique, puisqu'elle a été commandée par l'impératrice de Russie Catherine II, et fit partie d'un service offert par cette souveraine au prince Potemkin, à la suite de ses victoires sur les Turcs. Peu de morceaux d'orfèvrerie peuvent caractériser aussi bien que celui-ci le style de cette période de transition qui est le style distinctif des œuvres d'art exécutées sous Louis XVI. Le corps de la soupière se compose de deux parties: la partie inférieure, plus large, affecte la forme d'une coupe godronnée, montée sur quatre pieds de feuillages et décorée de guirlandes de laurier que rattachent en quatre points différents des nœuds de rubans; la partie supérieure est ornée de deux médaillons dont l'un représente le triomphe de Potemkin, et l'autre Bellone épargnant les vaincus, sans doute par allusion à la clémence du général. Le couvercle est couronné par un trophée d'armes surmonté d'un casque empanaché. Les feuillages d'argent mat se détachant sur un fond en argent poli, qui forment un des traits spéciaux de l'orfèvrerie à cette époque, sont ici du plus charmant effet.

L'époque de Louis XVI est bien loin d'avoir l'exubérance

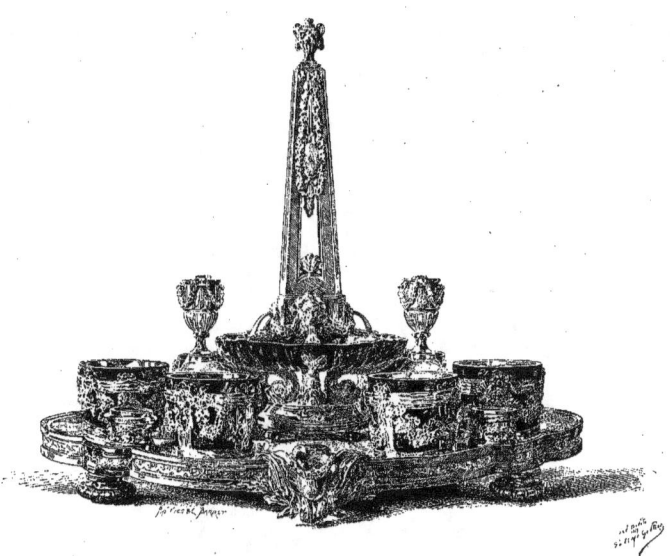

SURTOUT DE TABLE EN ARGENT, STYLE LOUIS XVI.

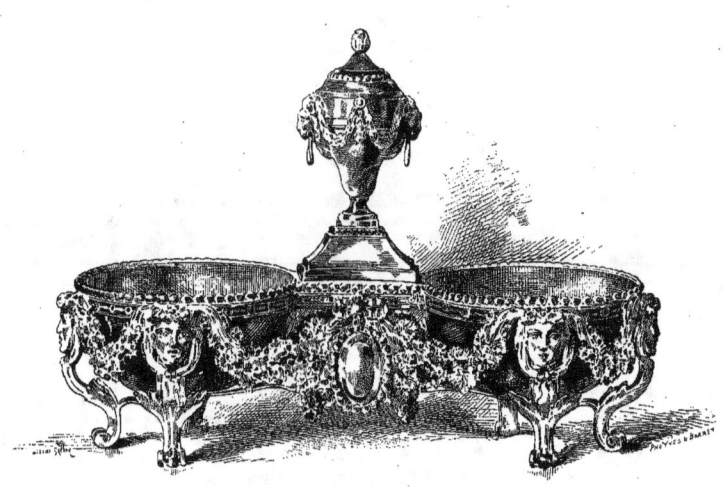

SALIÈRE EN ARGENT, STYLE LOUIS XVI.

ornementale qui caractérise l'époque précédente, mais elle est encore riche, comme le montre la pièce en argent que nous venons d'examiner. Elle va pourtant devenir pauvre, en cherchant avec excès la simplicité. Une soupière d'argent, de la collection de M. Vaisse, ornée de cannelures, et dont le couvercle est surmonté d'un enfant portant un écusson, peut être signalée comme marquant la transition au style de l'époque impériale qui va bientôt survenir.

À la fin du xviiie siècle, on associait volontiers l'argent avec les tons riches et profonds des cristaux de couleurs. Ainsi, de jolies salières en cristal bleu sont pourvues de montures en argent finement ciselées, dont les pieds contournés en feuilles d'acanthe sont surmontés de têtes de bacchantes d'où s'échappent des ceps de vigne chargés de fruits et de feuilles.

Les surtouts de table du temps de Louis XVI sont d'une incroyable variété, et quelquefois d'une rare élégance. Il y en a qui représentent une fontaine en forme d'obélisque : deux vases servent de flambeaux, et six coupes en verre, simulant des cuves, sont enchâssées dans des montures enguirlandées, en argent ciselé.

Il est bon de noter que, lorsqu'on arrive à la période de Louis XVI, un grand changement s'est opéré dans les mœurs, et que l'orfèvrerie devait nécessairement en ressentir le contre-coup. La royauté s'était sensiblement appauvrie, et les grandes fortunes privées, qui autrefois étaient l'apanage à peu près exclusif de la noblesse, se trouvaient passer peu à peu aux mains plus actives des commerçants et des fabricants. Enfin la classe moyenne, qui était dévorée du désir de ressembler à la noblesse,

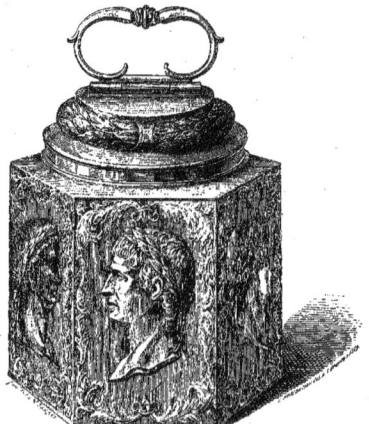

FLACON EN ARGENT, XVIIIe SIÈCLE.

mais qui n'en avait pas encore les moyens, voulait du moins se payer les apparences du luxe. « De là, dit Ferdinand de Lasteyrie, l'industrie qui prit de suite un si grand développement : du *similor*, des pierres fausses, des faux diamants, du *strass*, comme on les baptisa, dès l'abord, du nom de l'orfèvre allemand qui les avait inventées. Or cette double industrie tomba tout de suite entre les mains d'ouvriers si habiles, qu'elle eut un moment de véritable vogue. La fabrication de faux bijoux devint une industrie spéciale, bientôt soumise à des règlements où nous voyons ceux qui s'y livraient désignés sous le nom de *bijoutiers-faussetiers*. »

D'un autre côté, la grande orfèvrerie ne répondait plus beaucoup au goût du jour, et les plus habiles ciseleurs de l'époque, les Gouthière et les Caffieri, travaillaient plus volontiers le bronze que l'argent. Enfin l'orfèvrerie de table elle-même devait, dans beaucoup de maisons riches, céder la place à la porcelaine, qui était alors au moment de sa plus grande vogue. Aussi, la seule branche de l'orfèvrerie qui fût réellement florissante à cette époque est celle qui se consacrait exclusivement à la reproduction des menus objets tels que les bonbonnières, les étuis à ouvrages, les flacons de poche, les tabatières, les théières, etc. A cette époque, le style a la prétention de revenir à la noblesse antique ; les médaillons d'empereurs romains prennent place sur les facettes des boîtes à thé de forme hexagonale, et, à force de revenir à la simplicité, le couvercle n'a plus d'autre ornement qu'une couronne de chêne ou de laurier.

Le dernier orfèvre du xviiie siècle, dont le nom soit demeuré célèbre, est Auguste, à qui fut confié le soin de fabriquer la couronne du sacre de Louis XVI. Il avait adopté complètement le style pseudo-romain, qui était alors à la mode parmi les artistes, mais sa carrière fut entravée par le mouvement révolutionnaire, devant lequel tous les arts somptuaires durent momentanément s'effacer. Quand l'orfèvrerie recommença à produire de nouveau, Auguste vivait, mais ce furent de nouveaux venus qui captivèrent la faveur publique : Biennais, qui fut l'orfèvre en titre de l'empereur, eut l'occasion de montrer son talent dans plusieurs circonstances, et notamment à l'occasion du mariage de Napoléon avec Marie-Louise d'Autriche.

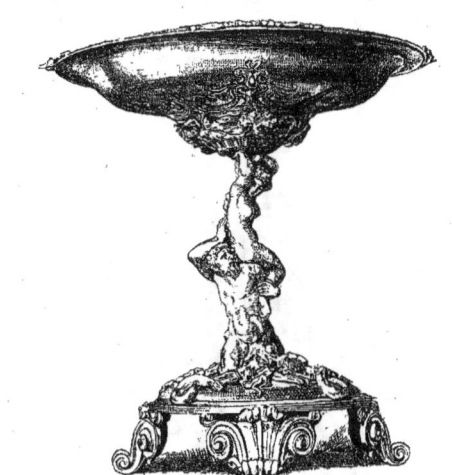

COUPE, PAR KIRSTEIN FILS.

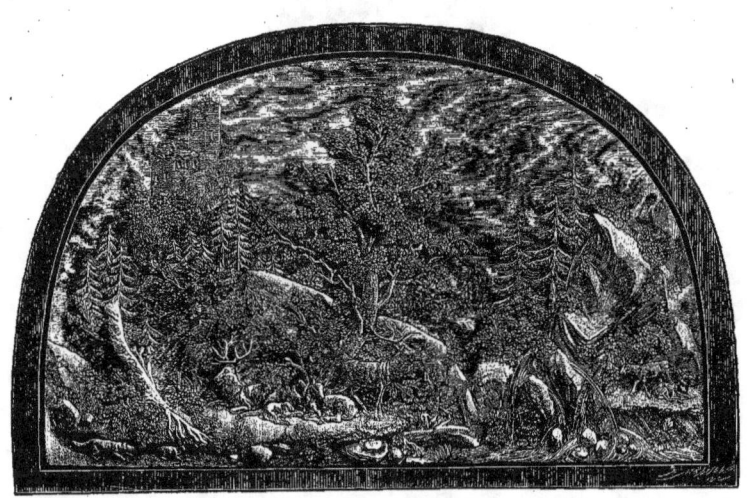

FAMILLE DE CERFS, PAR KIRSTEIN.

Odiot est un nom historique dans l'orfèvrerie française, et il n'est pas possible d'en parler sans rappeler le passé de cette maison célèbre. Elle a eu pour fondateur, en 1720, Jean-Baptiste-Gaspard Odiot, qui fut grand garde de l'orfèvrerie en 1754, et l'orfèvre qui expose aujourd'hui appartient à la sixième génération de cette famille. La grande réputation de la maison date des commencements de ce siècle, et le nom d'Odiot figure à toutes nos expositions parmi ceux des orfèvres récompensés. Sous le premier empire, la ville de Paris confia à Odiot l'exécution du berceau du roi de Rome, dont Prudhon avait composé le

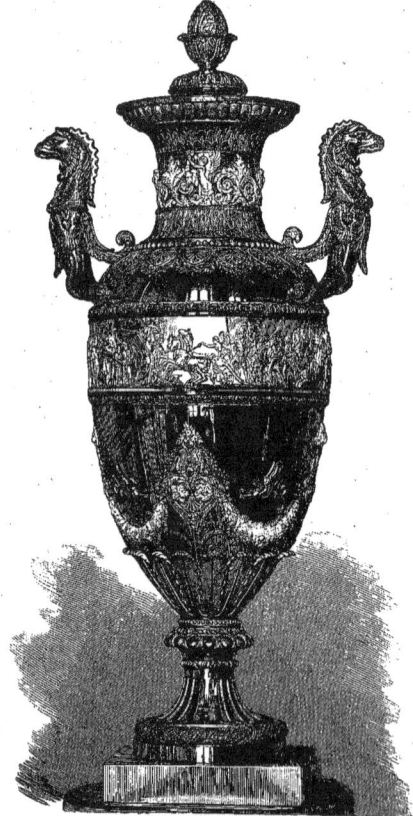

GRAND VASE, PAR KIRSTEIN.

dessin ; Thomire, le célèbre bronzier, fut son collaborateur dans cet ouvrage qui est resté célèbre dans l'histoire de l'orfèvrerie. En 1814, Odiot, qui était colonel de la garde nationale de Paris, se distingua particulièrement dans la défense de la barrière de Clichy ; on peut voir son portrait dans le fameux tableau d'Horace Vernet, qui est maintenant au Louvre.

Sous la Restauration, la réputation que la maison avait acquise s'accrut encore, et Charles Odiot devint l'orfèvre en vogue, comme son père l'avait été sous la génération précédente. Seulement, le goût public était encore en train de subir une modification nouvelle. « Comment, dit Ferdinand de Lasteyrie, aurait-il pu en être autrement, au lendemain du jour où l'état de la société française venait d'être encore une fois si profondément modifié ? En toutes choses, n'était-il pas naturel que la Restauration prît le contre-pied de la Révolution et de l'Empire ? Et puis les princes, les nombreux représentants de l'aristocratie, qui rentraient en France après une si longue absence, avaient contracté d'autres goûts pendant leur séjour à l'étranger. En fait d'orfèvrerie, par exemple, leur œil s'était habitué aux somptuosités d'assez mauvais aloi, il faut en convenir, qui n'auraient pu contenter des amateurs d'un goût délicat, mais qui, pour le public en général, contrastaient heureusement avec la maigreur de formes du style impérial. Les orfèvres anglais passaient pour fort habiles. Odiot prouva facilement que, dans ce genre, il pouvait faire aussi bien qu'eux.

Il produisit beaucoup, à la satisfaction de sa riche clientèle, mais peu de ses œuvres eurent un véritable caractère d'art. »

L'imitation du style anglais, qui avait fait le succès de la maison Odiot, lui a attiré quelquefois les sévérités de la critique. C'est aujourd'hui M. Gustave Odiot qui est à la tête de cette maison, et l'importance de ses envois à l'Exposition de 1878 prouve qu'il entend lui conserver sa position exceptionnelle dans l'orfèvrerie française. On a particulièrement remarqué un grand surtout de table, style Louis XVI, un vase Renaissance

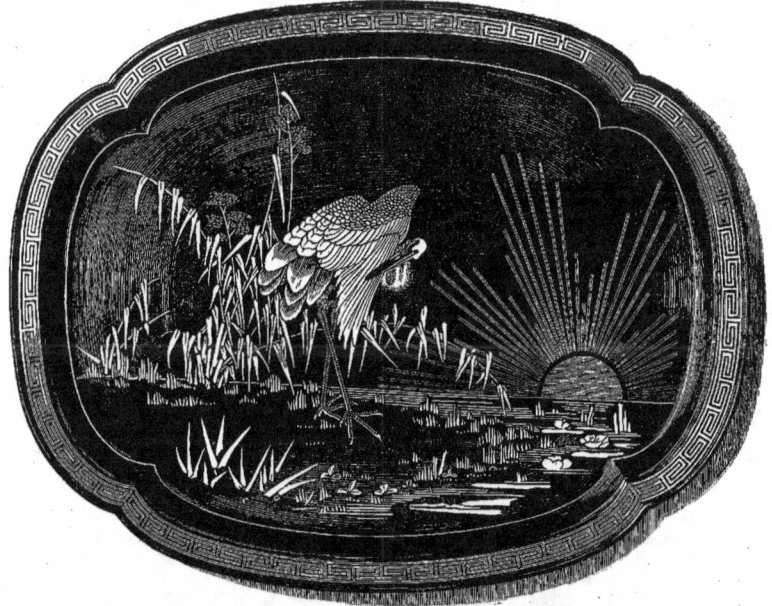

PLATEAU AVEC INCRUSTATIONS, PAR CHRISTOFLE.

décoré de bas-reliefs représentant des amazones, et une superbe pièce décorative figurant un char traîné par des chevaux marins, et conduit par des tritons.

Fauconnier, dont la réputation date également de la Restauration, fut un véritable artiste. Un grand vase, commandé par le roi Charles X, pour être offert en cadeau au sultan, et une autre pièce du même genre, offerte par souscription au général Lafayette, sont ses principaux ouvrages. Trop amoureux de son art pour être bien habile à gérer ses affaires, Fauconnier fut souvent en perte avec de grands travaux, pour lesquels il employait toujours les plus habiles collaborateurs, et qui souvent lui revenaient plus cher qu'ils ne pouvaient lui rapporter. Il mourut pauvre, laissant à ses neveux, les frères Fannière, l'héritage de son beau et consciencieux talent.

Kirstein, orfèvre alsacien de la même époque, a introduit dans l'orfèvrerie un genre pittoresque, qui a trouvé des imitateurs, mais qui, malgré le talent qu'il y a dépensé, nous semble très peu approprié au métal. Cet Alsacien était grand chasseur et grand marcheur : il explorait sans cesse les Vosges et les montagnes de la Forêt-Noire, et il cherchait dans le paysage de son pays des motifs qu'il pût traduire avec l'or ou l'argent. Il n'existait alors aucun précédent pour ce genre, dont il est bien réellement le créateur. Les biches, les cerfs, les sangliers, étaient pris sur le vif : il obligeait le métal à se faire paysagiste, en sorte que les branches et les broussailles, se mêlant aux cornes et aux pattes des animaux, produisent quelquefois une certaine confusion dans l'ensemble ; mais il rachetait tout par l'ingéniosité de l'invention, le charme de l'agencement, la finesse du mouvement, la délicatesse exquise du travail.

Ces sujets pittoresques, qu'il traitait toujours en demi-relief, lui servaient à orner des tabatières, des broches ou des médaillons. Ses chasses et ses groupes d'animaux étaient toujours fort petits et travaillés avec une incroyable minutie. Malgré tout le talent qu'il a dépensé dans des pièces de ce genre, l'esprit conçoit avec une certaine répugnance des forêts et des feuillages en relief exécutés avec du métal, et si Kirstein n'avait jamais fait autre chose, il serait peut-être cité pour la bizarrerie de son entreprise, mais il ne serait à coup sûr pas compté parmi les maîtres de l'orfèvrerie française. Chose singulière, cet homme, qui a toujours rêvé d'être un novateur, ne s'est jamais élevé si haut dans son art que dans un grand vase pour lequel il a observé rigoureusement le style classique alors en vigueur. Ce vase, où l'on sent en plein le goût qui a dominé en France, sous la Restauration et sous la monarchie de Juillet, est certainement une des plus belles pièces d'orfèvrerie que l'on ait faites à cette époque. Le bas-relief qui court tout autour de la panse reproduit la célèbre composition de Thorwaldsen sur le triomphe d'Alexandre.

Kirstein, qui s'était formé lui-même par le travail et l'observation, résolut de donner à son fils une instruction artistique très soignée. Mais celui-ci, qui s'est fait pourtant une certaine réputation comme orfèvre, a par la suite abandonné la profession de son père, pour se livrer à peu près exclusivement à la statuaire.

Au règne de Louis-Philippe répond dans l'orfèvrerie une période de tâtonnements et de transformations. Froment-Meurice, l'orfèvre le plus illustre de ce temps, mérite que nous nous arrêtions un moment sur ses antécédents et le rôle particulier qu'il a eu dans les arts. Ceux qui aiment à voir les traditions d'art et de goût se perpétuer dans une famille suivront toujours avec intérêt les expositions de M. Froment-Meurice, dont le nom est, depuis un demi-siècle, une des gloires de l'industrie parisienne. Le fondateur de la maison, François Froment, ayant appris fort jeune le métier d'orfèvre, obtint, en 1793, une médaille de mérite et, encouragé par ce succès, il vint s'établir à Paris l'année suivante. Il parvint à s'y faire un nom et comptait déjà parmi les orfèvres en réputation quand la mort vint le surprendre en 1802. Il laissait un fils d'un an, et sa veuve s'étant remariée avec un orfèvre du nom de Pierre-Jacques Meurice, l'enfant traité par lui comme un fils voulut joindre le nom de son beau-père à celui de son père. Bien que la maison eût pris déjà une grande extension à cette époque, ce fut François Froment-Meurice qui acquit la grande célébrité aujourd'hui attachée à ce nom.

Parmi ses œuvres capitales, on peut rappeler un bouclier d'argent qui a figuré à l'Exposition de 1844 et qui est resté célèbre dans l'histoire de l'orfèvrerie de cette époque. Il représentait les quatre phases principales de la vie du cheval, l'état sauvage, la guerre, la chasse et les courses : au centre, un Neptune en haut-relief était représenté domptant ses chevaux marins. Ce bouclier est devenu la propriété de l'empereur de Russie. En 1849, un surtout de table, exécuté pour le duc de Luynes, et dans lequel on remarquait onze figures en ronde bosse, représentant des personnages mythologiques, et plus tard un encrier en or qu'il fit pour le pape, une épée d'honneur pour le général Cavaignac et plusieurs grandes pièces de genres très différents mirent le comble à sa réputation. « Froment-Meurice, dit M. Ferdinand de Lasteyrie, s'essaya avec un égal succès dans presque tous les genres d'orfèvrerie et de bijouterie. On lui doit un nombre infini de pièces d'argenterie de table d'un goût charmant, et en fait d'orfèvrerie religieuse, diverses œuvres du meilleur style, parmi lesquelles je me contenterai de citer : l'ostensoir de la chapelle du pape, un autre, de style byzantin, offert par la reine Marie-Amélie à la cathédrale de Cologne, les deux reliquaires de la Madeleine et le bel ostensoir de la même église. »

S'il est difficile à un inconnu de se faire un nom dans la production artistique, il l'est peut-être encore plus de maintenir un nom déjà célèbre à la hauteur où l'opinion publique a l'habitude de le placer. M. Émile Froment-Meurice, celui qui dirige aujourd'hui la maison, a dû connaître cette difficulté plus que tout autre, puisqu'à la mort de son père il était trop jeune pour pouvoir diriger personnellement la maison et qu'il lui fallut en quelque sorte prendre d'assaut la haute position attachée à son nom. Il y est parvenu pourtant, et si quelques hésitations avaient accompagné le début de sa carrière, elles ont disparu complètement après sa belle exposition de 1878. Nous ignorons si M. Froment-Meurice possède les qualités personnelles du praticien, mais il possède au plus haut degré celles de l'inspirateur et directeur. M. Froment-Meurice joint à l'imagination une élégance naturelle dont on retrouve la trace dans chacune de ses productions et qui les signe en quelque sorte. Nous avons affaire en lui à un délicat chez qui la fécondité n'exclut pas la finesse. Il a résolu le problème difficile de produire beaucoup et bien.

On ne peut rien imaginer de plus frais et de plus délicieux que l'aiguière exécutée pour le roi d'Espagne. Cette aiguière de cristal de roche montée en vermeil et ornée d'une guirlande de fruits de perles fines à feuillages émaillés est faite d'après le dessin de M. Henri Cameré.

Une pendule et des candélabres en argent ciselé forment un ensemble plein de détails excessivement intéressants. Cette pendule et ces candélabres, faits d'après un dessin de M. Cameré et exécutés par M. Lafrance pour les figures, par M. Doussamy pour l'ornementation, appartiennent au duc d'Aumale et sont destinés au château de Chantilly.

L'orfèvrerie religieuse était représentée par un ostensoir de vermeil, orné d'émaux et de diamants, destiné à l'église de Notre-Dame du Sacré-Cœur d'Issoudun ; par une croix pectorale, style roman, et par un anneau pastoral offert au pape Pie IX par le diocèse de Genève. Sur le chaton, M. A. Meyer a exécuté le portrait de saint Pierre en émail. Les clefs, la tiare et l'écu du pape forment des motifs d'ornementation dont on a su fort habilement tirer parti. Une statuette de la sainte Vierge, en or émaillé, avec mains et visage en agate rosée, élevée sur un socle monté en vermeil, mérite une mention tout à fait spéciale dans le groupe des objets religieux.

L'orfèvrerie civile nous présentait des coupes offertes par le ministère de l'agriculture, la société hippique, etc., une coupe taillée en forme de coquillage et portée par un dauphin, un cadre en argent ciselé au repoussé, un bassin d'argent style Louis XVI, un surtout de table de style rocaille, une parure style romain, un pendant de cou, etc., etc.

Sous Louis-Philippe, le nom de Froment-Meurice avait tellement absorbé l'opinion publique qu'il semble avoir incarné en lui l'orfèvrerie française. Cependant Morel et Duponchel ne doivent pas être oubliés. Quoique leur œuvre soit très considérable, la plupart des pièces qui ont fait autrefois leur illustration sont oubliées aujourd'hui. Leurs tendances pittoresques, soutenues par une très grande habileté d'exécution, auraient d'ailleurs pu, si elles avaient été suivies, entraîner l'orfèvrerie dans une voie qui n'est pas sans danger. Un surtout de table qui figurait à l'Exposition de 1849 a excité un grand enthousiasme et soulevé quelques critiques. La pièce du milieu représentait une chasse au sanglier, dans une forêt de la Lithuanie, au XIII° siècle; les chiens lancés sur le sanglier, et le garde sonnant du cor étaient pleins d'animation et bien conformes au goût de l'époque. Les candélabres affectaient la forme de sapins, hissés sur des rochers, et la lumière scintillait sur leurs rameaux chargés de

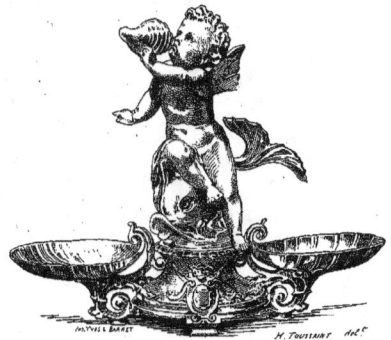

SALIÈRE, PAR CHRISTOFLE.

givre; les seaux à glace étaient entourés d'ours blancs escaladant les glaçons et combattus par des chasseurs : le tout, dit le rapporteur du jury, était exécuté au repoussé.

Les troubles qui ont suivi la révolution de 1848 ont jeté une certaine perturbation dans les industries d'art, mais elle n'a été que momentanée. Le second Empire, qui a vu surgir l'ère des grandes expositions universelles, a été un triomphe pour l'orfèvrerie française. Ce triomphe, qui s'est renouvelé à plusieurs reprises, a été complet en 1878; la maison Christofle et C¹ᵉ notamment s'est montrée sans rivale.

C'est en vulgarisant les procédés inventés par MM. Elkington et Ruolz, que le nom de Christofle est devenu populaire en

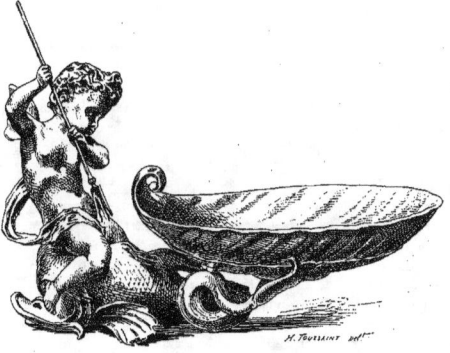

SALIÈRE, PAR CHRISTOFLE.

France. Au point de vue de l'industrie, c'était rendre au pays un véritable service que de faire pénétrer dans les ménages modestes l'usage d'une argenterie élégante, réservée jusqu'alors aux classes opulentes.

En continuant à marcher dans la voie si bien tracée par le fondateur de la maison, M. Paul Christofle, son fils, et M. Henri Bouilhet, son neveu, ont élevé singulièrement le niveau de leur fabrication. Ils ont en même temps cherché des procédés nouveaux, et perfectionné de plus en plus la production artistique.

Avant d'arriver à leur magnifique exposition de 1878, nous croyons devoir citer un extrait du rapport des jurys de l'Union centrale des beaux-arts appliqués à l'industrie, au sujet des pièces qu'ils avaient montrées en 1876 aux Champs-Élysées : « Rappeler les succès de cette maison, dit le rapporteur, décrire ses œuvres hors ligne, c'est refaire le catalogue des expositions dernières, c'est expliquer ce que tout le public intelligent connaît, et *a fortiori* ce que savent mieux que moi ceux qui m'écoutent ici. — Mais dire que ce mouvement s'est opéré en moins de quinze ans, — que d'une fabrication toute industrielle et pratique où les agents chimiques tenaient la première place, les chefs intelligents de cette usine ont su tirer une production jeune, robuste et tout à fait originale et charmante, c'est faire d'eux un rare éloge et leur rendre un honneur bien dû.

« Fondre le métal ou le repousser, voilà la base de tout travail d'orfèvrerie; le décorer de ciselure, de filigrane, de gravure, de nielles ou d'émaux, en est, et en a toujours été le complément obligé.

« A ces ressources, si simples en apparence et si multiples dans l'application, MM. Christofle et Bouilhet ont su mêler d'autres procédés empruntés aux Japonais d'une part et de l'autre aux merveilles de la science moderne, l'émail cloisonné aux couleurs vibrantes et harmonieuses, les patines variées du bronze et de l'argent, la gamme des ors du vert au rouge, etc.

« Ajoutons que des artistes comme MM. Reiber et Rossigneux, — des émailleurs comme M. de Courcy, leur apportaient un concours empressé. — Faut-il s'étonner alors d'un si prompt succès, d'une métamorphose si complète?

« Et, tout en créant des œuvres originales, cette maison s'applique à la vulgarisation des types anciens. En 1869, elle nous rendait ces beaux spécimens de l'orfèvrerie des Romains, identiquement rétablis par la galvanoplastie d'après les types trouvés à Hildesheim. — Aujourd'hui elle propage les formes amusantes et neuves des vases de la collection Cernuschi. — Les reproduire par les procédés chimiques était facile, mais ce qu'il faut admirer, c'est la copie parfaite des chaudes patines qui les colorent et qui doublent leur charme. Copier avec cet esprit, c'est créer à nouveau. »

Une pièce d'un caractère tout à fait exceptionnel occupait le centre de la vaste pièce où MM. Christofle et Bouilhet ont exposé leurs produits en 1878. C'est une bibliothèque monumentale appelée à contenir la collection linguistique des bulles de l'Immaculée Conception et qui est destinée à une des salles du Vatican; c'est M. Reiber qui en a tracé le plan. Quoique inachevée en 1877, elle a été portée à Rome, et offerte à S. S. Pie IX, au nom du monde catholique; Mgr l'archevêque de Reims a offert, en même temps, la statue en argent de la Vierge de Lourdes qui couronne le meuble.

La forme générale de ce meuble est celle d'une grande table à vitrines, qui mesure six mètres de long sur deux de large, et dont le milieu est formé par un avant-corps saillant surmonté d'un édicule. La table repose sur trente-deux pieds en bois d'amarante incrustés d'érable, de poirier et de filets d'ébène; ces pieds, pourvus de chapiteaux en bronze doré, soutiennent une frise décorée d'écussons, qui forment comme la ceinture du meuble, et sont reliés entre eux par des guirlandes d'églantines en souvenir de l'Églantier de Lourdes.

L'édicule central est surmonté d'une coupole, image du globe terrestre, sur laquelle est placée Notre Dame de Lourdes, exécutée en argent massif, ivoire et émail, d'après le modèle de M. Lafrance. L'édicule lui-même sert de cadre à deux tableaux, peints sur cuivre, et représentant, l'un, le Concile d'Éphèse, où Marie fut solennellement proclamée Mère de Dieu; l'autre l'offrande des bulles à S. S. Pie IX; à droite et à gauche se déroule une frise peinte sur un fond d'or ciselé, et représentant la marche triomphale des nations apportant au chef de l'Église les volumes où sont contenues les vérités qu'il a promulguées. Cette frise, due à M. Lameire, est d'un style vraiment monumental, et d'une surprenante grandeur comme allure. Elle constitue une des pièces capitales de l'exposition.

Au surplus, toutes les parties de ce meuble, auquel Carrier-Belleuse et Jacquemart ont collaboré pour la sculpture, sont extrêmement remarquables, si on les considère séparément. Et cependant l'ensemble ne produit peut-être pas tout l'effet qu'on en pouvait attendre : il accuse des tâtonnements, des hésitations bien naturelles d'ailleurs dans une pièce de cette taille et de ce caractère. C'est à la fois un monument et un bijou, en sorte que les préoccupations de l'orfèvre viennent quelquefois gêner la conception architectonique. Les émaux, les médaillons, les écussons, sont semés à profusion, comme les pierres précieuses, sur un objet en or de petite dimension, mais ici cette surcharge d'accessoires, qui vient rompre les grandes lignes, ôte au monument l'ampleur que le sujet comporte, d'autant plus que ces accessoires semblent en quelque sorte rapportés, posés après coup et ne font pas positivement corps avec le monument.

Dans la même exposition on remarquait un meuble à bijoux style Renaissance. Ce meuble en forme de cabinet est monté sur deux colonnes et deux pilastres ornés de chapiteaux et appliques de bronze doré. Il est fermé par une porte ornée d'un panneau de bronze à jour encadrant un émail translucide et recouvrant un coffret en acier damasquiné et des tiroirs incrustés d'ivoire. Sur le côté sont deux panneaux fermant deux armoires à secret. Ce meuble, composé et dessiné par M. Rossigneux, architecte, offre un spécimen de toutes les ressources que l'art de l'orfèvrerie moderne possède pour décorer un meuble précieux : ciselure, incrustations, damasquinure, émail cloisonné, émail translucide, ors de couleur et bronze patiné. Les deux figures du cartouche sont de M. Mathurin Moreau et la figure de l'Amour vainqueur peint sur émail est de M. Frédéric de Courcy.

Dans la grande orfèvrerie d'argent, on remarquait tout d'abord un surtout de table de style Renaissance italienne, appartenant à M. le duc de Santona. Les plus grands noms de la sculpture française se trouvent inscrits parmi les collaborateurs de ce service hors ligne. Le *Triomphe d'Amphitrite*, pièce pour milieu de table, a été modelé par M. Mercié; M. Mathurin Moreau est l'auteur des groupes de la *Pêche maritime et fluviale*; M. Hiolle, des deux pièces représentant un Triton et une Néréide; M. Lafrance, des jardinières à fleurs figurant l'Europe, l'Asie, l'Afrique et l'Amérique, M. Gauthrin des quatre candélabres représentant les Saisons. Enfin, on doit à M. Mallet les ornements modelés qui décorent les étagères, les compotiers, les coupes à fruits, etc. Avec de pareils collaborateurs, on n'est pas surpris du charme singulier qu'on éprouve en admirant ce service d'argent dont toutes les pièces sont des œuvres du plus grand mérite.

Puis vient un service à thé, style grec, avec plateau de bronze incrusté d'or et d'argent. Ce service a été composé par M. Rossigneux. Les assiettes, les salières sont en argent repoussé. Un service à café Louis XVI, modelé par Carrier-Belleuse, est à la fois riche et élégant. Il est suivi d'un surtout, d'un service à dessert de la même époque, et d'un surtout Renaissance, aussi de Carrier-Belleuse.

M. Christofle s'est heureusement inspiré des procédés de

l'Orient dans un certain nombre de pièces de son exposition. Il n'a pas agi en copiste servile, mais en libre imitateur qui laisse pleinement carrière à l'esprit d'interprétation de l'artiste. On peut citer parmi ces œuvres dans le style oriental une grande jardinière élevé sur un trépied cigogne. Le vase, en émail cloisonné, est décoré d'oiseaux et de feuilles de châtaignier se détachant sur un fond bleu. Une autre jardinière, dont le dessin est dû à M. Reiber, est montée sur un trépied éléphant. C'est un spécimen de style indien. Sur le vase, des animaux fantastiques courent dans des rinceaux bleus, etc. Le style persan est représenté par une garniture de trois vases à émaux fond jaune et à garniture de bronze nuancé d'or. Deux très jolis meubles d'encoignure, de style japonais, sont encore dus à M. Reiber. Ces meubles sont montés sur un pied en bois de fer garni de bronze

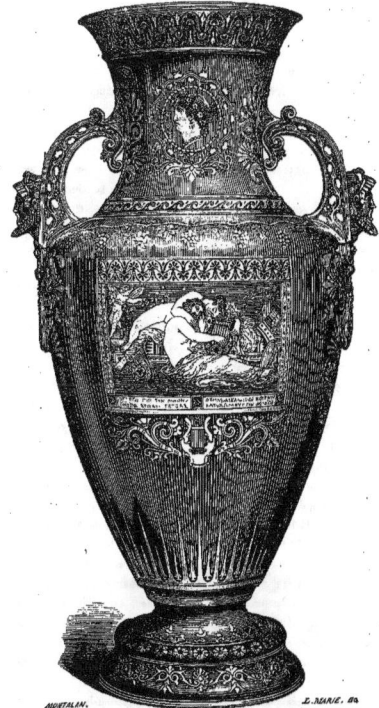

VASE DE STYLE GREC, PAR CHRISTOFLE.
(COMPOSITION DE REIBER.)

noir patiné d'or. Sur le pied est une petite armoire à portes bombées. Le tout est couronné par une étagère en ébène. Des figures japonaises, des animaux fabuleux et des feuillages forment la décoration de ces deux meubles.

Le public, après avoir admiré les belles adaptations de style oriental que nous venons de signaler, se porte volontiers vers les modèles des objets d'art donnés en prime dans les concours régionaux par le ministre de l'agriculture et du commerce. Le prix des fermes-écoles montre une Cérès, sur un socle décoré de bas-reliefs d'animaux. Une génisse, un taureau et une vache et un groupe de porcs, modelés par M. Rouillard, sont des prix d'ensemble pour l'espèce bovine et l'espèce porcine. Enfin, la prime d'honneur, à laquelle ont collaboré MM. Mathurin Moreau, Rouillard et Mallet, représente l'Agriculture, sous les traits d'un jeune berger ; elle est placée au centre d'une jardinière ornée de groupes d'animaux et d'attributs agricoles.

Comme bronze, une des pièces capitales qui soient sorties des ateliers de M. Christofle est le superbe vase connu sous le nom de vase d'Anacréon, et dont la composition est due à Émile Reiber. Une ode d'Anacréon, qui décrit un ouvrage grec, a été le point de départ de ce beau vase. Au bas du panneau, on lit une strophe de l'ode XXXIX : « Quand je bois, c'est parfumé des essences les plus suaves; et les bras enlacés à ceux d'une jeune fille, je chante Vénus. » Un dessin de Girodet a été employé pour la composition du panneau central, qui représente Anacréon enlacé dans les bras d'une jeune fille. Mais des modifications importantes ont été apportées par Reiber à la composition primitive, en vue de se plier aux nécessités de la décoration.

Il faut aussi appeler l'attention sur les bronzes patinés à reliefs polychromes, qui donnent un attrait tout particulier à l'exposition de MM. Christofle. Ils ont notablement perfectionné leurs moyens de déposer l'or, l'argent, le cuivre et les alliages. Plusieurs belles pièces montrent l'importance qu'on peut tirer des alliages au point de vue décoratif : les tons du bronze, patinés artificiellement, mais d'une façon durable, ont atteint une qualité qui ne laisse plus rien à envier aux plus belles pièces anciennes de la Chine et du Japon. Le brun et le noir sont d'une coloration superbe, et l'association de l'or vert et de l'or rouge produit dans le décor des effets surprenants et pleins de charme.

Parmi les pièces de cette série il faut citer particulièrement les deux Japonaises de M. Guillemin, dont la belle patine noire, brune et rouge, est du plus bel effet : la robe et la ceinture de ces figures japonaises, destinées à servir de torchères, sont décorées de reliefs en argent et or de couleur. Les vases et les services de table, décorés de fleurs de pêcher, de glycine, de cognassier sur fond rouge ou noir, les jardinières et les candélabres, où une branche rouge corail s'unit à des courges d'or sur fond noir, montrent toutes les ressources d'un procédé que je crois appelé à un grand avenir. Ce genre me paraît particulièrement heureux dans les décors de style oriental; mais MM. Christofle ne s'en tiennent pas là, et ils ont appliqué le même procédé à un vase grec composé par M. Chéret, qui représente les Arts décoratifs couronnés par une Minerve en or et en argent; les quatre anses du vase sont formées par des enfants portant des attributs.

M. Christofle a eu l'heureuse idée de reproduire par la galvanoplastie les principales pièces du Trésor de Hildesheim. C'est une bonne fortune pour nos travailleurs, qui peuvent ainsi voir l'orfèvrerie antique à côté des œuvres contemporaines. Ces pièces, au nombre de vingt-neuf, ont été moulées, à l'origine de la trouvaille, par M. Kuhstardt d'Hildesheim. Retouchées et ciselées, d'après les originaux du musée de Berlin, par M. Schrapp, chef des ateliers de ciselure de MM. Christofle et Bouilhet, elles sont aujourd'hui un des plus grands attraits que nous offre l'exposition de cette maison.

Après avoir reproduit le Trésor d'Hildesheim, M. Christofle s'était proposé de répandre de la même manière les plus belles pièces du fameux Trésor de Bernay, qui est au cabinet des médailles de la grande bibliothèque. Mais il n'a pas trouvé en France les facilités qu'il avait eues en Allemagne : pour mener à bien ce travail, il aurait voulu mouler d'abord les pièces, comme il avait fait à Hildesheim ; or les règlements de la bibliothèque s'y opposaient absolument. On ne peut pas blâmer un conservateur d'exécuter ponctuellement les règlements qu'il est chargé de faire appliquer, et on comprend que si un fabricant avait été admis à faire des moulages, dix autres pouvaient venir le lendemain réclamer la même faveur. Mais la bibliothèque n'aurait aucune raison pour employer la même rigueur vis-à-vis d'une collection publique ; c'est ce qui nous fait tant désirer de voir se réaliser le projet d'un musée des arts décoratifs, dans lequel l'industrie pourrait au moins trouver toutes les ressources dont elle a besoin.

Au reste, M. Christofle ne s'est pas découragé, et, à défaut de moulage, il a employé les excellents dessinateurs de sa maison ; j'imagine que la dépense a dû être plus forte, mais le résultat de ses reproductions, copiées d'après des dessins pris sous plusieurs points de vue, est tellement exact qu'il faut vraiment être prévenu pour ne pas croire que les pièces qu'il expose sont dues à un procédé mécanique.

Les produits de la maison Christofle sont des plus variés. Ils nous montrent ce dont l'industrie peut être capable lorsqu'elle comprend sa puissance et ne craint pas de s'élever jusqu'au domaine de l'art; ils nous font voir aussi ce que peut produire une volonté aussi ferme qu'intelligente.

Dans l'orfèvrerie religieuse contemporaine, nous signalerons surtout M. Poussielgue-Rusand. L'orfèvrerie religieuse met tout en œuvre, l'or, l'argent, le cristal, les émaux, les pierres précieuses; elle exige une grande expérience de tous les modes de travail : le repoussé, la ciselure, la gravure, le sertissage des pierres. Elle est, à la fois, orfèvrerie, bijouterie, joaillerie, etc. De plus, la conception des pièces d'orfèvrerie religieuse se heurte à tout autant de difficultés particulières que l'exécution. On se trouve en présence d'une tradition, et d'une tradition implacable, car le symbolisme chrétien ne s'invente plus et n'est guère susceptible de se renouveler ; il s'inspire forcément du passé. La forme est byzantine ou romane, gothique ou renaissance, mais elle ne saurait être grecque et peut bien difficilement être moderne.

C'est en s'inspirant des précieux restes du moyen âge que M. Poussielgue-Rusand est parvenu à vaincre les difficultés sans nombre que présente l'orfèvrerie religieuse. Son exposition est vraiment surprenante. Elle réunit tous les genres de l'orfèvrerie religieuse. La manière de M. Poussielgue-Rusand est large, on pourrait même dire architecturale. Il se complaît dans les grandes lignes et leur subordonne les détails. C'est même ce trait particulier qui le distingue de M. Armand Calliat, un des rares orfèvres religieux que nous ayons à signaler ici.

Parcourons l'exposition de M. Poussielgue-Rusand. Voici un ostensoir en argent enrichi d'or de diverses teintes. Les douze apôtres, en plein relief, représentés agenouillés, et avec leurs emblèmes caractéristiques, entourent la base de l'ostensoir. Les instruments de la Passion, ciselés en relief sur des fonds d'émail et reliés par des pierres fines, décorent le sol jusqu'à la naissance de la tige, où on voit les attributs des évangélistes. En haut de la tige, Notre-Seigneur est représenté versant son sang dans le calice, et à ses pieds deux anges agenouillés présentent la légende : *In finem dilexit eos*. L'emplacement de l'hostie a la forme d'un cœur d'où partent les rayons, parmi lesquels sont placés les neuf chœurs d'anges. Des colombes figurant les âmes des justes convergent vers l'hostie, et à la naissance de chaque rayon est une fleur de marguerite. Le revers de l'ostensoir diffère de l'autre côté en ce qu'au lieu du Christ versant son sang, on voit la Vierge présentant l'Enfant Jésus. Aucun des détails de cette pièce remarquable ne nuit à sa silhouette générale qui est pleine de style. Tout se commande, comme dans une œuvre d'architecture. Cet ostensoir est à la fois riche et sévère, fouillé et calme. L'impression qu'il produit est celle d'une grandeur indiscutable.

Une châsse en cristal, portée par des personnages et accompagnée de deux anges qui tiennent des fanaux, a aussi un aspect

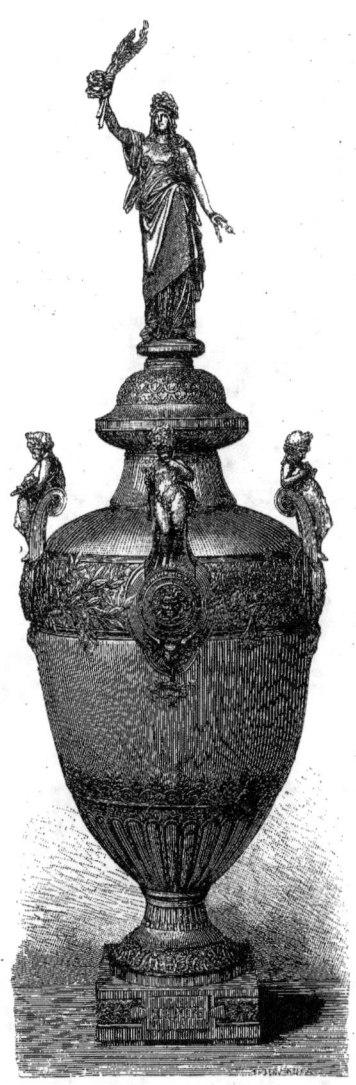

VASE DÉCORATIF, PAR CHRISTOFLE.

architectural saisissant. Elle est conçue dans le style du xiv° siècle. Il est difficile d'interpréter avec plus de goût et d'art, de mieux s'inspirer d'une époque et de la faire revivre avec plus d'intelligence et de science.

Puis viennent : un tabernacle à porte trilobée surmontée d'une croix, style du xiii° siècle. Le tabernacle est gardé par deux anges qui tiennent une lance et un bouclier.

Un tabernacle de style romano-byzantin orné d'une balustrade. La porte émaillée représente le Christ bénissant le monde ; il est placé sur la montagne d'où partent les quatre fleuves. L'émail est vert, bleu et or ; en haut une petite croix dans ces rinceaux décorés d'oiseaux, de forme archaïque.

Une crosse pour Mgr l'archevêque de Paris, exécutée d'après un dessin de Viollet-le-Duc. Dans le tournant de la crosse, saint Michel transperce le démon de sa lance victorieuse ; quatre évêques en buste décorent le montant.

Une crosse pour un évêque de Versailles décédé (Mgr Mabille). L'évêque est représenté à genoux devant saint Pierre. Le prince des apôtres est placé sur son trône ; sous ses pieds le serpent vaincu cherche vainement à avaler le monogramme du Christ. Des émaux placés autour de la crosse représentent saint Jean l'Évangéliste, saint Julien, saint Louis et saint Vincent de Paul.

Un autel de la Vierge, fait d'après les dessins de M. Roynet, est conçu dans le style Renaissance. Il est destiné à l'église d'Yvetot. Sa décoration se compose de bronzes, de marbres et d'émaux. Cet autel a été modelé par M. Chedeville.

Un autre autel, un autel du Sacré-Cœur, trouvera sa place

[BOUGEOIR EN FERRURES D'OR ROUGE POLI, PLATEAU ET BOBÈCHE EN CRISTAL DE ROCHE.

toute naturelle dans la cathédrale d'Auch. Il est conçu dans le style des fameuses stalles du xv° siècle, avec lesquelles il doit s'harmoniser.

Parmi les objets de moindre grandeur, il faut signaler :

Un calice gravé et décoré en ors de couleur. Des médaillons encadrés de pampres de vigne et de divers feuillages représentent l'histoire de la chute et de la rédemption.

Un calice, un ciboire et une burette décorés d'émaux cloisonnés, dans le style du xiii° siècle, et exécutés d'après les dessins de M. Cuypers, architecte à Amsterdam.

Partout l'on retrouve le cachet particulier qui distingue M. Poussielgue-Rusand et qui lui fait une place à part dans l'orfèvrerie religieuse.

M. Poussielgue-Rusand se complaît dans les grandes lignes, M. Armand Calliat s'attache avec amour au fini des détails. Ce dernier est plus moderne, plus fait pour saisir le genre de décoration qui convient à nos églises contemporaines, églises quelquefois douées d'un certain caractère, mais toujours élégantes, riches et petites. Les reproductions de M. Armand Calliat sont le complément inévitable d'une dévotion mondaine qui a remplacé l'austérité par le luxe, le grandiose par le raffiné. L'orfèvre lyonnais est un délicat. La finesse de son outil ne laisse pas prise à la moindre critique. Ses œuvres sont charmantes, élégantes, ravissantes, tout ce que l'on voudra, mais elles ont le tort, pour des pièces destinées à l'église, de trop faire songer au coffret capitonné dans lequel on les renfermera soigneusement après telle ou telle cérémonie. M. Armand Calliat a raison de dire que ses œuvres sont éminemment personnelles, il pourrait ajouter qu'elles sont aussi bien de leur temps. Avec son exposition nous nous trouvons en plein art du xix° siècle.

La vitrine d'exposition de M. Calliat, comme le dit celui-ci dans son excellent catalogue, est divisée en cinq groupes principaux. Le plus important contient l'ostensoir de Notre-Dame de Lourdes. L'idée dont l'artiste s'est inspiré est peut-être un peu alambiquée ; mais peu importe, puisque le résultat est une œuvre charmante. Voici le motif : « L'Immaculée Conception donnant au monde le Dieu de l'Eucharistie. » Bien des gens seraient très embarrassés en présence d'une semblable donnée ; mais il y a des grâces d'état pour les artistes. Puis vient une série de reliquaires. Le premier, d'un mètre d'élévation, est en argent doré. Le pied est porté par quatre griffons; au-dessus sont les armes des donateurs, le baron et la baronne d'Aubigny-Uberherrn, de Mgr de Dreux-Brezé, et de S. S. Pie IX. La face et les côtés du pied sont ornés de sujets émaillés. Des fleurs de lis forment la décoration du centre de la croix. Le reliquaire, appartenant à Notre-Dame de Saint-Étienne en Forez, porte le fac-similé de la lettre d'envoi de saint Louis, roi de France.

Les autres groupes possèdent un magnifique retable de Notre-Dame de Bourg en Bresse, un reliquaire de Saint-Mors, de Carpentras, puis des burettes, des calices, des chandeliers, des vases divers, etc.

En dehors des grandes maisons dont nous venons de parler, il faut signaler quelques fabricants qui ne font de l'orfèvrerie qu'accidentellement, mais qui apportent dans cette branche le talent qu'on est habitué à leur voir dépenser ailleurs. Ainsi, M. Boucheron, joaillier et bijoutier de profession, sait aussi se montrer orfèvre à ses heures. Son bougeoir en ferrures d'or rouge était une pièce tout à fait hors ligne. Mais comme la plupart des pièces d'orfèvrerie de sa maison se recommandent surtout par les émaux qui la décorent, je me réserve d'en parler dans le chapitre qui traitera plus spécialement de l'émail.

La division du travail, dans l'orfèvrerie comme dans tous les arts appliqués à l'industrie, vient compliquer la fabrication, en mettant un obstacle à l'unité de l'œuvre. Le dessinateur compose l'ensemble, le sculpteur en modèle les figures et les ornements, puis viennent le fondeur, le ciseleur, le polisseur; il faut pourtant que l'œuvre semble partir d'un seul jet, qu'elle obéisse à une direction unique, et qu'il n'y ait pas de divergence entre la manière de voir des coopérateurs. Les incrustations, les combinaisons entre des matières diverses, le rapport des parties qui doivent être mates et de celles qui conserveront tout leur éclat métallique, sont difficilement calculés d'avance par celui à qui revient la conception première, et le jeu de la lumière vient souvent modifier l'idée qu'il se faisait de son

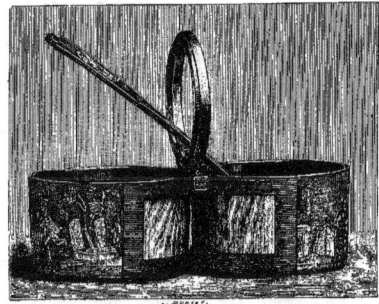

SALIÈRE DORÉE AVEC GRAVURE A L'EAU-FORTE, COULEUR VIEIL ARGENT, PAR BOUCHERON.

œuvre. Le talent du fabricant est de réunir ces éléments divers; c'est pour cela que le véritable orfèvre est celui qui connaît à fond toutes les parties qui constituent la fabrication. Mais il faut aussi qu'il sache faire son choix parmi les artistes qu'il emploie, et il est arrivé plusieurs fois que le succès d'une grande maison était dû surtout à des pièces conçues et exécutées par un collaborateur unique.

Vechte pourrait en fournir un exemple. Voici comment le duc de Luynes, rapporteur d'une des sections du jury dans une des précédentes expositions, racontait les débuts de cet artiste : « L'orfèvrerie d'art, dit-il, compte en France plusieurs hommes habiles à concevoir une pensée générale comme à diriger vers un but unique les artistes ou les ouvriers dont ils emploient les talents ou le travail; il n'en existe peut-être en Europe qu'un seul capable de composer et d'exécuter lui-même comme faisaient autrefois les maîtres italiens. M. Vechte commença par repousser des ornements pour les bronziers; il fit ensuite des pièces imitées de celles de la Renaissance, boucliers, casques de fer, plats d'argent, petits vases. A mesure qu'il produisait sans révéler son nom, les antiquaires et les amateurs s'étonnaient de voir paraître et vendre, à de hauts prix, des objets presque tous au repoussé, d'un mérite supérieur, dont rien n'avait jusque-là révélé l'existence, et dont le caractère, assez voisin de celui de l'école du xvie siècle, avait cependant un type particulier trahissant un talent mystérieux et un maître inconnu. Quelques personnes initiées au secret de M. Vechte lui demandèrent de ses ouvrages et l'encouragèrent à se déclarer et à ne plus désavouer des œuvres dont quelques-unes passaient déjà pour les plus beaux ornements de splendides musées. M. Vechte consentit enfin à ne plus s'abriter derrière un autre siècle que le sien. »

Le musée du Luxembourg possède deux vases de Vechte. L'un, qui devait représenter la Paix et la Guerre, est une reproduction en galvanoplastie d'un modèle en plâtre resté inachevé. L'autre, qui est au contraire tout terminé, est une composition inspirée du *Paradis perdu* de Milton. On peut y voir le talent merveilleux avec lequel l'habile artiste savait passer de la ronde bosse à des reliefs à peine sensibles. Un vase merveilleux, représentant le Combat des dieux contre les géants, a figuré à l'Exposition des Beaux-Arts en 1847, et les artistes ont été unanimes pour admirer ce chef-d'œuvre. « Ce vase admirable, dit le duc de Luynes, acheté par l'orfèvre anglais Mortimer, figura dans l'exposition de ses successeurs au Palais de Cristal; ce fut pour cette œuvre de M. Vechte que le jury international demanda et obtint la médaille de première classe décernée à MM. Hunt et

Roskell. » Il n'est pas rare dans les expositions universelles de voir des fabricants étrangers battre les nôtres avec des ouvrages français dont ils étaient devenus les acquéreurs.

Vechte est mort en 1868. Mais l'orfèvrerie française possède aujourd'hui deux artistes de premier ordre qui heureusement travaillent pour leur compte et n'ont jamais songé à mettre au service des fabricants étrangers leur talent absolument hors ligne.

Les frères Fannière méritent une place à part dans l'orfèvrerie contemporaine. Ce ne sont pas de grands industriels, des chefs d'importantes maisons, des directeurs de vastes entreprises, ce sont des hommes modestes, qui dans la connaissance pratique de leur métier comptent parmi les ouvriers les plus habiles, mais que l'art revendique, et a déjà classés parmi les maîtres. Véritables artisans de la Renaissance égarés dans notre siècle, les Fannière ne confient qu'à eux-mêmes le soin de donner un corps à leurs inspirations et ils sont leurs propres praticiens. De là le charme indéfinissable que causent leurs ouvrages, charme qui réside avant tout dans la relation harmonieuse des parties, et dans cette exécution délicate et savante qui traduit nettement la pensée de l'auteur sans tâtonnements ni hésitations.

Les frères Fannière sont élèves de leur oncle Fauconnier, orfèvre plein de talent, et du peintre Drolling. Les deux frères se complètent admirablement, l'un s'étant plus particulièrement voué à la sculpture et l'autre à la ciselure. Leur exposition mérite, par le talent et la conscience dont elle témoigne, d'être citée en première ligne.

Les statuaires apprécieront plus particulièrement le *Bellérophon combattant la Chimère*, beau groupe en argent, offert comme prix de courses au comte de Lagrange et que plus d'un regrettera peut-être de ne pas voir exécuté en bronze et sur une grande échelle pour la décoration d'un de nos jardins publics. C'est en effet une conception monumentale et vraiment superbe pour la tournure et l'agencement des lignes. Le héros est représenté au moment où il va lancer son javelot contre le monstre qui se roule à terre, la gueule ouverte et menaçante, la tête levée vers l'adversaire qui le serre de près. Pégase se cabre et enlève son cavalier dans un élan vigoureux. Tout cela est plein de verve, de vie, et en même temps de noblesse et d'élégance.

Nous retrouvons dans cette exposition un pot à bière en argent massif, ciselé, repoussé au marteau, qui avait déjà attiré l'attention publique à l'Exposition de 1867 où il figurait. C'est bien le pot à bière allemand, tel qu'on le voit représenté sur les gravures du temps d'Albert Dürer, tel qu'on l'emploie encore aujourd'hui dans les brasseries d'outre-Rhin. Mais d'un type, dont la forme générale était en quelque sorte imposée par l'usage, MM. Fannière ont su tirer une œuvre d'art charmante, absolument nouvelle par sa décoration. L'anse est formée d'une tige de houblon, dont les racines constituent l'attache; cette tige envoie des ramifications qui courent de chaque côté du vase en se chargeant de feuilles et de fleurs délicatement ciselées et l'enlacent de toutes parts. Le même système d'ornementation se retrouve dans le couvercle, qui se soulève par une petite figurine. Un mulot, l'hôte habituel des houblonnières, et divers insectes, de l'espèce de ceux qu'on trouve habituellement sur le houblon, se détachent en relief et viennent rompre les lignes sinueuses de la végétation

C'est à l'Exposition de 1867 qu'on a vu la fameuse coupe des Courses qu'on pourrait appeler le chef-d'œuvre de l'orfèvrerie contemporaine, si d'autres ouvrages des mêmes artistes ne pouvaient aussi bien mériter ce titre. Nous pouvons citer parmi les principaux ouvrages des frères Fannière qui ont figuré à l'Exposition de 1878 :

Une coupe donnée comme prix pour un concours régional vinicole, en 1869; la décoration de cette coupe est entièrement formée de vignes.

Une coupe de la Loi, que l'on voit personnifiée par une femme placée entre deux enfants. Cette coupe, sur laquelle des noms propres sont gravés, a été offerte, comme gage de reconnaissance, à une personne qui avait su arranger, à la satisfaction des deux parties, une affaire d'intérêt très compliquée, et évité par là une brouille et un procès.

Une coupe du Printemps, dont le support est formé par une jeune fille tenant des fleurs. L'intérieur de la coupe est décoré par un charmant petit groupe représentant une fauvette qui défend son nid contre un serpent.

Une grande coupe supportée par deux sirènes; l'intérieur est décoré d'un bas-relief représentant le Triomphe d'Amphitrite. Cette coupe appartient à Mme Blanc.

Une aiguière et plateau, avec bassin à double fond, en argent repoussé et de forme orientale. La décoration est formée de coquillages, de plantes d'eau et de petits canards qui barbotent.

La pendule en lapis, décorée de figures en argent, est une véritable œuvre d'art. Le couronnement du monument se compose d'une très belle figure représentant le Génie des Arts ; sur les côtés, la Poésie et la Musique personnifiées.

Un pot à tabac, dont la décoration est entièrement faite avec une plante de tabac, est on ne peut plus pittoresque ; les anses sont formées par une branche dont les feuillages couvrent la panse. Le plateau est en style moresque, et sur le couvercle, on voit un Arabe qui fume.

Puis viennent une salière avec sirènes et tritons, un pot à bière, de l'Exposition de 1867, un service de style Louis XV, un service à thé de style japonais, un encrier servant de pendule ; un enfant qui décore l'encrier porte sur sa tête une boule sur laquelle est le cadran.

Un légumier en argent, décoré de feuillages de chêne et de châtaignier. L'anse est formée avec des cardons et le couvercle est orné d'artichauts et de carottes.

Et une claymore en acier repoussé, dont le manche est magnifiquement décoré avec des feuillages, des chiens et de riches ornements.

Nous pourrions encore ajouter toute la série des bijoux, broches, épingles, bracelets, qui sont autant de petits chefs-d'œuvre.

Les frères Fannière mettent une sorte de coquetterie à travailler exclusivement l'argent, en sorte que c'est toujours la valeur artistique de l'objet beaucoup plus que sa valeur intrinsèque, qui donne à leurs ouvrages un prix inestimable.

Nous avons tenu à terminer notre revue de l'orfèvrerie française par ces deux éminents artistes, que les gens de goût de tous les pays sont unanimes à considérer comme les premiers dans leur profession, et dont les ouvrages sont destinés à être placés au premier rang parmi les chefs-d'œuvre de l'art contemporain.

ANGLETERRE. — Depuis Henri VIII, l'Angleterre n'a pas cessé de mettre dans la circulation un nombre considérable de pièces d'orfèvrerie. Parmi les ouvrages les plus remarquables exécutés sous la Renaissance, on cite une coupe en forme de calice donnée par la reine Élisabeth à la corporation des orfèvres de Londres. La révolution de 1649 n'a porté qu'un coup momentané à cette fabrication et, comme la richesse nationale a toujours été en croissant depuis cette époque, la pratique de l'orfèvrerie n'a jamais cessé de suivre une marche analogue. Il faut ajouter que pour la partie technique de la profession, pour les procédés employés, pour la monture et l'ajustage, l'orfèvrerie anglaise n'est surpassée par celle d'aucun autre pays. Mais si nous voulons apprécier ces produits au point de vue de l'art et du goût, nous sommes obligés de juger les choses différemment.

« L'Angleterre, dit M. Ferdinand de Lasteyrie, est toujours restée, à travers les révolutions, le pays conservateur par excellence. On y trouve encore un certain nombre de ces grosses

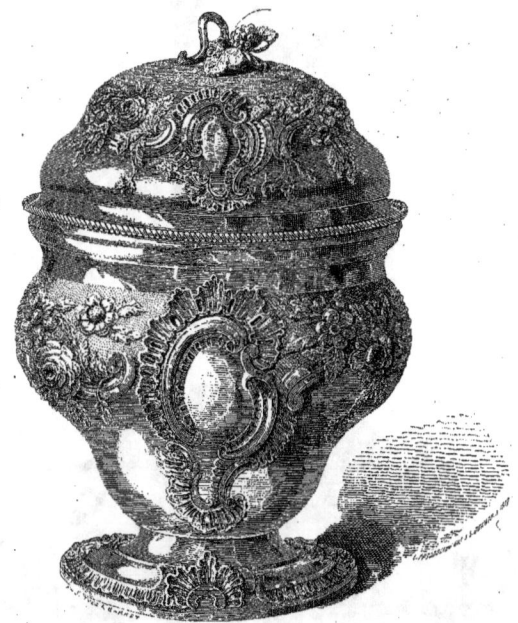

SUCRIER EN ARGENT REPOUSSÉ, TRAVAIL ANGLAIS.

pièces d'argenterie, comme chez nous Louis XIV en fit tant faire qui ne survécurent malheureusement pas à son règne. De grandes richesses d'orfèvrerie se trouvent accumulées en Angleterre entre les mains des corporations municipales ou industrielles, dont tout le monde sait quelle est la puissante organisation chez nos voisins. J'ai déjà eu l'occasion de citer Norwich, parmi les villes les plus riches de ce genre. Bristol, Bath, York, Doncaster, ne le sont guère moins, et les corps de métiers de bien des villes, ceux de Londres surtout, pourraient au besoin rivaliser avec elles. Comme richesse, comme luxe d'apparat, cela représente beaucoup ; comme valeur d'art, à peu près rien. L'orfèvrerie anglaise, pendant tout le XVIIe siècle, et presque jusqu'à la fin du XVIIIe, n'a guère en effet qu'une qualité incontestable ; c'est cossu, c'est bien établi ; on voit qu'on n'a pas épargné la matière. Mais du style, du goût, il n'y en a pas trace. C'est du Louis XIV sans grandeur, du Louis XV sans esprit et sans originalité. Le retour a des formes plus châtiées ne se manifeste que bien tardivement et surtout bien incomplètement en Angleterre, sous l'influence ultra-classique du sculpteur Flaxmann. »

Les formes générales et le système ornemental adopté au XVIIe et au XVIIIe siècle, pour les pièces d'orfèvrerie, sont à peu près les mêmes en France et en Angleterre. Seulement la forme générale est moins élégante en Angleterre et l'ornement est plus maigre.

L'orfèvrerie anglaise du XVIIIe siècle présente une certaine uniformité. Les cafetières à manche d'ivoire montrent invariablement un goulot en bec d'oiseau terminé en feuille et prenant naissance dans un cartouche d'enroulements et de fleurs qui se

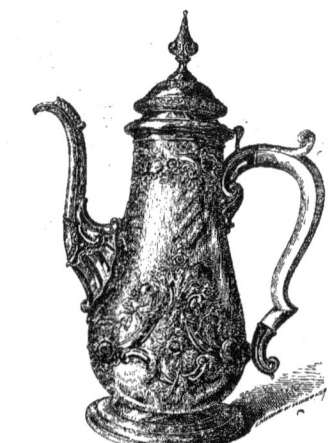

CAFETIÈRE EN ARGENT REPOUSSÉ, TRAVAIL ANGLAIS, XVIIIe SIÈCLE.

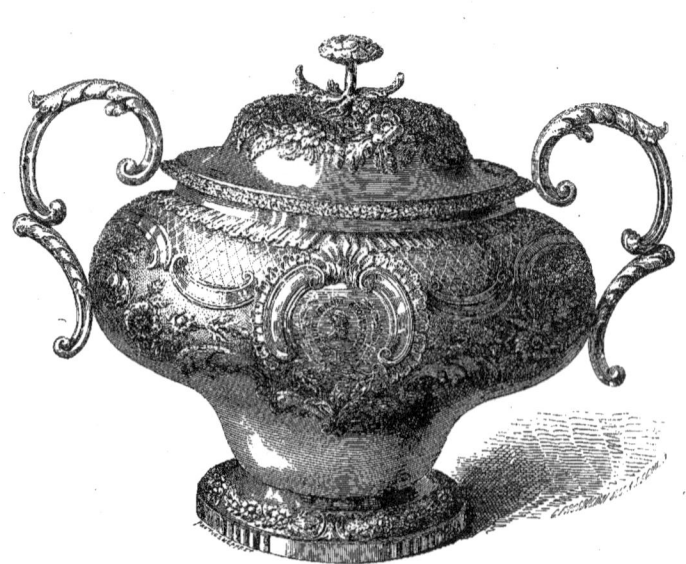

SUCRIER EN ARGENT REPOUSSÉ, TRAVAIL ANGLAIS.

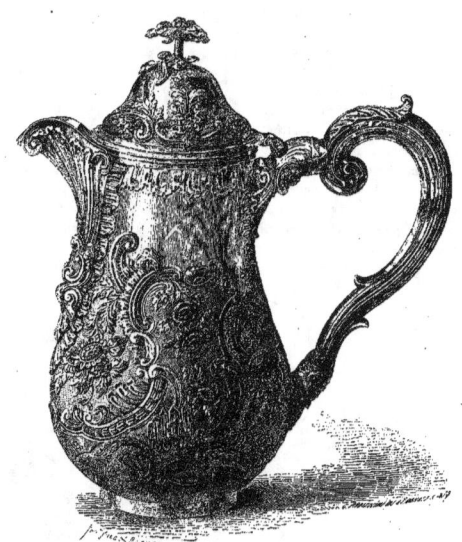

CAFETIÈRE EN ARGENT, TRAVAIL ANGLAIS. XVIIᵉ SIÈCLE.

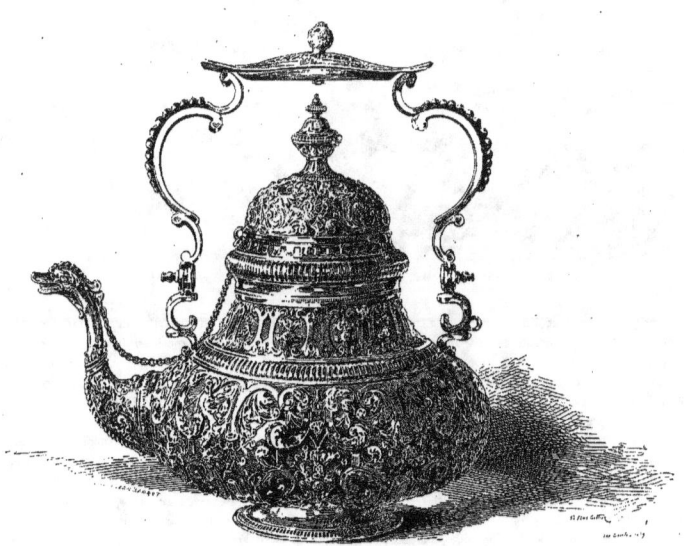

THÉIÈRE EN ARGENT REPOUSSÉ. XVIIᵉ SIÈCLE.

continue sur les côtés. Nous nous rappelons, dans la collection de San Donato, une théière à anse mobile, en argent repoussé, dont le travail, excessivement riche de détail, était pourtant d'une remarquable pauvreté décorative. Le goulot, terminé en tête de cygne, se rattachait au ventre par une série d'ornements d'une saillie toujours égale, représentant divers feuillages mêlés à des chiffres ou à des lettres. Un pigeon forme quelquefois le motif qui décore le couvercle des boîtes à thé de cette époque.

Nous pourrions encore citer, comme travail anglais, une théière et un pot à crème en argent repoussé et ciselé, avec décor de guirlandes, roses, œillets, chrysanthèmes, etc., fond grain-d'orgé. Le goulot de la théière se termine en tête de grue.

Les rapports industriels et commerciaux entre la France et l'Angleterre avaient été complètement interrompus pendant tout le temps de la Révolution. Quand ils se rétablirent sous la Restauration, le goût anglais fit un moment invasion dans notre orfèvrerie. Mais cette irruption d'un style étranger ne fut pas de longue durée, et lorsque, en 1852, les deux nations se mesurèrent sous le rapport du travail, il fut aisé de constater que le style en vigueur était complètement différent des deux côtés de la Manche. La supériorité était très grande de notre côté, mais l'orfèvrerie anglaise a singulièrement progressé depuis cette époque, comme on a pu le constater en 1878.

A l'exposition de 1855, on a beaucoup remarqué un surtout

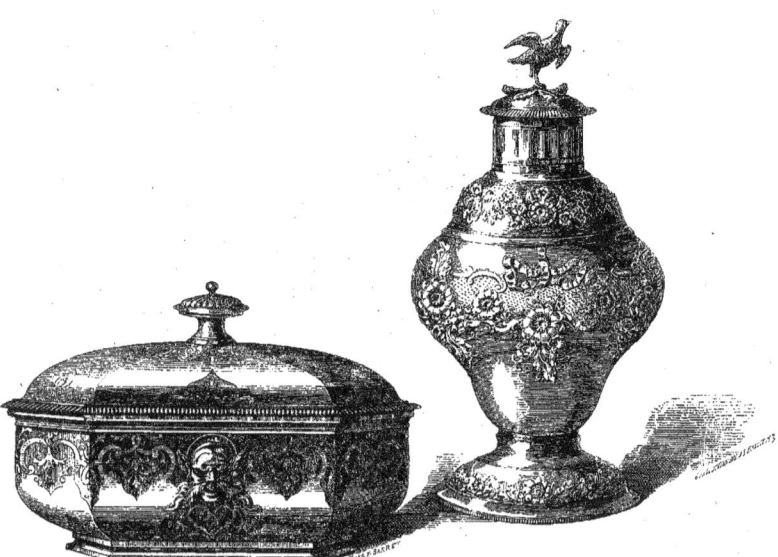

BOITE A ÉPICES, ARGENT.   BOITE A THÉ, ARGENT.

de table exposé par MM. Hunt et Roskell, et dont la composition était entièrement due à un artiste anglais, Joseph Brown. Ce surtout de table était destiné à la corporation des orfèvres, en sorte qu'il prenait le caractère d'une pièce officielle et historique. Richard II, concédant à la compagnie sa charte d'incorporation, occupait le centre de la composition, et des petits groupes disposés autour du socle indiquaient les diverses opérations de l'extraction, de l'affinage des métaux précieux. L'un des bouts de table représentait la Science et l'autre la Charité.

M. Hancock, dont on se rappelle un superbe vase représentant la fameuse rencontre du camp du Drap-d'Or, et M. Elkington, qui s'est fait connaître par ses procédés d'argenture électro-chimique, sont à la tête de l'orfèvrerie anglaise contemporaine. Un de nos plus habiles ciseleurs français, M. Morel-Ladeuil, est aujourd'hui attaché à la maison Elkington, et son

beau bouclier, décoré de sujets tirés du *Paradis perdu* de Milton, figurait, en 1878, dans l'exposition de cette importante maison.

MM. Elkington sont les auteurs du beau service d'orfèvrerie placé dans la salle à manger du pavillon du prince de Galles, à l'Exposition de 1878. Le prince leur a fait la commande d'un vase qu'il destinait à être offert en prix pour les courses de Longchamps : c'est une coupe à bords échancrés, soutenue par un dragon aux ailes éployées qui sert de pied. La Déesse de la guerre, entourée de génies, forme le motif central de la décoration de la panse du vase, dont l'anse est formée par une femme gracieusement cambrée. Cette pièce, exécutée en argent repoussé et ciselé, est une de celles qu'on a le plus remarquées dans l'exposition de MM. Elkington.

L'Exposition de 1878 nous a fait faire ample connaissance avec un orfèvre de New-York, M. Tiffany, dont les produits ont

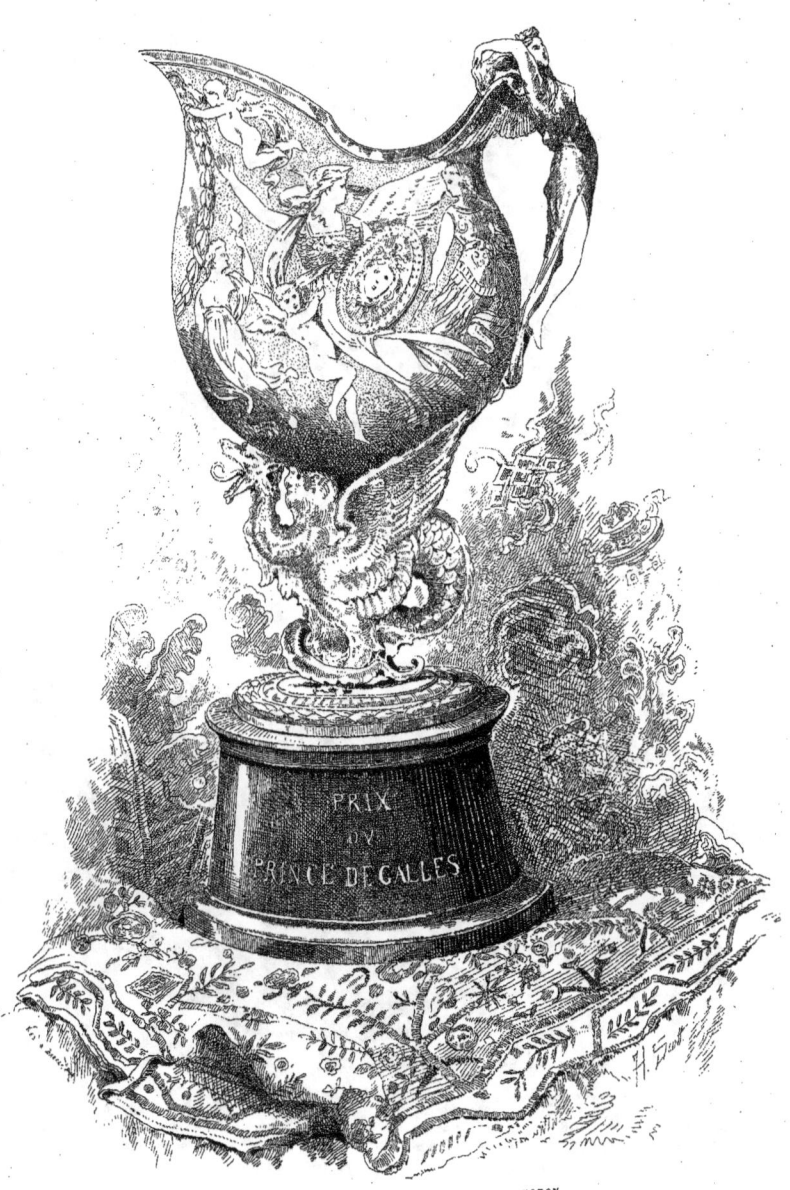

COUPE EN ARGENT REPOUSSÉ, PAR ELKINGTON.

joui d'un grand succès auprès du public. M. Tiffany demande beaucoup aux Japonais. Il a eu le bonheur de pouvoir les étudier sérieusement avant nous à l'Exposition de Philadelphie, ce qui lui donne, dans l'application si recherchée à l'heure qu'il est des procédés de l'extrême Orient, une certaine avance sur nos orfèvres. Il doit aux Japonais une variété infinie de formes et de

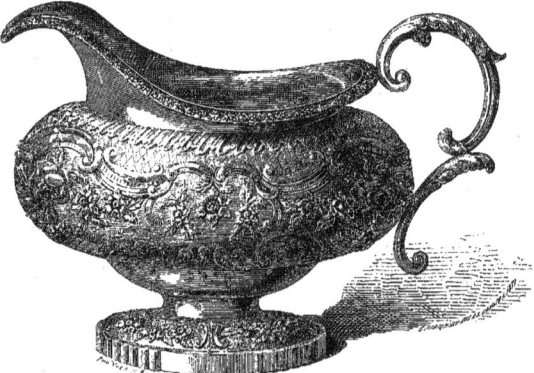

POT A CRÈME, ARGENT REPOUSSÉ. TRAVAIL ANGLAIS. XVIIe SIÈCLE.

motifs plus ingénieux, plus imprévus et plus décoratifs les uns que les autres; il leur doit encore l'art de mélanger les métaux et de faire produire à leurs heureuses combinaisons des effets d'opposition ou d'harmonie pleins d'originalité. M. Tiffany ne s'est pas borné au Japon dans ses travaux, l'Inde l'a souvent admirablement inspiré, comme le montre le superbe service à

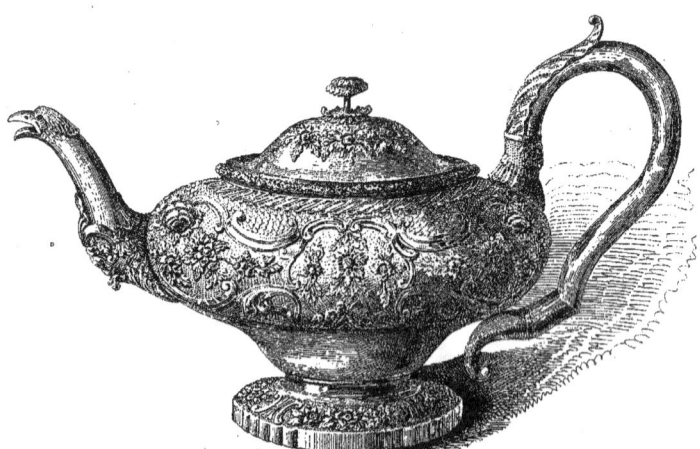

THÉIÈRE EN ARGENT REPOUSSÉ. TRAVAIL ANGLAIS, XVIIe SIÈCLE.

thé de son exposition. Les pièces qui ont emprunté leurs motifs de décoration au pays de M. Tiffany sont moins recommandables. Elles témoignent d'une grande habileté chez les artistes qui les ont inventées, mais laissent un peu à désirer au point de vue du goût. Quoi qu'il en soit, M. Tiffany est un des orfèvres artistes à qui appartient l'avenir; c'est un chercheur heureux, et le succès qu'il a obtenu à notre grande Exposition est parfaitement légitime.

ORIENT. — La réunion d'objets indous qui forment la collection du prince de Galles était assurément une des plus grandes curiosités de l'Exposition universelle. Depuis vingt ou trente ans, la Chine d'abord et ensuite le Japon ont été l'objet d'études spéciales qui nous ont fait connaître la tournure que prend l'art dans ces deux pays. Mais l'Inde proprement dite avait toujours été négligée, et avant le voyage du prince de Galles dans ce pays, on peut dire que la France en particulier n'avait aucune notion des principes constitutifs de son art et de son industrie. La collection du prince de Galles a donc eu pour résultat d'ouvrir devant nous des horizons absolument nouveaux et l'excellent volume publié par le docteur George C. M. Birdwood, sous le titre de *Manuel de la section des Indes britanniques*, est le guide que nous devons suivre ici tout naturellement, en abordant

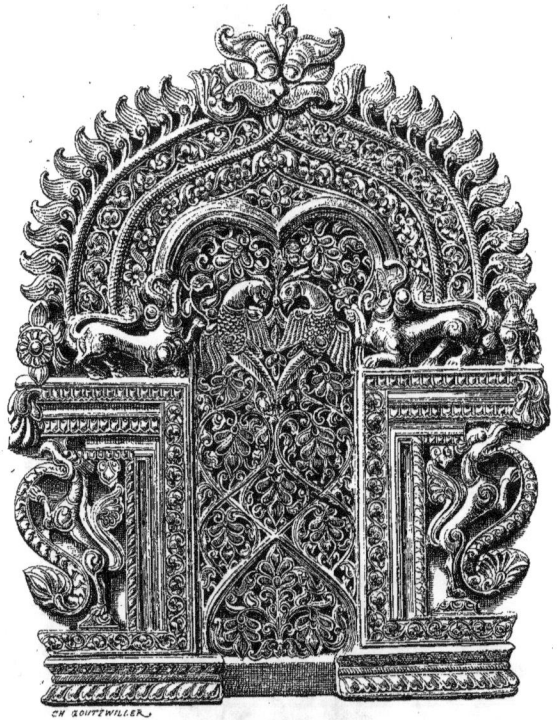

PIÈCE D'ARGENTERIE, XVIIᵉ SIÈCLE. (MADRAS.) COLLECTION DE S. A. R. LE PRINCE DE GALLES.

un sujet complètement nouveau pour nous. Constatons d'abord la différence énorme qui sépare les industries européennes de celles de l'Asie.

« Il est impossible, dit le *Manuel de la section des Indes britanniques*, dans une description des industries de l'Inde, de suivre la classification adoptée aux expositions universelles européennes des arts et de l'industrie, basée comme elle l'est sur cette large et infranchissable barrière qui doit séparer l'art de l'industrie, lorsque les produits industriels ne sont plus des ouvrages faits par la main de l'homme, mais fabriqués à l'aide de machines. C'est ainsi que le mot même de manufacture est arrivé en Europe à perdre toute trace de son véritable sens étymologique, et qu'il n'est maintenant employé que pour désigner l'opération par laquelle on convertit, au moyen des machines, les matériaux bruts en articles propres à l'usage de l'homme... Dans l'Inde, tout, quant à présent du moins, est travaillé à la main, et chaque objet, jusqu'aux jouets des prix les plus modiques et aux vases de terre, est une œuvre d'art. D'un autre côté, il est impossible de mettre l'art décoratif indien, qui procède d'une tradition morte, bien qu'il soit parfait dans la forme, sur le même rang que les arts vivants et progressifs d'Europe, où s'affirme la science d'invention et de création du véritable poète, agissant spontanément d'après sa propre inspiration, science qui constitue ce qu'on appelle les beaux-arts.

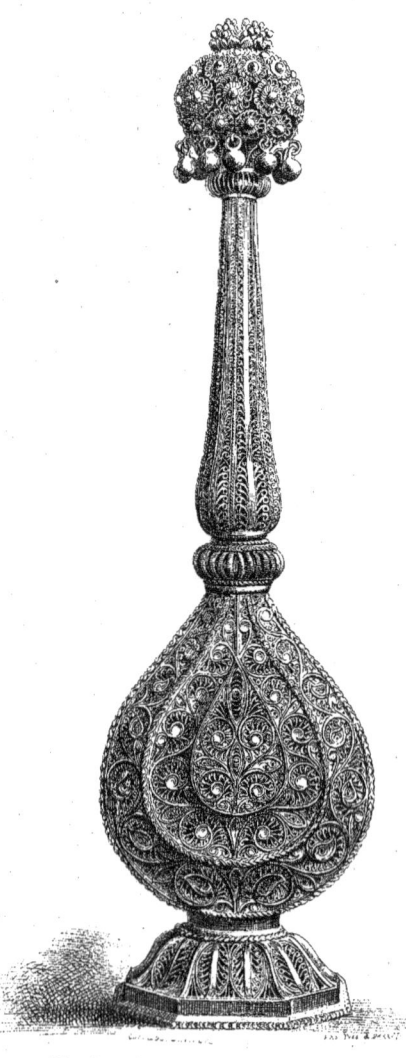

GULAB-PASH EN FILIGRANE D'ARGENT. (BANKIPORE.)
COLLECTION DE S. A. R. LE PRINCE DE GALLES.

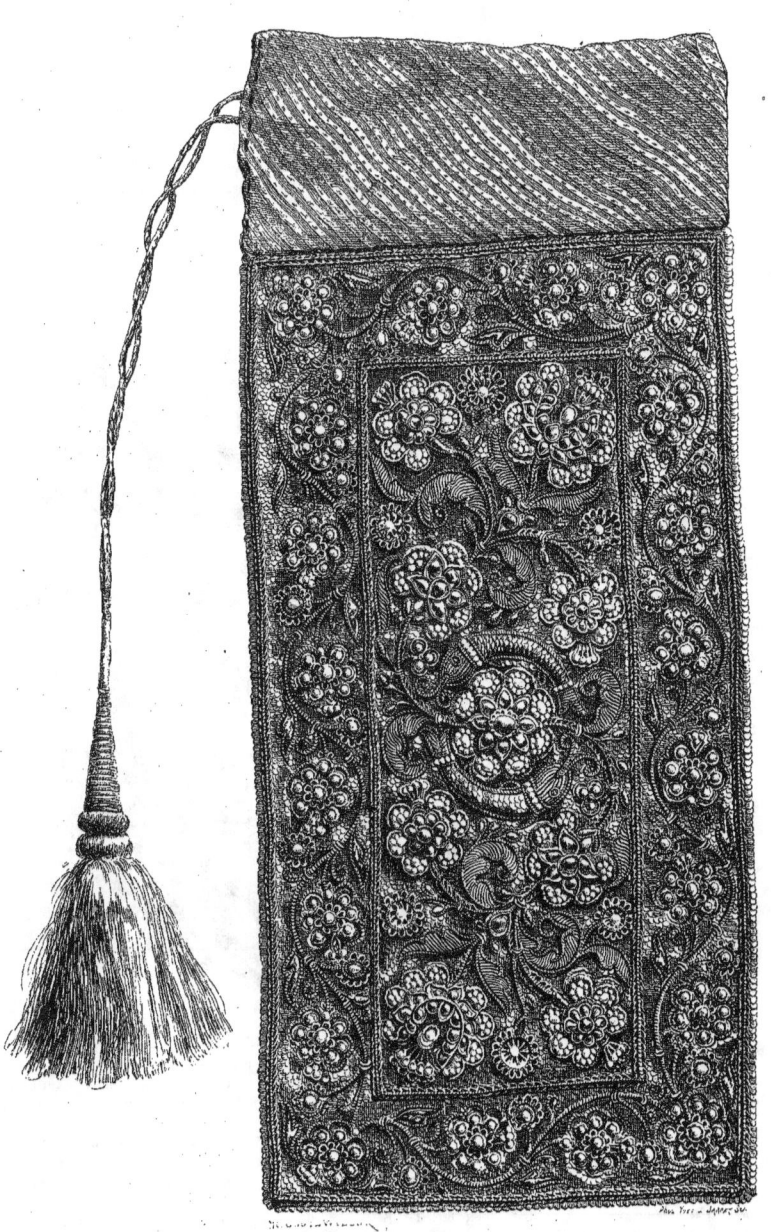

SAC BRODÉ D'OR ET DE PIERRERIES, CONTENANT UNE ADRESSE EN VERS SANSCRITS.
(COLLECTION DE S. A. R. LE PRINCE DE GALLES.)

L'esprit artistique se trouve partout aux Indes à l'état latent ; il ne lui manque que la mise en œuvre et l'étincelle de la vie... Il est indispensable aussi de considérer que nous avons dans l'Inde plusieurs variétés distinctes indigènes dans l'art décoratif : nous avons les arts sauvages des tribus primitives de la péninsule, qu'on ne rencontre plus maintenant que dans les parties les plus inaccessibles ; puis l'art indou, et enfin cet art qui est résulté de l'influence des arts arabe et persan sur l'Inde. Malheureusement aussi les collections indiennes deviennent à chaque exposition successive de plus en plus encombrées d'articles métis ; résultat de l'influence de la Société anglaise, des écoles de missionnaires, des écoles d'art et des expositions internationales de l'art indien ;

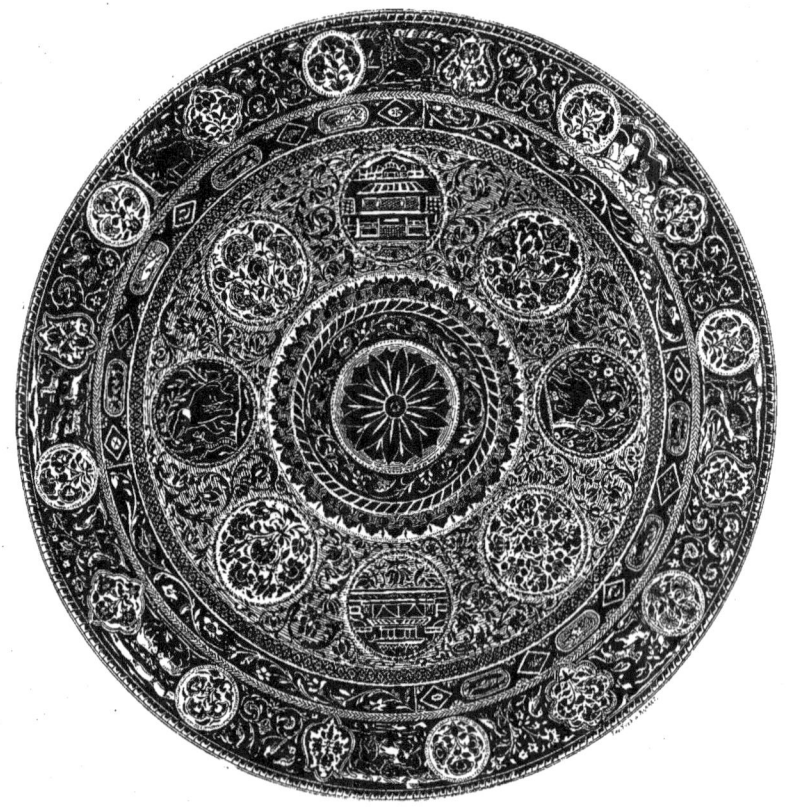

PLATEAU ÉMAILLÉ DE JEYPORE, 1590. (COLLECTION DE S. A. R. LE PRINCE DE GALLES.)

mais, surtout, résultat de l'irrésistible énergie et de la puissance manufacturière des villes de Manchester, Birmingham, Paris et Vienne. Aucune collection des Indes n'a accusé d'une manière aussi flagrante la grandeur et les progrès de ce mal que l'exposition des présents faits au prince de Galles. On désirait faire à Son Altesse Royale tous les honneurs possibles ; les chefs et princes indigènes, dédaignant en beaucoup de cas l'art de leur pays, avaient fait exécuter en argent massif des copies littérales des plus nouveaux modèles de Birmingham, consistant en théières, en presse-papiers, en pièces capitales ; c'étaient, à leurs yeux, les plus rares présents qu'ils pussent mettre aux pieds du prince. »

La collection du prince de Galles, en nous révélant des trésors inconnus jusqu'ici, nous a montré que cet art appartenait au passé et que les imitations plus ou moins bâtardes de nos produits européens allaient, dans un avenir très prochain, remplacer les pièces si originales dont nous avons vu les derniers échantillons. Indépendamment des armes, qui formaient la plus belle

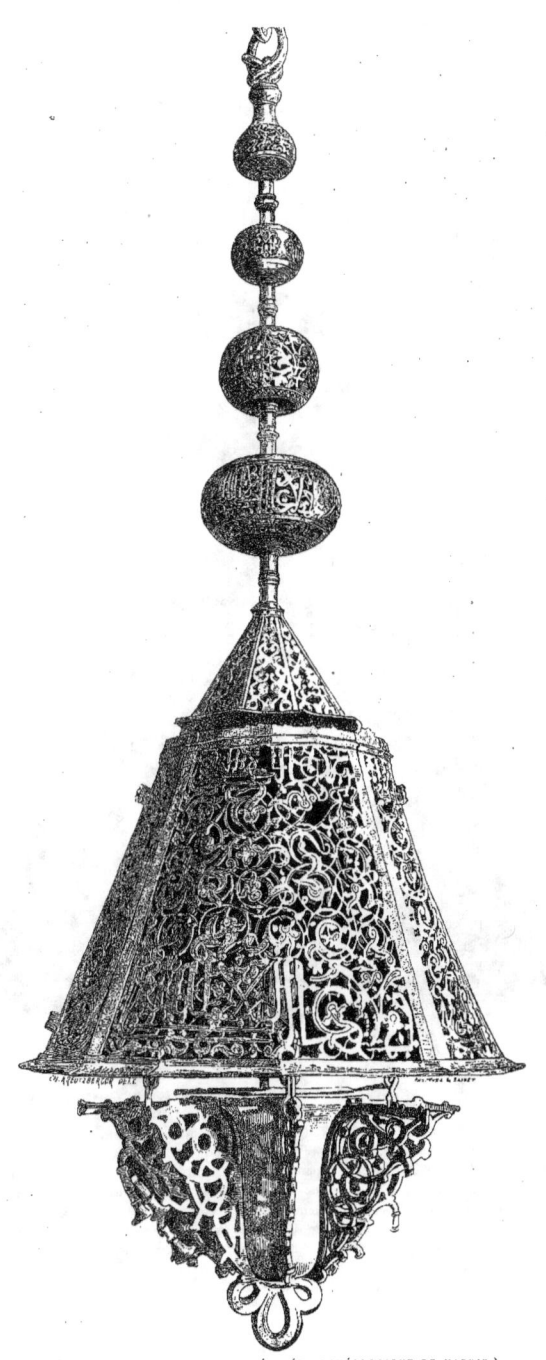

LAMPE MAURESQUE EN BRONZE. (MUSÉE ARCHÉOLOGIQUE DE MADRID.)

partie de la collection, mais dont nous n'avons pas à nous occuper maintenant, de superbes pièces d'argenterie, dans lesquelles les pierres précieuses et les perles fines se mêlent au filigrane, des sacs brodés d'or et de pierreries, des plateaux émaillés d'une incroyable richesse, montraient les productions de l'art ancien à côté de celles de l'art moderne. Les émaux de Jeypore sont particulièrement renommés. Quant aux filigranes, on les trouve un peu partout et les ouvriers de l'Indoustan sont sous ce rapport d'une incroyable habileté.

L'art de l'orfèvre et du bijoutier remonte dans les Indes à la plus haute antiquité, et il serait assurément téméraire d'assigner une date à ses débuts. Mais la décoration des pièces d'orfèvrerie aussi bien que celle des bijoux s'exécute en quelque sorte machinalement et sans autre enseignement qu'une tradi-

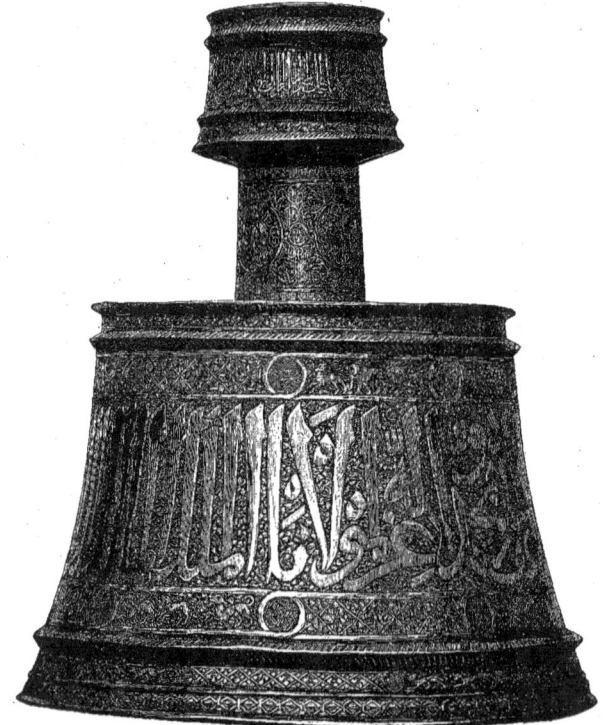

FLAMBEAU ARABE EN CUIVRE INCRUSTÉ D'ARGENT, XVᵉ SIÈCLE.
(COLLECTION DE M. LE BARON GUSTAVE DE ROTHSCHILD.)

tion transmise du plus vieux au plus jeune depuis un nombre indéfini de siècles. « Les annales les plus primitives, dit le *Manuel de la section des Indes britanniques*, les épopées nationales, les sculptures et les peintures anciennes représentent la bijouterie indoue, la vaisselle d'or et d'argent, la poterie commune et les instruments de musique, absolument sous les mêmes formes que nous les voyons à présent, et les descriptions qui en sont faites concordent exactement avec ce que nous possédons actuellement. Après la bijouterie archéologique d'Ahmedabad, les plus beaux bijoux de l'Indoustan, et du style indou le plus pur, sont les bijoux en or battu de Sawantwani, Mysore, Vizianagrani et Visagapatam, qui font bien ressortir le caractère prédominant des ouvriers indigènes qui travaillent les métaux précieux ; ce qui les caractérise, c'est la manière dont ils travaillent un bloc de métal en apparence absolument insuffisant, et arrivent à le transformer en une surface étendue couverte d'ornements, par un battage qui donne au métal la ténuité d'un tissu de papier, sans pour cela diminuer en rien sa solidité effective. Par leur habileté consommée, par leur connaissance parfaite et leur exacte appréciation de l'ornementation conventionnelle des surfaces, ils savent donner au métal, sous le plus petit volume possible, et à des pierres absolument dénuées de valeur au point de vue commercial, la plus haute valeur artistique qu'il soit possible de leur donner, sans jamais violer, même dans les plus minutieux travaux de détail, les principes fondamentaux du dessin d'ornementation, et toujours ils arrivent à plaire, même par des effets d'un luxe quelquefois barbare et exagéré. »

Un des côtés les plus caractéristiques de l'orfèvrerie orientale c'est la damasquinure, qui est pratiquée dans la Turquie, la Perse, l'Inde, et même dans l'extrême Orient.

« Au Japon, dit A. Jacquemart, la damasquinure s'applique au fer fondu et forgé, au bronze, et concourt souvent à des travaux tellement fins qu'on les classerait bien plutôt parmi la bijouterie que dans les bronzes. Dans l'Inde il en est de même : la damasquinure et les nielles se réunissent pour l'embellissement des coupes élégantes, des boîtes à bétel et d'une foule d'autres produits rivaux des armes merveilleuses du même pays ; et cet art de damasquinure s'est maintenu avec une telle persistance, que les dernières expositions universelles nous ont montré des

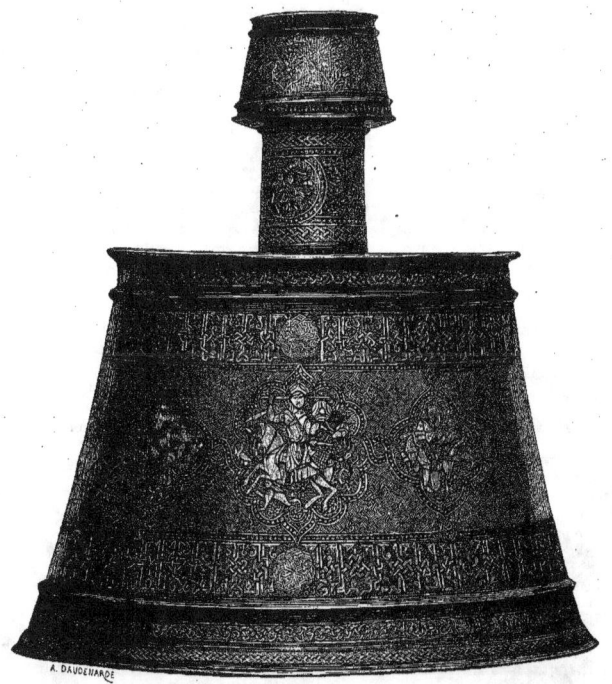

FLAMBEAU ARABE EN CUIVRE INCRUSTÉ D'ARGENT, XVᵉ SIÈCLE.
(COLLECTION DE M. LE BARON GUSTAVE DE ROTHSCHILD.)

coffrets variés de forme, en fer, entièrement couverts au dedans et en dehors de végétations multiples en or d'une incroyable richesse. Ce travail s'exécute à Kosli, au Bengale, et se vend à un prix incroyable de bon marché.

« Il est d'ailleurs un genre de damasquinure spécial à l'Inde et dont l'effet est des plus artistiques : nous voulons parler des incrustations d'argent sur un métal noir, mat, très cassant, qui paraît être composé en grande partie de nickel ; sur ce fond absorbant les artistes jettent les réseaux arabesques, les fleurs ornemanisées, les frises du style le plus élevé ; souvent l'argent arase la surface et se détache par la seule puissance de son blanc

éclatant ; d'autres fois il forme relief et se trouve ciselé avec une perfection inouïe ; il arrive même que, sur ce travail distingué, l'artiste détache encore des alvéoles où viennent s'insérer des rubis en cabochons qui rehaussent le blanc de l'argent et rendent la damasquinure rivale de la plus belle orfèvrerie. On trouve ainsi des bouteilles, des aiguières, des coupes dont quelques-unes paraissent remonter à une époque ancienne.

« La damasquinure persane n'est pas moins riche que celle de l'Inde ; comme elle, indépendamment des armes, on la trouve appliquée sur des objets en fer d'une extrême élégance ; mais où elle se montre sous ses formes les plus variées, c'est dans les grands plats dits vases de Chine, dont il a été question déjà, et dans les flambeaux, porte-torches et autres ustensiles du culte, comme les lampes votives, ou encore dans les coupes à boire, miroirs et autres objets symboliques ou cabalistiques. »

La multiplication des ornements serrés et pressés les uns contre les autres est un des caractères de l'art décoratif des Arabes, mais si riche en détails que puisse être leur ornementation, elle ne présente pas le caractère de confusion qu'on a quelquefois reproché aux Indous. Les petits dessins tirés de la flore ou présentant des combinaisons géométriques sont assez généralement semés sur un fond, et ils servent la plupart du temps d'accompagnements pour des inscriptions en lettres arabes

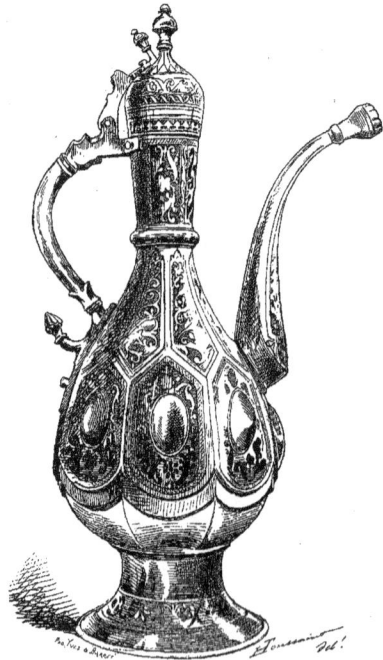

AIGUIÈRE PERSANE. EXPOSITION DE 1878.

d'assez grande dimension. Les lettres arabes ont par elles-mêmes un caractère ornemental très décidé, et leurs lignes impérieuses contrastent d'une manière souvent très heureuse avec le semis de fleurs sur lequel elles se détachent. C'est ce genre de décoration qu'on rencontre le plus souvent sur ces beaux flambeaux en cuivre dont l'exposition rétrospective du Trocadéro, en 1878, nous a montré de si merveilleux modèles.

Nous pourrions citer comme exemple deux superbes flambeaux arabes, appartenant à M. le baron Gustave de Rothschild et qui ont figuré à cette exposition. Ces flambeaux, qui datent du XVe siècle, sont en cuivre incrusté d'argent. Leur forme est celle d'un vase renversé, d'où s'échappe la tige destinée à porter le luminaire. Dans l'un des deux, la décoration est formée par de grands caractères d'écriture qui se succèdent tout autour de la pièce, sur laquelle les incrustations d'argent dessinent les plus gracieux entrelacs. L'autre est orné de médaillons polylobés, formés par une double corde qui passe de l'un à l'autre en s'enroulant sur elle-même et dans lesquels sont des cavaliers. On sait en effet que la prescription d'après laquelle les musulmans ne doivent pas représenter d'êtres animés n'a jamais été observée bien rigoureusement par les Arabes, qui, dans maintes occasions, ont fait entrer des animaux et des figures dans leur système ornemental.

C'est à Damas que l'on fabriquait ces belles lampes de mosquées, si recherchées aujourd'hui par les amateurs et dont nous avons vu à l'exposition rétrospective du Trocadéro de si merveilleux échantillons. Des inscriptions circulaires en grands caractères portent les titres des sultans qui ont consacré la mosquée, et s'encadrent dans de gracieuses arabesques rehaussées d'or. « La Perse, l'Asie Mineure, et même la Turquie, dit A. Jacquemart, sont les contrées privilégiées pour le travail du métal repoussé; c'est de là, on le sait, qu'est venu chez nous l'emploi de la bouilloire et de ces cafetières appelées d'abord *du Levant*. Nous avons vu des buires persanes élégantes avec leur plateau, où les godrons, les palmes saillantes avaient reçu le rehaut de touches d'émail bleu pâle imitant un semé de turquoises; d'autres, où le rôle de l'émaillerie, plus important encore, complétait la décoration délicate faite au marteau par l'artiste. De grands bassins, analogues aux braseros de l'Europe, servent à contenir le feu sur lequel le café est entretenu constamment chaud pour le service des visiteurs. C'est dans les buires à bassin couvert d'un obturateur et qui servent pour les ablutions avant et après le repas, qu'on rencontre les merveilles du genre; il en est qui, encadrées de godrons dans leurs parties principales, ornées de bandes spirales, offrent dans chacune de ces divisions des sujets de la plus fine exécution, alternant avec des ornements mêlés d'animaux et d'oiseaux d'un travail microscopique; souvent alors les scènes représentées sont empruntées aux légendes sacrées et offrent les combats des héros contre les monstres; alors encore les anses se contournent en dragons effrayants, le goulot effilé se termine lui-même en tête menaçante aux yeux de rubis, aux crêtes relevées de perles d'émail. »

Dans la fabrication persane, les objets de la vie courante, narguilés, gourdes à vin, seaux à glace, tasses à sorbets, soucoupes à confitures, plats à viande, à fruits ou à légumes, sont généralement décorés, soit avec des scènes de chasse, soit avec des fleurs. La tulipe, fleur mystique, la rose pourpre, la jacinthe, le chèvrefeuille, l'œillet d'Inde, l'œillet à longue tige, sont représentés quelquefois au naturel, mais plus souvent encore sous une forme ornementale.

L'ÉMAIL

L'émail est un verre coloré, tantôt opaque, tantôt transparent, qui s'applique sur le métal de plusieurs manières. Quand il est introduit dans les parties creuses d'une plaque de métal gravé, c'est un émail *champlevé* ou *à taille d'épargne*. S'il est fondu dans les compartiments formés par des petites lames métalliques rapportées une à une et soudées sur la plaque, de manière à produire des petites cloisons, c'est un émail *cloisonné*. Quand le métal est ciselé en creux, de manière à former un

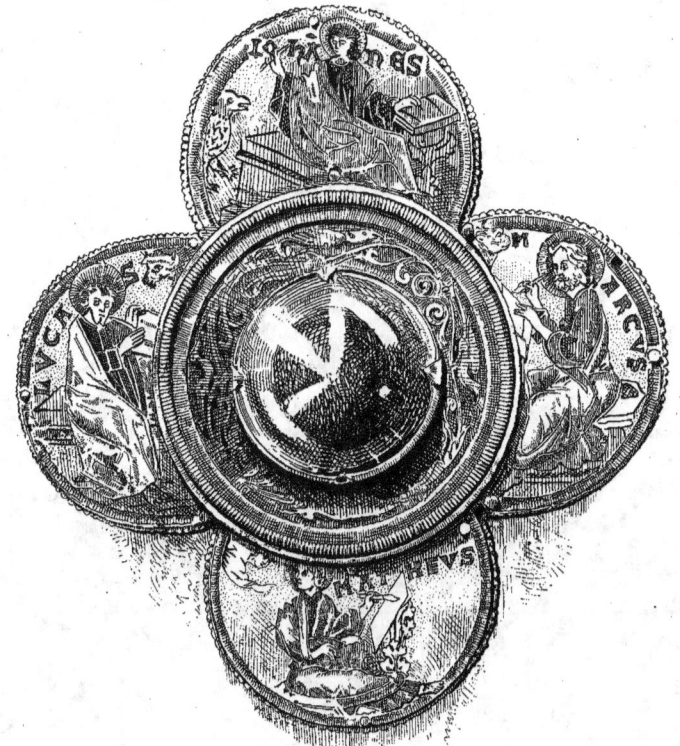

RELIQUAIRE EN ÉMAIL CHAMPLEVÉ. (COLLECTION DE M. ODIOT.)

petit bas-relief sur lequel on coule de l'émail translucide, qui prend une teinte plus ou moins foncée suivant qu'il recouvre une partie plus ou moins creuse, c'est un émail de *basse-taille*. Enfin les *émaux des peintres* sont ceux dans lesquels la plaque métallique est entièrement recouverte par un sujet peint en émail. Tels sont les quatre principaux genres d'émail employés par les orfèvres et les bijoutiers : on comprend qu'il y a aussi des émaux mixtes, c'est-à-dire dans lesquels des procédés différents ont été appliqués sur une même pièce, mais nous devons surtout nous préoccuper ici des procédés typiques.

Voici d'abord le procédé employé pour les émaux en *taille d'épargne*. « On décalque, dit M. Delaborde, un dessin sur la

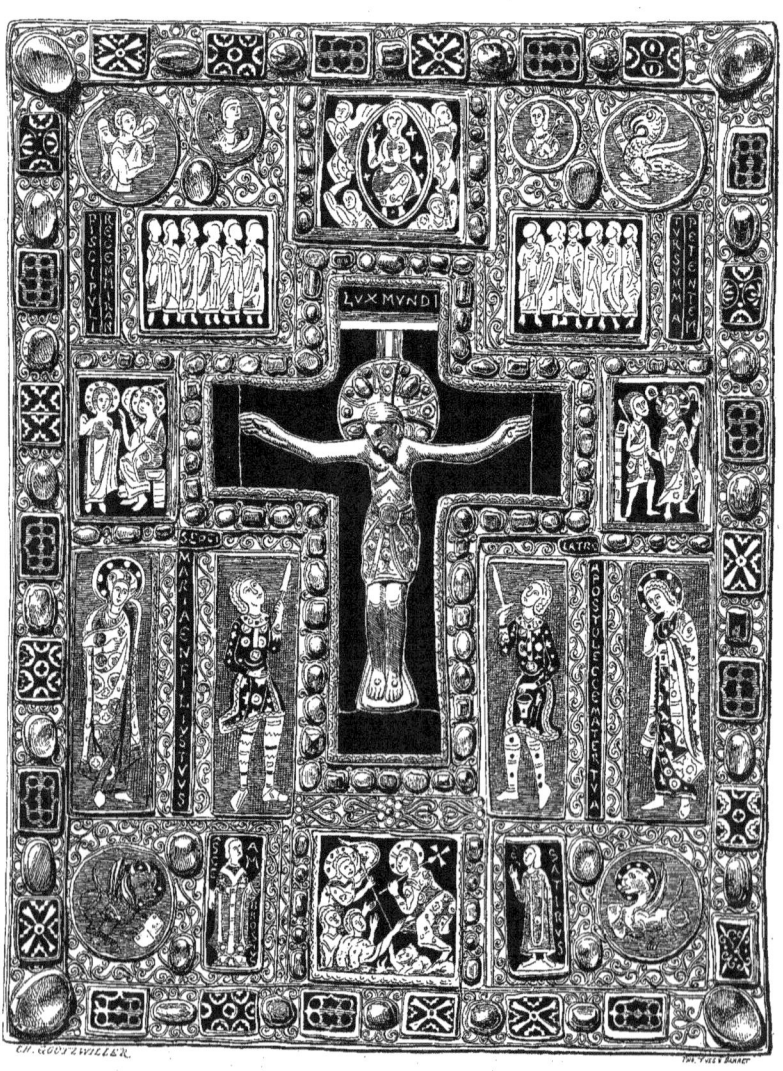

COUVERTURE DE L'ÉVANGÉLIAIRE D'ARIBERTO, ARCHEVÊQUE DE MILAN,
EN OR, ÉMAUX ET PIERRES PRÉCIEUSES: XIe SIÈCLE. (TRÉSOR DU DOME DE MILAN.)

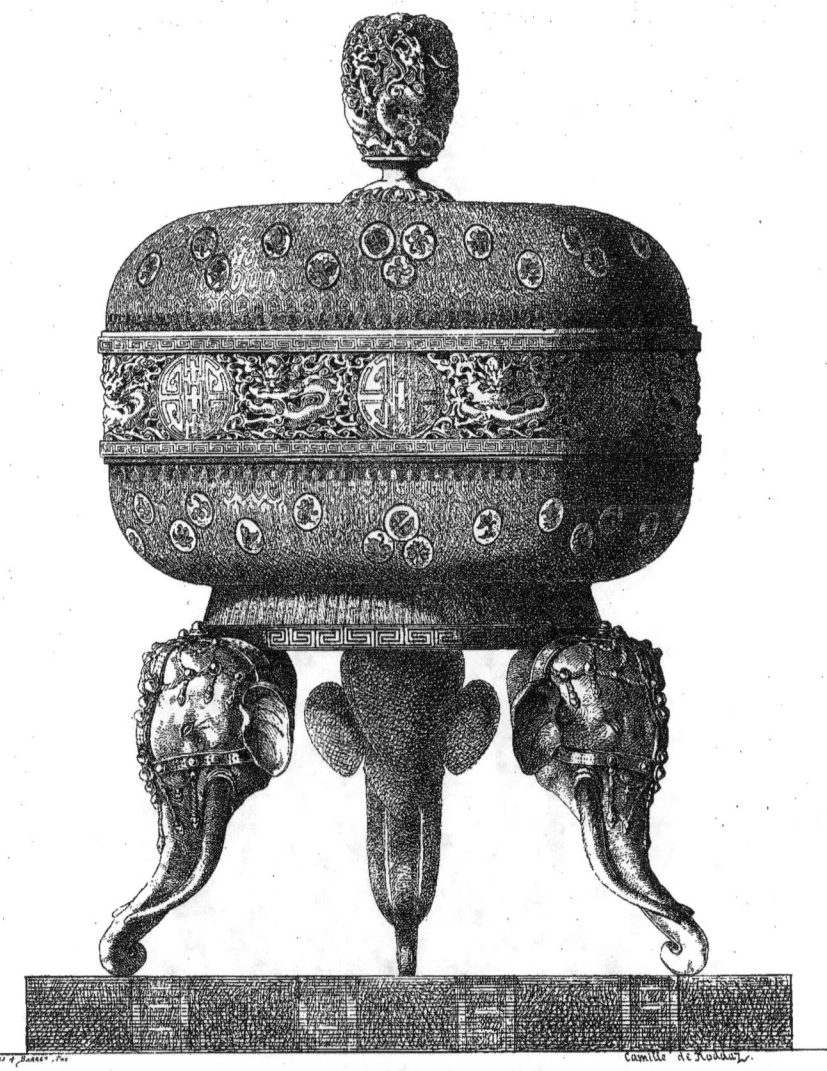

BRULE-PARFUM CHINOIS. (COLLECTION ERRERA.)

surface unie du métal, et au moyen du burin, du ciselet et des échoppes, on évide tout ce qui n'est pas le contour du dessin; de cette façon on obtient une véritable gravure en relief dont la taille d'épargne noircie au tampon donnerait, sous le frotton et sous la presse, une impression excellente. Les espaces évidés entre ces contours forment autant de petites cuves qu'on remplit

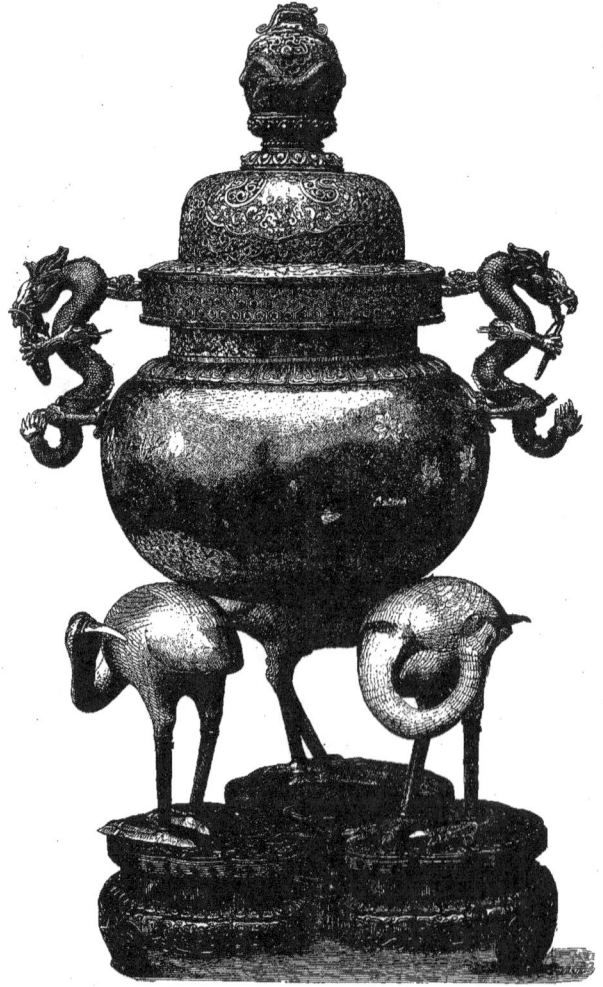

BRULE-PARFUM EN ÉMAIL CLOISONNÉ DE LA CHINE. (COLLECTION DE S. M. LÉOPOLD II, ROI DES BELGES.)

de poudre ou de pâtes d'émail de diverses nuances, selon que l'artiste a combiné son dessin et suivant que la chimie lui vient en aide. Ces émaux, sans liaison entre eux, se fondent à la haute température du moufle, s'affaissent au niveau des tailles d'épargne, de manière à ne plus offrir qu'une surface pleine dans laquelle brillent les contours du dessin formés par le métal.

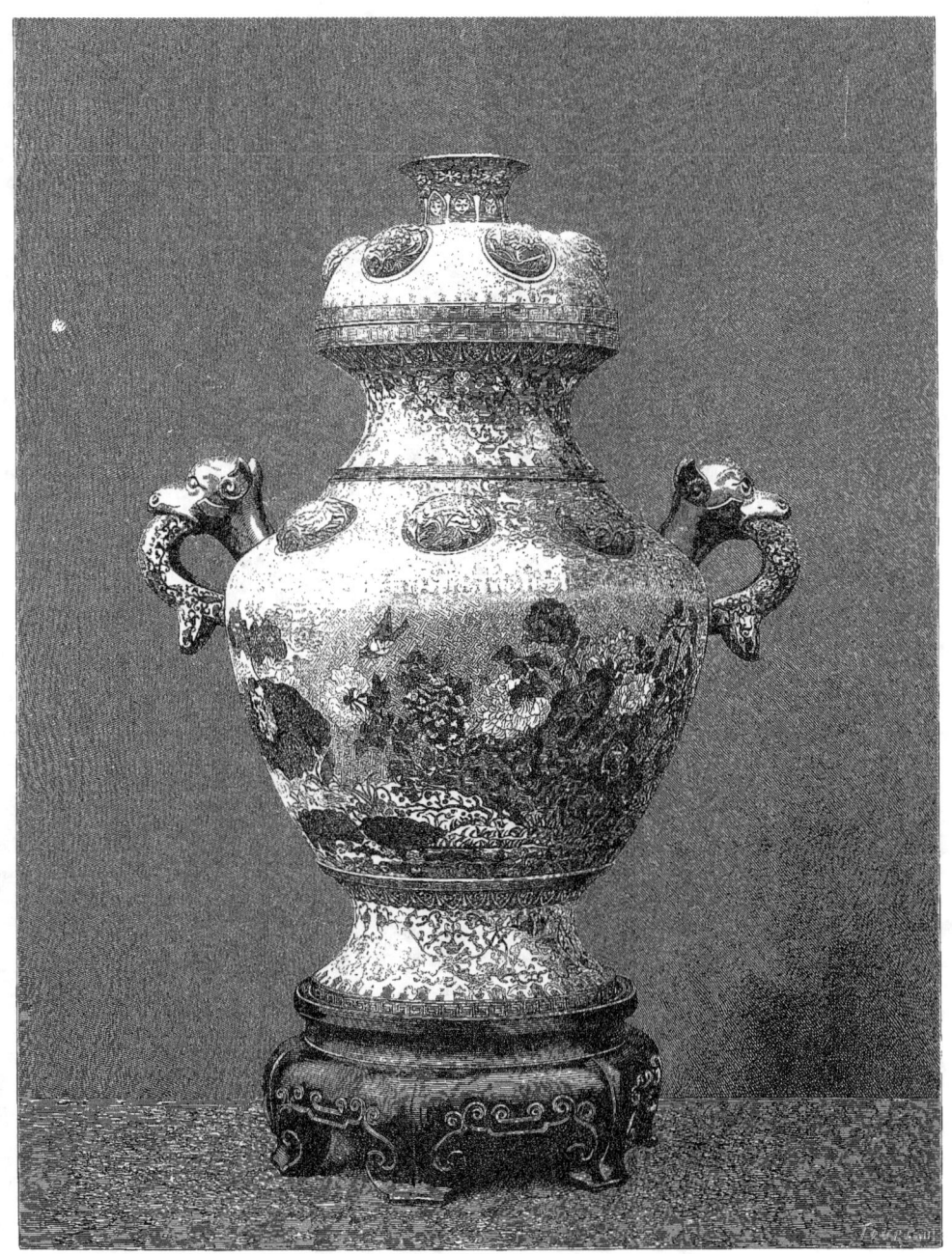

GRAND VASE EN ANCIEN ÉMAIL CLOISONNÉ DE LA CHINE. (COLLECTION DE S. M. LÉOPOLD II, ROI DES BELGES.)

Les perfectionnements amenés par l'adresse des orfèvres n'ont introduit dans ce procédé d'autre variété que le plus ou moins d'importance donnée au métal : tantôt les traits du dessin seulement sont épargnés en relief, et les figures sont rendues par l'émail en se détachant sur le fond uni et doré du métal; tantôt ce sont des silhouettes entières de personnages qu'on réserve dans le métal, et elles se détachent sur un fond d'émail. »

Nous avons vu déjà que ce genre d'émail a été connu des Gaulois et pratiqué pendant tout le moyen âge. La ville de Limoges a donné son nom aux émaux sortis de ses ateliers et qui ont eu longtemps une grande supériorité sur les autres, mais par extension, le nom d'émail de Limoges est aujourd'hui donné par les amateurs à tous les émaux sur cuivre, dont la provenance est indécise. Ce titre n'implique pas nécessairement une fabri-

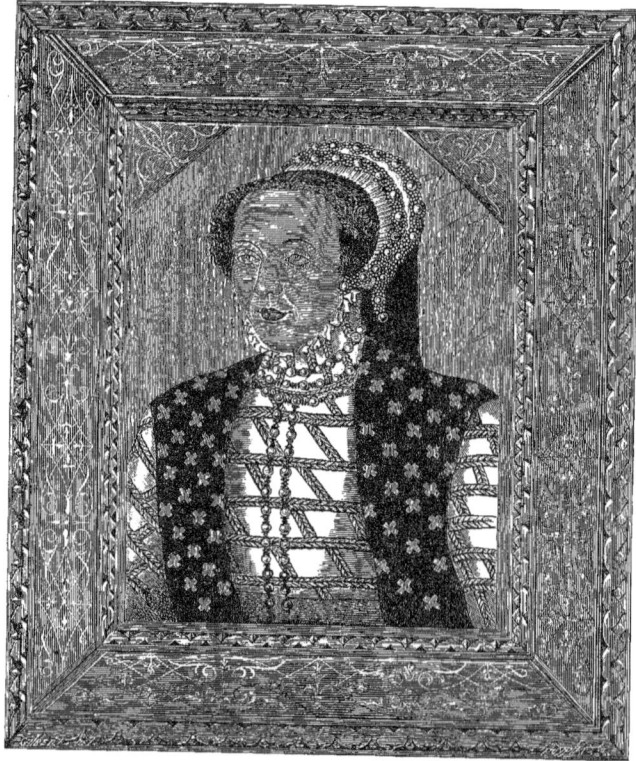

ÉMAIL PAR LÉONARD LIMOSIN.

cation limousine, il veut simplement dire fait dans le genre et par les procédés employés à Limoges. Le Louvre et le musée de Cluny sont très riches en émaux de ce genre, dont on trouve aussi de très remarquables échantillons dans le trésor de plusieurs églises.

Comme exemple des émaux champlevés, on peut citer un reliquaire du XIIIe siècle, de fabrication allemande, qui a figuré à l'exposition rétrospective du Trocadéro en 1878, et qui fait partie de la collection de M. Odiot.

M. Delaborde définit ainsi le procédé qu'on emploie pour les émaux cloisonnés. « On prend, dit-il, une mince feuille de métal sur laquelle on trace à la pointe le dessin; on découpe des lames du même métal d'une hauteur proportionnée à la grandeur de la pièce (de 1 à 4 millimètres), et l'on fait suivre à ces lames tous les contours du dessin en les arrêtant avec de la cire; puis quand le dessin est ainsi hérissé de ce relief en traits déliés, on soude à la plaque toutes ces lames. De ce moment, la plaque est cloisonnée, c'est-à-dire qu'elle présente un réseau, et dans ce réseau autant de cloisons qu'en exigeaient le dessin et les nuances d'émaux dont on disposait. On distribue dans chacune de ces cloisons de la poudre d'émail, je veux dire le fondant et les oxydes métalliques colorants pulvérisés ensemble; on passe la plaque dans le four pour obtenir la fusion, et quand elle est refroidie, au moyen du polissage on unit le tout comme une glace mosaïque dans laquelle les cloisons viennent affleurer en traits effilés et brillants, de manière à tracer les limites des émaux en même temps que les contours du dessin. La dorure donne plus d'éclat à ces traits du visage, à ces plis de vêtements, à ces fines inscriptions, qui ressortent en or brillant au milieu des vives couleurs d'un émail translucide. »

Les Chinois, les Japonais, les Indous, nous ont laissé d'admirables modèles d'émaux cloisonnés.

Des petites fleurs, des papillons, des plantes aquatiques jetées sur un fond habituellement clair et d'un ton laiteux

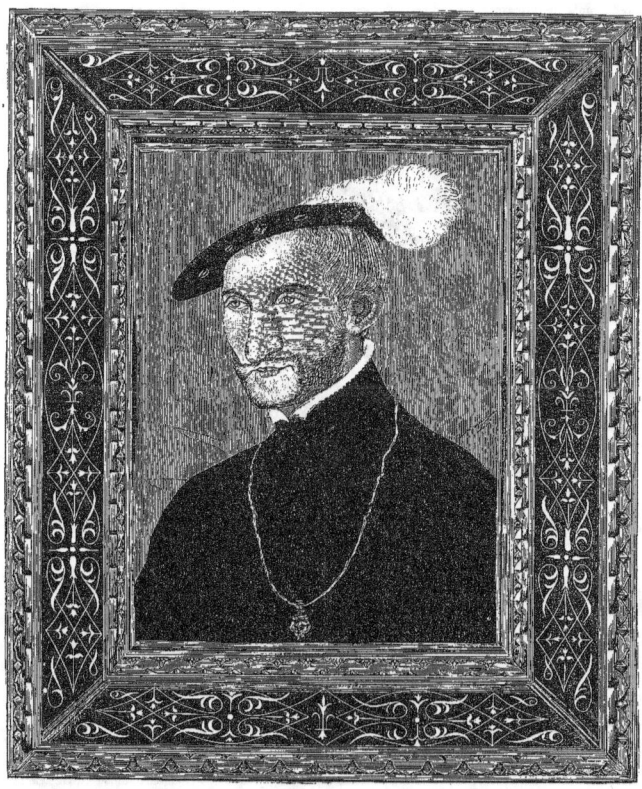

ÉMAIL, PAR LÉONARD LIMOSIN.

ou nacré, produisent des colorations riches et harmonieuses tout à la fois.

Les brûle-parfums chinois, si recherchés aujourd'hui des amateurs, présentent presque toujours certaines parties en bronze dont la teinte assombrie contraste avec les teintes brillantes de l'émail. Presque toujours le couvercle est percé à jour pour laisser passer la fumée du parfum qui brûle dans l'intérieur. Souvent aussi une ceinture de bronze entoure le brûle-parfum à l'endroit où repose le couvercle. Des dragons étranges comme les Chinois savent en inventer s'agitent au milieu des flots gravés sur la ceinture, ou bien s'enroulent dans des mouvements bizarres pour former les anses. Le récipient repose soit sur des têtes d'éléphant, décor emprunté à l'Indoustan mais très commun dans tout l'extrême Orient, soit sur des oiseaux qui tournent la tête en allongeant leur cou, comme on le voit sur un superbe brûle-parfum qui appartient au roi des Belges.

Les grandes fleurs émaillées qui décorent la panse des vases chinois produisent les effets décoratifs les plus riches et les plus brillants que l'œil puisse rêver.

« L'art japonais, dit M. Burty (les *Émaux cloisonnés anciens et modernes*), diffère de nos données occidentales par des points essentiels. Les principes qui s'en dégagent sont très curieux.

Dans la composition, il évite la symétrie des parallèles; il joue toujours sur des quantités impaires, trois, cinq, sept, lorsque au contraire nous procédons par deux, quatre, huit. Dans le dessin, il accentue la silhouette et s'arrête lorsqu'il a rencontré le caractère typique d'un personnage, d'un objet inanimé, d'un grand effet de la nature. Dans les colorations, il aborde les tons les plus francs, il les pose sans mélange, mais il les relie entre eux et en atténue la radiation trop intense par des tons intermédiaires d'une finesse surprenante ; par exemple, dans un bijou où dominent le bleu vif et le rouge, il ne manquera pas d'introduire des passages de lilas. L'originalité et la fermeté de son style tiennent à ce qu'un épisode naturel, étudié de plus près, est toujours habilement disposé dans un centre tout à fait fantaisiste et de convention ; les yeux sont ainsi intéressés au même degré que l'esprit est piqué. »

A une époque inconnue, les arts de l'extrême Orient paraissent s'être répandus dans les contrées de l'Europe qui avoisinent l'Asie. Ce qu'il y a de sûr, c'est qu'on retrouve dans les émaux byzantins du XIIe siècle des procédés analogues et une gamme de couleurs à peu près identique à celle des Chinois. Suivant

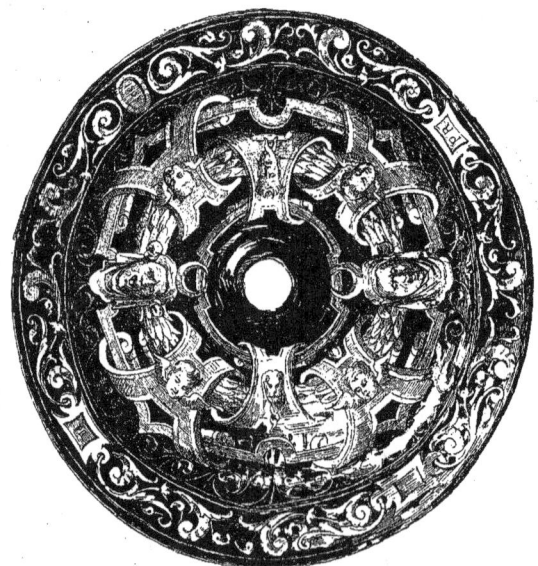

PLAT EN ÉMAIL DE LIMOGES, PAR PIERRE RAYMOND.
(MUSÉE NATIONAL BAVAROIS, A MUNICH.)

M. Delaborde, la transmission, quoique n'étant pas encore démontrée historiquement, est incontestable.

Nous avons dit que les émaux de *basse taille* étaient des petits bas-reliefs en métal, ayant une saillie extrêmement minime et recouverts par des émaux de différentes couleurs et toujours transparents. Ce genre d'émail était un simple coloriage, dans lequel la couleur était plus ou moins foncée suivant qu'elle s'accumulait en plus grande quantité dans une partie creuse, et dans lequel par conséquent l'expression du modelé venait de la ciselure et non de la peinture qui n'était qu'une teinte posée sans préoccupation de l'ombre et de la lumière. Ce procédé, qui nous a été apporté de Venise, fut pratiqué dans toute la France et même dans toute l'Europe, depuis le XIVe siècle jusqu'à la fin du XVIe.

Les émaux de basse taille étaient des bijoux précieux qui s'exécutaient généralement sur or et sur argent, et la vogue qu'ils acquirent fit le plus grand tort à la fabrication de Limoges qui travaillait principalement sur le cuivre. Cette fabrication d'ailleurs était en pleine décadence dès le XVe siècle et, comme elle était presque exclusivement religieuse et que le zèle pour les reliques s'était beaucoup refroidi, elle ne pouvait soutenir la concurrence avec un procédé qui s'appliquait surtout à la bijouterie.

Ce ne furent pas les orfèvres, mais bien les peintres verriers de Limoges qui firent les premiers *émaux de peintres*, et, en créant la seconde école de Limoges, assurèrent à l'industrieuse cité deux siècles de célébrité artistique. Au reste, ce ne fut nullement le désir de faire mieux qui fit rechercher des procédés nouveaux, et les véritables artistes ne sont venus qu'après les inventeurs ; ce fut simplement la nécessité de créer une industrie rivale, dont les produits imiteraient les émaux de basse taille et pourraient se vendre meilleur marché. Pour cela on peignait sur la plaque une espèce de camaïeu où les ombres seulement étaient indiquées, et on étendait ensuite des émaux colorés et transparents qui, rehaussés d'un travail d'or pour accuser les lumières, produisaient à peu près l'illusion des émaux de basse taille. Une fois que le procédé fut découvert et mis en pratique, de véritables artistes ne tardèrent pas à surgir et illustrèrent cette industrie dont l'origine est absolument française et limousine.

Dans nos vieilles industries, le fils suivait toujours la carrière de son père, c'est ce qui explique pourquoi dans la liste des peintres-émailleurs de Limoges nous voyons toujours plusieurs artistes porter le même nom. La plus ancienne famille qui s'est fait connaître dans cette industrie est celle des Penicaud; et Nardon Penicaud est le plus fameux. « Tous les émaux que l'on peut certainement attribuer à Nardon Penicaud, dit Alfred Darcel, sont exécutés par apprêt sur fond blanc, c'est-à-dire que les traits principaux du dessin sont largement appliqués au pinceau en bistre sur fond blanc, excepté pour les bleus turquoise et pour les carnations. Les premiers sont appliqués avant les traits du dessin; les secondes sont modelées en blanc sur un fond violet bleuâtre, qui donne à toutes carnations des émaux de Nardon Penicaud un ton caractéristique et facile à reconnaître. Parfois un trait en bistre noir opaque donne plus de force aux contours dans l'ombre. Des émaux translucides recouvrent le fond, sur lesquels des rehauts d'or sont appliqués au pinceau avec une grande habileté et souvent avec une grande abondance, afin d'accentuer les lumières. »

Léonard Limosin est le plus illustre parmi les peintres émailleurs de cette période. La notice des émaux du Louvre apprécie ainsi sa manière. « Dans une même composition il réunit tous les genres et sait les fondre, avec une adresse qui révèle un praticien consommé et un savant coloriste. Ainsi la peinture en apprêt sur fond blanc, sur le métal lui-même et sur paillons, se marie, dans certaines de ses pièces, avec la grisaille dessinée et modelée par enlevage et avec le modelé par hachures ou au pointillé plus spécial au portrait. Mais les couleurs des émaux sont choisies, suivant la nature du fond, de façon à former une gamme continue, qui ménage les transitions entre les tons les plus éclatants et les ombres les plus intenses. Ainsi, ce sont les bleus, les verts et les pourpres des draperies qui recouvrent d'habitude les paillons, lesquels en avivent l'éclat, tandis que les bruns de diverses nuances et les violets reçoivent un éclat moindre du métal ou du fond blanc sous-jacent. Puis, dans ces couleurs transparentes flottent quelques nuages d'émail blanc, qui forment les lumières et qui ont leur écho dans les carnations, les animaux et les accessoires, modelés par les procédés ordinaires de la grisaille. De telle sorte que ce sont les couleurs intermédiaires, couchées sur le métal ou le fond blanc, qui d'un côté se lient, par leur transparence, avec les vives clartés des émaux sur paillons, et de l'autre avec les grisailles par les touches d'émail blanc qui y sont parfondues. Enfin quelques portraits, ceux des donateurs par exemple, où la ressemblance doit être cherchée, sont modelés au pointillé. Les tableaux de la Sainte-Chapelle présentent l'exemple le plus magnifique et le plus complet de la réunion de tous ces genres. »

Léonard Limosin est représenté au musée du Louvre par de superbes émaux qui sont tous placés dans la galerie d'Apollon. Le fameux tableau votif, dit *de la Sainte Chapelle*, est un assemblage de vingt-trois plaques d'émail réunies dans une monture en bois. Il y en a deux qui se font pendant et qui représentent tous deux des sujets religieux, avec le portrait en pied des donataires qui sont, pour le premier, le roi François Ier et sa femme Éléonore; pour le second, le roi Henri II avec la reine Catherine de Médicis : ces donataires sont agenouillés devant un prie-Dieu. Les émaux sont colorés en partie sur paillons. Les carnations sont modelées par des hachures enlevées sur une préparation bleue et glacées de bistre dans les ombres. Le musée possède aussi plusieurs plaques représentant des sujets mythologiques, comme Neptune et Doride, d'après une composition du Rosso, Vénus et

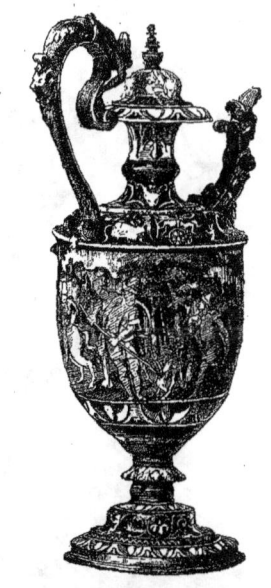

BUIRE EN ÉMAIL DE LIMOGES, PAR PIERRE RAYMOND.
(MUSÉE NATIONAL DE MUNICH.)

l'Amour, où l'on a cru longtemps reconnaître une image de Diane de Poitiers, qui serait également représentée, mais à côté de Henri II, dans une jolie plaque représentant un seigneur en costume du XVIe siècle, monté sur un cheval blanc et tenant une femme en croupe. Enfin nous avons d'admirables portraits, entre autres ceux d'Anne de Montmorency, de François de Lorraine, duc de Guise, de Henri II, de François II, de Catherine de Médicis, etc.

L'histoire des émaux peints était figurée d'une manière bien complète dans l'exposition rétrospective du Trocadéro. Les beaux portraits de Léonard Limosin qui font partie de la collection de M. le baron Gustave de Rothschild peuvent être comptés parmi les chefs-d'œuvre du maître. Ces portraits, comme tous ceux du maître, sont exécutés sur apprêt; les traits du visage sont dessinés au pinceau et quelquefois modelés par le moyen des hachures.

Pierre Raymond prend place peu après Léonard Limosin, parmi les peintres émailleurs de Limoges. C'est un dessinateur correct, parfois un peu sec et dont les ouvrages présentent quelquefois plus de précision dans la forme que de charme dans l'aspect.

Pierre Raymond a été le plus fécond des émailleurs. Parmi les pièces capitales de ce maître il faut signaler au musée du Louvre plusieurs pièces représentant des scènes de l'Ancien et du Nouveau Testament, et des sujets tirés de la mythologie. Parmi les musées étrangers, les plus riches en ouvrages de Pierre Raymond, sont le *South Kensington Museum* de Londres, et le Musée national bavarois de Munich. Nos grandes collections particulières en possèdent aussi quelques-uns; les plus importants d'entre eux ont figuré à l'exposition du Trocadéro en 1878; nous rappellerons un grand plat exposé par M. le baron Gustave de Rothschild, et décoré de sujets tirés de la Genèse et peints en grisaille sur fond noir, ainsi que la jolie aiguière provenant de la même collection.

Un hanap appartenant à M. le baron Alphonse de Rothschild et dû aussi à Pierre Raymond représente le dieu Mars avec des amours. Il est d'une forme extrêmement élégante, et le sujet principal qui décore la panse est séparé par un gros cordon de lauriers des deux frises supérieure et inférieure.

Dessinateur moins correct et d'un goût moins pur que ses

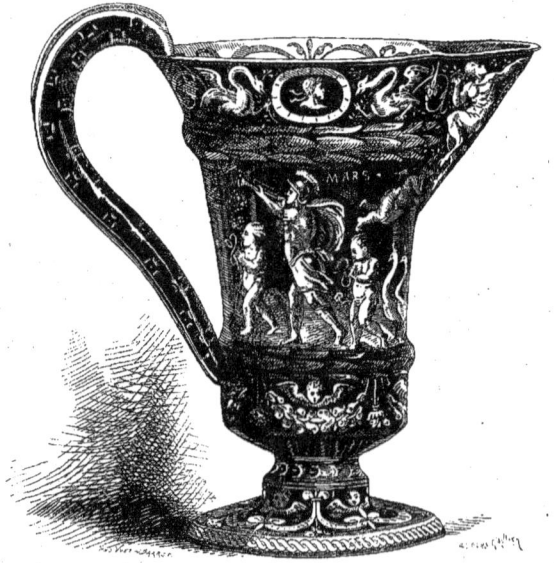

HANAP EN ÉMAIL DE LIMOGES, PEINTURES EN GRISAILLE, PAR PIERRE RAYMOND.
(COLLECTION DE M. LE BARON ALPHONSE DE ROTHSCHILD.)

devanciers, Jean Courtois se préoccupe surtout de la couleur. Il n'a pourtant pas le charme et la suavité des maîtres qui l'ont précédé, quoique les teintes de ses émaux soient les plus scintillantes. Comme la plupart des émailleurs de Limoges, il est assez peu inventif, et son œuvre est presque toujours la reproduction d'un tableau ou d'une gravure célèbre, dont il modifie quelque peu la disposition, mais dont il transforme complètement la couleur, suivant les nécessités de la peinture en émail. Le Parnasse, d'après Raphaël, qui a figuré à l'exposition rétrospective du Trocadéro en 1878, est un des principaux ouvrages de cet émailleur. On voyait à la même exposition une grande plaque représentant Minerve, mère de tous les arts. Ces deux ouvrages, qui font partie de la collection de M. le baron Gustave de Rothschild, se rattachent à la plus brillante époque de Jean Courtois, un des derniers émailleurs de Limoges qui aient mérité le titre de maîtres.

Les émaux de Petitot qui obtinrent un si légitime succès au xviie siècle ne se rattachent en aucune façon à l'école de Limoges, qui à ce moment ne vivait déjà plus que par le souvenir. Ce sont d'exquises miniatures, mais comme le métal ne joue aucun rôle dans leur exécution, il n'y a pas lieu de s'y arrêter ici. L'émail, tel que l'ont compris les orfèvres et les bijoutiers, a pour ainsi dire cessé d'exister pendant le xviiie siècle et pendant la première partie du xixe. Il était réservé à la période contemporaine de nous faire assister à cette résurrection dont l'honneur revient surtout à MM. Christofle et Falize. Seulement les recherches de M. Christofle le poussaient naturellement davantage du côté des pièces d'orfèvrerie, tandis que M. Falize a surtout appliqué l'émail à la

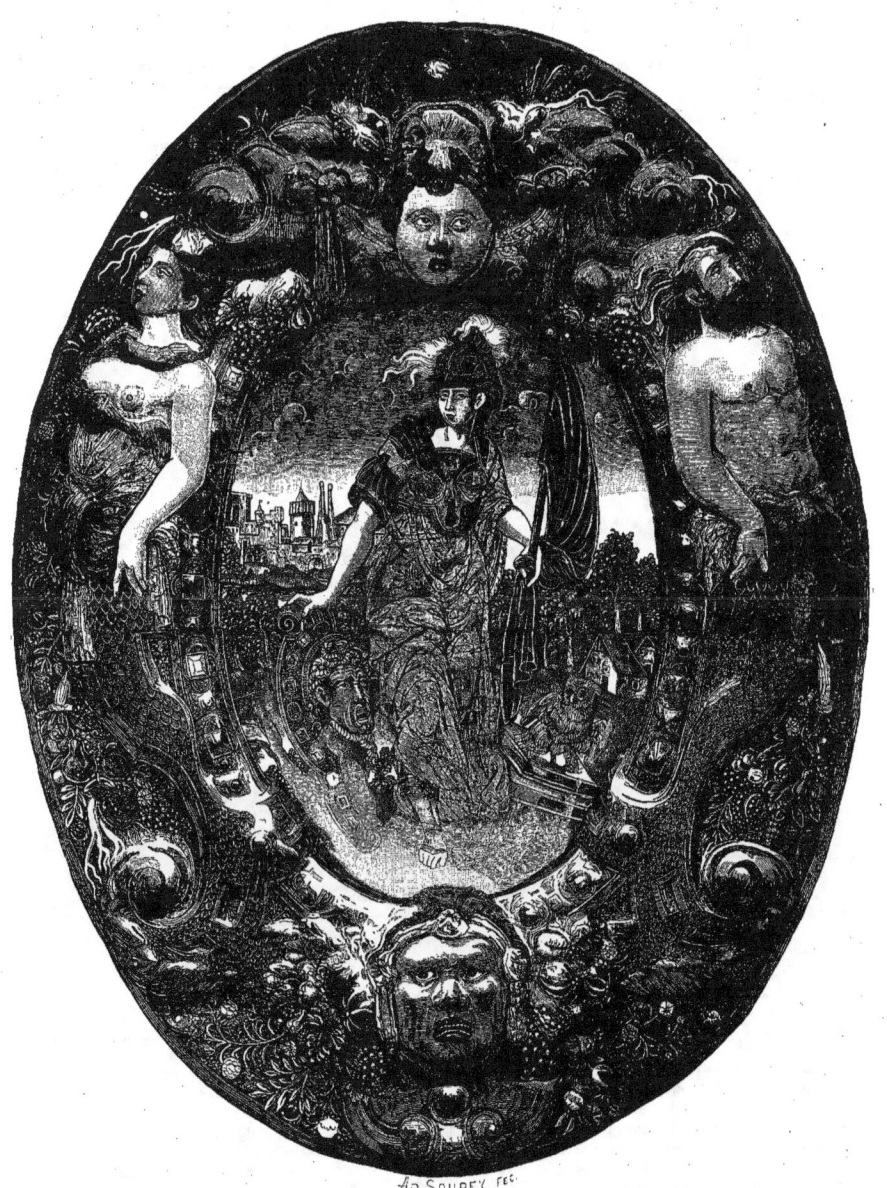

PLAQUE EN CUIVRE REPOUSSÉ, DÉCORÉ D'ÉMAUX COLORÉS ET SUR PAILLONS, PAR JEAN COURTOIS DE LIMOGES.
(COLLECTION DE M. LE BARON GUSTAVE DE ROTHSCHILD. — EXPOSITION UNIVERSELLE DE 1878.)

bijouterie. C'est principalement la nécessité de réparer des pièces anciennes, qui a fait renaître cette industrie depuis longtemps abandonnée dans nos ateliers, et notre goût immodéré du bric-à-brac a bien été pour quelque chose dans les efforts qui ont été tentés dans ces dernières années. Mais c'est moins la cause que le résultat que nous devons examiner ici.

C'est en 1868 que M. Falize a réussi sa première pièce d'émail cloisonné : des essais du même genre avaient été tentés l'année d'avant sur de grandes pièces par M. Christofle. C'est dans les albums japonais que M. Falize a puisé les éléments de l'ornementation, en même temps qu'il empruntait aux Chinois les principes de couleurs pour les émaux. La plus grande difficulté semblait être de pouvoir réduire aux proportions d'un bijou ce travail, déjà si délicat, lorsqu'on l'applique à de plus vastes

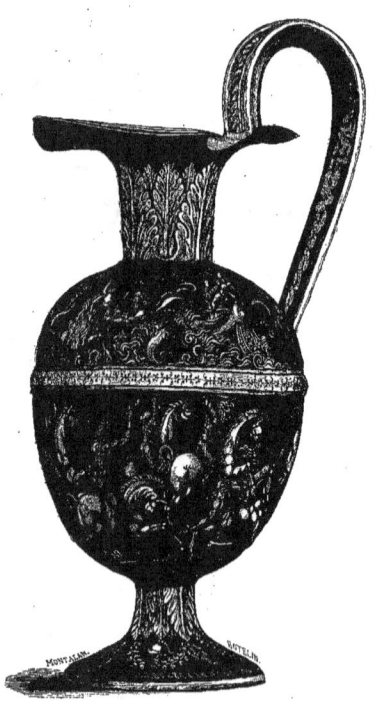

AIGUIÈRE EN ÉMAIL DE LIMOGES, PAR JEAN COURTOIS.

surfaces. Il fut aidé dans ses recherches par son coopérateur, M. Tard, qui est aujourd'hui un de nos émailleurs les plus distingués. C'est à leurs efforts qu'on doit de posséder aujourd'hui cette palette d'émaux aux tons rompus, mats et vibrants tout ensemble, dont chaque couleur est classée et numérotée et qui rend tant de services aux émailleurs.

Après l'émail cloisonné, à tons mats, à la surface lapidée aux cloisons soudées, il fallait chercher autre chose. Charles Lepec avait essayé d'employer le système du cloisonnage avec des couleurs transparentes posées sur paillons, et il en était encore à ses premières tentatives quand la guerre arriva. Falize profita de ces essais pour fondre les procédés de Lepec avec les siens, et bientôt, renonçant à souder les cloisons pour maintenir sur l'émail le reflet vif des paillons, il mêla les émaux opaques et les émaux transparents, chargeant ceux-ci en gouttes et creusant les autres en alvéoles. Ce procédé bien simple constituait cependant une véritable innovation, puisqu'on n'en trouve d'exemple dans aucune pièce connue. Un très habile émailleur, M. Pye, qui fut longtemps collaborateur de Falize, a poussé ce genre à une perfection qui dépasse tout ce qu'on a fait jusqu'à ce jour. Les dessins indiens et persans occupent une place importante dans cette fabrication, mais ne l'absorbent pas complètement : en effet, outre ses bijoux de style oriental, la maison Falize montre une prédilection marquée pour le moyen âge et surtout pour la Renaissance. Les jolies miniatures des missels sont pour ses dessinateurs une source intarissable d'inspirations : les entrelacs saxons, les animaux fantastiques des Scandinaves, les jolis feuillages multicolores du xv⁵ siècle, sont tour à tour étudiés, rajeunis, transformés, et servent à la décoration des colliers, des boucles d'oreilles, des bagues, des broches, des bracelets, des bonbonnières, des flacons, etc.

Le plus grand défaut qu'on reproche à ce genre de bijoux c'est le prix très élevé auquel il monte assez souvent, et qui s'explique d'ailleurs par ce fait que ce ne comporte aucun

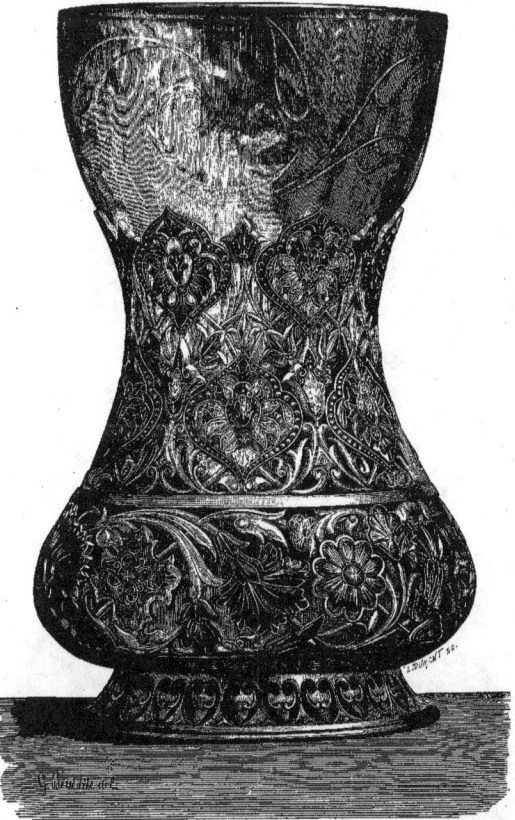

VASE EN ARGENT CISELÉ, AVEC ORNEMENTS RÉSERVÉS EN ÉMAUX, PAR BOUCHERON.

procédé mécanique. Il y a tel bracelet, dont le cloisonné a réclamé deux mois de travail assidu. Il est bon d'ajouter du reste que l'émail cloisonné possède une force et une solidité qui défient tous les champlevés du monde.

Maintenant que nous avons vu quelle était la part de M. Falize, nous le laisserons apprécier lui-même les procédés employés par M. Christofle pour cette fabrication. « Parlons, dit-il, de ces procédés d'émail et de patine que j'ai cités déjà et qui ont puissamment aidé la maison à se transformer. Deux précieux auxiliaires étaient trouvés : l'un, M. Tard, émailleur habile et indépendant; l'autre, M. Guignard, un des employés les plus anciens de l'usine, rompu à toutes les ressources du métal, initié à tous les mystères chimiques de la cuve, aux magies de la pile, et qui suivait d'un œil patient les dégradations des tons métalliques sous l'action des réactifs et du feu.

« M. Reiber, ce Japonais de Paris, en trouvant ces deux hommes, comprit qu'il allait enfin réaliser ses projets; c'est alors que nous vîmes naître cette profusion de vases, de coupes,

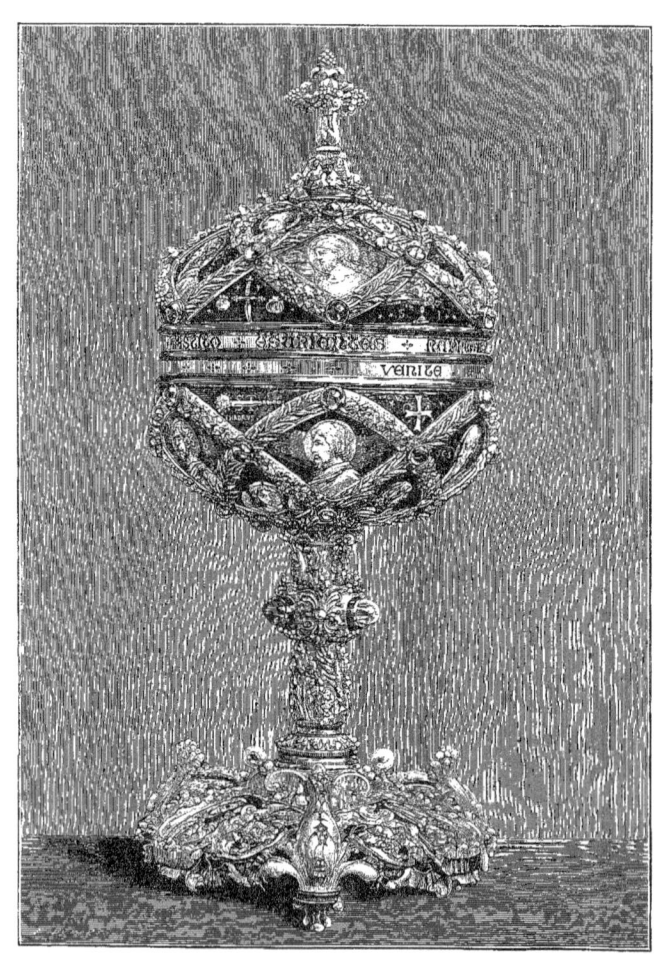

CIBOIRE, PAR BOUCHERON,
DÉCORÉ D'ÉMAUX, GENRE LIMOGES, PEINTS PAR A. MEYER,
ET REPRÉSENTANT DES ÉVANGÉLISTES, MARTYRS
ET FONDATEURS D'ORDRES.

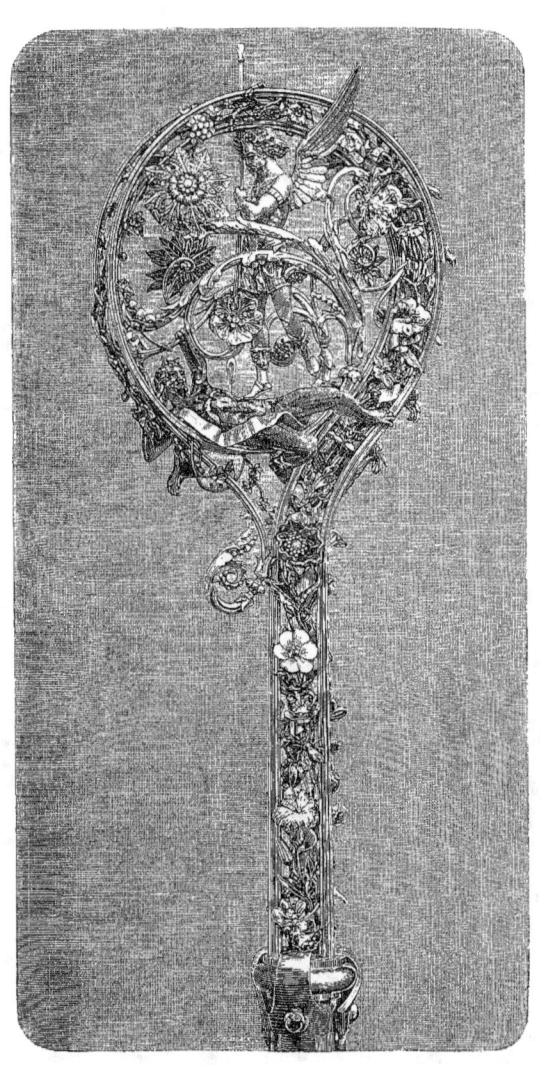

CROSSE ORNÉE DE FLEURS EN ÉMAUX TRANSLUCIDES, PAR BOUCHERON.
(SUJET: SAINT MICHEL.)

de tables, de plateaux aux décors inspirés d'Ok-Say qui, en peu d'années, égalèrent, puis surpassèrent les plus belles pièces de la Chine et du Japon." »

En effet, c'est en grande partie à M. Christofle qu'on doit d'avoir remis en usage chez nous le procédé employé par les Chinois pour faire leurs émaux cloisonnés sur cuivre. Ce procédé consiste à contourner à la main de petites bandelettes de cuivre mince et à les appliquer sur les formes à décorer, en remplissant ensuite les intervalles, c'est-à-dire les cloisons obtenues, avec de

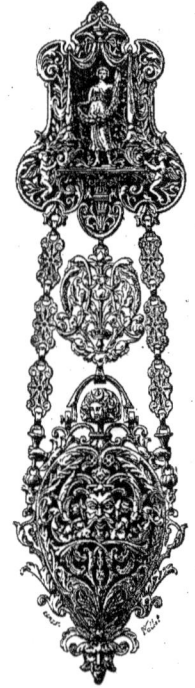

CHATELAINE EN OR MAT CISELÉ SUR FOND D'ÉMAIL ROUGE, PAR BOUCHERON.

l'émail fondu. Pour les objets décorés de cette façon, il faut refaire le dessin à chaque exemplaire de la même pièce, ce qui n'existe pas avec les émaux à cloisons fondues, qui sont toujours forcément les mêmes.

C'est M. Reiber qui est à la tête des ateliers de composition et de dessin, pour la maison Christofle; les émaux cloisonnés et les bronzes incrustés sont donc en grande partie son œuvre et lui font le plus grand honneur. On ne peut rien voir de plus riche comme décoration: vases, coffrets, jardinières, garnitures de cheminées, avec des oiseaux, des animaux fantastiques, courant dans les rinceaux; des branches d'arbres, des plantes, des feuillages, des fleurs de glycine, d'acacia, de pêcher, se détachant sur des fonds jaunes, noirs ou bleus, forment une richesse de coloration qui ne laisse plus rien à envier aux arts de l'Orient.

Parmi les fabricants qui ont le plus contribué à l'introduction de l'émail dans l'orfèvrerie moderne et à son perfectionnement, il faut également citer M. Barbedienne et M. Boucheron. Il suffit de rappeler le faisan doré qui décorait un plat exposé il y a quelques années par M. Barbedienne, et ses belles pièces imitées ou plutôt inspirées de l'Orient, pour reconnaître que dans tous les essais qu'il a tentés jusqu'ici, M. Barbedienne a toujours su prendre place au premier rang.

Quant à M. Boucheron, quoiqu'il soit plus spécialement bijoutier, il empiète assez volontiers sur le domaine de l'orfèvrerie, et son vase, forme chope, en argent ciselé, avec ornements et fleurs réservés en émaux transparents sur or, fait assurément grand honneur à sa maison. Mais où M. Boucheron emploie l'émail d'une façon vraiment originale, c'est quand il l'associe avec les pièces précieuses dans ses bijoux.

Parmi les pièces les plus remarquables qui soient sorties des ateliers de M. Boucheron, nous signalerons une libellule dont le corps est en brillants et les yeux en rubis; les ailes, enrichies de nervures en diamants, sont faites avec des émaux transparents, c'est-à-dire des émaux sans fond et tenus seulement par de légères cloisons sur les côtés. Ces émaux sont teintés et fondus de façon à donner par la transparence l'effet des ailes de la libellule, où les couleurs se dégradent d'une manière insensible en passant d'une nuance à une autre. Les anneaux du corps sont alternés sur or et sur argent. Il y a là une nouveauté qu'il faut signaler: nos collections ne présentent aucun modèle de ce genre, et les amateurs ne manqueront pas de remarquer ce qu'il y a de séduisant dans ces riches colorations dont l'effet rappelle nos vitraux d'église. On en voit de nombreuses applications dans la vitrine de M. Boucheron, qui a employé ces émaux transparents avec un grand succès dans divers bijoux et objets d'art, notamment dans une bonbonnière qui a été fort remarquée à une de nos dernières expositions.

La crosse ornée de fleurs en émaux translucides que M. Boucheron a envoyée à l'exposition du métal organisée en 1880 par l'Union centrale des Beaux-Arts appliqués à l'industrie, forme certainement le plus joli assemblage de couleurs qu'il soit possible de rêver. Cette crosse, que décore un saint Michel terrassant le démon, a été le sujet de quelques critiques au point de vue religieux, et on a dit avec quelque raison qu'elle éveillait l'idée d'un bouquet plutôt que celle d'un bâton pastoral. Mais si elle ne présente pas dans l'aspect toute l'austérité qu'on aime à trouver dans les allures d'un évêque et qui dans les crosses du moyen âge s'allie si bien à la richesse décorative, on est obligé de convenir qu'elle est irréprochable sous le rapport de la disposition comme goût et de l'exécution comme travail. C'est un charmant bijou mondain auquel son usage particulier donne un caractère religieux.

Une invention bien originale, je dirais presque bizarre, si ce mot n'était pris dans un mauvais sens, c'est le Guignol japonais de M. Boucheron. Ce Guignol est une veilleuse en émaux translucides, au travers desquels la lumière produit des points brillants comme la lumière perçant au travers des vitraux. Cette lumière scintillante est pourtant de la plus extrême douceur et ne blesse nullement le regard. La veilleuse est elle-même une espèce

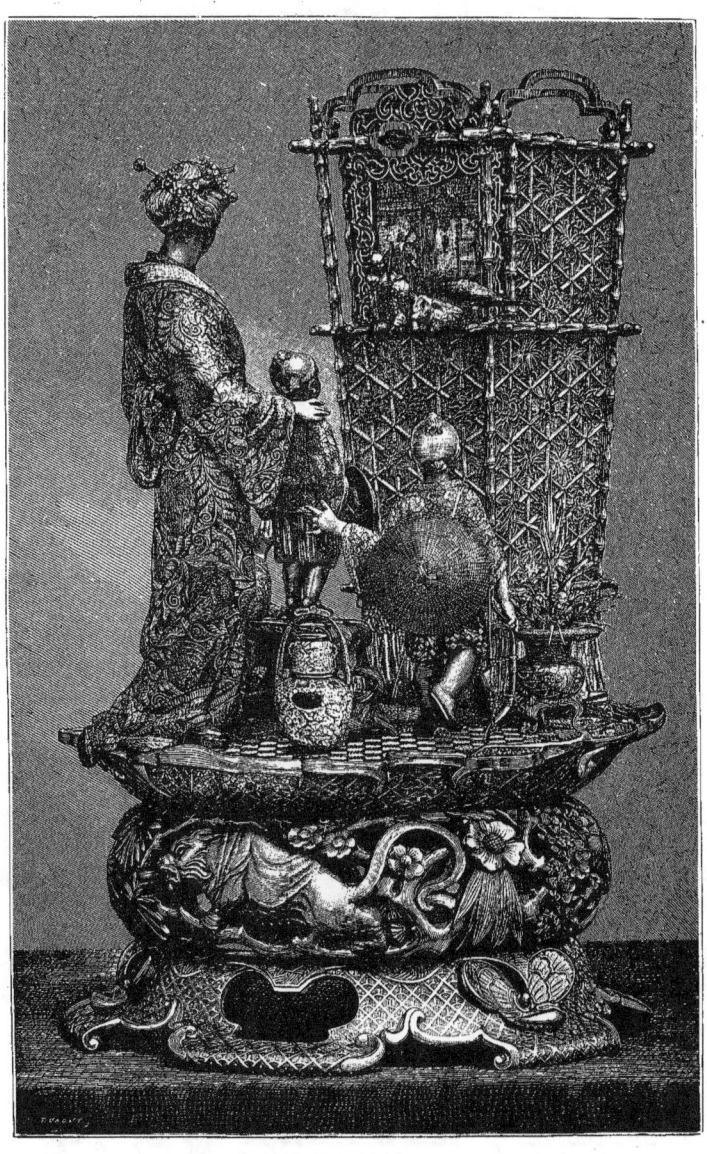

VEILLEUSE EN ÉMAUX TRANSLUCIDES. (SUJET : GUIGNOL JAPONAIS.)

de joujou fort amusant : c'est aussi l'opinion des petits Japonais qui regardent le spectacle sous la surveillance de leur maman. Le tout repose sur un socle enrichi de fleurs étranges et d'animaux fantastiques, comme l'imagination des Orientaux sait en inventer.

Dans quelques-unes de ses pièces, M. Boucheron emploie l'émail comme un simple repoussoir. C'est ce que nous montre une jolie châtelaine en or ciselé qui se détache sur un fond d'émail rouge.

Les émaux peints, qui ne sont à proprement parler qu'une branche de la peinture, ne différant des autres que par les pro-

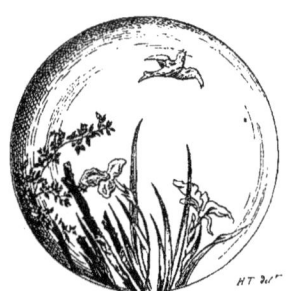

PLAT ÉMAILLÉ, PAR CHRISTOFLE.

cédés qu'on emploie, forment aujourd'hui une des classes les plus brillantes de nos industries d'art. Parmi les artistes qui se livrent plus spécialement à la peinture en émail, et qui ont obtenu dans ce genre les plus sérieux succès, il faut nommer M. Claudius Popelin, auteur du grand émail limousin, représentant Gaston de Foix, et que M. Falize avait monté dans un admirable cadre d'argent repoussé et ciselé en haut-relief.

Le bel émail de l'*Amour vainqueur*, qui décorait le centre d'un meuble exposé par M. Christofle, est l'œuvre de M. Frédéric de Courcy, un peintre qui apporte, dans ses figures sur émail, des délicatesses de dessin qui font songer aux Clouets. Enfin nous citerons encore M. Serre, un des collaborateurs habituels de M. Barbedienne, MM. Meyer, Soyer, Mme de Col, etc.

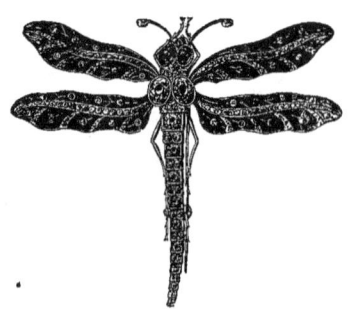

LIBELLULE, PAR BOUCHERON.

LES ARMES

Les armes doivent être considérées ici sous un point de vue tout à fait spécial. Ce n'est aucunement la qualité de l'arme au point de vue de son usage militaire qui doit nous préoccuper, c'est la forme et la décoration. Telle arme qui dans un arsenal n'occuperait peut-être qu'un rang secondaire prend au contraire la place d'honneur dans un musée consacré à des objets d'art. Par la même raison, on ne doit pas s'attendre à trouver ici une histoire même sommaire de l'armement du soldat, il s'agit tout simplement de rappeler au souvenir des amateurs le souvenir de quelques armes de luxe qui sont considérées comme des chefs-d'œuvre. Dès lors on ne sera pas surpris si nous avouons hautement nos préférences pour certaines époques et pour certains pays. Les armes de la Renaissance et les armes de fabrication orientale doivent par-dessus tout attirer notre attention.

Les armes offensives présentent rarement sous le rapport de l'art autant d'intérêt que les armes défensives, parce qu'elles

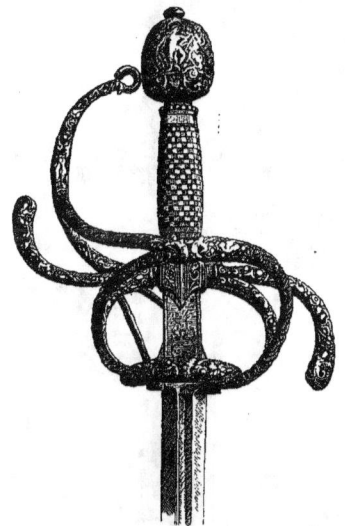

ÉPÉE A POIGNÉE CISELÉE, XVIᵉ SIÈCLE.

offrent moins de surfaces à décorer. Cependant il y a quelques épées qui occupent dans nos musées une place d'honneur méritée. La forme de l'épée n'est pas très variée : sa lame droite et diminuant vers la pointe prête peu au décor, mais la rondelle qui sert de pommeau, la croix qui forme la poignée ont fourni aux artistes bien des occasions de montrer leur talent.

« Vers la fin du XVᵉ siècle, dit Albert Jacquemart, les épées destinées à frapper d'estoc étaient longues, rigides, acérées; la poignée se complique d'abord de gardes, au nombre de deux ou trois réunies, puis des pas d'âne, puis des branches secondaires allant parfois rejoindre le pommeau; c'est vers le milieu du XVIᵉ siècle que se montre cette disposition du berceau, qui plus tard progressera encore pour arriver jusqu'à ces poignées de rapières dont la corbeille, tantôt pleine, tantôt repercée à jour, enveloppe la main et la défend complètement. Rien n'est plus élégant que ces épées à la poignée légère, dont le pommeau se couvre des méandres d'une ornementation d'argent incrusté et ciselé qui va courir ensuite sur les branches délicates et orner les boutons des quillons ou les renflements des branches. Souvent le pommeau, la fusée et le berceau même sont ciselés dans le fer et offrent des figurines merveilleuses, des enroulements d'acanthes et de rinceaux comme les savaient combiner les artistes de la Renaissance. Ici, tous les reliefs en fer poli ressortent sur un fond grainé d'or; là des camées s'insèrent dans le métal et en rompent la couleur sévère; ailleurs encore, l'émail se mêle aux sculptures, et l'arme devient bijou. Or, du moment où le luxe

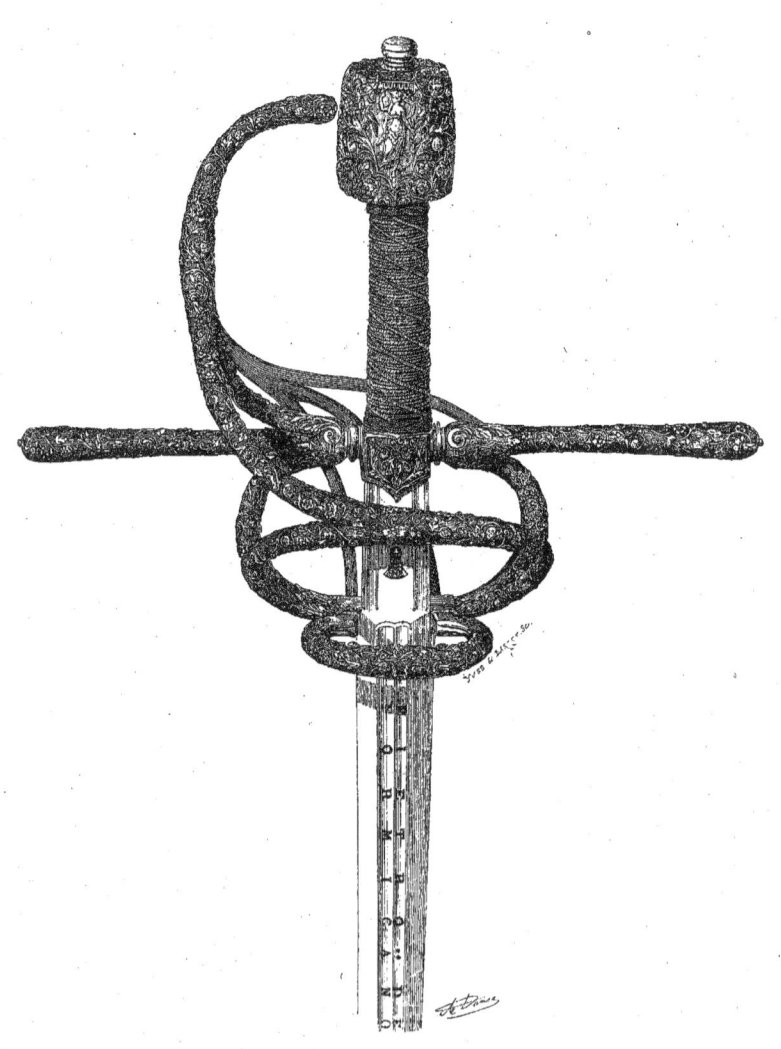

ÉPÉE DU XVIᵉ SIÈCLE, TRAVAIL ALLEMAND. (MUSÉE IMPÉRIAL DES ARMURES DE VIENNE.)

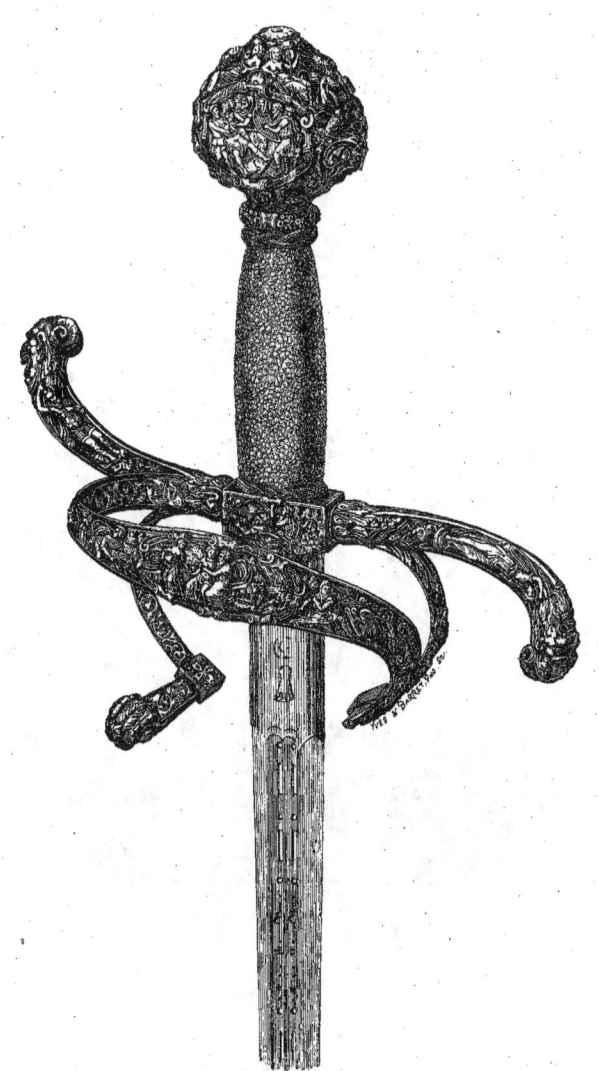

ÉPÉE DU XVIᵉ SIÈCLE, TRAVAIL ALLEMAND. (MUSÉE IMPÉRIAL DES ARMURES DE VIENNE.)

s'attachait ainsi à la poignée de l'arme, il fallait que la lame en fût digne. L'Espagne eut longtemps le privilège de fournir l'Europe, que disons-nous, le monde, de ses lames incomparables; on les expédiait partout, et l'Orient lui-même négligeait ses merveilleux damas si beaux de teinte et de travail, mais malheureusement fragiles, pour adopter les aciers espagnols. Tolède, par-dessus toutes les autres villes, eut un renom mérité, et les plus illustres de ses armuriers signèrent souvent de leur nom, marquèrent toujours de leurs chiffres les objets sortis de leurs mains. »

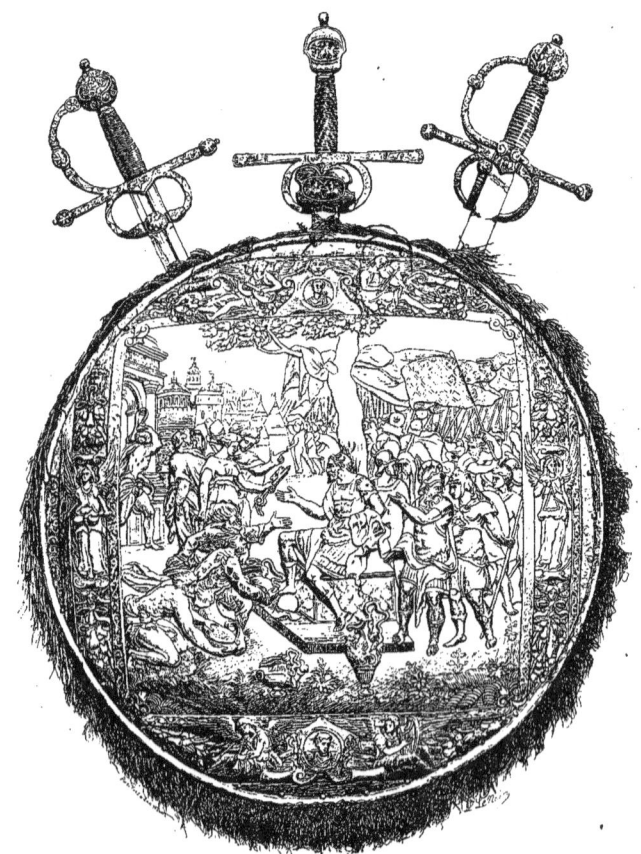

BOUCLIER ITALIEN EN FER REPOUSSÉ DAMASQUINÉ D'OR ET D'ARGENT.
(MUSÉE HISTORIQUE DE DRESDE.)

Plus tard Milan acquit de la réputation pour ses lames d'épées, et plusieurs épées de prix, dont la poignée est due à des artistes d'un autre pays, sont pourvues de lames italiennes. Deux superbes épées, conservées au Musée impérial des armures, à Vienne, présentent cette particularité que la poignée, chef-d'œuvre de l'orfèvrerie allemande du XVIe siècle, est adaptée à une lame de fabrication italienne.

La forme du bouclier a naturellement varié suivant les âges. Vers la fin du XIe siècle, l'homme d'armes portait un bouclier de forme allongée, arrondi à la partie supérieure et pointu par le bas. Il était à cette époque d'une très grande dimension, et sa convexité était assez prononcée, de façon que, dans certaines circonstances, l'homme en pliant le genou pouvait avoir tout le corps garanti par son bouclier. Le bouclier normand était en bois, recouvert de cuir et maintenu par une garniture de fer : des figures bizarres étaient presque toujours peintes sur la surface extérieure et servaient comme moyens de reconnaissance personnelle. Les boucliers de cette époque ne se trouvent guère dans les collections, mais on en voit des représentations sur quelques monuments, par exemple sur la tapisserie de Bayeux.

Sous Philippe-Auguste, le bouclier devint plus petit et la partie supérieure, au lieu d'être arrondie, fut coupée par une ligne droite horizontale. Après la bataille de Crécy, on vit apparaître des boucliers tout à fait carrés et que les gentilshommes faisaient porter devant eux par leurs valets. On donne le nom de targes à des boucliers de dimension restreinte que portaient

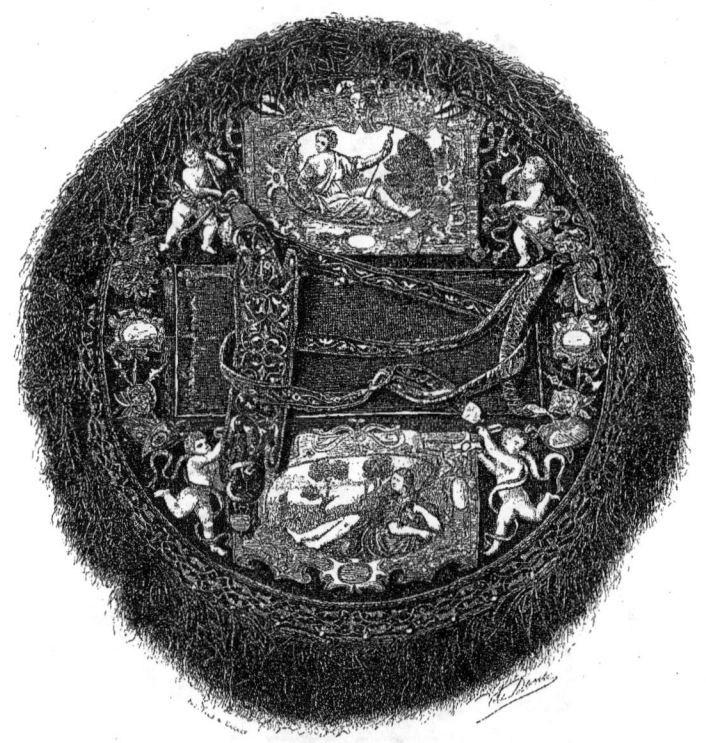

REVERS DU BOUCLIER CI-CONTRE. (MUSÉE HISTORIQUE DE DRESDE.)

en général les archers et dont la forme varie suivant les pays. La targe allemande est carrée et à surface concave. La rondache, bouclier de forme circulaire dont se servaient les Italiens du xvie siècle, était généralement en cuir bouilli. Il y en avait aussi en fer et quelquefois de très richement gravées qui étaient portées par les officiers.

Quant aux superbes boucliers ciselés et gravés, qui sont classés dans nos musées comme monuments des arts, ils faisaient partie des armes de parade, que les pages et les écuyers portaient devant les seigneurs pendant les cérémonies, mais qui presque jamais n'ont été employées comme armes de guerre. On comprend dès lors que leur forme soit assez variée, et en effet les uns sont ronds, d'autres allongés et pointus par le bas. On comprend surtout que les artistes aient pu apporter tant de soins à la décoration d'ouvrages, qui, par leur allure, doivent présenter un caractère essentiellement militaire, mais qui, par leur destination réelle, devaient être assimilés aux pièces d'orfèvrerie et aux joyaux les plus précieux de la couronne. Dans ces boucliers, qui étaient généralement assez pesants, et qui eussent été d'un usage peu commode, le fer est presque toujours le métal qui domine, et l'or ne se montre que d'une manière discrète. La doublure, quoique matelassée et piquée, est quelquefois accompagnée de ravissantes figurines et les courroies qui servaient à maintenir le bouclier au bout du bras sont souvent enrichies d'arabesques.

Le bouclier, avec les grandes surfaces qu'il présente pour la décoration et la liberté qu'il laisse pour le choix et la disposition des sujets et des ornements, a toujours été l'arme de prédilection des artistes, et il n'en est pas qui ait fourni plus de chefs-d'œuvre. Les collections de Turin, inférieures sous le rapport des tableaux et des statues à celles des autres grandes villes d'Italie, renferment au contraire des armes merveilleuses, dont

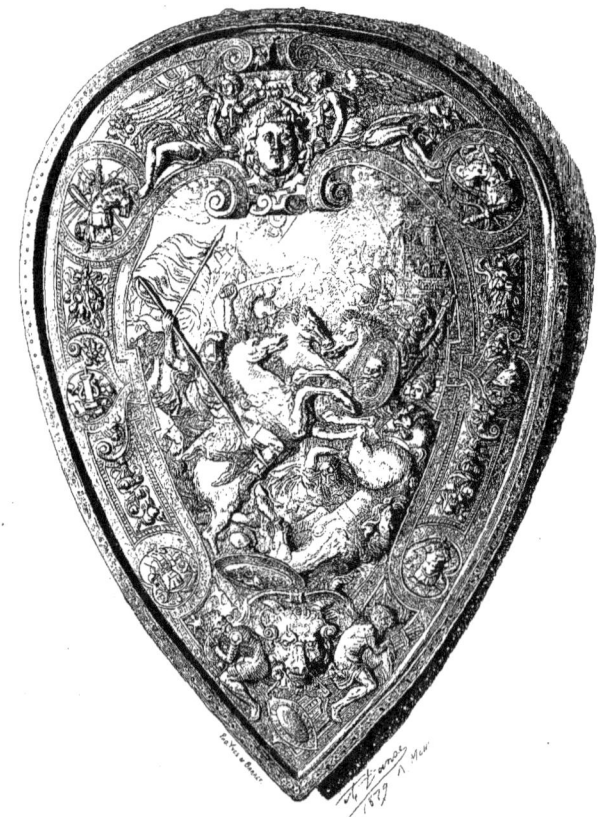

BOUCLIER EN FER REPOUSSÉ.
(MUSÉE HISTORIQUE DE DRESDE.)

on chercherait vainement ailleurs un équivalent. De somptueuses armures de toutes les époques se pressent dans l'*Armeria Reale* de Turin, mais la pièce qui occupe la place d'honneur et devant laquelle on amène tout d'abord les étrangers est le superbe bouclier dont on attribue l'exécution à Benvenuto Cellini.

Ce bouclier a été donné à l'Université de Turin par la princesse Victoire de Saxe, nièce et héritière du prince Eugène de Savoie. Des petits bas-reliefs, représentant les principaux épisodes de la guerre de Marius contre Jugurtha, sont disposés dans cinq médaillons en forme de croix, celui du milieu étant beaucoup plus grand que les autres. Des faisceaux d'armes et des figures de vaincus enchaînés occupent les places laissées vides entre les médaillons. Une tête de Diane, dans

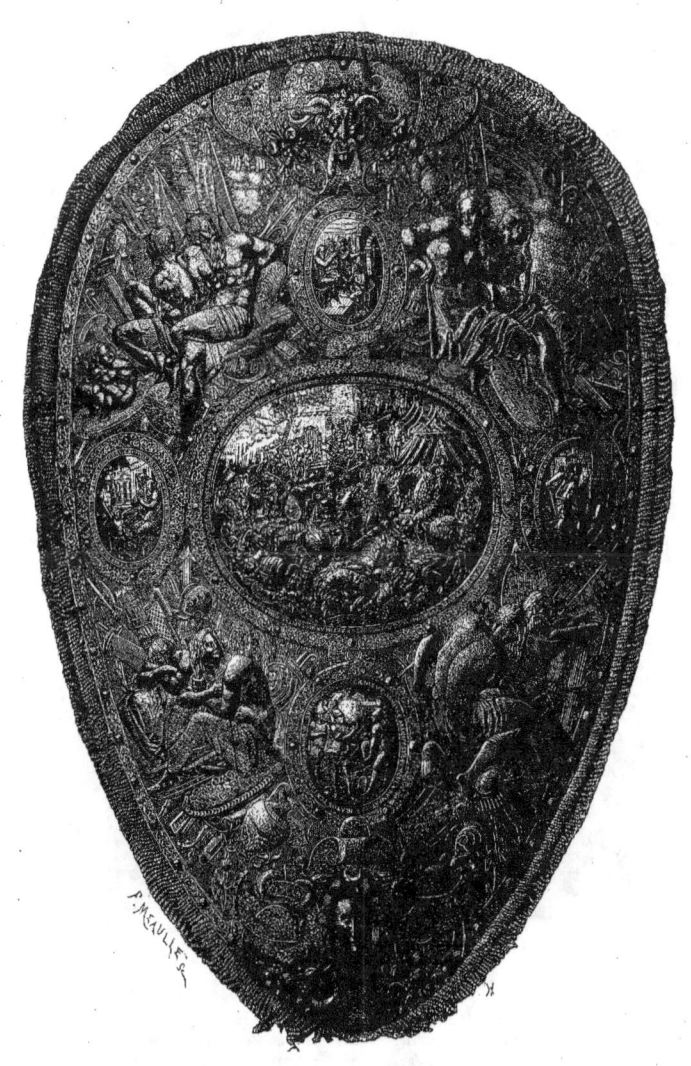

BOUCLIER ATTRIBUÉ A BENVENUTO CELLINI.
(ARMERIA REALE DE TURIN.)

laquelle on a cru trouver une allusion à la duchesse de Valentinois, a été jugée un motif suffisant pour justifier l'attribution à Cellini de ce magnifique bouclier. Mais il serait au moins singulier que Cellini, qui, dans ses mémoires, décrit avec une complaisance si marquée jusqu'au moindre de ses ouvrages, ait précisément omis de signaler une pièce de cette importance. Cette omission a même entraîné quelques savants italiens à considérer ce magnifique bouclier comme une œuvre de Jules Romain, d'autant plus que l'*Armeria Reale* de Turin possède un autre bouclier, bien authentiquement de Jules Romain, et représentant les noces de Neptune et de Thétis, qui est également une œuvre d'art de premier ordre, et qui présente plus d'un point de ressemblance avec celui qu'on veut donner à Cellini.

La tête de Gorgone est un emblème que les artistes de la

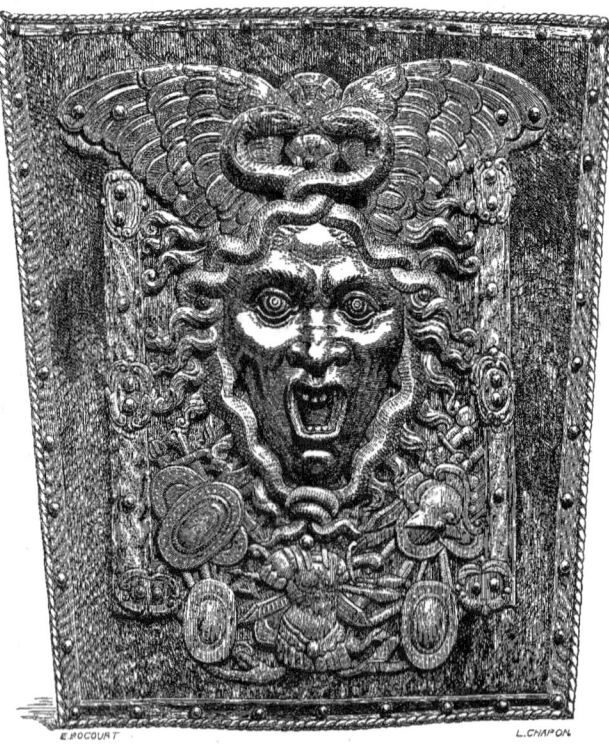

PETITE TARGE. TRAVAIL ITALIEN DU XVIᵉ SIÈCLE.
(ARMERIA REALE DE TURIN.)

Renaissance ont fréquemment employé dans la décoration des armures. Dans l'antiquité, on attachait une sorte d'idée superstitieuse à cette représentation qui, dans la croyance populaire, avait pour effet d'éloigner les maléfices et d'épouvanter les mauvais esprits. Sous la Renaissance on y vit un motif de décoration parfaitement approprié à des armes, puisque, selon la fable, la Gorgone inspirait, à ceux qui avaient le malheur de la regarder, une terreur si subite et si profonde, qu'elle les pétrifiait.

Le goût des Italiens de la Renaissance pour les médaillons à sujets mythologiques apparaît dans leurs armures, aussi bien que dans leurs décorations architectoniques et dans leurs pièces d'orfèvrerie. Dans les casques, dans les cuirasses, on voit surgir, au milieu d'exquises nervures, les images en pied, ou simplement en buste, de Jupiter, Mercure, Diane ou Neptune, et tous les attributs des divinités païennes se jouent sur des fonds damasquinés d'or. L'*Armeria Reale* de Turin est peut-être, pour les productions de ce genre, la plus riche collection de l'Europe.

Au commencement du xvᵉ siècle, la tête et le cou étaient

protégés par le bassinet et par le camail de mailles, l'un posant sur l'autre. « Vers 1450, dit P. Lacombe, le bassinet céda la place à l'armet. Celui-ci fut formé d'une calotte de fer, qui alla s'épanouissant sur la nuque en une large gouttière, et d'une pièce courbée en forme de quart de boule, placée en bas et par devant de manière à couvrir le menton et la bouche. Cette pièce, percée de trous pour la respiration, s'appelle la *bavière*. A la rencontre de ces deux pièces, on en ajouta une troisième pour boucher le vide entre la calotte et la bavière; celle-ci, mobile autour d'un rivet, se levait, s'abaissait à volonté; ce fut la *visière* où on perça des vues. Enfin, à la base de ce casque, on attacha un système circulaire de pièces articulées, dessinant une cravate et un commencement de justaucorps; ce fut le *gorgerin*, qui tint la place du camail de mailles. »

L'Allemagne a produit, au XVIe siècle, de très beaux casques en fer repoussé et doré, avec des visières formées de masques grimaçants ou de têtes d'animaux. Les enroulements, souvent un peu massifs, de l'ornementation donnent à ces casques un aspect

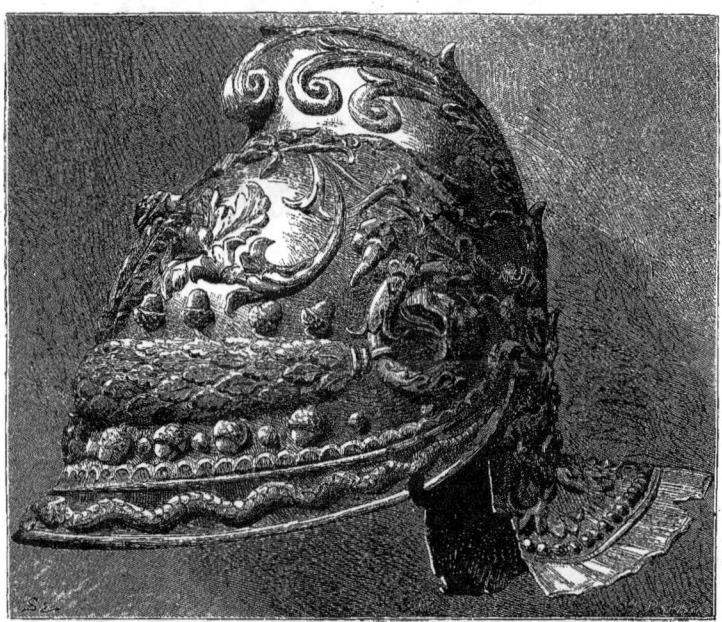

CASQUE EN FER REPOUSSÉ, TRAVAIL ITALIEN DU XVIe SIÈCLE.
(ARMERIA REALE DE TURIN.)

puissant et robuste, bien éloigné assurément des délicatesses de l'art italien, mais qui marque franchement sa date et sa nationalité.

Tantôt les figures qui décorent ces beaux casques sont dorées, tandis que le fond conserve la teinte assombrie du fer; tantôt ce sont les personnages qui gardent l'apparence du fer et le fond au contraire est doré.

Les artistes milanais du XVIe siècle ont fait d'admirables armures de parade. Leurs casques de tournois, tout damasquinés d'or et d'argent, sont souvent décorés d'armes de tout genre, glaives, lances, flèches, carquois, massues, boucliers, rondaches, etc., qui, mêlés parmi des palmes et des nœuds, produisent souvent les effets les plus pittoresques et les plus imprévus.

« Les casques, envisagés au point de vue de l'art, dit Albert Jacquemart, ne remontent guère au-delà du XVIe siècle; on peut bien trouver quelques armets de guerre élégants et curieux avec leur mézail en pointe, leur crête à torsade; mais c'est plus particulièrement parmi les bourguignottes et les morions que se montrent les vrais objets d'art. La bourguignotte, casque léger sans mézail, au timbre arrondi surmonté d'une crête, à petite visière, couvre-nuque et oreillettes, se prête aux plus belles conceptions ornementales; couverte de rinceaux, relevée de figures, elle se surélève souvent au moyen de représentations fantastiques comme la chimère ailée sculptée sur le casque de François Ier. Quelquefois, le timbre lui-même affecte la forme d'une tête de lion ou de dragon; même celle d'un homme couronné de lauriers; dans quelques spécimens, l'ornementation régulière réserve

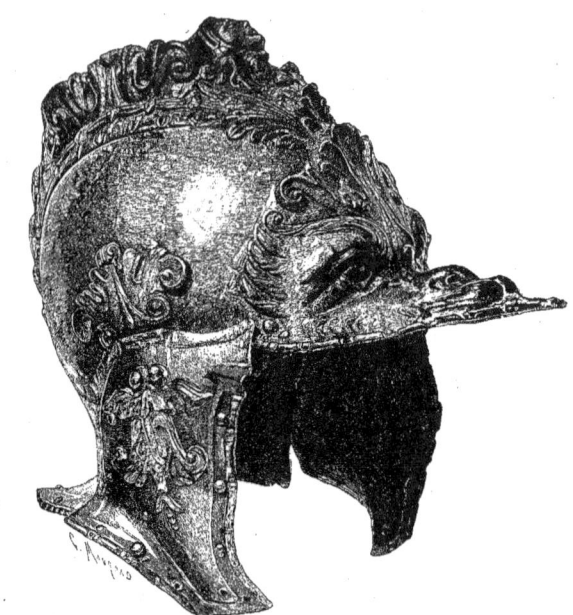

CASQUE EN FER REPOUSSÉ ET DORÉ, XVIe SIÈCLE.

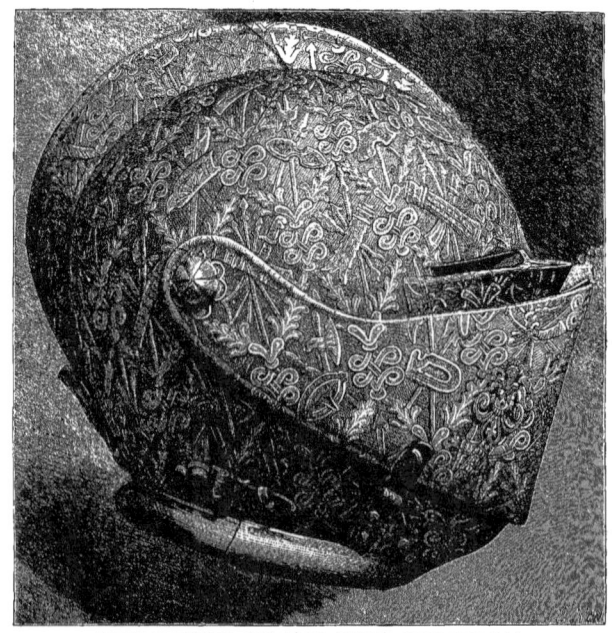

CASQUE DE TOURNOIS, XVIe SIÈCLE. (ARMERIA REALE DE TURIN.)

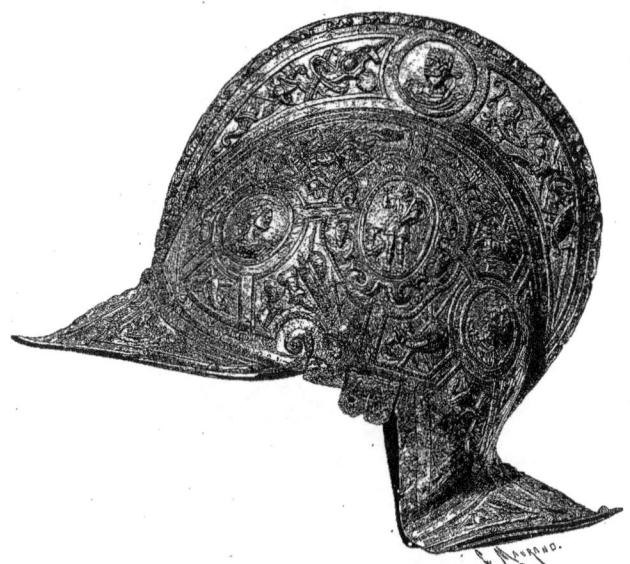

BOURGUIGNOTTE DAMASQUINÉE D'OR. (ARMERIA REALE DE TURIN.)

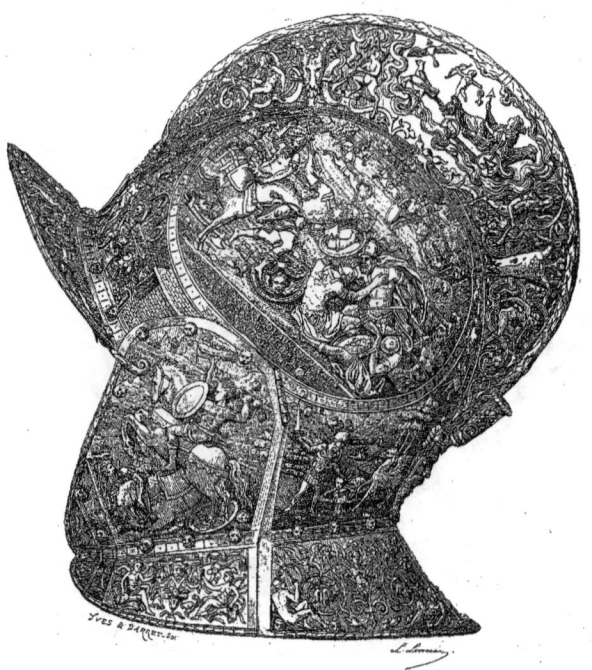

CASQUE DE CHARLES-QUINT. (MUSÉE DE VIENNE.)

de grands médaillons où surgissent en bas-relief des sujets religieux, mythologiques ou guerriers. Le relief ressort le plus souvent sur fond doré, et il se combine parfois avec les richesses de la damasquinure. Le morion, moins antique de forme, avec son timbre élevé, sa crête saillante, son bord rabattu sur les côtés et relevé devant et derrière en forme de bateau, offrait une défense

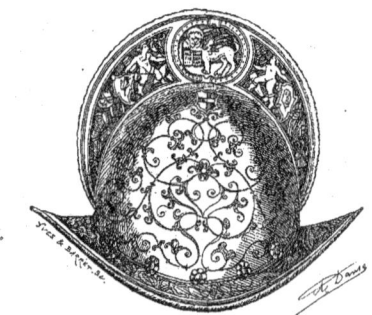

MORION VÉNITIEN, XVIᵉ SIÈCLE. (TRÉSOR IMPÉRIAL DE VIENNE.)

moins complète; il est souvent d'un galbe plein d'élégance. C'est sous cette forme qu'apparaît le casque d'or de Charles IX. Avec la bourguignotte, il est l'ornement naturel des trophées. »

Le lion de saint Marc apparaît dans la décoration de quelques morions vénitiens. Dans un morion du XVIᵉ siècle, qui fait partie du Musée impérial des armures, à Vienne, ce lion occupe un

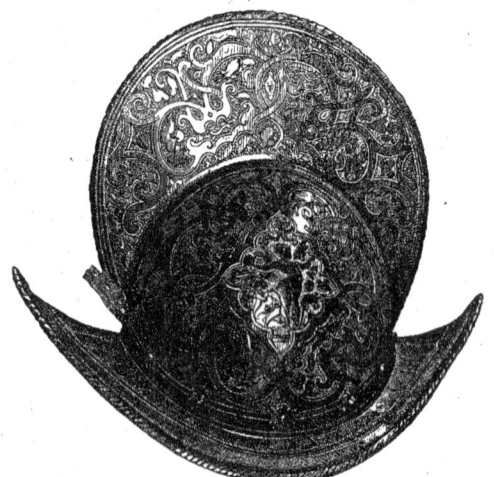

CASQUE RENAISSANCE, MORION. (CABINET DE M. VAISSE.)

médaillon placé au centre du cimier et entouré de figures allégoriques : le corps même du casque est simplement recouvert d'arabesques.

La Bible manuscrite de Charles le Chauve montre que le costume militaire de cette époque (850) était encore, à quelques modifications près, celui des soldats romains de la dernière période de l'empire d'Occident. Mais la tapisserie de Bayeux, exécutée peu de temps après la conquête de l'Angleterre par

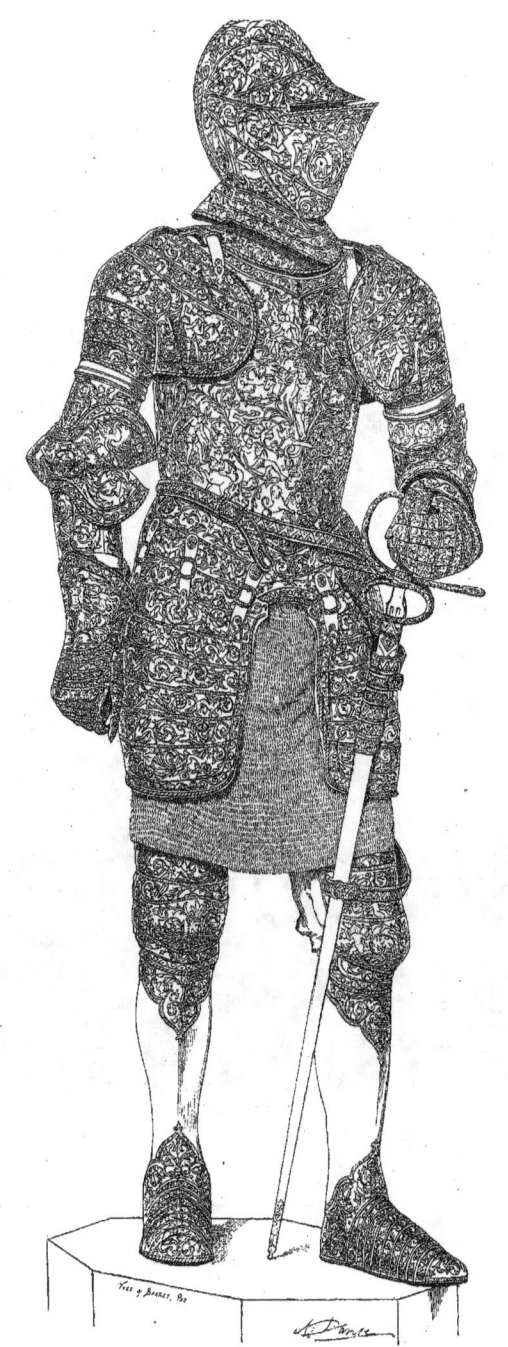

ARMURE DE GALA DE L'EMPEREUR RODOLPHE II. (MUSÉE IMPÉRIAL DES ARMURES DE VIENNE.)

Guillaume le Conquérant, prouve que, dès le ix⁰ siècle, l'équipement de l'homme de guerre s'était complètement modifié. Ce qui va dominer jusqu'au xiiɪᵉ siècle, c'est la cotte de mailles, c'est-à-dire une tunique faite de peau ou de toile, sur laquelle se cousaient des plaques de métal ou des anneaux de fer disposés les uns à côté des autres, de manière à se recouvrir en

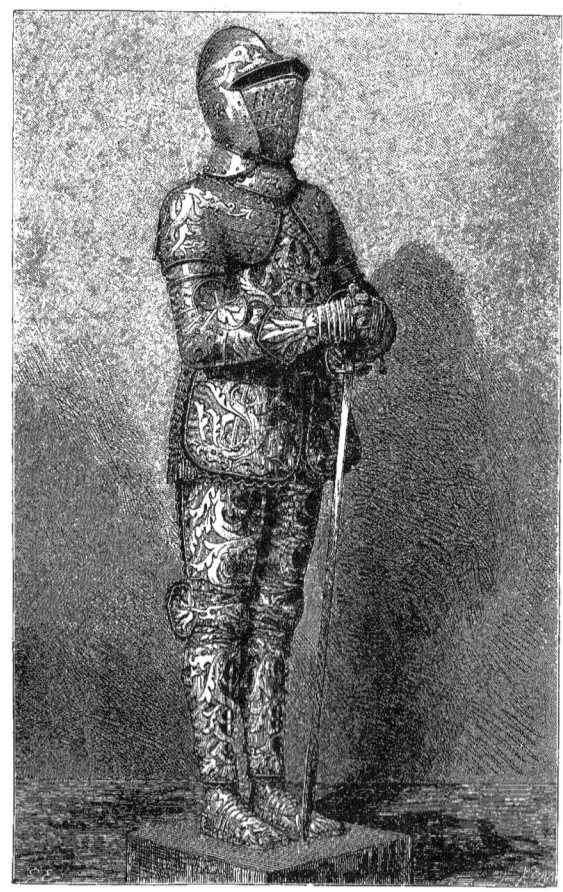

ARMURE DE NUREMBERG.
(ARMERIA REALE DE TURIN.)

partie. Un capuchon, composé à peu près de la même manière, préservait la tête et le cou en retombant sur les épaules, et un système analogue fut également appliqué aux jambes. De véritables mailles serrées se substituèrent peu à peu aux anneaux des premiers temps, auxquels on trouvait l'inconvénient de laisser trop d'espace exposé aux coups de l'ennemi.

Ce genre d'armement arriva à son apogée à l'époque de la bataille de Bouvines (1214). Seulement comme à cette époque les armes défensives devinrent beaucoup plus pesantes, la cotte de mailles, qui garantissait assez bien de la pointe, ne préservait nullement de la violence du choc. On voulut tenter d'y parer à l'aide de coussins rembourrés, de doublures mate-

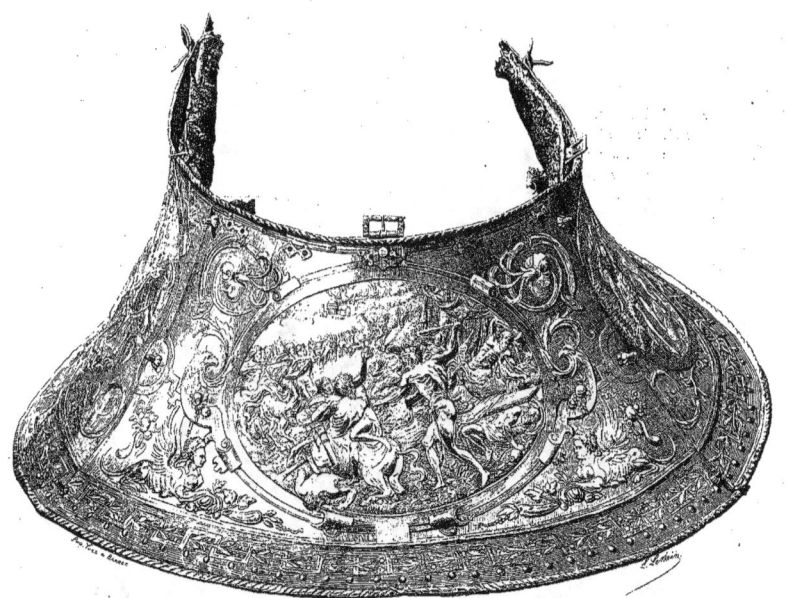

PARTIE ANTÉRIEURE DU CAPARAÇON DU CHEVAL DE CHRISTIAN II. (MUSÉE HISTORIQUE DE DRESDE.)

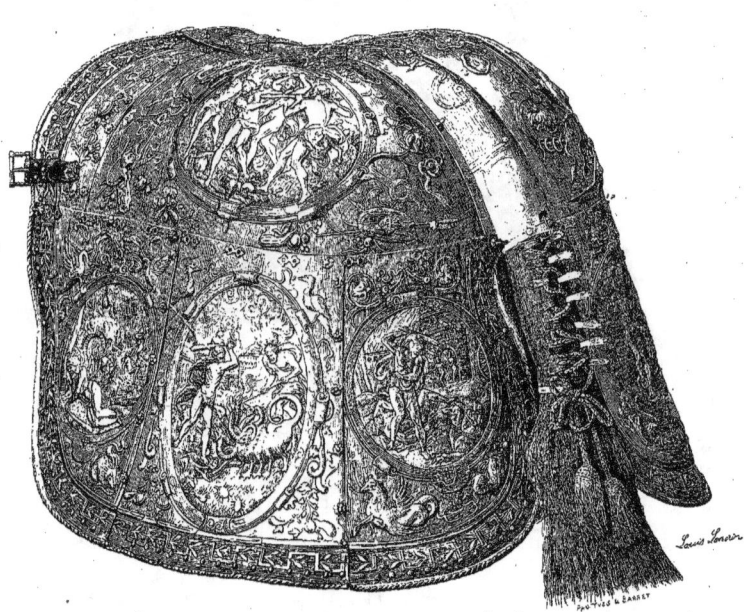

PARTIE POSTÉRIEURE DU CAPARAÇON DU CHEVAL DE CHRISTIAN II. (MUSÉE HISTORIQUE DE DRESDE.)

lassées qu'on plaçait sous la cotte de mailles, mais la chaleur qui en résultait pour l'homme d'armes était littéralement insupportable. On reconnut bientôt que le choc qu'on fait subir à une plaque métallique est réparti sur sa superficie, et les armures formées de plaques furent jugées préférables aux anneaux et aux mailles de fer. La cotte de mailles se raccourcit beaucoup dès le commencement du xive siècle; quand on arrive au xve, elle a complètement disparu, et l'armure couvre du haut en bas l'homme d'armes qu'elle est chargée de protéger.

Au xve siècle l'armure est complète; voici quelles sont les pièces qui la composent :

1° La *cuirasse*, en deux pièces formant boîte;

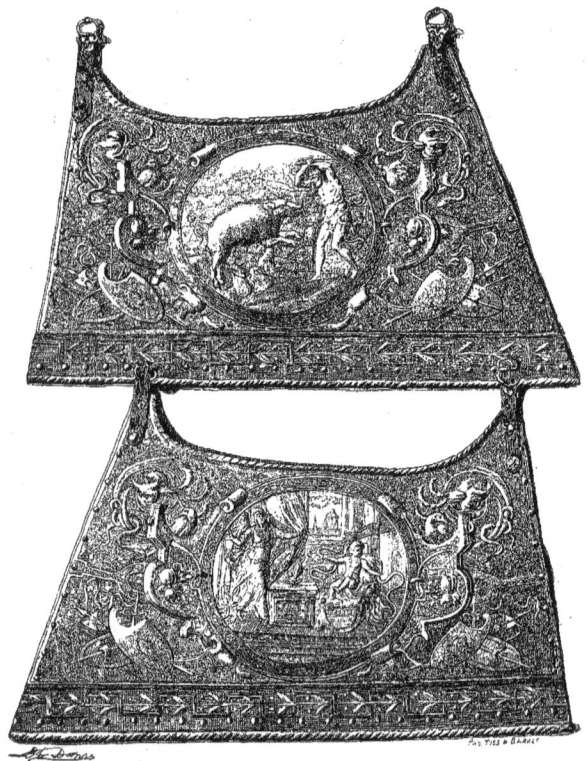

PLAQUES LATÉRALES DE L'ARMURE DU CHEVAL DE CHRISTIAN II.
(MUSÉE HISTORIQUE DE DRESDE.)

2° Les *épaulières*, qui relient le brassard à la cuirasse;

3° Les *bras* ou *brassards*;

4° Les *coudières* avec les *gardes*, qui couvrent la saignée;

5° Les *avant-bras*;

6° Les *faudes* avec leurs *gardes*, c'est-à-dire les pièces tombantes;

7° Le *haubergeon* sous la cuirasse et qui paraît sur le bas-ventre ainsi que le *post-tergum*;

8° Les *cuissots* ou *cuissards*;

9° Les *genouillères*;

10° Les *grevières*, destinées à garantir les jambes;

11° Les *souliers* ou *solerets* en lames articulées;

12° Le *gantelet*, composé de lames de fer cousues sur un gant de buffle.

C'est donc un total de douze pièces qui composait l'armure sous Charles VII; il est bon de noter que le gantelet était alors d'invention récente. La main était restée jusque-là sans autre abri que le gant de peau.

L'ornementation allemande est souvent un peu lourde: ainsi les célèbres armures qu'on fabriquait à Nuremberg pendant les xve et xvie siècles font quelquefois bon effet dans nos collections, par la conscience et la bonhomie d'exécution qui caractérisent les artistes de ce pays, mais il ne faut pas, quand on veut les apprécier, les regarder à côté des armures italiennes de la même époque, car celles-ci ont une délicatesse et une élégance que l'Allemagne n'a jamais connues. Le caractère un peu massif des armures allemandes est, d'ailleurs, assez bien en rapport avec les habitudes et le tempérament de ceux qui les portaient.

L'armure de Henri II, entièrement exécutée par des artistes français, est considérée comme un des chefs-d'œuvre de cette

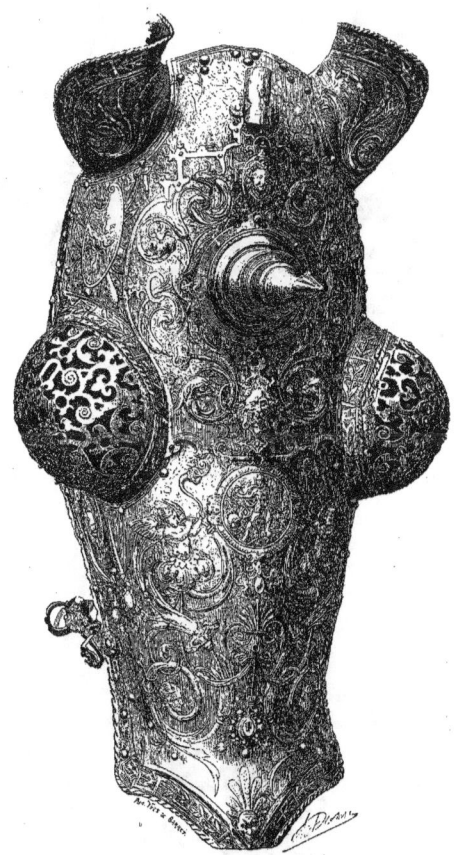

CHANFREIN OU PLAQUE FRONTALE DU CHEVAL DE CHRISTIAN II.
(MUSÉE HISTORIQUE DE DRESDE.)

industrie sous la Renaissance. Elle est de fer poli et couverte de petites compositions en bas-relief travaillées au repoussé. Les sujets sont tirés de l'histoire du grand Pompée, et les armuriers paraissent avoir suivi à la lettre le récit de Lucain.

Outre cette armure qui est complète, le Musée possède un admirable bouclier, ayant également appartenu à Henri II et sur lequel sont représentées l'attaque et la défense de la ville de Bonifacio, en Corse. Le casque de Henri II est de ceux qu'on désignait au xvie siècle sous le nom de *bourguignotte*; il porte une crête, une avance sur le front et deux oreillettes, mais il laisse le visage à découvert.

« Il est de fer, dit Barbey de Jouy, repoussé, ciselé, noirci, doré, damasquiné d'or, de travail italien. Une figure de l'Amour est placée sur la partie culminante, en avant de la crête; deux petits génies de la Victoire sont groupés sur le devant du timbre; l'un d'eux porte le chiffre de Henri II et l'autre le croissant, qui était son emblème; une couronne se voit au-dessus, soutenue par Mars et Bellone. Deux belles figures de Victoires décorent les oreillettes, des armes sont disposés en riches trophées sur les côtés du timbre, deux esclaves en arrière, et la déesse Diane est représentée deux fois sur la crête du casque. »

Le casque et le bouclier de Charles IX sont des armes de

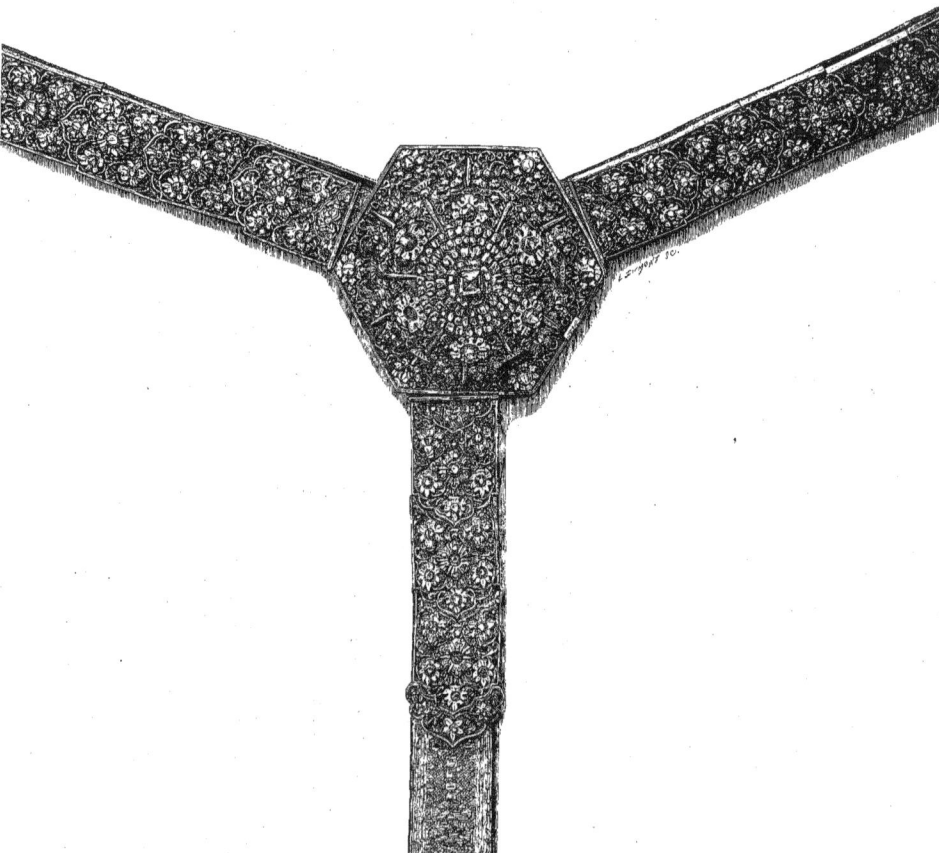

FRAGMENT DE HARNAIS RICHEMENT CISELÉ ET ENRICHI DE PIERRES FINES.
(COLLECTION DES ÉCURIES IMPÉRIALES ET ROYALES DE VIENNE.)

parade; trois sortes d'émaux les décorent (opaques, translucides, cloisonnés). La composition du bouclier, évidemment inspirée de celle qui décore le bouclier de Henri II, représente un ensemble d'opérations militaires. Le casque est décoré d'une tête de Méduse et de trophées; sur les oreillettes on voit d'un côté un Mars et de l'autre une Victoire assise.

Il ne suffisait pas que l'homme fût cuirassé du haut en bas, il fallait encore préserver sa monture des coups du dehors. L'armure du cheval est moins compliquée que celle du cavalier, mais elle n'est pas moins riche.

Le Musée historique de Dresde, un des plus riches du monde en pièces historiques, renferme, entre autres chefs-d'œuvre, la

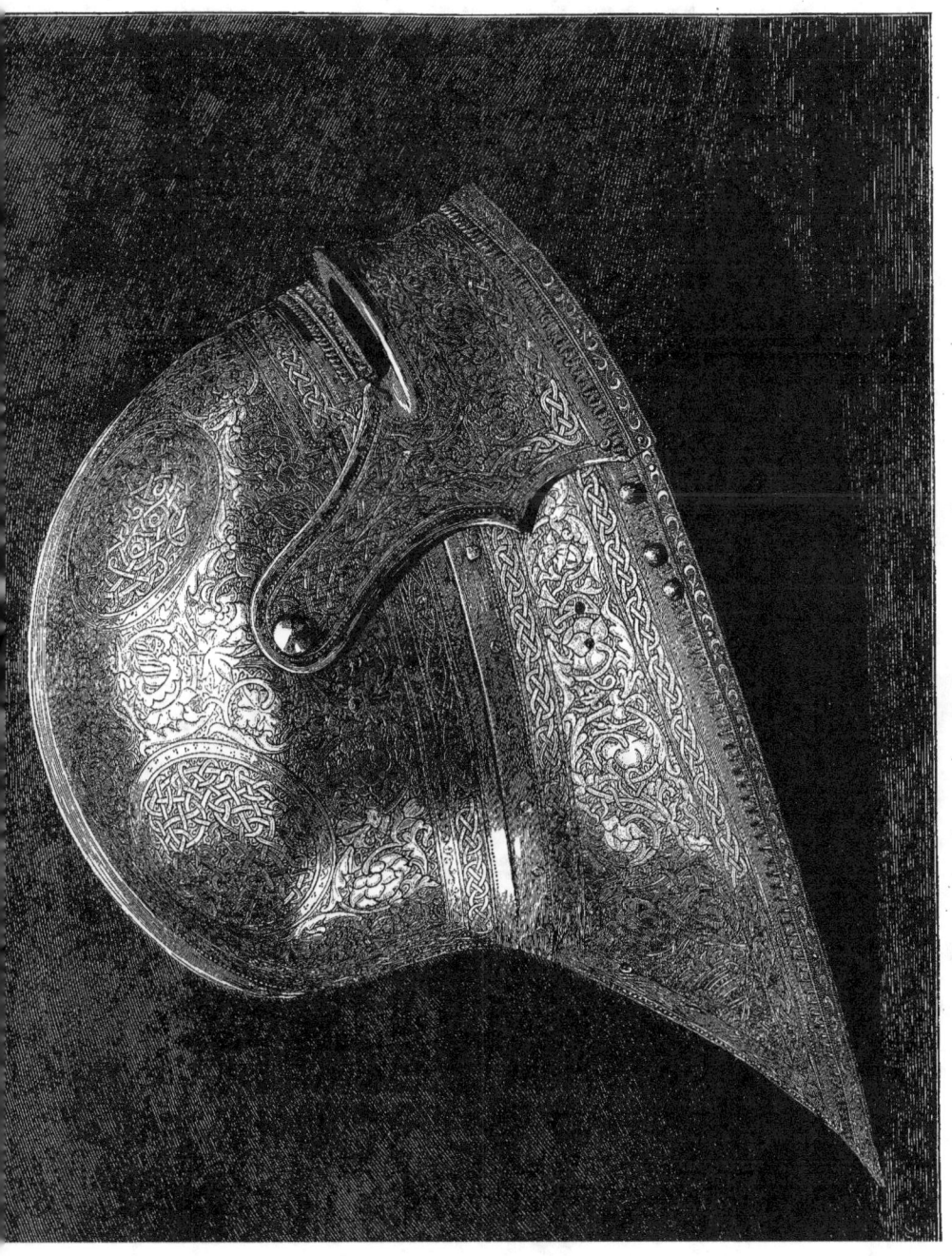

SALADE DITE DE BOABDIL. (ARMERIA REALE DE MADRID.)

magnifique armure de parade de l'électeur Christian II, une des plus belles qui soient restées du XVIe siècle. D'admirables bas-reliefs, représentant les travaux d'Hercule, décorent les différentes pièces de l'armure du cheval. Ces bas-reliefs sont disposés en médaillons encadrés dans une riche ornementation. Sur l'un des flancs, on voit le héros enfant et assis sur son berceau, saisissant dans ses petites mains les deux serpents envoyés contre lui, et au-dessus Hercule frappant de sa massue le sanglier d'Érymanthe.

Sur la partie antérieure du caparaçon du cheval, trois médaillons représentent le combat contre les Centaures, l'épisode du lion de Némée et la lutte avec Antée. Sur la partie postérieure, on voit d'autres sujets, l'hydre de Lerne, l'aventure de Cacus, etc.

Le chanfrein ou plaque frontale du cheval est très richement décoré d'arabesques : on y voit peu de scènes de la vie d'Hercule, mais simplement une image du héros placée au centre dans un petit médaillon.

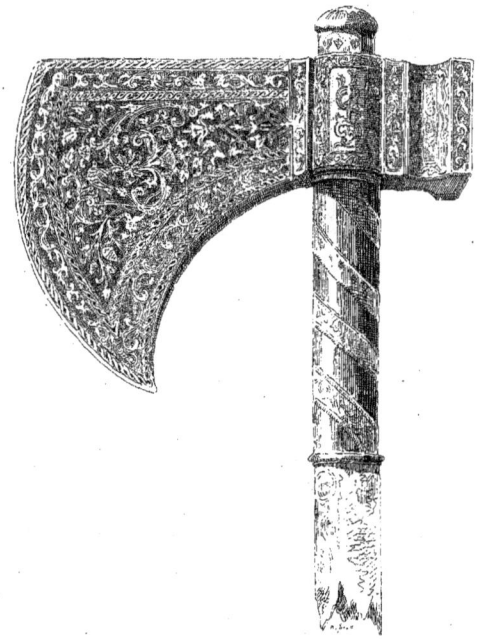

HACHE D'ARMES ORIENTALE RICHEMENT DAMASQUINÉE
PORTANT LE CHIFFRE DU SULTAN SALADIN ET LA DATE 550 DE L'HÉGIRE.

Le harnais des chevaux est aussi quelquefois d'une grande richesse. La collection des écuries impériales et royales de Vienne possède plusieurs modèles de harnachements, dont la décoration composée de fleurs et d'entrelacs semble empruntée au style oriental.

Les armes orientales présentent dans leur décoration un caractère absolument différent de celui que nous avons vu dans celles de l'Occident. La flore avec la figure n'y joue aucun rôle : la flore avec les rinceaux et les entrelacs en constitue le système ornemental.

Le bazar des armes à Constantinople est le point de l'Europe où on peut le mieux se faire une idée de la fabrication orientale.

« Là, dit Théophile Gautier, se retrouvent les grands turbans évasés, les dolmans bordés de fourrures, les larges pantalons à la mameluk, les hautes ceintures et le pur costume classique. Les richesses entassées dans le bazar des armes sont incalculables : là se gardent ces lames de damas, historiées de lettres arabes, avec lesquelles le sultan Saladin coupait des oreillers de plume au vol et qui portent sur le dos autant de crans qu'elles ont abattu de têtes; ces kandjars dont l'acier terne et bleuâtre perce les cuirasses comme des feuilles de papier et qui ont pour manche un écrin de pierreries ; ces vieux fusils à rouet et à mèche, merveilles de ciselure et d'incrustation ; ces haches d'armes qui ont peut-être servi à Timour, à Gengiskan, à Scanderbeg, tout l'arsenal féroce et pittoresque de l'antique Islam. Là rayonnent, scintillent et papillotent sous un rayon de soleil tombé de la haute voûte, les selles et les housses brodées d'or et

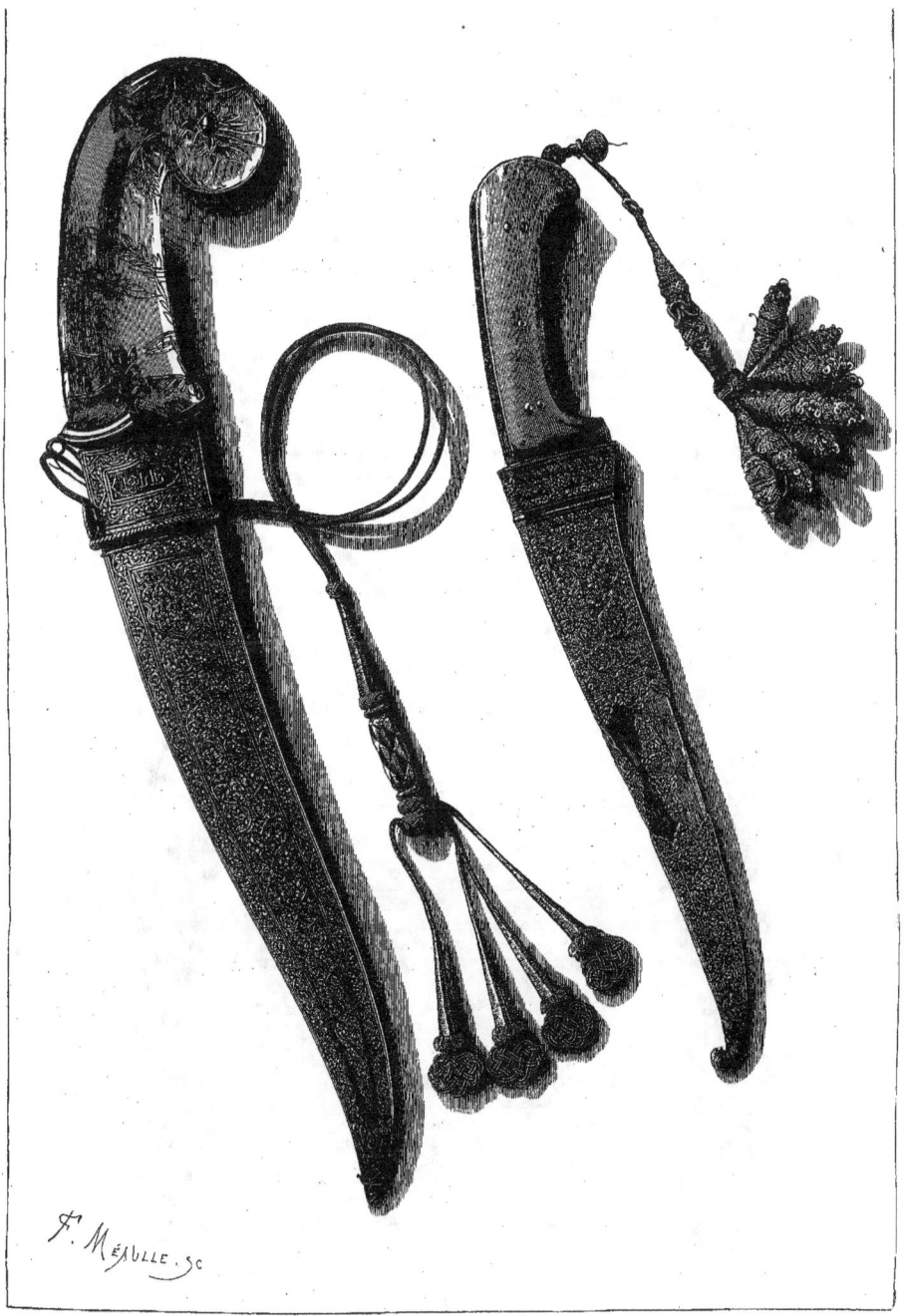

POIGNARD A MANCHE DE CRISTAL ORNÉ DE PIERRERIES, LA GAINE EN ACIER INCRUSTÉ D'OR.
POIGNARD INCRUSTÉ D'OR A MANCHE EN IVOIRE ET GAINE EN OR.
(COLLECTION DE S. A. R. LE PRINCE DE GALLES.)

d'argent, constellées de soleils et de pierreries. Ce bazar est considéré comme si précieux, qu'il n'est pas permis d'y fumer; ce mot dit tout, car le Turc fataliste allumerait sa pipe sur une poudrière. »

Constantinople, où viennent s'accumuler depuis des siècles toutes les richesses de l'industrie orientale, n'est pourtant pas une ville de travail, et les Turcs, pour leur part, n'ont pas apporté d'éléments nouveaux à l'art des Arabes, qui était en pleine prospérité à Damas et au Caire lorsqu'ils se sont rendus maîtres du pays. Le travail des armes de luxe n'est du reste dans tous ces pays qu'une branche de l'orfèvrerie, et l'ornementation qui décore les casques et les boucliers est celle qu'on retrouve dans les aiguières et dans les lampes des mosquées.

« Les sabres persans ou turcs, dit A. Jacquemart, sont tous courbes et à poignées assez simples de forme, leur mérite est dans la lame seule; l'Inde offre, au contraire, assez souvent des armes droites, sortes d'épées ou de sabres à spatule vers le bout, appelés *kounda*. Presque toujours les poignées indiennes se distinguent par leur petite dimension et par une rondelle en forme de cuvette servant de pommeau; parfois cette cuvette est surmontée d'une petite tige un peu recourbée. On trouve aussi des épées indiennes dont la poignée arrondie enveloppe la main et se continue par un brassard; comme on en trouve dont la lame est flamboyante ou en dents de scie.

« Inutile de dire que les poignards sont non moins riches que les sabres; souvent damasquinés sur la lame, ils ont des poignées précieuses de la plus grande élégance. Le jade, le cristal, rehaussés de pierres précieuses serties d'or, en sont les éléments les plus ordinaires, et, chose vraiment remarquable, cette richesse et ce goût semblent s'étendre à toutes les nations d'origine indienne, à l'empire birman, la presqu'île de Malacca, le royaume de Siam et jusqu'à Java. Ce qui permet de distinguer toute cette dernière famille de produits, c'est la présence de figures monstrueuses étrangères aux habitudes d'ornementation des Indous proprement dits.

« Il y a là, surtout parmi les poignards et à commencer par les khouttars, toute une collection précieuse et intéressante à former, les kris et les couteaux malais avec leurs ciselures merveilleuses creusées dans l'or et l'argent venant clore la série.

« Nous voudrions parler des masses d'armes aux ailes découpées à jour, aux hampes damasquinées et rehaussées de turquoises; des haches d'armes au tranchant bordé d'inscriptions, au fer damasquiné d'or, qui transforment parfois leur hampe en un pistolet primitif à mèche, et de ces armes d'hast, lances au fût peint en laque des plus riches arabesques ou tout en fer ciselé, à la lance ciselée de fines arabesques et relevée de rubis. »

Les armes formaient certainement la partie la plus intéressante de la magnifique collection d'objets indiens, exposés par le prince de Galles en 1878. Il y avait là des poignards, des sabres, des boucliers, des fusils, des harnais, des selles d'une incomparable richesse, et qui n'étaient pas moins remarquables par la délicatesse et le fini des ornements que par la profusion des pierres précieuses qui les décoraient de toutes parts.

On lit dans le Manuel de la Section des Indes britanniques: « Dans l'une des vitrines centrales, on remarque le canon d'un magnifique fusil à mèche splendidement damasquiné en or, avec une sorte de dessin de fleurs de pavot, les têtes des fleurs s'abaissant l'une au-dessus de l'autre de toute la longueur du

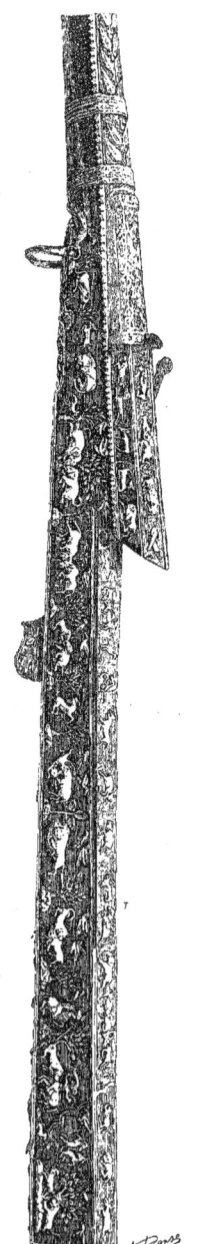

FUSILS A MÈCHE AVEC CROSSE INCRUSTÉE D'IVOIRE ET MONTÉE EN OR.
(COLLECTION DE S. A. R. LE PRINCE DE GALLES.)

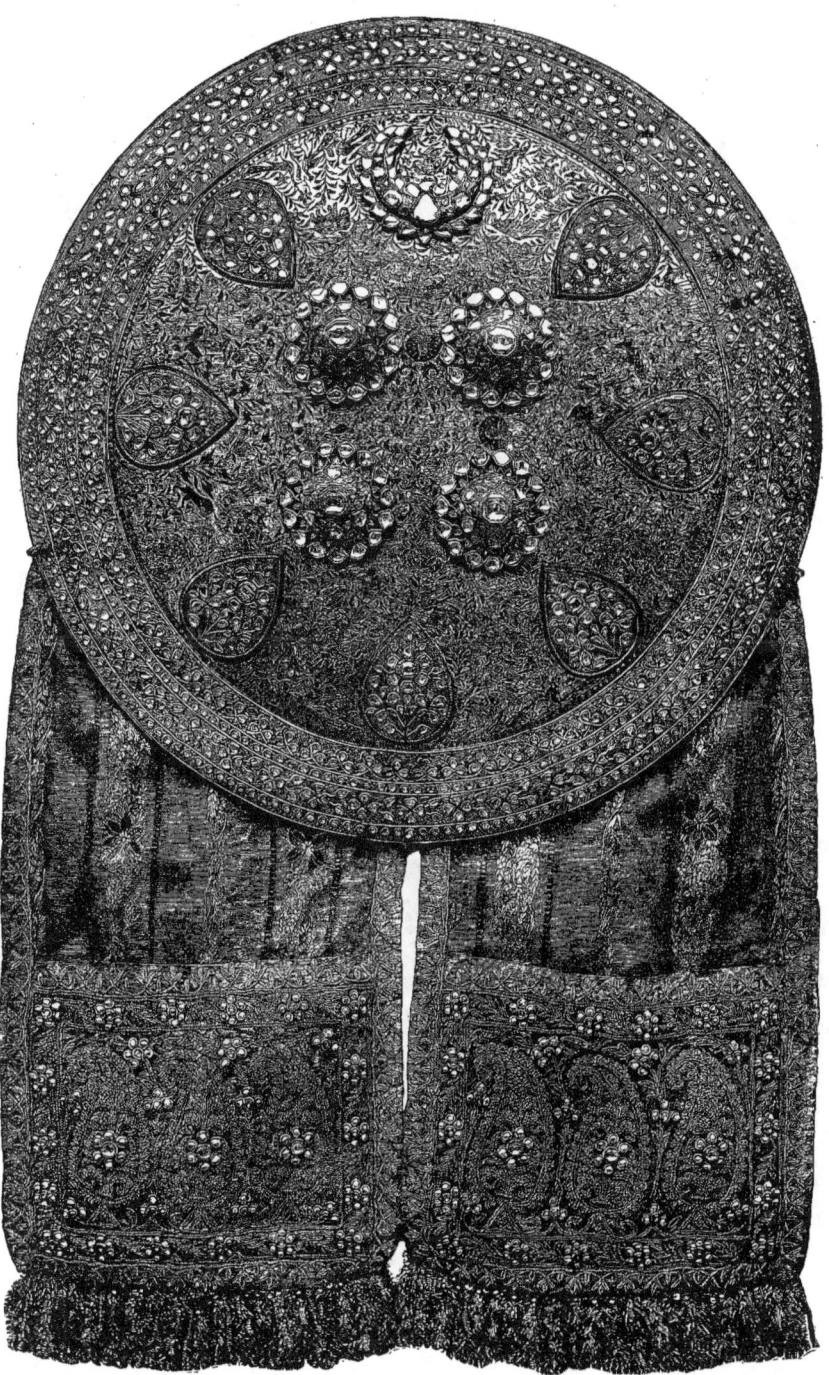

BOUCLIER CISELÉ ET ENRICHI DE DIAMANTS, ACCOMPAGNÉ D'UNE ÉCHARPE EN SOIE DE BRODERIES ET DE PIERRERIES.
(COLLECTION DE S. A. R. LE PRINCE DE GALLES. — EXPOSITION UNIVERSELLE DE 1878.)

canon. C'est le plus beau modèle de damasquinage de toute la collection du prince. Tout près se trouve un fusil à mèche persan, dont la crosse est sculptée en ivoire sur un fond brun chocolat, et représente des scènes de la vie des animaux sauvages ; chaque groupe est un véritable camée. Les armes les plus riches resplendissent d'or, d'émaux et de pierres précieuses, et sont généralement de pur dessin indien. Il n'y a à la vérité que peu de place laissée à l'envahissement du dessin européen dans les armes orientales. Il y a cependant plusieurs épées et poignards de dessin indigène qui ont été montés par des ouvriers anglais, et l'effet qui en résulte n'est pas moins déplorable que lorsque les ouvriers indigènes purs imitent à la lettre les dessins européens.

« Le caractère mécanique des manufactures européennes exige dans l'ensemble un fini mécanique, tout à fait déplacé dans les compositions hardies et de libre allure des ouvrages supérieurs artistiques du pays, dans lesquels le fini est rigoureusement subordonné à l'usage pratique et à l'effet artistique, et si le goût du fini mécanique devient prédominant, grâce à la propagation des idées de la classe moyenne anglaise, parmi les princes et les chefs de l'Inde, les œuvres indiennes, telles que les armes et la joaillerie, deviendront bientôt des industries du passé. »

LA SERRURERIE

« La forge du serrurier, dit le serrurier Lamour dans son *Préliminaire apologétique sur la forge*, est aux autres inventions de ce genre qui existent dans la société, ce que le génie est aux sciences : elle en est l'âme et la force, aucune ne peut se passer d'elle, et elle ne les a précédées toutes que pour aider à les créer. Si Cérès donne du pain aux Cyclopes, c'est qu'ils lui avaient fabriqué la charrue. Si le pieux Énée conserve et établit, au milieu des combats, les fugitifs de Troie, c'est qu'il est armé par l'époux de Vénus. Notre nourriture et notre défense sont des objets purement nécessaires, et si l'agriculture a des beautés,

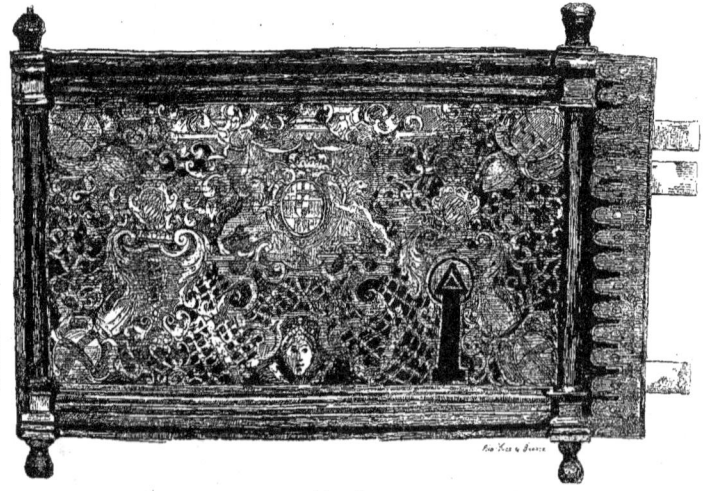

SERRURE DU CHATEAU DE SIEGBURG. (MUSÉE BAVAROIS A MUNICH.)

elles ne sont pas l'effet de l'art, elle les doit toutes à la nature ; mais la serrurerie embellit encore l'utile. Elle a des parties pleines d'agrément, de délicatesse et de majesté. Elle est susceptible de toutes les formes. Elle a, quand elle le veut, l'énergie de la peinture et de la sculpture, la hardiesse de la sculpture et toujours la solidité. Tout ce qui sort de ses mains devient monument ; voyez-le dans nos palais, dans nos places publiques, dans nos temples. Enfin dépouillez-la, si vous voulez, de ces ouvrages magnifiques qui ne se répètent pas tous les jours, pour la considérer seulement dans ses opérations ordinaires : une clef est le gage précieux de la sécurité publique. De là, la probité du serrurier devient le premier caractère de son art. Dans les autres, elle est toujours une vertu, parce qu'ils sont exercés par des hommes ; mais dès l'origine de celui-ci, elle a été de son essence. On sait que chez les Romains, lorsque leur austérité était encore féroce et que chaque républicain était despote dans

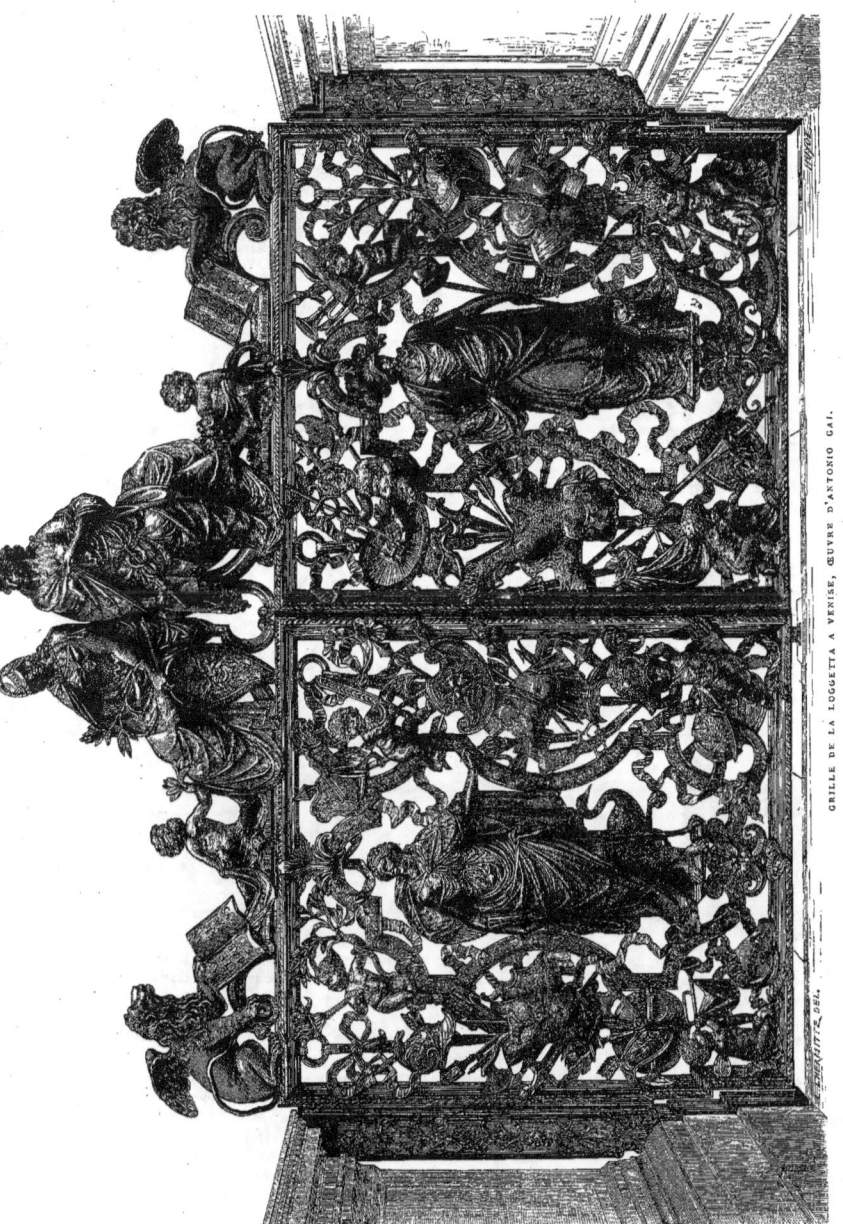

GRILLE DE LA LOGGETTA A VENISE, ŒUVRE D'ANTONIO GAI.

sa famille, une femme surprise avec une fausse clef pouvait être mise à mort par son mari... »

A l'exception des armes, les industries modernes n'ont employé le fer qu'assez tardivement. C'est dans les pentures des portes qu'il apparaît d'abord, et il arrive assez vite à la perfection, puisque les garnitures des portes de Notre-Dame, exécutées à la fin du xiiie siècle, sont considérées comme les chefs-d'œuvre du genre.

Les serrures les plus anciennes ne remontent pas au-delà du xiie siècle et elles se perfectionnent en même temps que les pentures. « De l'autre côté du Rhin, dit Viollet-le-Duc, on fabriqua de merveilleux ouvrages de serrurerie pendant les xve et xvie siècles. Les grilles du tombeau de Maximilien à Inspruck, celles des cathédrales de Constance, de Munich, d'Augsbourg, qui datent du xvie siècle, sont de véritables chefs-d'œuvre et mériteraient de figurer dans une publication spéciale. »

Dans les travaux de serrurerie, comme dans bien d'autres industries, le style allemand s'arrête avec le xvie siècle, et, à partir de cette époque, les clefs aussi bien que les serrures affectent les formes usitées en Italie et en France, sans parvenir à en créer

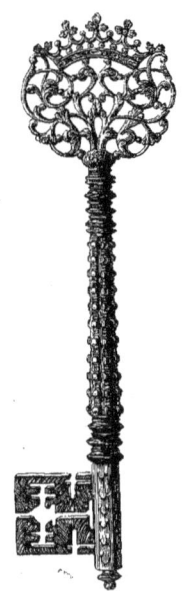

CLEF EN FER. XVIe SIÈCLE.

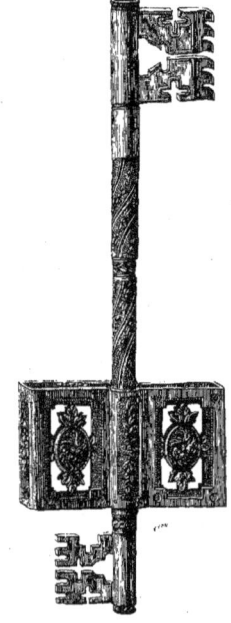

PASSE-PARTOUT DU ROI LOUIS XVI.

de nouvelles. La serrurerie française de la Renaissance a produit des merveilles, et le musée de Cluny possède une riche collection de pièces de cette époque. Les plus belles sont peut-être celles qui proviennent du château d'Anet, bâti sous Henri II. Des travaux très remarquables ont été exécutés pendant tout le xviie et le xviiie siècle : on sait que le roi Louis XVI s'intéressait vivement à cette industrie qu'il pratiquait personnellement, et dans laquelle il a même fait preuve de quelque talent.

Les heurtoirs et les marteaux de porte ont aussi fourni des motifs à quelques pièces admirables pendant le xve et le xvie siècle, et, dans ce genre, l'Italie est demeurée sans rivale. Là encore on retrouve les plus grands noms de la sculpture italienne. Mais en général, dans les pièces de ce genre, le bronze a été employé plus souvent que le fer forgé. Il en est de même de la fameuse grille placée devant la Loggetta de Venise, chef-d'œuvre d'Antonio Gai, exécuté en bronze contrairement à nos usages français, d'après lesquels les grilles sont toujours en fer forgé.

Les battants de porte aussi bien que les serrures et les clefs appartiennent à l'industrie propre du serrurier. Mais cette industrie ne se bornait pas là, elle comprenait aussi l'art des landiers et des chenets qui a eu aussi un grand développement.

La nécessité de n'employer pour les cheminées que des objets en métal capables de supporter les ardeurs du feu, a fait donner une grande importance aux chenets qui, dès le commencement du xve siècle, faisaient partie intégrante du mobilier. Le musée de Cluny possède plusieurs beaux modèles de chenets du moyen âge. La plupart sont d'assez grande dimension et quelques-uns sont remarquables par leur décoration.

« Les cheminées dans les habitations du moyen âge, dit Viollet-le-Duc, étaient larges et hautes. Généralement, un homme pouvait y entrer debout sans se baisser, et dix ou douze personnes se plaçaient facilement autour de l'âtre. Il fallait, à l'intérieur de ces cheminées, de forts chenets de fer, désignés alors sous le nom de *landiers*, pour supporter les bûches énormes que l'on jetait sur le foyer et les empêcher de rouler dans l'appartement. Il y avait les landiers de cuisine et les landiers d'appartement. Les premiers étaient assez compliqués comme forme, car ils étaient destinés à plusieurs usages. Leur tige était

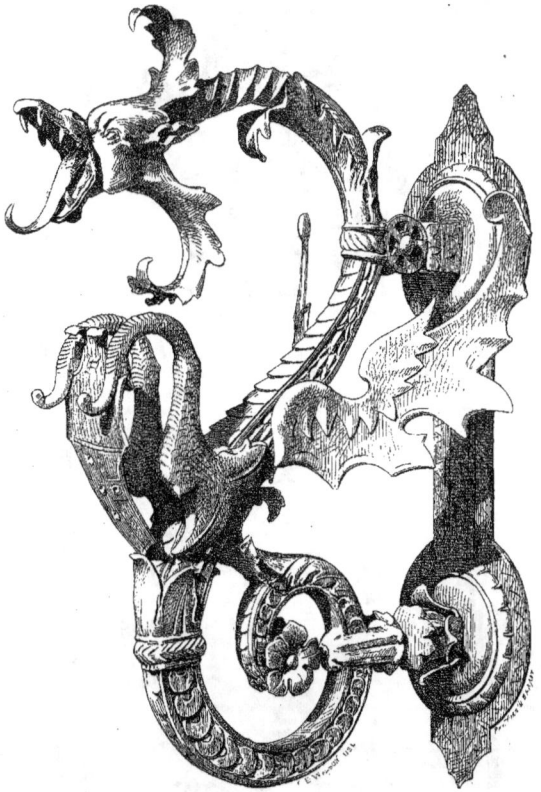

MARTEAU DE PORTE EN FER FORGÉ ET GRAVÉ. TRAVAIL ITALIEN DU XV⁰ SIÈCLE.

munie de supports ou crochets pour recevoir les broches, et leur tête s'épanouissait en forme de petit réchaud pour préparer quelques mets, comme nos cases de fourneaux, ou pour maintenir les plats chauds. Dans les cuisines, l'usage des fourneaux divisés en plusieurs cases n'était pas fréquent comme de nos jours; les mets cuisaient sur le feu de la cheminée, et l'on comprend facilement que ces foyers ardents ne permettaient pas d'apprêter certains mets qu'il fallait remuer pendant leur cuisson ou qui se préparaient dans de petits poêlons. Les réchauds remplis de braise à la tête des landiers, se trouvant à la hauteur de la main et hors du foyer de la cheminée, facilitaient la préparation de ces mets. »

Les landiers d'appartement étaient souvent décorés avec un assez grand luxe. C'est à cette catégorie qu'appartiennent ces grandes figures de chevaliers qui, dans les cheminées du moyen âge, se dressent devant la flamme du foyer dont ils semblent être les gardiens.

Au XVI⁰ siècle, les grandes tiges qui, sur le devant des landiers, s'élevaient verticalement pour empêcher les bûches de rouler sur le pavé, commencent à disparaître, et on voit le véritable chenet, où l'ancienne tige est remplacée par une boule de métal sur laquelle on peut poser le pied pour se chauffer. Cette boule ne pouvait manquer d'être décorée; elle se chargea de bas-reliefs et se transforma quelquefois en élégantes figurines, comme on le voit sur les beaux chenets de bronze dont Jean de Bologne a donné les dessins. Comme toujours, les plus grands artistes de l'école italienne ont prêté leur concours à cette industrie si humble en apparence, en sorte que Florence et

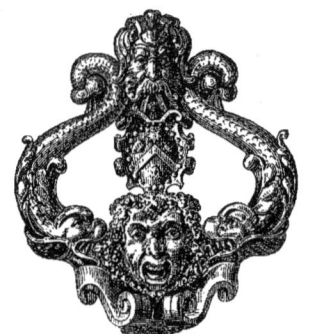

MARTEAU DE PORTE, BRONZE FLORENTIN. XVᵉ SIÈCLE. SAN DONATO.

Venise ont conservé des chenets que l'on peut classer parmi les chefs-d'œuvre de la sculpture et de la ciselure.

Il en a été de même en France pendant tout le XVIIᵉ et le XVIIIᵉ siècle.

Les chenets en bronze ciselé du temps de Louis XVI ont quelquefois un caractère vraiment exquis dans leur allure; la grâce un peu cherchée est toujours le caractère dominant de cette époque. Ces chenets qui, dans les cheminées de luxe, sont

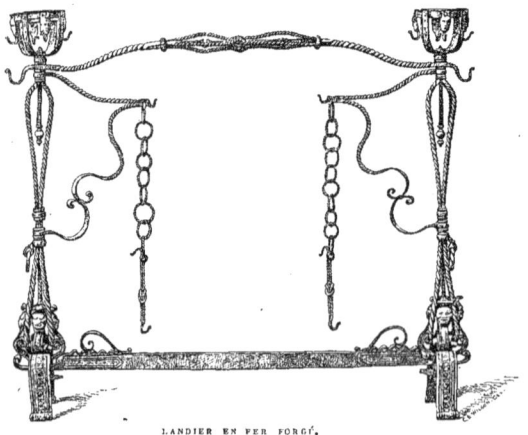

LANDIER EN FER FORGÉ.

presque toujours dorés, ont d'ailleurs une dimension assez restreinte, comme la cheminée à laquelle ils appartiennent.

Aujourd'hui que les bougies ont remplacé partout les anciennes chandelles de suif avec lesquelles nos pères s'éclairaient, on ne sait plus guère ce qu'étaient les mouchettes, et cet ustensile de métal qui, il y a à peine quarante ans, se trouvait dans tous les appartements, dans toutes les chaumières, dans toutes les chambres, est relégué, avec toutes les choses du passé, dans les collections des amateurs de bibelots. Les mouchettes dont on se servait dans la classe pauvre étaient en général d'un travail très grossier, et le peu de soin qu'on en prenait leur donnait souvent un aspect d'une malpropreté repoussante; mais dans les maisons opulentes, on employait également des mouchettes, pour la confection desquelles on dépensait quelquefois un véritable luxe. On a fait, au dernier siècle, des mouchettes bleues damasquinées d'or qui pourraient, par la délicatesse du travail, être classées dans la bijouterie.

Parmi les ouvrages les plus importants de la serrurerie française il faut citer les grilles de Jean Lamour, que leur caractère monumental devrait peut-être faire classer ailleurs que dans un chapitre consacré à des objets usuels. Mais leur auteur était si fier de son titre de serrurier, et il a poussé si loin l'art de travailler le fer, qu'il est impossible de parler de serrurerie d'art sans songer aussitôt à ces admirables grilles de Nancy, qui

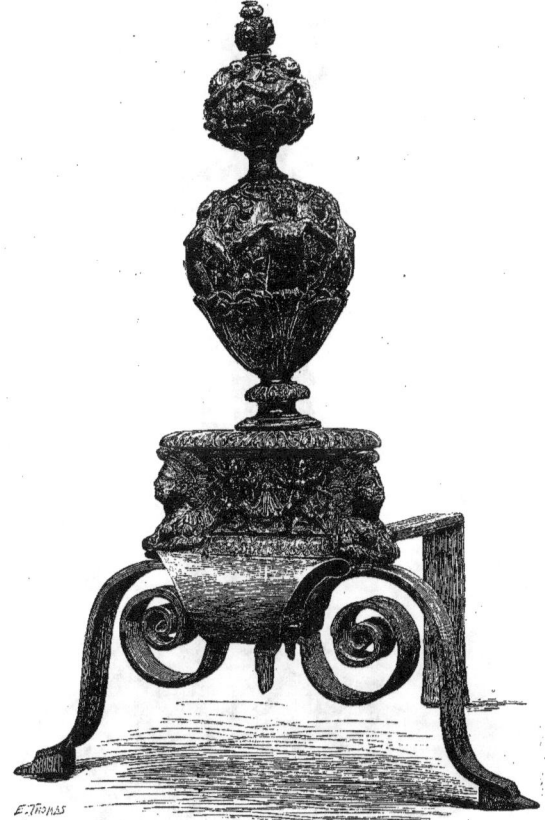

CHENET EN BRONZE. COMMENCEMENT DU XVIe SIÈCLE.

seront toujours citées parmi les chefs-d'œuvre de nos industries d'art au XVIIIe siècle.

C'est sur la place Stanislas à Nancy que sont les belles grilles qui relient les édifices d'un aspect vraiment royal qui les décorent. Le serrurier Lamour les a toutes composées, dessinées de sa main et ensuite exécutées, ainsi que les grands balcons des fenêtres du palais, où est maintenant installé le musée de la ville. Le plat des pilastres est à gaînes enrichies de baguettes et d'ornements tournants. Les chapiteaux, quoique se rattachant à l'ordre composite, sont d'un caractère très personnel, car l'auteur avait en vue ce qu'il appelait l'ordre français, et il a apporté dans cette intention des modifications qui en faisaient un décor absolument nouveau.

Pour l'exécution matérielle du travail, voici ce qu'en dit Jean Lamour lui-même : « Tout ce qui est en forme solide, comme les carcasses et les bâtis, les socles, les piédestaux, les bases, les corps de pilastre, les chapiteaux, les architraves, les corniches, etc., sont en fer battu et rivés sur les marnages. Les tôles sont si exactement appliquées, qu'elles semblent ne faire qu'un même corps. Les saillies des corniches, les différents profils y sont observés avec une précision qui fait douter que ce soit du fer forgé; à peine y aperçoit-on les rivures et les joints. Pour construire ces ouvrages, il a fallu établir une carcasse nue, distribuer les parties si exactement qu'une ligne aurait changé les profils et les saillies. Il fallait, pour observer une parfaite égalité, faire rouler les calibres, les échantillons, se renvoyer les épaisseurs des corps, tant en plan qu'en élévation, observer les lignes parallèles des aplombs, de même que les

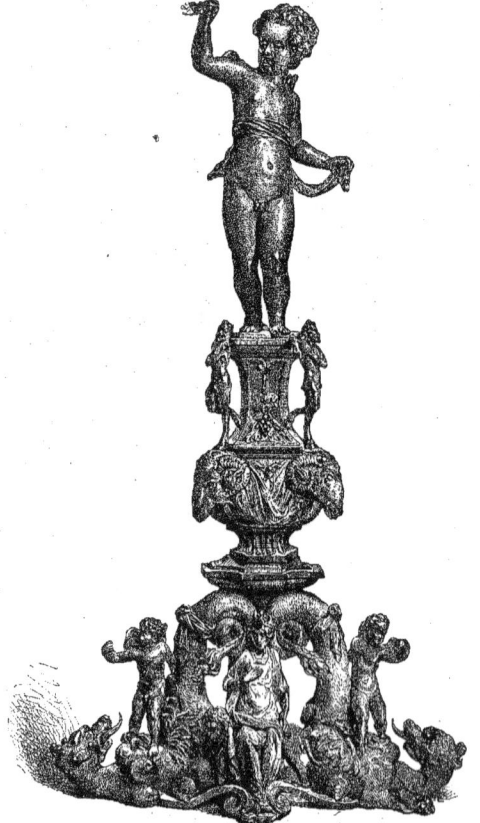

CHENET EN BRONZE, PAR JEAN DE BOLOGNE. (MUSÉE DE FLORENCE.)

horizontales et dégauchir tous les corps, les consolider par tenons, mortaises et congés, afin de les renforcer pour que le tout ne fasse qu'un seul et même assemblage. »

Ce système de décoration métallique a été appliqué par Lamour dans le grand balcon et les fenêtres de l'hôtel de ville. De toutes parts, la teinte noire du fer se marie avec les détails rehaussés d'or, et se détache tantôt sur la verdure des feuillages, tantôt sur la teinte claire des édifices, de sorte que l'ensemble présente une surprenante unité et un ensemble décoratif dont on chercherait vainement un équivalent ailleurs. Enfin, les rampes en fer forgé, qui décorent le grand escalier du palais, sont également dues à Jean Lamour. Voici la description que l'auteur en donne : « La courbure des doubles rampes, dit-il, ne semble pas être un ouvrage en fer forgé. La plate-bande annonce un métal moulé et poussé avec le fer d'un menuisier, puisqu'il n'y a dans tous ses contours aucun jarret qui dérange un dessin suivi.

La peine qu'a donnée cette plate-bande n'est pas concevable; il faut être de l'art pour comprendre combien il faut de justesse pour profiler et contourner ces pièces sans s'écarter du plan, combien il faut faire couler le calibre pour dresser toutes les moulures, filets et faces et pour ne point corrompre cette forme.»

Lamour, qui était le serrurier en titre de Stanislas, roi de

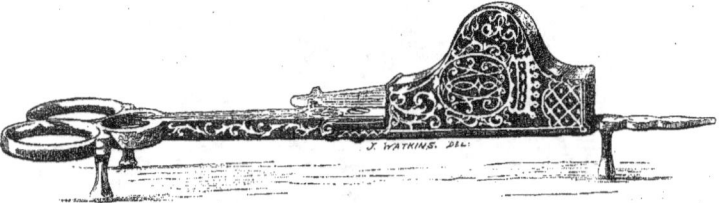

MOUCHETTES EN ACIER BLEUI DAMASQUINÉ D'OR, TRAVAIL FRANÇAIS D'ENVIRON 1700. (SOUTH KENSINGTON.)

Pologne et duc de Lorraine, a passé toute sa vie à Nancy, sa ville natale. C'est le type de l'ouvrier intelligent et convaincu. Suivant lui, tous les travaux humains relèvent de la serrurerie, qui est aux autres industries ce que le génie est aux sciences.

« Après les premières années de ce siècle, dit M. Philippe Burty, commença la décadence de la serrurerie. A la grille monumentale et capricieuse succéda un alignement monotone et niais de barreaux pointus. Des lances, encore des lances,

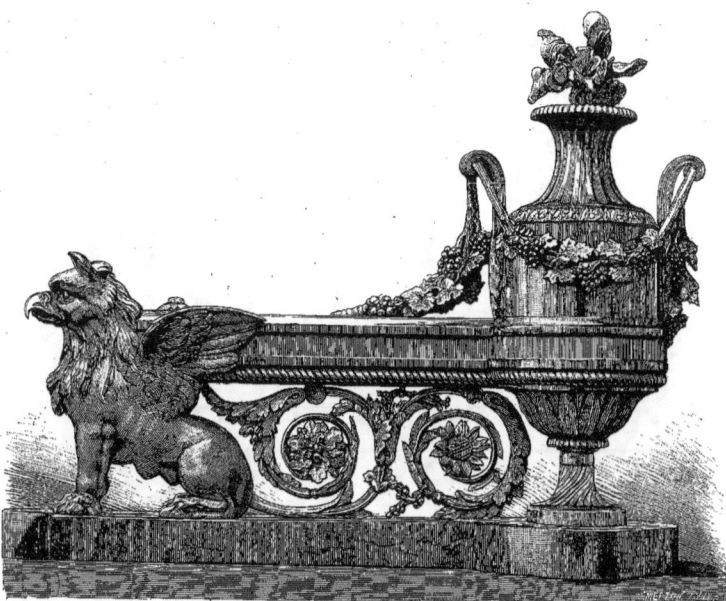

PAIRE DE CHENETS EN BRONZE CISELÉ ET DORÉ AU MAT. (STYLE LOUIS XVI.)

toujours des lances, rien que des lances!... Et pour changer, un paquet de lances noué par des rubans, ou les faisceaux de verges du licteur! Le symbole d'une prison contre laquelle on se heurte en entrant dans un jardin ou en pénétrant dans une cour!... Vous souvient-il qu'un jour un maréchal de France, passant dans la cour du Carrousel la revue d'une compagnie de voltigeurs de la garde nationale, s'écria : « Fermez ces grilles, « ces serins vont s'envoler! » Il avait raison, le brave maréchal, rien ne ressemble mieux que ces grilles aux barreaux d'une cage. »

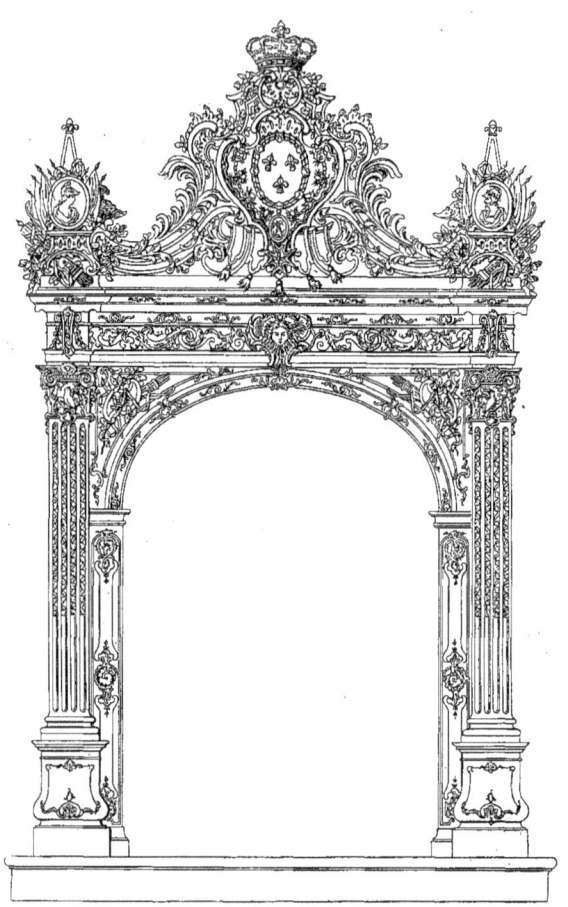

GRILLE EN FER FORGÉ, PAR JEAN LAMOUR. (PLACE STANISLAS, A NANCY.)

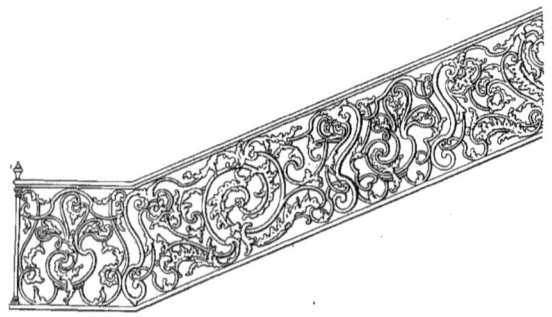

RAMPE D'ESCALIER EN FER FORGÉ, PAR JEAN LAMOUR.

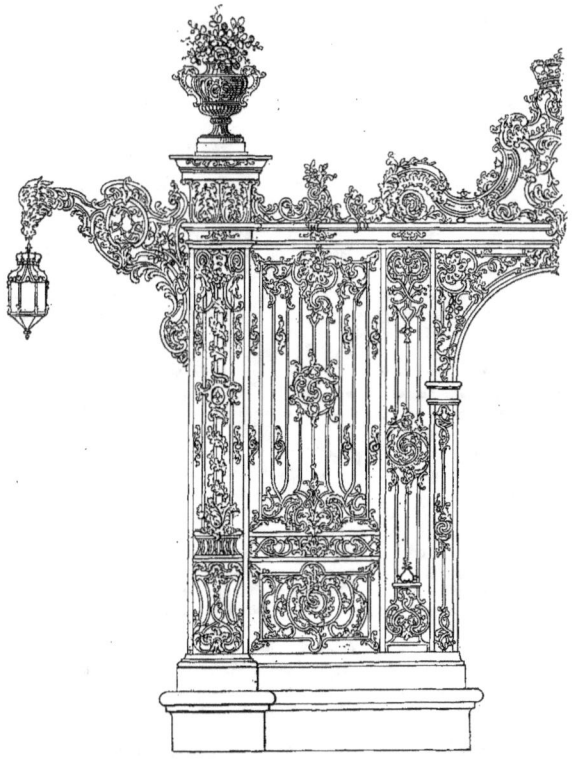

GRILLE EN FER FORGÉ, PAR JEAN LAMOUR. (PLACE STANISLAS, A NANCY.)

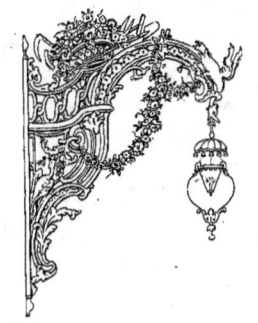

LANTERNE EN FER FORGÉ, PAR JEAN LAMOUR.

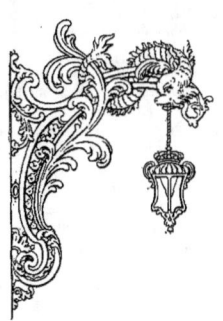

LANTERNE EN FER FORGÉ, PAR JEAN LAMOUR.

Une tentative de résurrection a eu lieu depuis quelques années. Les belles grilles du parc de Monceaux ont montré que la serrurerie française n'avait pas perdu les traditions du passé. Enfin, à nos dernières expositions, on a vu par les ouvrages de MM. Huby, Moreau et Baudry, que, si la serrurerie architecturale n'a pas encore toute l'importance qu'on voudrait lui voir, ce n'est pas à nos artisans du métal qu'il faut s'en prendre, mais seulement aux architectes, qui ne semblent pas comprendre assez toute l'importance de cet élément de décoration.

LES BRONZES

« Tout le monde sait, disait M. Guillaume, dans une conférence faite à l'Union centrale des Beaux-Arts appliqués à l'Industrie, que l'on range sous la dénomination très générale de bronzes une nombreuse série d'alliages dans lesquels le cuivre, dominant dans une proportion très forte, se trouve uni, soit à de l'étain, soit à du zinc, ceux-ci étant purs ou mêlés avec du plomb, soit avec tous ces métaux diversement associés. Il y a aussi des bronzes qui contiennent de l'argent ou de l'antimoine, et quelques-uns dans lesquels on rencontre des traces de fer. Les combinaisons qui peuvent résulter du mélange de ces différents éléments sont nombreuses. Quelles qu'elles soient, leur densité est supérieure à celle du cuivre ; elles sont plus dures et plus tenaces que lui, et cependant plus fusibles ; elles coulent mieux aussi lorsqu'elles sont en fusion. Refroidies, elles offrent plus de résistance aux agents extérieurs et leur grain serré les rend susceptibles de recevoir par la main-d'œuvre un fini plus parfait.

« La composition du bronze a une grande importance, car des rapports que l'on établit entre ses parties constitutives résultent les qualités essentielles qu'il doit posséder : ce sont avant tout la fluidité, la ductilité, la résistance.

« Il faut, en effet, que le métal liquéfié pénètre activement dans toutes les parties du moule, en épouse tous les replis ; il faut qu'il reçoive sans se briser le travail du marteau, sans se déchirer celui du ciseau ou du burin, sans s'érailler ou s'empâter celui de la lime ; il doit avoir la ténacité qui, tout en assurant la solidité des ouvrages, permet à l'artiste de leur donner le caractère et l'effet que la matière comporte; de plus il est nécessaire que la fonte ait naturellement une belle couleur, car on peut vouloir conserver celle-ci ; il faut, en tout cas, qu'elle puisse bien prendre la patine.

« La couleur naturelle offre à mon sens un grand intérêt. On n'en tient pas tout le compte qu'il faudrait ; elle peut seconder les vues de l'artiste ; il est possible de la fixer. D'un autre côté, la coloration que le bronze contracte par une légère oxydation de la surface, et qui est la patine, cette coloration tient aussi dans la sculpture en bronze une place importante. On arrive artificiellement à donner des teintes qui, bien que factices, sont solides, et on peut par là introduire dans une œuvre une variété que l'art ne répudie point. Mais suivant que la patine, qui est l'effet du temps, se produit avec une couleur légère ou pesante, suivant qu'elle a l'apparence d'un émail brillant ou d'un sédiment terreux, elle devient pour le métal une marque de noblesse ou un signe d'infériorité. Aussi, pour tous ces motifs, s'est-on beaucoup occupé de rechercher et de déterminer les proportions de l'alliage. »

L'antiquité nous a laissé quelques bronzes admirables, aussi bien sous le rapport de l'exécution technique que sous celui de la conception sculpturale. Il nous suffira de rappeler la belle figure d'Hermès ou Mercure, conservée au musée de Naples. Dans les villes anciennes les ouvrages en bronze étaient beaucoup plus communs que ceux en marbre. Mais comme le bronze est facile à fondre quand on veut l'employer pour d'autres usages, la destruction a été systématique et universelle, tandis que les statues en marbre, ne représentant rien comme valeur intrinsèque, étaient négligées par les pillards. Nous devons à cela d'en avoir conservé un assez grand nombre en marbre, tandis que les ouvrages en bronze sont partout assez rares. Pour les bronzes antiques, le musée de Naples est de beaucoup le plus riche de l'Europe et il le doit aux villes de Pompei et Herculanum, qui, ayant été détruites avant les invasions barbares et ayant ainsi échappé au moyen âge, ont été retrouvées à peu près intactes. Le musée du Louvre, si riche en monuments de marbre, n'a qu'une salle consacrée aux bronzes de l'antiquité. Elle contient une curieuse série d'ustensiles étrusques et romains, parmi lesquels on remarque quelques belles cistes, une collection assez complète d'armes et de candélabres, des chaudrons, des vases de tous genres et de toutes formes, des coupes dont plusieurs sont d'une belle conservation, et quelques objets d'un caractère plus spécial, par exemple les strigiles dont se servaient les athlètes pour se gratter la peau encore tout imprégnée d'huile et de sable, et qui plus tard sont devenus d'un usage général dans les bains publics. Parmi les statuettes, il faut signaler, outre les images des divinités dont quelques-unes sont fort belles, quelques figurines d'acteurs et de mimes, des acrobates faisant divers tours, des masques tragiques ou comiques, des figures grotesques, des figures de gladiateurs et d'auriges, et d'autres personnages du même genre, qui rappellent la passion des anciens pour les spectacles.

Nous avons déjà parlé plus haut des bustes antiques en bronze, mais nous avons omis de signaler à l'attention du lecteur la manière particulière dont les anciens traitaient souvent les cheveux et la barbe, et qui ne semble pas avoir été adoptée par nos statuaires modernes.

« Il n'est pas à ma connaissance, dit M. Guillaume, que l'on ait jamais imité, même de loin, le beau buste de Bacchus, dit le Platon, de Naples, qui offre cet exemple si digne de remarque que les mèches de cheveux et de la barbe sont terminées par des fils de métal roulé qui ont la mobilité et la légèreté des boucles naturelles. Même observation pour la tête de Vespasien qui est au Louvre, et qui porte une couronne dont les feuilles ont été rapportées une à une, ce qui donne à l'image une singulière ampleur. »

Le moyen âge, qui nous a laissé dans l'orfèvrerie de si admirables modèles, est resté en arrière pour les grands ouvrages en bronze, et le xv° siècle italien a été, à ce point de vue, une véritable résurrection. Florence, indépendamment de ses merveilleuses collections, peut être considérée comme un immense musée, par le nombre et la qualité des ouvrages en bronze qui décorent ses places publiques et la façade de ses édifices. Sous les arcades du portique appelé la *Loggia de' Lanzi* on voit

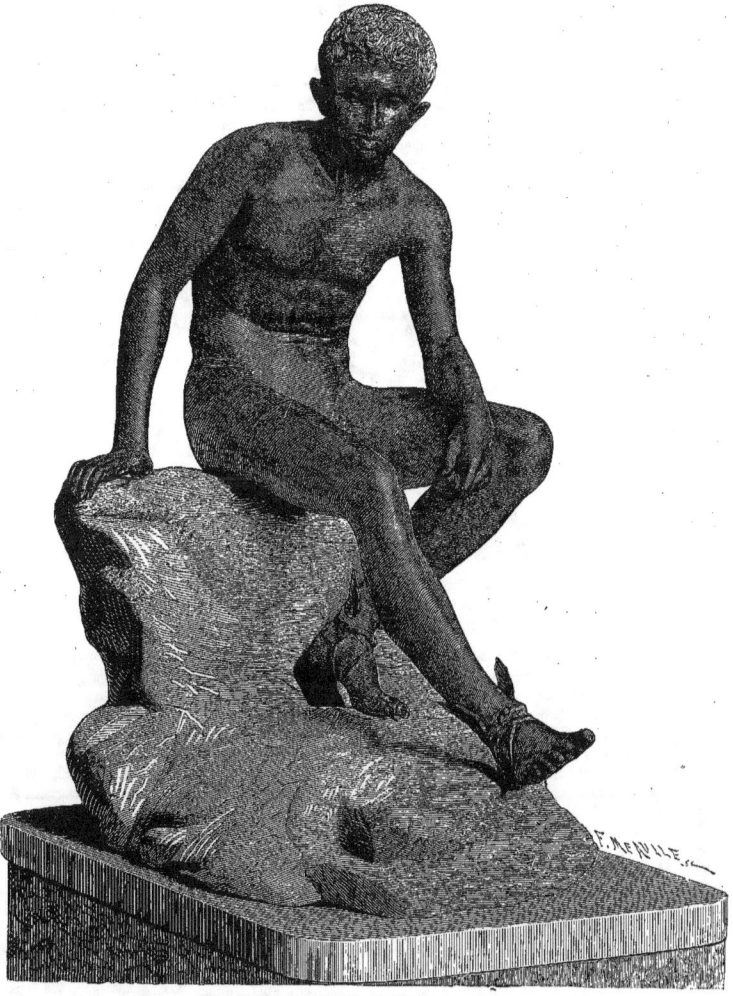

MERCURE AU REPOS. (MUSÉE DE NAPLES.)

d'abord le fameux *Persée* de Benvenuto Cellini. Le célèbre orfèvre a raconté tout au long dans ses mémoires les péripéties qui ont accompagné la fonte de cet ouvrage célèbre, les difficultés matérielles qu'il a dû vaincre et les angoisses qu'il a éprouvées Les jolies statues qui décorent le piédestal sont également son ouvrage. Non loin de là et sous le même portique, on trouve le curieux groupe de Donatello représentant Judith et Holopherne. Ce qui a, dit-on, le plus contribué à donner à cette composition, plus bizarre qu'élégante, une grande célébrité, c'est que, lorsque le groupe fut mis en place, après la fuite de Pierre de Médicis, on vit là une allusion à la délivrance de la tyrannie.

Les admirables Portes du baptistère de Florence, sculptées par Ghiberti, sont considérées comme un des plus grands chefs-d'œuvre que la sculpture ait produits; nous n'avons pas à y revenir puisque nous en avons déjà parlé plus haut. Mais il faut dire deux mots de la Porte de bronze, que Jacopo Sansovino a exécutée pour l'entrée de la sacristie de la basilique de Saint-Marc, à Venise. Il ne faut pas chercher ici le style incomparable de Ghiberti, mais une vie et une animation qui rattachent en quelque sorte le fameux sculpteur vénitien à la famille des grands coloristes, ses compatriotes. Les têtes qui se détachent en haut-relief, dans les compartiments qui décorent la bordure, sont toutes des portraits, et parmi eux on remarque celui de Sansovino lui-même, ainsi que ceux de ses deux amis intimes, le Titien et l'Arétin.

A Venise, le bronze joue un rôle important dans la décoration des places et des monuments. Ainsi, sur la place Saint-Marc, les trois mâts, où flottaient les étendards de la République, symbole de la puissance de Venise sur les royaumes de Chypre, de Candie et de la Morée, reposaient sur de superbes piliers de bronze, sculptés par A. Leopardi. Sur l'un de ces piliers, on voit un médaillon représentant le doge Leonardo Loredano. Les deux grandes vasques de bronze qui ornent la cour du Palais ducal sont aussi d'un bel effet décoratif.

On comprend que nous ne pouvons en aucune façon dresser ici un catalogue même sommaire des grands ouvrages de bronze qui décorent les palais ou les places publiques, pas plus que des statues en bronze qui font l'admiration des touristes, dans les musées ou les églises d'Italie. Il nous suffit de montrer les différents emplois du bronze pendant le xve et le xvie siècle en Italie. Nous rappellerons aussi, pour en finir avec la statuaire de la Renaissance, qu'indépendamment des sujets religieux ou

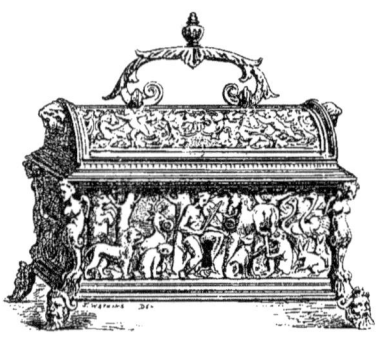

COFFRET EN BRONZE. TRAVAIL ITALIEN DE 1530.
(SOUTH KENSINGTON.)

mythologiques conçus dans une intention décorative, d'admirables portraits en pied des grands personnages du temps, une série de bustes parmi lesquels il suffit de citer celui de Cosme Ier de Médicis, dans le musée de Florence, montrent la très grande extension de la sculpture à cette époque, en même temps que l'extrême habileté des fondeurs. Il faut également rappeler les admirables candélabres de bronze, tout ornementés et enrichis des plus gracieuses figures, comme ceux qu'on admire dans plusieurs églises d'Italie, ainsi que dans quelques collections célèbres, par exemple dans le musée d'industrie artistique de Milan. Nos musées d'Europe possèdent presque tous de ravissants petits coffrets de bronze, dont toutes les surfaces sont décorées de bas-reliefs, et les angles de statuettes en même temps que la poignée et les pieds sont enrichis de fines ciselures. Quoiqu'une élégance un peu recherchée soit le caractère habituel de ces petits meubles, il y en a quelques-uns dont le caractère monumental est tellement accusé, qu'on est tenté en les voyant de prononcer les plus grands noms de la sculpture, et il est telle cassette en bronze par exemple, dont le couvercle est orné de figures en bas-relief que la tradition attribue à Michel-Ange.

Qu'est-il advenu de la statuaire italienne pendant le xviie et le xviiie siècle, qu'on range ordinairement dans la période de décadence? Certes si on compare cette époque à celle qui la précède, on est bien obligé de reconnaître que le terme de décadence n'a rien d'exagéré. Et cependant il ne faudrait pas se méprendre sur la valeur du terme; l'art italien, qui avait été sublime, s'est abaissé lorsqu'il n'a plus été que spirituel et amusant, mais on peut lui rendre cette justice qu'il n'a jamais été plat et banal. On peut se plaindre des attitudes violentes et des formes souvent boursouflées que prennent les figures du Bernin, on peut trouver que telle statuette de travail italien se rapportant au xviiie siècle a des allures sémillantes peu en rapport avec la gravité d'allures qu'on demande habituellement à la sculpture, mais ce sont là des traits qui caractérisent une époque bien plutôt qu'une nation et qu'on retrouve à peu près partout au même degré dans la période dont nous parlons.

La Renaissance allemande a produit de très habiles sculpteurs et d'excellents orfèvres, mais ils n'ont que bien rarement travaillé le bronze, en sorte que nous n'avons pas à nous en occuper ici. La même observation peut s'appliquer aux Pays-Bas, et quoique la Belgique ait eu quelques fondeurs célèbres, les ouvrages en bois ou en pierre y sont bien plus nombreux et surtout plus importants au point de vue de l'art que ceux qui devaient être exécutés en bronze. Néanmoins, il faut faire mention des

Basilique de Saint Marc à Venise

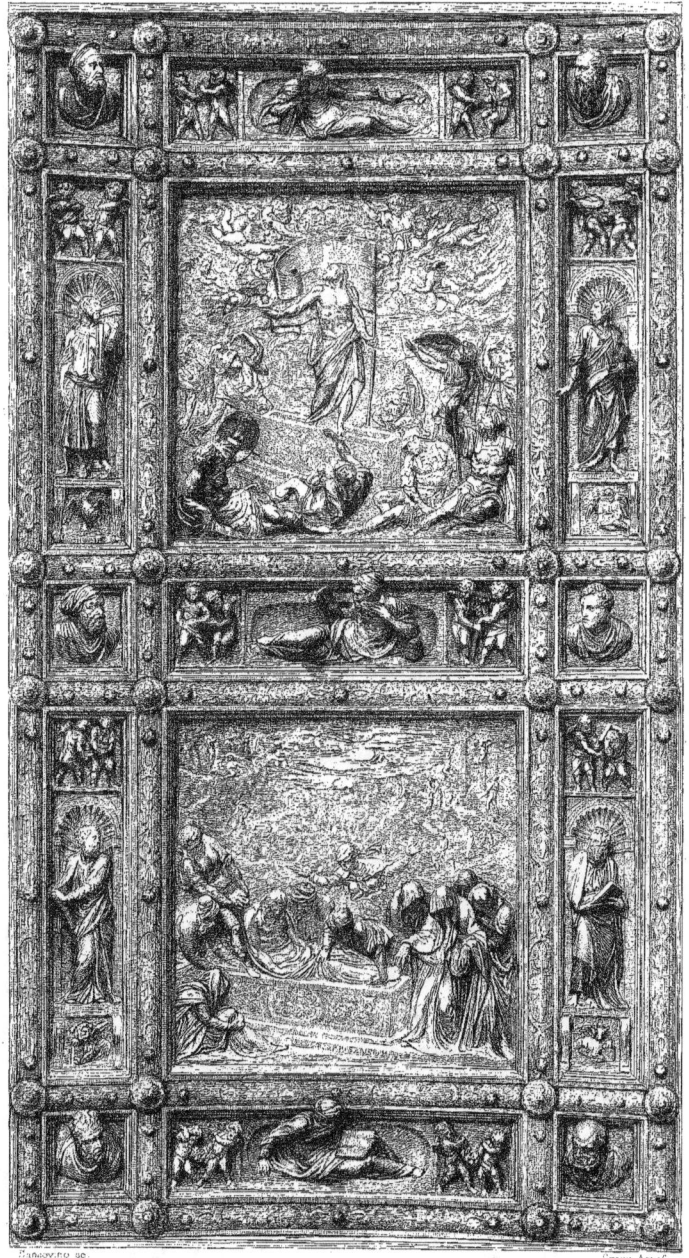

PORTE EN BRONZE DE LA SACRISTIE

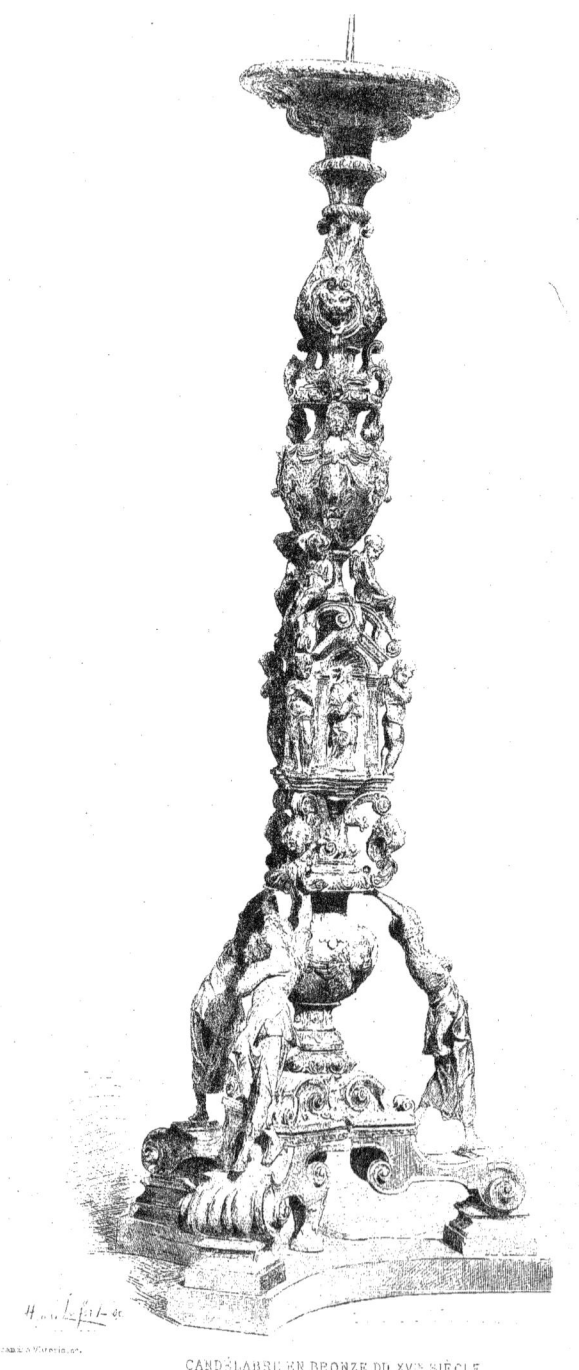

CANDÉLABRE EN BRONZE DU XVIe SIÈCLE.
(Musée d'Art industriel de Milan)

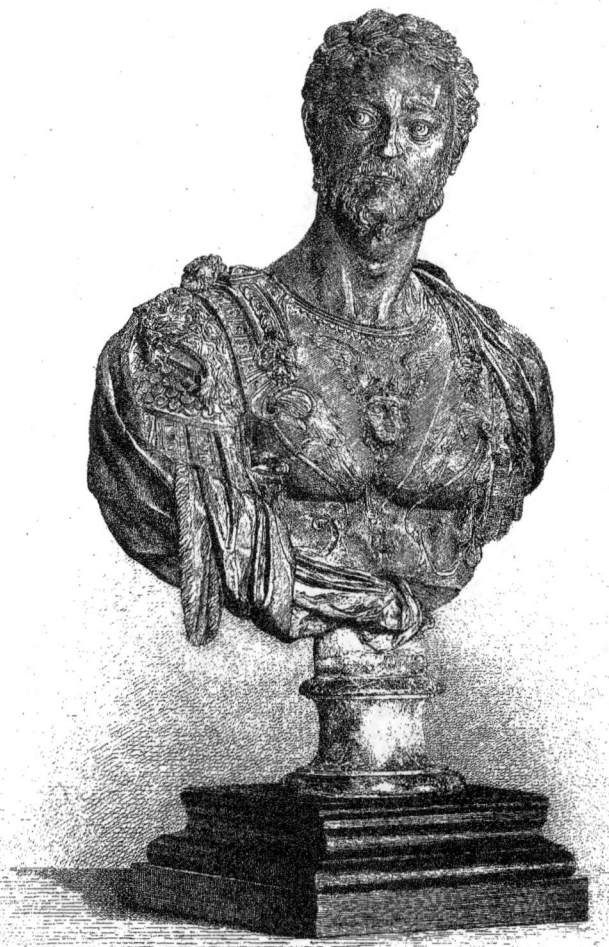

BUSTE COLOSSAL EN BRONZE DE COSME Ier DE MÉDICIS.
(Musée National de Florence.)

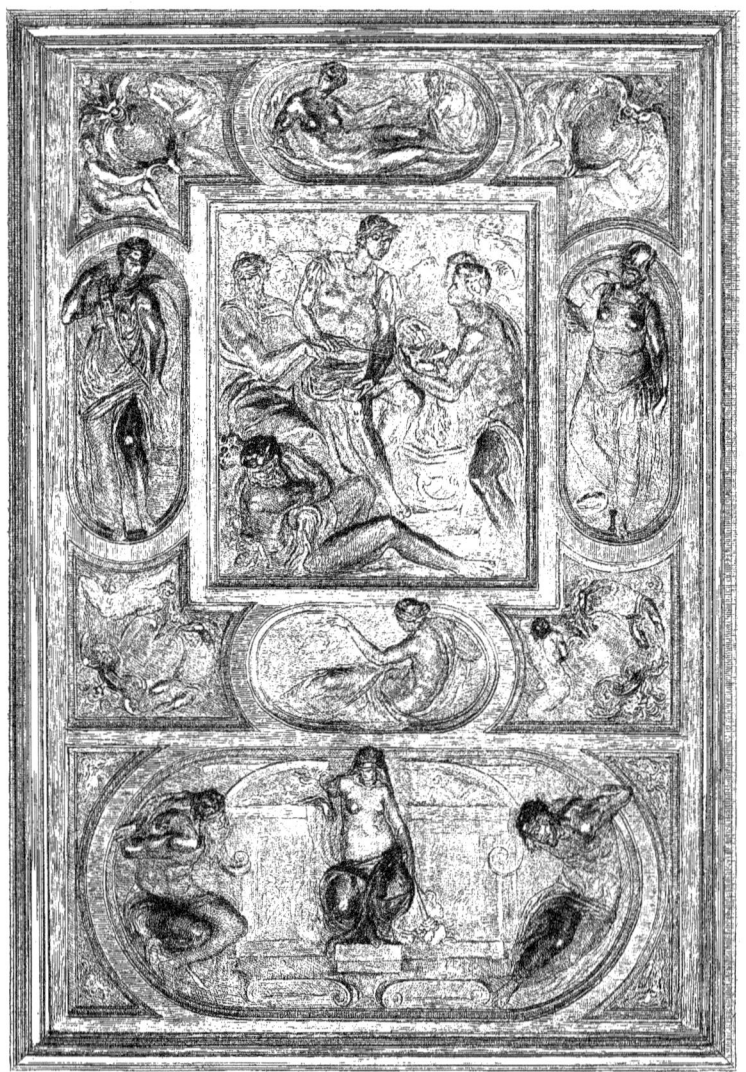

COUVERCLE DE CASSETTE EN BRONZE.

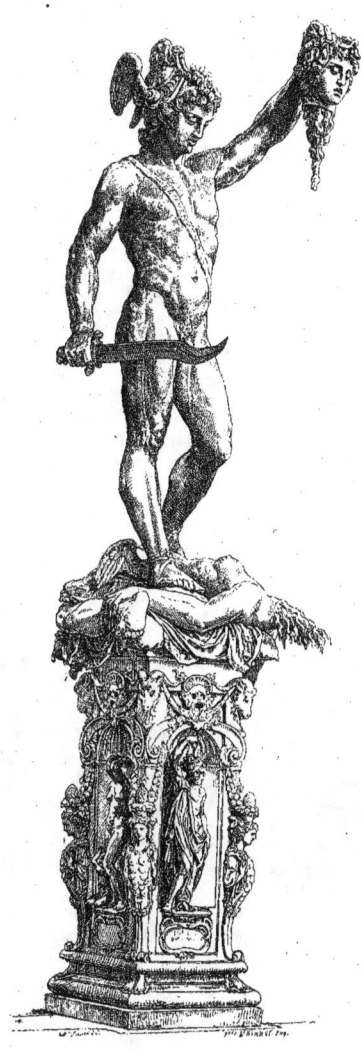

PERSÉE.
GROUPE EN BRONZE DE BENVENUTO CELLINI.
DANS LA LOGGIA DE' LANZI, A FLORENCE.

petits mortiers de cuivre ou de bronze que l'on rencontre assez fréquemment dans ces pays. Ces mortiers, dont quelques-uns sont décorés assez richement, portent presque tous une date, et la plupart sont pourvus d'une inscription indiquant le nom du maître fondeur qui les a exécutés. Leur usage vient de l'époque où, par suite des rapports plus fréquents avec les Indes et l'Amérique, les épices commencèrent à devenir une des nécessités de la vie quotidienne. Il fallait des mortiers pour les piler, et non seulement on en trouvait chez tous les droguistes et les pharmaciens, mais encore dans la plupart des ménages aisés.

La Renaissance française, quoiqu'elle ne vienne qu'en seconde ligne, puisque la place d'honneur appartient de droit à

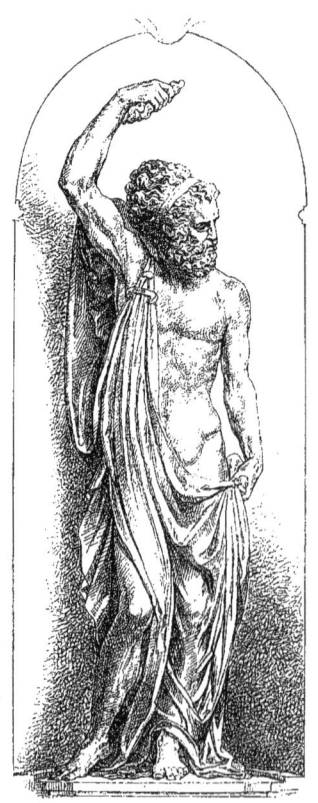
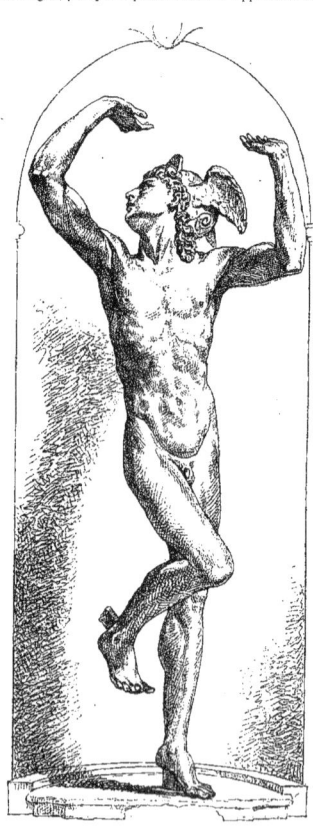

JUPITER.   MERCURE.

DEUX DES FIGURES QUI ORNENT LE PIÉDESTAL DU PERSÉE DE BENVENUTO CELLINI.

l'Italie, a été sous le rapport de la production du bronze une assez brillante époque. Presque tous nos grands sculpteurs ont travaillé le bronze en même temps que le marbre, et d'assez nombreux monuments montrent l'association des deux matières. Le tombeau du chancelier Birague et de sa femme, œuvre de Germain Pilon conservée au musée du Louvre, peut nous donner une idée de ce genre de sculpture. C'est de ce personnage que Michelet a dit : « Birague, l'homme de la Saint-Barthélemy, tellement impatient d'être cardinal qu'il fut tout à coup veuf » Le cardinal en bronze, la tête nue, les mains jointes, est agenouillé devant un prie-Dieu en marbre blanc. Le tombeau de sa femme est placé vis-à-vis. Il existe un projet de la main de Germain Pilon, qui montre le tombeau de Birague, comme l'artiste l'avait conçu primitivement, et qui d'ailleurs n'offre pas de différences essentielles avec le monument tel qu'il a été exécuté. Plusieurs des tombeaux royaux de Saint-Denis portent comme celui-ci des figures de bronze faisant corps avec un monument en marbre.

Il est juste de dire pourtant que, dans la plupart des monuments de la Renaissance française, le marbre joue un rôle beaucoup plus important que le bronze. Nous avons en revanche quelques bustes en bronze qui sont, à bon droit, considérés comme des chefs-d'œuvre.

Parmi les bustes en bronze attribués à Germain Pilon, il y

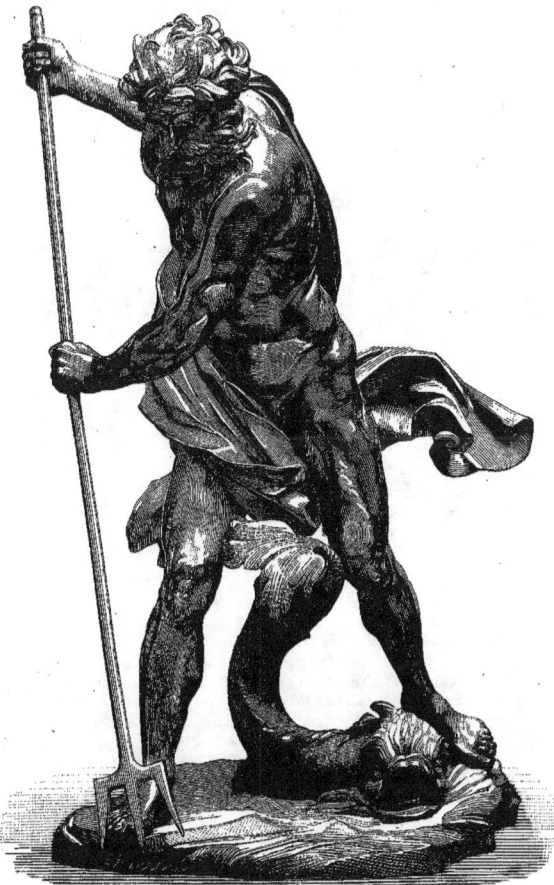

NEPTUNE, STATUETTE EN BRONZE PAR LE BERNIN.

en a un dont l'authenticité ne repose peut-être pas sur des documents parfaitement établis, mais qui compte assurément parmi les plus beaux ouvrages de la Renaissance : c'est celui de Jean de Morvilliers, évêque d'Orléans, et garde des sceaux de France ; il appartient à l'évêché d'Orléans et a figuré à l'Exposition rétrospective du Trocadéro en 1878. C'est une œuvre magistrale dont l'austérité d'allure contraste un peu avec les habitudes du maître, mais qui est assurément digne de lui par le savoir et l'exécution.

Au commencement du XVIIe siècle, une transformation complète survint dans l'architecture française. Au lieu des raffinements et des élégances de la Renaissance, au lieu des délicates arabesques qui couraient le long des pilastres, des frises qui encadraient d'une manière si exquise les portes et les fenêtres, nos architectes s'attachèrent à exprimer l'idée de solidité et de puissance. Si les tâtonnements, qui accompagnent toujours une modification du goût public, amenèrent quelquefois, sous Henri IV et sous Louis XIII, par exemple, un résultat un peu massif, les artistes atteignirent complètement sous Louis XIV le but qu'ils avaient tenté de réaliser depuis un demi-siècle. On peut ne pas aimer le style Louis XIV; on peut lui trouver parfois des allures un peu compassées, mais ce qu'on ne peut lui dénier, c'est une véritable empreinte de grandeur et de majesté. La beauté de cette architecture toutefois n'est ni dans les façades dont la solennité est souvent un peu froide, ni dans les profils dont le contour est parfois un peu sec, mais dans la décoration des salles et des escaliers intérieurs, dont l'aspect luxueux et grandiose est partout nettement caractérisé.

Or nous devons remarquer que ce résultat est presque toujours dû à la combinaison des bronzes, tantôt sombres, tantôt dorés, avec les marbres de couleur sur lesquels ils se détachent. Il nous suffira de rappeler le grand escalier du palais de Versailles, dont la décoration, faite d'après les dessins de Ch. Lebrun, est enrichie de bronzes exécutés par Coysevox. Le but des artistes a été certainement de donner une haute idée de la puissance et de la richesse du monarque pour lequel ils travaillaient; ils ont pleinement réussi, car l'aspect de cette décoration est vraiment royal, et les imitations qui en ont été faites à l'envi dans les palais princiers de l'Europe sont bien loin d'avoir cette grandeur d'allure.

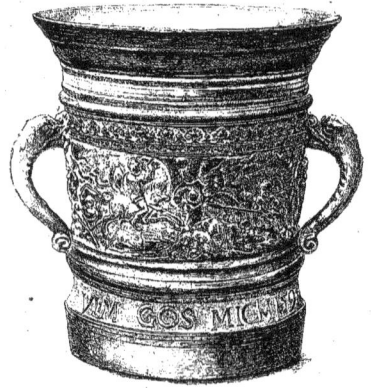

MORTIER EN CUIVRE FONDU.
TRAVAIL ALLEMAND DE LA FIN DU XVIe SIÈCLE.
(COLLECTION GERMAIN BAPST.)

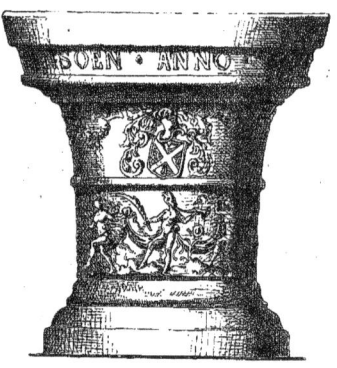

MORTIER DE LAMBERT YANSOEN. (1594.)

A cette époque aussi, les groupes et les statues en bronze furent employés pour la décoration des parcs, concurremment avec les ouvrages en marbre. C'est alors que les Keller acquièrent leur grande célébrité comme fondeurs. C'est à eux qu'on doit la fonte des deux belles fontaines décorées d'animaux qui terminent le parterre du côté du parc. A gauche, le *Tigre terrassant un ours*, et le *Limier abattant un cerf*, ont été sculptés par Houzeau. A droite, le *Lion terrassant un sanglier*, et le *Lion terrassant un loup*, sont des ouvrages de Van Clève. De grands groupes décoratifs, dont à vrai dire quelques-uns sont seulement en plomb, étaient regardés à cette époque comme l'accessoire indispensable d'un bassin, et cet usage s'est perpétué jusqu'au milieu du XVIIIe siècle. C'est le parc de Versailles qui montre les plus beaux modèles de ce genre d'ornementation. De nombreux bassins ont été ornés de sujets mythologiques qui, lorsque les grandes eaux jouent, font l'office de fontaines jaillissantes. Au bout du *tapis vert* et à l'entrée du grand canal, on trouve le bassin d'Apollon, qui est des plus importants par sa décoration. Il tire son nom d'un groupe en plomb, exécuté par Tuby, sur le dessin de Lebrun, et qui produit le plus bel effet. Mais le vrai chef-d'œuvre dans ce même genre, c'est sans contredit le bassin de Neptune. L'exécution de la plupart des groupes qui le décorent ne remonte qu'au XVIIIe siècle, mais l'ensemble du bassin est une conception du XVIIe. Le groupe central représente Neptune et Amphitrite. Neptune est assis dans une grande conque et tient son trident ; Amphitrite est à sa gauche; près d'elle, une naïade lui présente des productions maritimes, tandis que les tritons et les monstres marins se jouent autour des deux divinités. Lambert-Sigisbert Adam est l'auteur de ce beau groupe, qui a été terminé en 1740. Les autres groupes qui décorent le bassin sont dus à Lemoine et à Bouchardon. C'est également Bouchardon qui est l'auteur des deux Amours conduisant des dragons marins. Outre ces statues, le bassin est bordé du côté du château par une série de vases richement décorés, qui produisent l'effet le plus grandiose.

Le métal s'introduisait dans le mobilier en même temps que dans l'architecture, mais ce n'est guère que vers le XVIIIe siècle qu'on a commencé à faire ces cartels si gracieusement contournés qui s'accrochaient aux parois des salons.

Les figures accompagnent quelquefois, mais rarement, ces belles horloges dont l'encadrement en bronze doré et ciselé est resté comme un des types les mieux caractérisés du mobilier français sous Louis XV. Un grand et superbe cartel, dans l'hôtel du prince Galitzin, à Bruxelles, formé de feuillages et de fleurs de grande dimension, est couronné dans sa partie supérieure par un groupe de deux petites figures : un berger jouant de la flûte, et une bergère assise, qui tient sa houlette, en même temps qu'elle caresse un mouton. Ce genre de décor indique

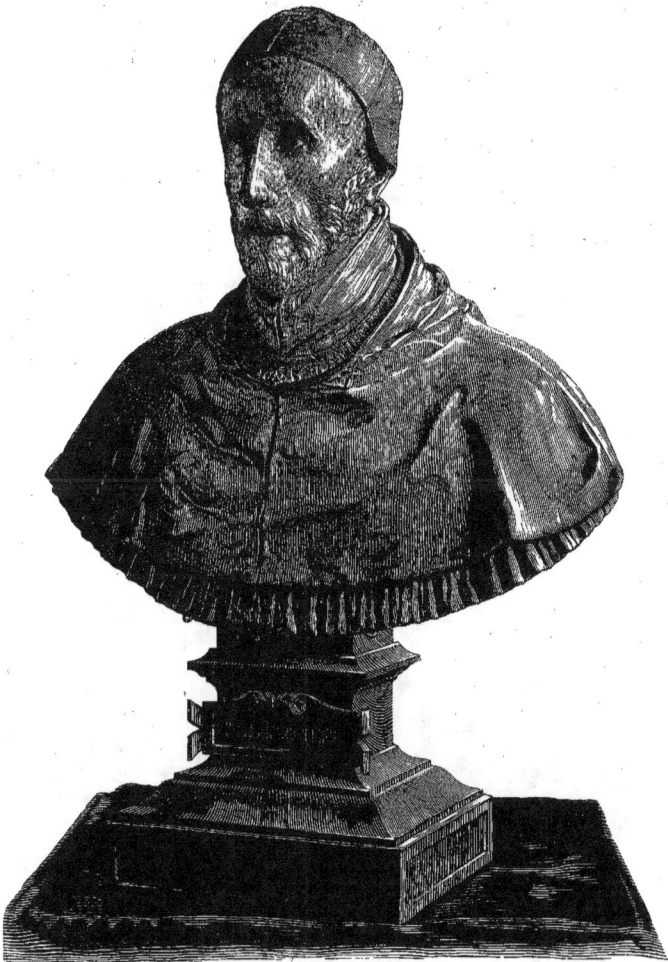

JEAN DE MORVILLIERS, ÉVÊQUE D'ORLÉANS, GARDE DES SCEAUX DE FRANCE.
BUSTE EN BRONZE ATTRIBUÉ A GERMAIN PILON.

l'époque de transition ; car quand le goût des pastorales a commencé à se répandre, les ornements contournés du style rocaille étaient bien près de disparaître.

De même que la pendule, le candélabre appartient essentiellement à l'art du métal, et, au XVIIIe siècle, il prend assez fréquemment la forme d'applique posée contre la muraille. C'est ce qu'on nomme des bras : la matière qui les compose est presque toujours de bronze doré.

Quelques-uns de ces bras en bronze doré du temps de Louis XV présentent des enroulements dont le vigoureux caractère contraste avec les élégances mignardes qui sont venues à la mode un quart de siècle plus tard. On peut citer comme types du genre ceux qui décorent le palais royal de Gênes. Au reste, le même palais renferme aussi de superbes bras du temps de Louis XVI, en sorte qu'il est facile d'apprécier la différence profonde qu'il y a entre les deux styles.

Des ciseleurs d'un très grand talent exécutaient souvent ces appliques. Les écrivains du dernier siècle, qui nous ont transmis tant de détails sur les faits et gestes des grands personnages de leur temps, ne nous fournissent aucun renseignement sur les admirables ciseleurs qui portèrent si haut l'art du bronze sous Louis XVI. On ne sait même pas exactement l'époque où est né Gouthière, le plus célèbre d'entre eux : cependant on en fixe approximativement la date à 1740. Le plus ancien document

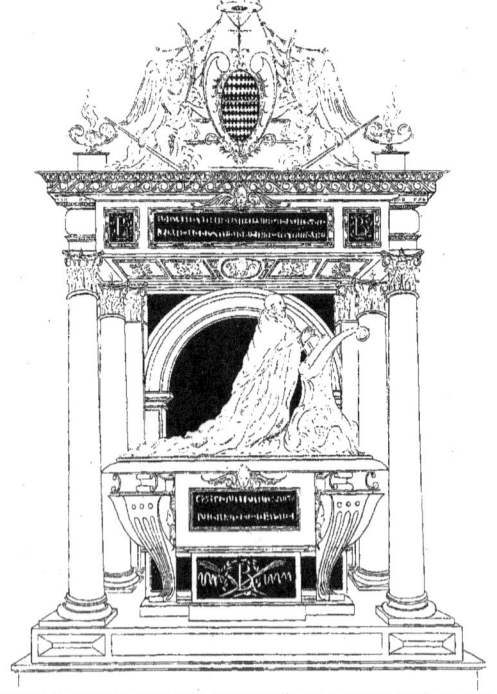

PROJET DE GERMAIN PILON POUR LE MAUSOLÉE DU CARDINAL RENÉ BIRAGUE.

que l'on connaisse sur ses œuvres remonte à l'année 1766. « Gouthière avait donné à mon bisaïeul, Jacques Rondot, dit M. Natalis Rondot, dans une note publiée par la *Chronique des Arts*, des dessins de plusieurs de ses ouvrages ou de ses compositions ; j'en possède encore six. Deux sont de la main de Gouthière et sont signés par lui. Ils représentent des vases dont l'anse est formée dans l'un par un faune, dans l'autre par une sirène. Deux autres dessins de vases portent le nom de Gouthière, écrit par une main étrangère ; un autre dessin de vase est signé : *Le Barbier. Del.* 1766, avec cette mention : *Exécuté par Gouthière.* »

En 1771, Gouthière prenait le titre de *ciseleur et doreur du Roy* ; sa réputation devait être déjà très grande à la même époque, car c'est cette année-là qu'il commença les travaux du pavillon de Luciennes, pour Mme du Barry, travaux qui durent être très considérables, puisqu'elle y dépensa, suivant un auteur du temps, plus que les maîtresses de dix rois réunis. « On ne pouvait rien voir, dit *le Manuel du voyageur aux environs de Paris*, par Villiers, an X, de plus précieux, de plus fini, que ces bronzes que Gouthière avait pour ainsi dire pétris. Le grand salon était orné d'une corniche à console, véritable chef-d'œuvre ; une autre pièce, le salon ovale, était revêtue de glaces qui répétaient une superbe cheminée de lapis en forme de trépied, d'une richesse prodigieuse de bronze. Depuis ces ouvrages, on n'a pas porté l'art de façonner le bronze à un plus haut degré de perfection. »

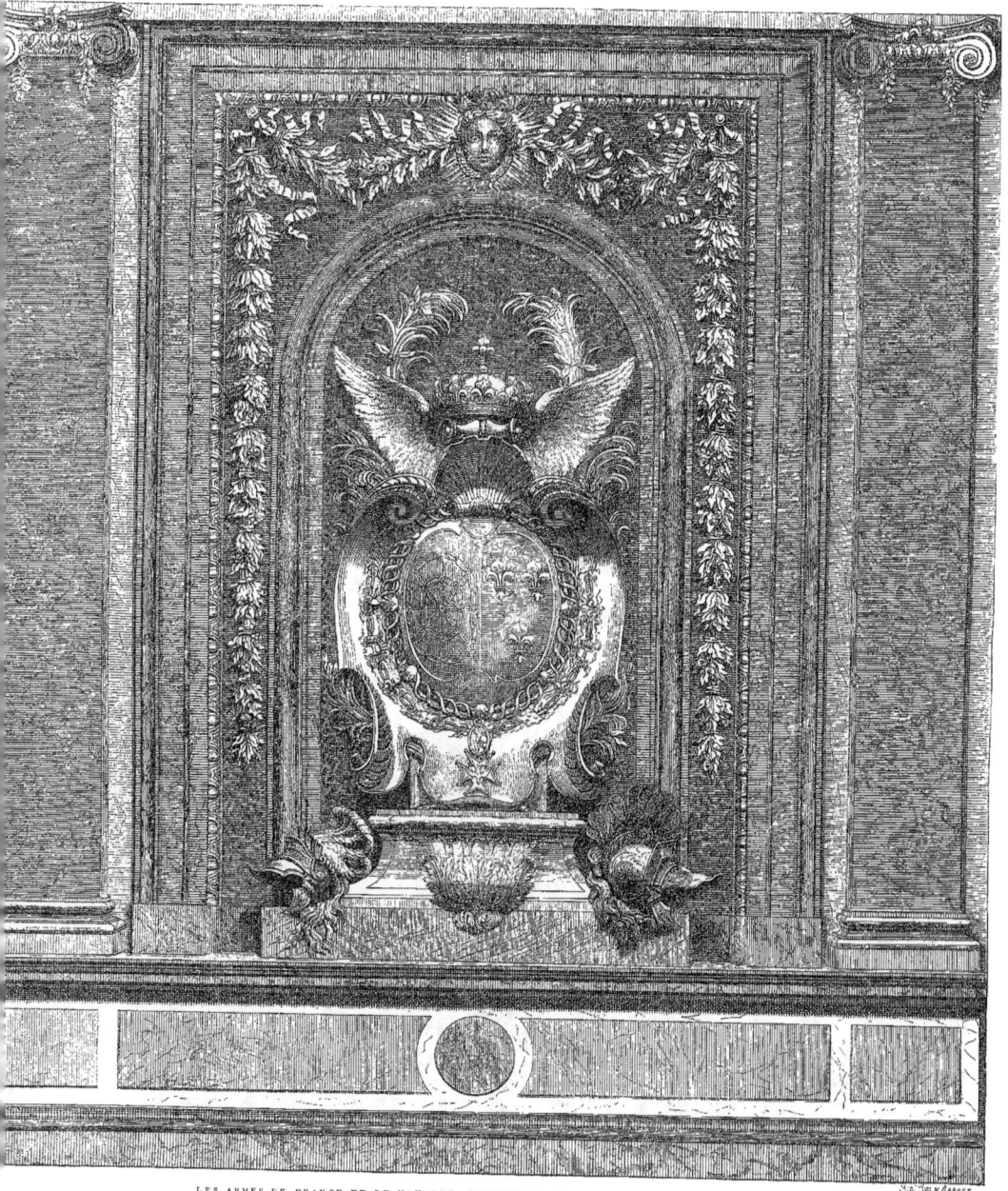

LES ARMES DE FRANCE ET DE NAVARRE, DANS LE GRAND ESCALIER DE VERSAILLES.
EXÉCUTÉES EN BRONZE, PAR ANTOINE COYSEVOX, SUR LES DESSINS DE CHARLES LEBRUN.

M. le baron Ch. Davillier, qui a fait sur Gouthière une étude spéciale, nous fournit les renseignements suivants sur la triste fin du grand artiste : « On sait, dit-il, que Mᵐᵉ du Barry, condamnée par un arrêt aussi injuste qu'inutile, fut exécutée le 8 décembre 1793. Peu de temps après sa mort, la commission des arts du département de Seine-et-Oise se transporta à Luciennes et fit l'inventaire de tous ses objets mobiliers saisis par le domaine, comme le furent alors tous les biens de condamnés à mort et d'émigrés. Gouthière, qui depuis longtemps n'avait rien reçu de la comtesse, réclama au Domaine, le 1ᵉʳ fruc-

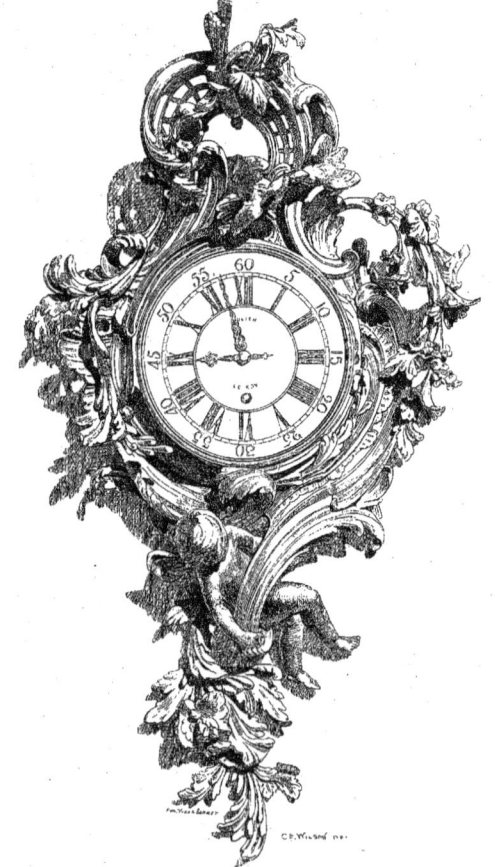

CARTEL EN BRONZE DORÉ. TRAVAIL FRANÇAIS DU TEMPS DE LOUIS XV.

tidor an III (10 août 1795), le payement de ses mémoires, qui montaient à 756,000 francs, somme considérable, même si l'on a égard à la dépréciation du papier-monnaie. Le ciseleur, qui prenait la qualité *d'inventeur de la dorure au mat*, expliquait dans sa réclamation qu'il « avait contribué de ses travaux aux « munificences de Luciennes ; la ciselure des bronzes d'un seul « piédestal et de quelques accessoires était évaluée 50,000 francs, « compris le voyage des ouvriers ; la monture et l'ajustage des « mêmes ornements, 46,000 francs ; la dorure, 63,000 francs , « pour la pose des dorures, 5,000 francs , compris le « voyage des ouvriers. Trois autres piédestaux pareils étaient « portés à 420,000 francs. » Bien qu'il consentît à réduire le tout de 756,000 francs à 642,000 francs, en retenant certains objets non terminés et non livrés, Gouthière ne put se faire payer par l'administration. Une commission avait été chargée de les examiner ; mais presque aucun des créanciers ne fut payé.

Plus de dix ans après, en 1806, le pauvre artiste, sans doute ruiné depuis longtemps, adressa au Domaine une nouvelle

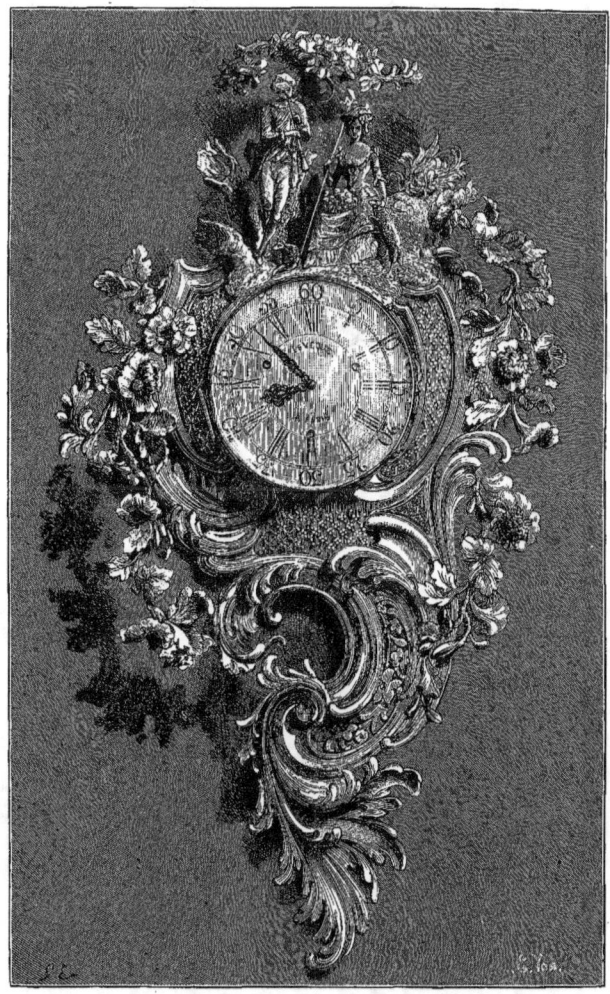

GRAND CARTEL LOUIS XV, EN BRONZE CISELÉ ET DORÉ.

demande en liquidation, mais sans plus de succès, et, réduit à solliciter une place à l'hospice, il mourut dans la misère. » Les documents cités par M. le baron Ch. Davillier, dans son cata- logue du cabinet du duc d'Aumont, sont extraits des pièces du procès intenté par Gouthière fils aux héritiers de Mme du Barry.

Parmi les pièces les plus célèbres qui sont considérées

comme étant l'œuvre authentique de Gouthière, il faut citer deux grands et magnifiques candélabres à trois lumières, en bronze ciselé et doré au mat, qui faisaient partie de la célèbre collection de San Donato. « Ils sont composés chacun, dit le catalogue, d'un vase ovoïde en diorite orbiculaire antique, élevé sur un trépied à têtes de satyres, en bronze doré, garni de trois anneaux et reposant sur trois sphinx ailés, en bronze vert, accroupis sur une base en marbre bleu turquoise; cette base est ornée de petites branches de vigne, de vases de fruits et de petites couronnes ; au centre du trépied, un serpent enroulé,

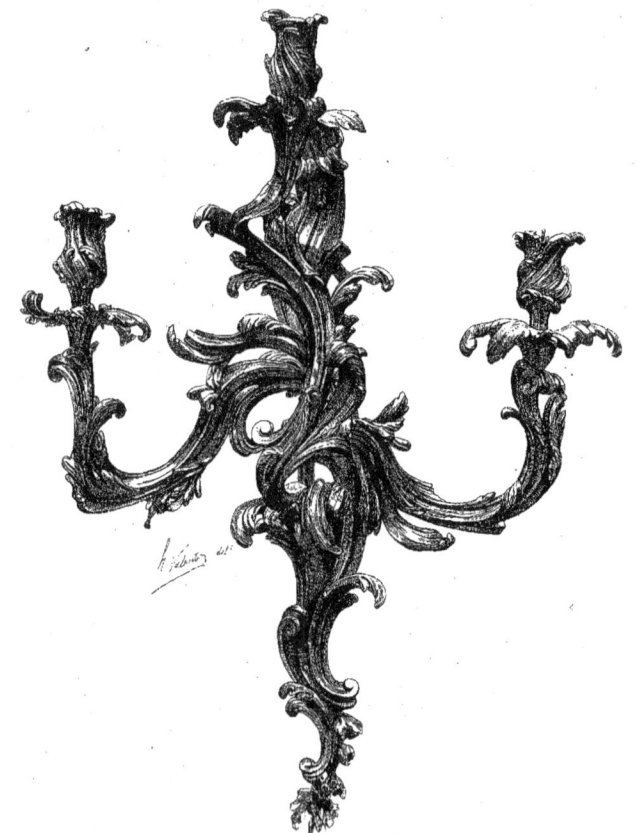

BRAS LOUIS XV, EN BRONZE DORÉ. (PALAIS ROYAL DE GÊNES.)

partant de la base, rejoint la partie inférieure du vase ; trois branches contournées, à feuilles d'acanthe et couronnées de vigne, sont placées au-dessus des têtes de satyres. Le haut du vase est surmonté d'un groupe de fruits d'où se détache un bouquet de roses et d'œillets, le tout en bronze ciselé et doré au mat, de la plus grande finesse. »

Un type que l'on rencontre assez fréquemment dans le mobilier du temps de Louis XVI, c'est le candélabre à trois lumières, formé d'une corne d'abondance que tient une figure de femme en bronze vert.

« Les bronzes Louis XVI ne se décrivent pas, dit A. Jacquemart ; les moins éclairés les reconnaissent entre tous. Ces groupes délicats enlacés pour soutenir des tiges multiples qui vont dérouler leurs rinceaux et fleurir en culots destinés à porter des lumières sans nombre, ces génies se jouant parmi les guirlandes de fleurs, et les acanthes dont les plus nombreux ont la souplesse de la fibre végétale; toute cette fine ornementation rivale du bijou, rendue plus douce encore par l'or mat qui lui enlève les reflets métalliques, c'était bien là ce qui convenait aux mœurs polies, épurées, qu'avait voulu inaugurer Marie-Antoinette. Posés sur les tables et les consoles mignonnes, sur les cheminées de marbre blanc, ces bronzes accompagnaient à merveille les délicates porcelaines de Sèvres, de la Saxe et de l'Inde. Certes, il y a loin de cette mièvrerie à la science robuste du xvie siècle, mais on y lit bien la politesse galante et le dernier sourire de cette société qu'une sanglante bourrasque va faire disparaître. »

La statuaire subit à la fin du xviiie siècle une transformation

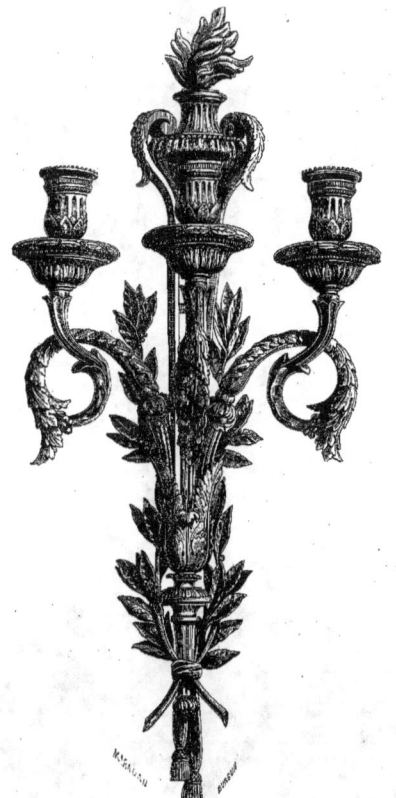

BRAS LOUIS XVI, EN BRONZE DORÉ. (PALAIS ROYAL DE GÊNES.)

complète qui s'opéra par un double mouvement. D'abord on vit une tentative de réalisme dont Pigalle et Houdon furent les représentants les plus décidés. Les bustes qu'on doit à ces deux artistes se distinguent par un caractère d'individualisme très prononcé, dont le portrait de Diderot, exécuté en bronze par Pigalle, est un des types les plus remarquables. Le mouvement classique, dont Louis David a été le représentant le plus décidé pour la peinture, eut naturellement son contre-coup dans la sculpture, mais il inspira peu d'ouvrages en bronze qui méritent d'être mentionnés. Dans les arts industriels, le retour à l'antiquité, que nous avons signalé dans l'orfèvrerie, modifia également le style des ouvrages en bronze, et on doit à Thomire des pendules et des statuettes meublantes qui caractérisent assez bien le goût qui a prévalu sous le premier Empire. Clodion, qui appartient à la même époque, fut un dissident qui, à cause de sa personnalité, mérite une mention spéciale. Dans ses statuettes, il a toute la grâce et même l'afféterie du xviiie siècle, dont il semble être un représentant égaré dans un monde peu fait pour l'apprécier, mais dans l'ornementation, et notamment dans les appliques en bronze doré dont il a donné les modèles, il semble céder à l'entraînement général, et ses ouvrages ne se distinguent pas essentiellement de ceux de ses contemporains.

Le mouvement romantique de 1830, en détachant les sculpteurs de l'étude trop exclusive de l'antiquité romaine, eut pour effet de les ramener à la nature, et un très grand progrès fut accompli à partir de cette époque, non seulement dans la sta-

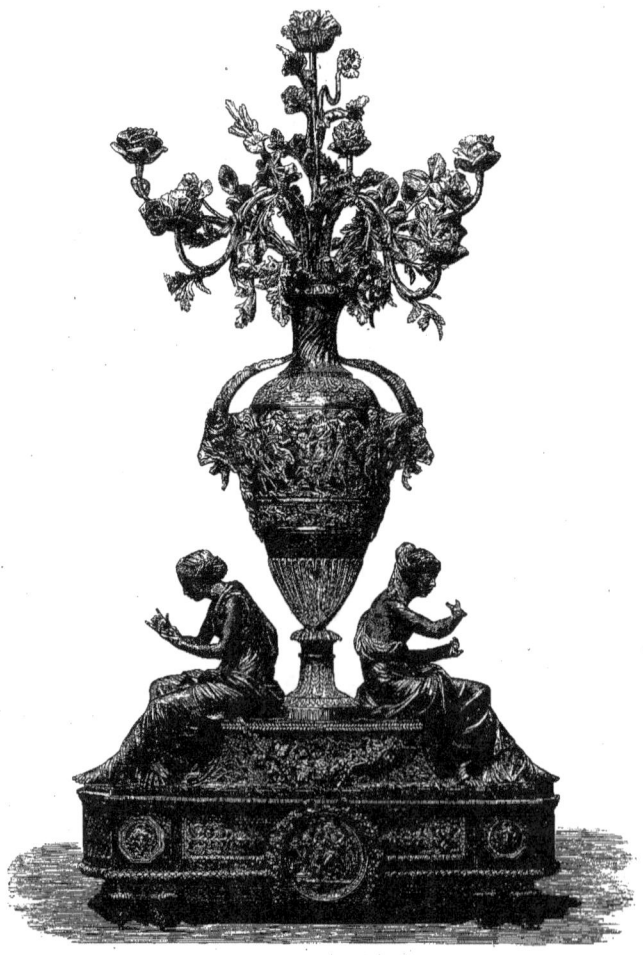

CANDÉLABRE EN BRONZE ET OR MAT, PAR GOUTHIÈRE. (PALAIS ROYAL DE MADRID.)

tuaire proprement dite, mais encore dans toutes les industries qui s'y rattachent. Dans les bronzes, Barye est certainement parmi nos sculpteurs contemporains celui qu'il convient de nommer en premier lieu, non seulement pour les admirables ouvrages qui décorent nos jardins publics et quelques-uns de nos édifices, mais encore pour les statuettes et les petits groupes d'animaux qu'il a faits en vue de l'industrie. Malgré la dimension très restreinte qu'il a dû donner à de petits bronzes destinés à être placés sur des cheminées ou même à servir de serre-papiers, Barye a su imprimer à toutes ses œuvres un caractère vraiment monu-

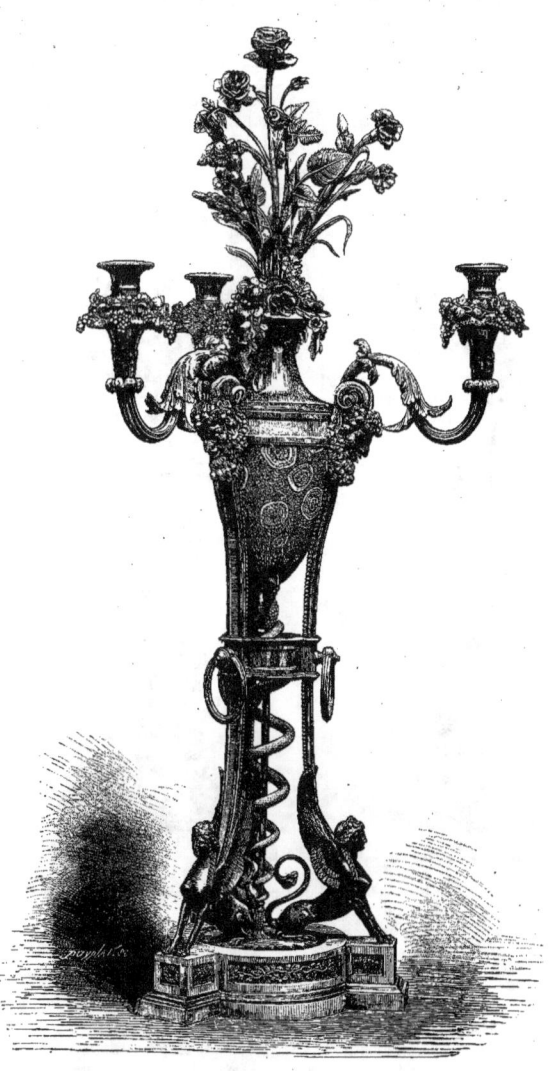

PAIRE DE CANDÉLABRES EN DIORITE ORBICULAIRE ANTIQUE ET BRONZE DORÉ,
PAR GOUTHIÈRE.

mental, et ses plus petits ouvrages pourraient toujours, s'ils étaient grandis, former la décoration d'une place publique. Un fait qu'il est bon de noter, parce qu'il est contraire à nos habitudes contemporaines, c'est que Barye, comme les sculpteurs de la Renaissance et de l'antiquité, ne se contentait pas de faire le modèle, il travaillait personnellement le bronze et n'était étranger à aucune des parties techniques de son art. « Quant à la reproduction de son œuvre en métal, dit M. Guillaume, j'admettrai volontiers que les soins de la fonte peuvent être distraits du labeur de celui qui crée le modèle. Un grand artiste que nous admirons tous, M. Barye, pense autrement. Il ne se remet à personne du soin de fondre ses ouvrages ; il ne les quitte qu'achevés ; il est dans le vrai. Mais l'habileté de nos fondeurs ne laisse rien à désirer. Chez eux l'on moule au sable d'une manière excellente : nos fontes brutes sont parfaites. Les procédés de la cire perdue ne sont point tombés dans l'oubli ; mais à cet égard notre indifférence est extrême..... Il est certain, ajoute M. Guillaume, que, dans l'antiquité, les statuaires non seulement mode-

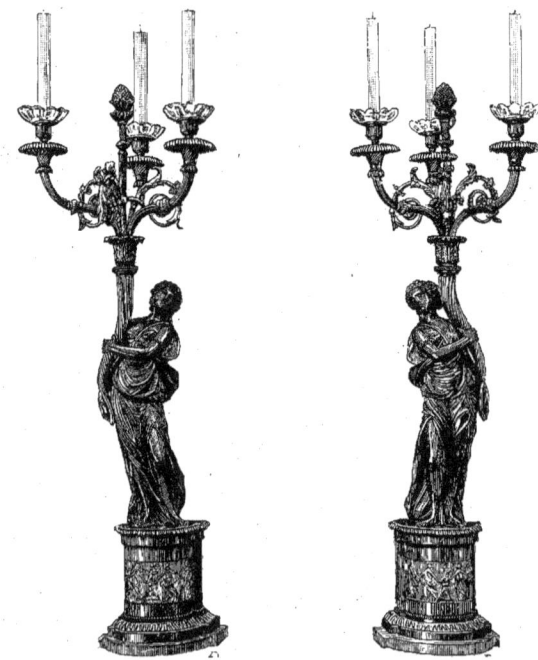

CANDÉLABRES LOUIS XVI.

laient leurs statues, mais encore qu'ils les fondaient et leur donnaient, en les ciselant eux-mêmes, la dernière main. Les artistes du moyen âge et ceux de la Renaissance continuaient ces errements. Quelques-uns même, et des plus illustres, se livraient par plaisir à des travaux que nous délaissons ; car nous savons que Brunelleschi, le grand architecte florentin, qui était aussi un grand sculpteur, dans ses loisirs, aidait Ghiberti à ciseler les portes du Baptistère. Si l'admiration qu'excitaient les beaux bronzes était raisonnée, les sculpteurs modernes essayeraient de suivre l'exemple de leurs devanciers. »

Voici comment Clarac, dans son grand ouvrage sur la sculpture, énumère les opérations de la fonte d'une statue équestre colossale à cire perdue, depuis le moment où le statuaire commence sa statue, jusqu'à celui où elle est prête à aller décorer un monument :

— Le statuaire fait son petit modèle en terre.
— On le moule en plâtre et il le répare.
— Il l'exécute en grand en terre.
— On le moule à creux perdu pour en avoir un plâtre.
— Le plâtre est réparé.
— On le moule à bon creux.
— On garnit le moule avec de la cire.
— On le construit dans la fosse et l'on place les armatures.
— On finit d'élever le moule et d'y repousser la cire.
— On coule le noyau.
— Le moule est démonté.

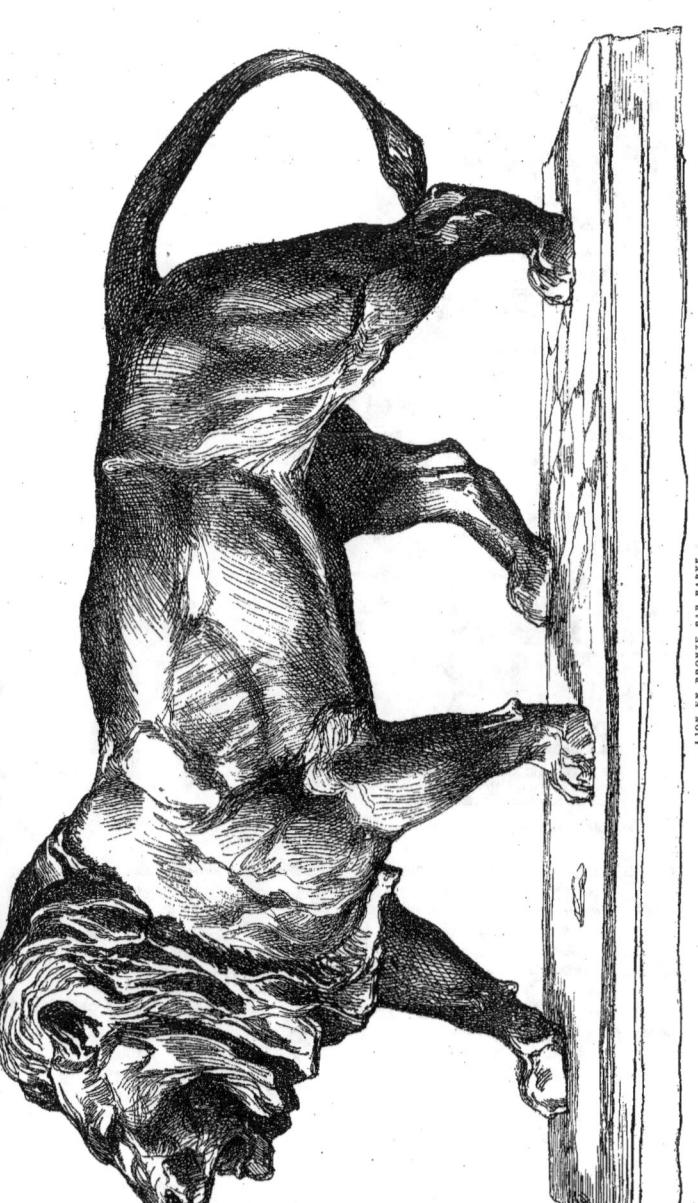

LION EN BRONZE, PAR BARYE.

— Après avoir réparé la cire, on dispose les jets et les évents.
— On fait le moule de potée.
— On rétrécit et l'on remplit la fosse.
— Fusion de la cire et cuisson du moule.
— On l'enterre et l'on fait l'écheno.
— Le moule étant prêt, on coule la statue.
— On la tire du moule.
— Elle est réparée, ciselée, assemblée, mise en place.

Ce n'est pas ici le lieu de décrire en détail chacune de ces opérations, mais, pour la partie technique de la fonte des grands ouvrages, on trouvera tous les détails désirables, soit dans le récit que Cellini a donné dans ses mémoires de la fonte de son *Persée*, soit dans les écrits du sculpteur Falconnet, qui décrit minutieusement toutes les opérations auxquelles il s'est livré

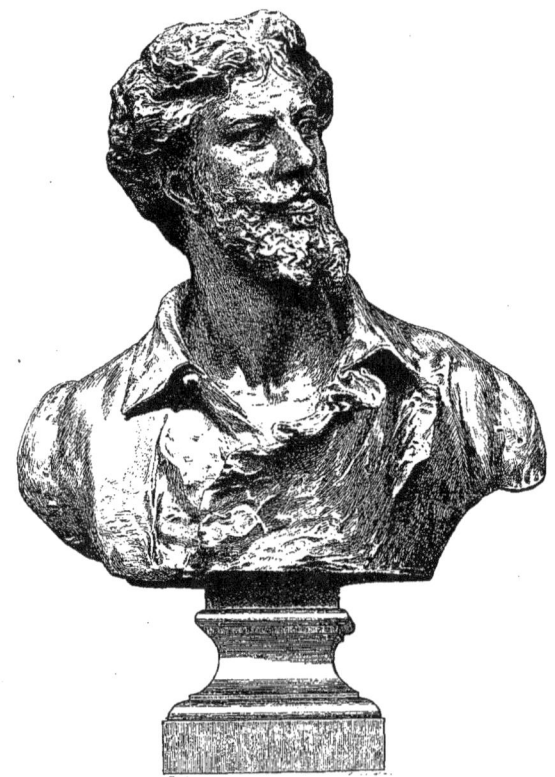

CAROLUS DURAN, BRONZE DE FALGUIÈRE.

pour la fonte de sa grande statue de Pierre le Grand, à Saint-Pétersbourg.

Revenons maintenant à la sculpture proprement dite. Nous croyons que les progrès accomplis depuis quelques années dans la statuaire en bronze sont dus en grande partie à M. Guillaume, qui a exercé une très grande influence, non seulement sur les jeunes artistes qu'il a si longtemps dirigés, mais encore sur le goût de ses contemporains. On n'a pas oublié la sensation que produisit au Salon de 1855 son beau groupe en bronze représentant les Gracques, qui est maintenant au musée du Luxembourg. Ce groupe marque véritablement une date, car c'est à partir de cette époque que les sculpteurs s'attachent de plus en plus à produire des ouvrages en métal.

Aujourd'hui, de grands ouvrages en métal décorent la plupart de nos édifices. Il suffit de rappeler l'*Apollon*, de Milet, qui surmonte l'Opéra, le *Génie des Arts*, de Mercié, qui décore le grand guichet du Louvre, et bien d'autres ouvrages remarquables dont l'énumération seule nous entraînerait trop loin.

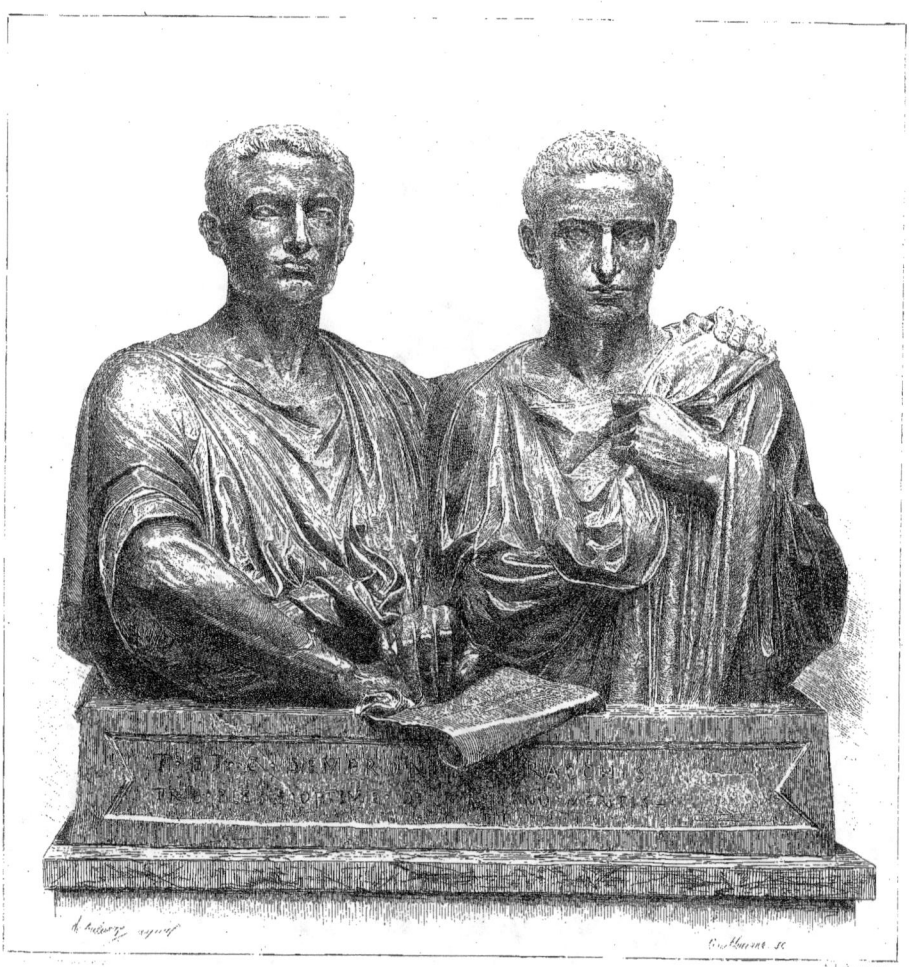

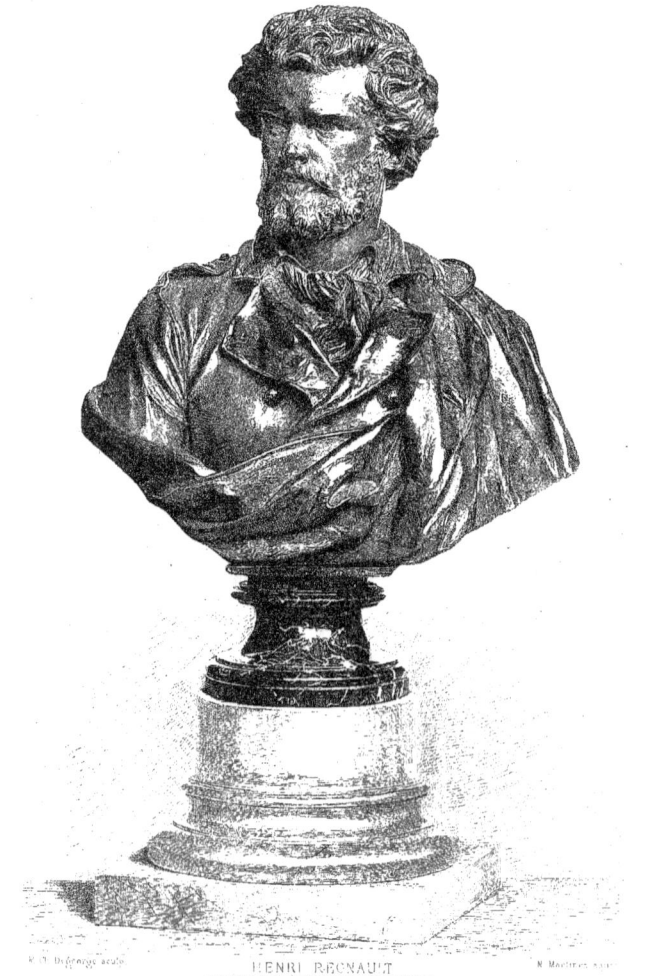

HENRI REGNAULT
(D'APRÈS LE BUSTE EN BRONZE DE M. CH. DEGEORGE)
(Monument commémoratif de l'École des Beaux-Arts)

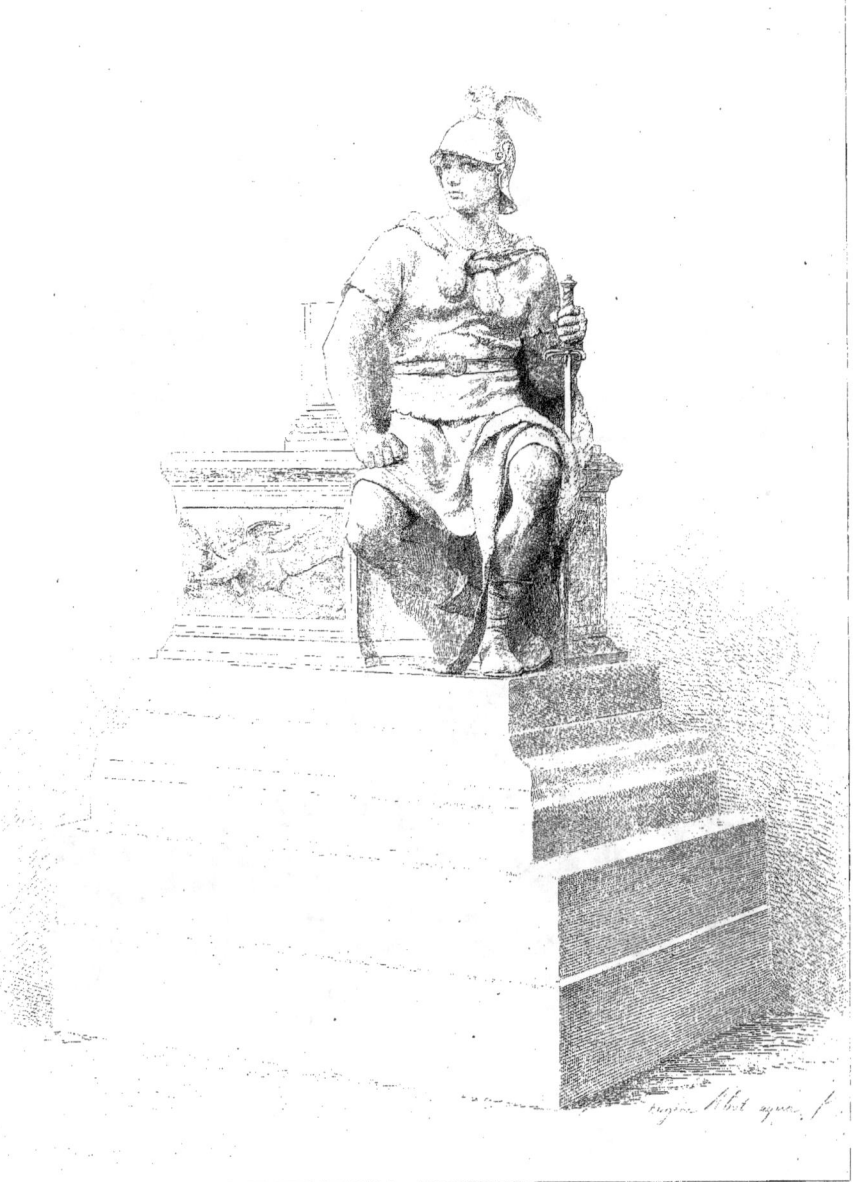

LE COURAGE MILITAIRE

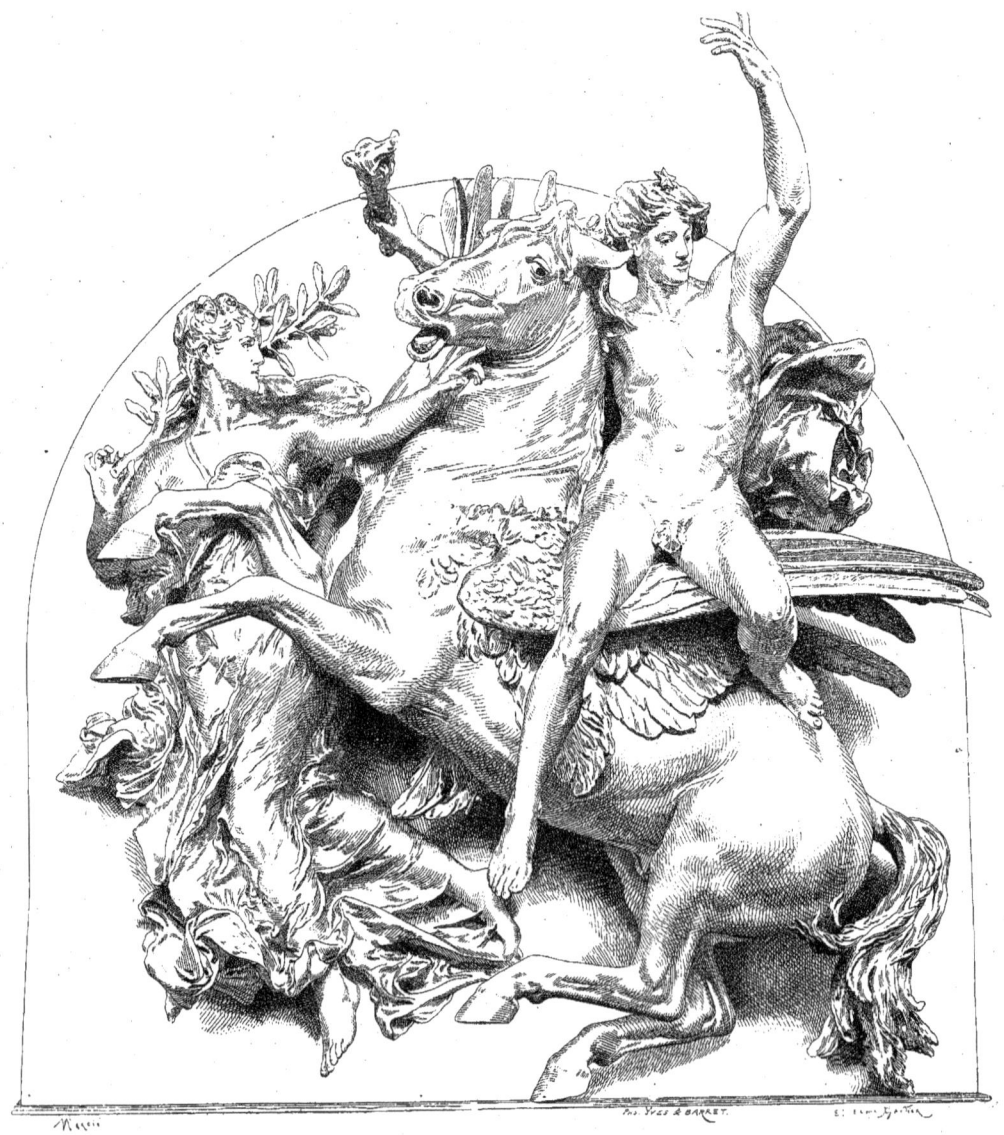

LE GÉNIE DES ARTS, PAR MERCIÉ.
HAUT-RELIEF POUR LE GRAND GUICHET DU LOUVRE.

Des animaux en bronze de grandeur colossale, des vases décoratifs ou des statues viennent tour à tour prendre place dans nos jardins publics, dans nos squares, sur nos places. Et Paris n'est pas seul à bénéficier de ce mouvement : la province le suit avec empressement, et honore ses grands hommes avec des statues ou des monuments commémoratifs. C'est ainsi que le conseil municipal de Besançon vient de faire placer sur la maison où est né Victor Hugo une plaque commémorative en bronze, composée et exécutée par M. Villeminot, et qui a figuré à l'exposition de l'Union centrale en 1880.

M. Villeminot, auquel on doit plusieurs ouvrages d'un caractère monumental, notamment le grand lion qui figurait à l'Exposition universelle de 1878 et le grand vase décoratif qui décore maintenant le square de la rue de Sèvres, est aussi un des artistes qui ont le plus contribué à élever nos industries d'art à la hauteur où nous les voyons aujourd'hui. Ce genre est cultivé aujourd'hui par des hommes du plus grand mérite.

Parmi ceux-ci, il est impossible de ne pas nommer en passant M. Pyat, qui a composé les modèles d'une foule de candélabres, de pendules, de vases et d'objets de tous genres, souvent remarqués à nos expositions, et M. Constant Sévin, qui est plus spécialement attaché à la maison Barbedienne, et qui est l'auteur, entre autres choses, de la belle pendule style Renaissance que tout le monde a admirée en 1878. M. Barbedienne occupe aujourd'hui le premier rang parmi nos fabricants de bronzes d'art : il a acquis cette haute position autant par le zèle qu'il met à s'entourer des collaborateurs les plus habiles, lorsqu'il s'agit de montrer des modèles nouveaux, que par le soin qu'il apporte à ses belles reproductions des ouvrages du passé. Ajoutons que, pour la beauté de ses fontes, M. Barbedienne peut rivaliser avec les meilleurs modèles du passé, et avec ceux de l'extrême Orient qu'il a étudiés mieux que personne. Nous n'avons pas à revenir ici sur la beauté des ouvrages orientaux dont nous avons déjà longuement parlé à propos de l'orfèvrerie, des émaux et des armes.

LES APPLICATIONS MOBILIÈRES

Le métal, qui, dans les meubles de l'antiquité, avait été la matière première dominante, prend un rôle tout à fait accessoire quand on arrive au moyen âge. Les lits, les sièges, les tables sont en bois, et si le fer apparaît dans les bahuts, c'est principalement dans la serrure. Si nous exceptons des petites cassettes portatives qui se rattachent à l'orfèvrerie plus encore qu'au mobilier proprement dit, et divers objets d'un caractère tout à fait spécial, comme les candélabres, nous voyons que, pendant le XV° et le XVI° siècle, le métal ne s'associe que d'une manière assez restreinte aux meubles alors en usage.

Les cabinets italiens, tout chargés de peintures, de mosaïques, de marbres de différentes couleurs, de pierres précieuses, ne pouvaient donner qu'une place secondaire à la décoration métallique. On trouve pourtant le bronze doré sur les chapiteaux des colonnes torses, dans les statuettes qui couvrent les frontons, et quelquefois dans les moulures et les ornements des pilastres. Mais c'est seulement en France, et à partir du XVII° siècle, que le métal commence à constituer le véritable élément décoratif du mobilier.

Voici comment A. Jacquemart résume l'histoire des transformations du meuble depuis la Renaissance : « Pendant la Renaissance, dit-il, les préoccupations sculpturales et la recherche des formes de l'architecture entraînent le mobilier dans une voie sérieuse, incompatible avec les coquetteries du bois coloré ; lorsque, sur la fin, le besoin d'une élégance un peu tapageuse se manifeste, c'est par les applications d'ivoire gravé et par l'adjonction des pierres dures ; l'architecture domine encore ; elle se pare de joyaux comme les personnages de la cour.

« Sous Louis XIII, le meuble se fait grand à l'unisson des autres ouvrages d'art ; l'ébène, que la sculpture ne parvient pas à égayer, cherche un appoint dans le bronze ciselé ou même dans l'application du cuivre repoussé ; la Flandre essaye déjà d'y joindre des encadrements d'écaille.

« Mais voilà Louis XIV, voilà Boulle, et le bois s'incruste d'écaille et de métaux brillants, pour se mettre au niveau du luxe des palais ; le meuble est encore officiel, pompeux, étranger à la vie intime, ou bien il n'y pénètre pour ainsi dire que par le côté extérieur : le salon de réception, le cabinet de travail du magistrat et de l'homme public. S'il est permis de chercher les indices des modifications à venir, c'est là qu'on les trouvera : la tablette du bureau prend des contours ; ses avant-corps s'infléchissent en courbes bombées ; ses pieds, légèrement assouplis en S, viennent poser sur des entre-jambes en X ; il y a détente dans la rigidité générale du meuble officiel admis à Versailles, et primitivement inspiré par le génie compassé de Lebrun, puis perpétué par la rigide discipline des Gobelins.

« Sous la Régence et pendant les jeunes années de Louis XV, tout va changer : les bois divers vont triompher et parer des meubles d'une forme nouvelle ; les petits appartements vont se substituer aux salons d'apparat ; la chambre à coucher va devenir le nid de la vie privée et s'entourer du boudoir, du cabinet, de ces mille recoins élégants et commodes pour la comédie à surprises et cachettes que va jouer la société française.

« Ainsi, que de choses nouvelles : la commode véritable avec ses divisions multiples ; le caprice est poussé à tel point que souvent la loi fondamentale de l'art, la *convenance*, est totalement oubliée ; pour créer des perspectives à l'œil, le meuble n'a plus ses côtés parallèles ; ils se courbent en s'écartant pour aller s'accoter sur un fond beaucoup plus large que la face antérieure, en sorte que les tiroirs, forcément rectangulaires, s'isolent dans le vide et laissent entre leur côté et celui du meuble des cavités complètement perdues. Plus tard, lorsque les ébénistes voulurent rentrer dans des formes plus sages, pour ne pas perdre l'avantage pittoresque de ces dispositions en éventail, ils flanquèrent de petits meubles d'une sorte d'étagère en quart de cercle où se logeaient les bibelots à la mode, les choses de pro-

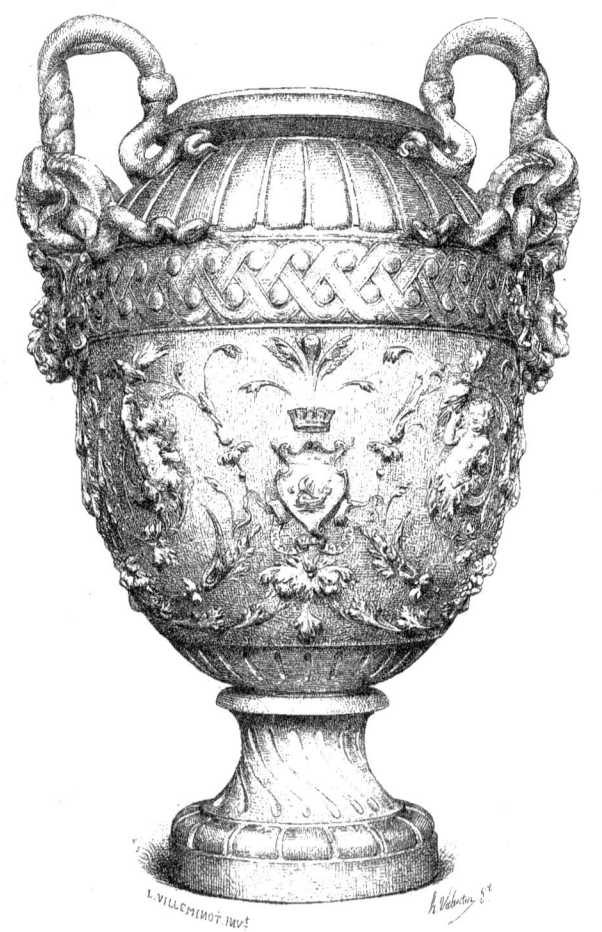

VASE EN BRONZE
Appartenant à la Ville de Paris

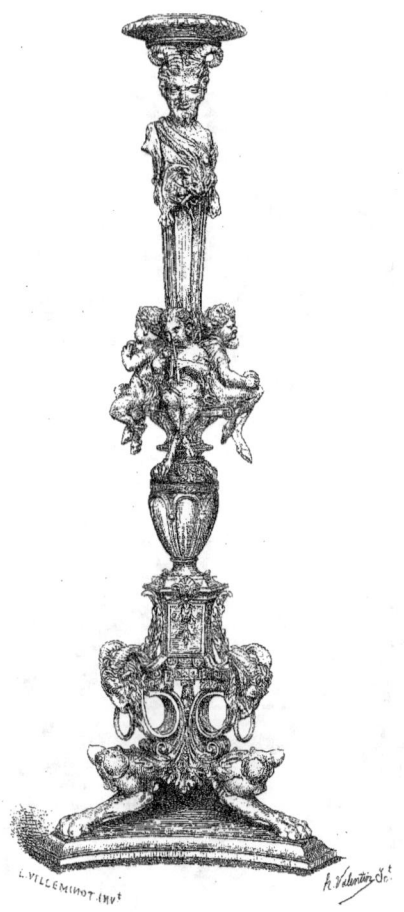

TORCHÈRE EN CUIVRE POLI
Appartenant à Madame Eric Lepel-Cointet

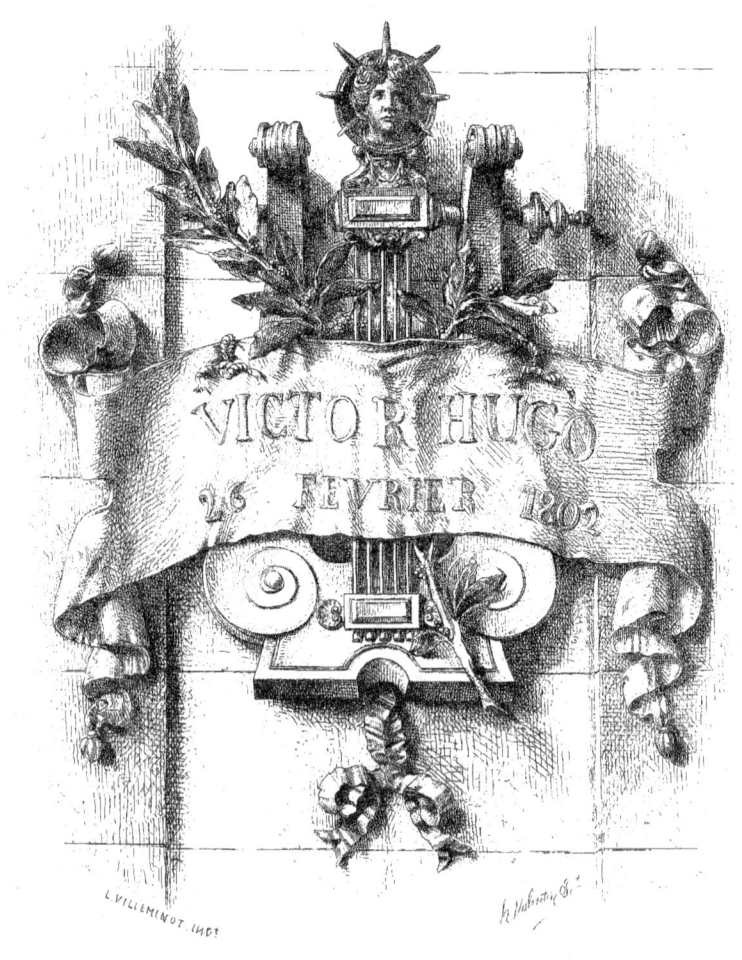

PLAQUE COMMÉMORATIVE EN BRONZE
Appartenant à la Ville de Besançon

venance exotique ou les fines porcelaines de Sèvres et de Saxe. En rentrant dans la logique architecturale du meuble, ils avaient ajouté à sa richesse et satisfait au goût du moment. »

Dès le règne de Henri IV, mais principalement à partir de Louis XIII, on voit en effet le métal tenter de s'associer au bois dans le mobilier. Dans les retables, les enroulements un peu massifs de l'ornementation encadrent des petits bas-reliefs sculptés, parfois avec une grande finesse. Mais la marqueterie de Boulle a été considérée comme une véritable innovation. Le nom de Boulle a été porté par toute une famille d'artistes, qui s'est fait un nom pendant tout le xviie siècle, par les meubles sortis de leur fabrique ou exécutés sous leur direction. Le plus célèbre de cette famille est André-Charles Boulle, fils de Jean et neveu de Pierre Boulle, qui, tous deux, étaient logés au Louvre et portaient le titre de

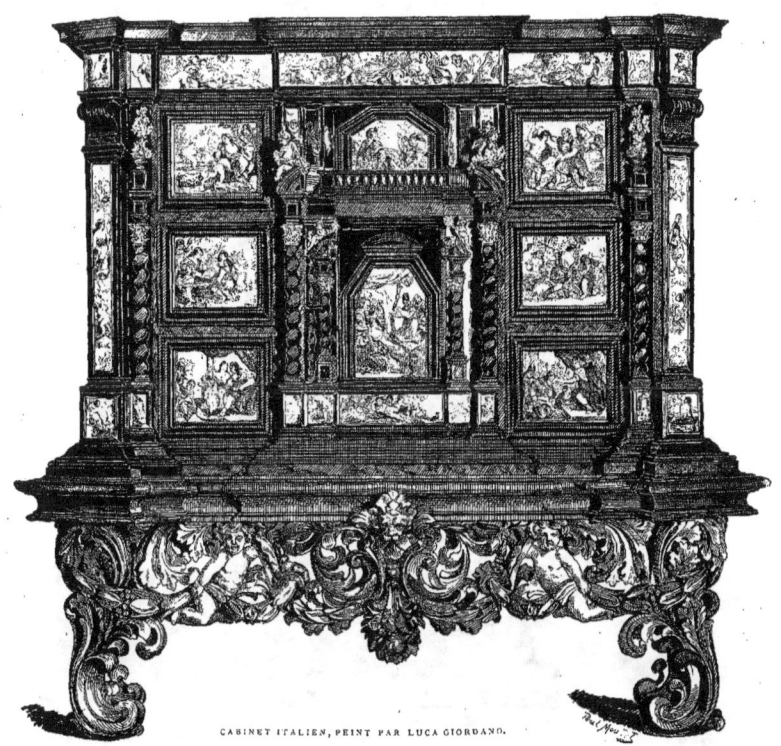

CABINET ITALIEN, PEINT PAR LUCA GIORDANO.

menuisiers du roi. André-Charles Boulle, né en 1642, mourut à l'âge de quatre-vingt-dix ans, et le *Mercure de France* annonce sa mort en ces termes (mars 1732) : « André-Charles Boulle, natif de Paris, architecte, peintre et sculpteur en mosaïque, ébéniste, ciseleur et marqueteur ordinaire du Roy, né en l'année 1642, le 10 novembre, est mort à Paris, dans les galeries du Louvre, où il avait l'honneur d'être logé depuis l'année 1672. Cet illustre artiste, dont le mérite était connu en France et dans les pays étrangers, est infiniment regretté par les amateurs des beaux-arts. Il laisse des fils de sa profession, héritiers de ses talents et de son logement aux galeries du Louvre. »

Parmi les œuvres de Boulle qui joignent un caractère historique à une authenticité incontestable, nous pouvons citer deux magnifiques coffrets de mariage, à deux corps et à trois faces, qui ont été commandés au célèbre ébéniste par Louis XIV, à l'occasion du mariage du grand dauphin, son fils, avec Marie-Christine de Bavière. Ces deux chefs-d'œuvre, dont la forme et la décoration sont à peu près identiques, sont restés au palais de Versailles, jusqu'à ce que le grand dauphin les fît transporter au château de Meudon, sa résidence favorite, où il mourut. Ils ont ensuite passé en d'autres mains, et faisaient naguère encore partie de la fameuse collection de San Donato, à Florence. Voici comment le catalogue décrit ce meuble : « Il est à double couvercle et à six ornements à cannelures en bronze doré, servant d'abattants et recouvrant six séries de tiroirs à bijoux, à deux mascarons de têtes barbues aux angles, à six mascarons de têtes de femmes laurées, servant de serrures aux abattants, qui ont à leur base six mufles de lions; le tout en bronze doré, ainsi que les tores de lauriers et la pomme de pin couronnant ce meuble splendide, dont la marqueterie, en première partie pour le corps du meuble, en seconde pour le couvercle, est exécutée en cuivre et en étain sur écaille. Les entrées de serrure sont formées de dauphins en bronze doré. La base, supportée sur la face par quatre balustres accolés, n'est pas d'une moindre richesse d'ornementation en bronze doré et travail précieux de marqueterie. Elle est reliée par un entrejambes cintré, orné d'un plateau circulaire en bronze doré. A la partie supérieure, un tiroir à entrée de serrure en bronze doré, représentant une tête laurée. Les

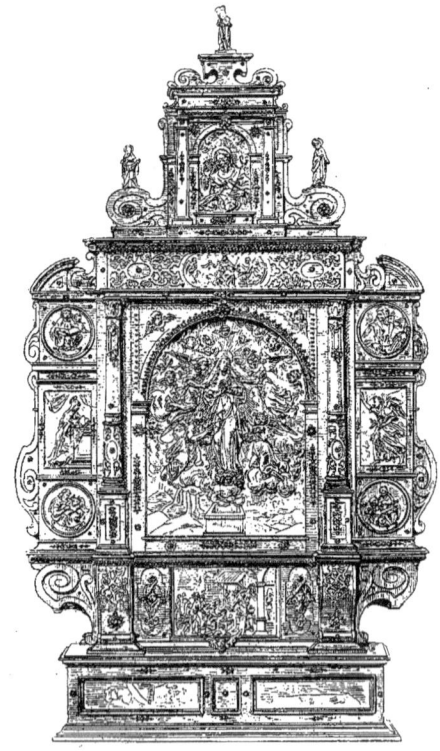

RETABLE EN ÉBÈNE ET ARGENT REPOUSSÉ, TRAVAIL FRANÇAIS DU TEMPS DE LOUIS XIII.
(COLLECTION DE M. GERMAIN BAPST.)

deux intérieurs ne sont pas d'un moins riche travail de marqueterie que l'extérieur, et présentent une série de tiroirs invisibles à secret. Sur chacune des faces, une poignée en bronze doré, qui aide à ouvrir les tiroirs intérieurs. Trois clefs qui sont, elles aussi, des modèles de luxe dans leur genre, accompagnent ce meuble qui n'a d'autre rival que le suivant, son pendant... Boulle a reproduit le meuble précédent, avec cette seule différence que le corps est en seconde partie et la marqueterie du couvercle en première. Il n'a apporté de sérieuses modifications qu'à la base ; elle n'a point de tiroirs, n'est supportée sur la face que par deux balustres ornés à leurs angles supérieurs de quatre têtes d'agneau en bronze doré, et présente au milieu un large et fort beau mascaron, tête de satyre couronnée de pampres, en bronze doré. L'entrejambes cintré est remplacé par un panneau de marqueterie rectangulaire. — Nous ne connaissons pas d'œuvres de Boulle d'un plus grand caractère, d'une plus admirable perfection. »

Les pendules monumentales en marqueterie de Boulle sont quelquefois d'un caractère superbe. La gaîne, enrichie de beaux

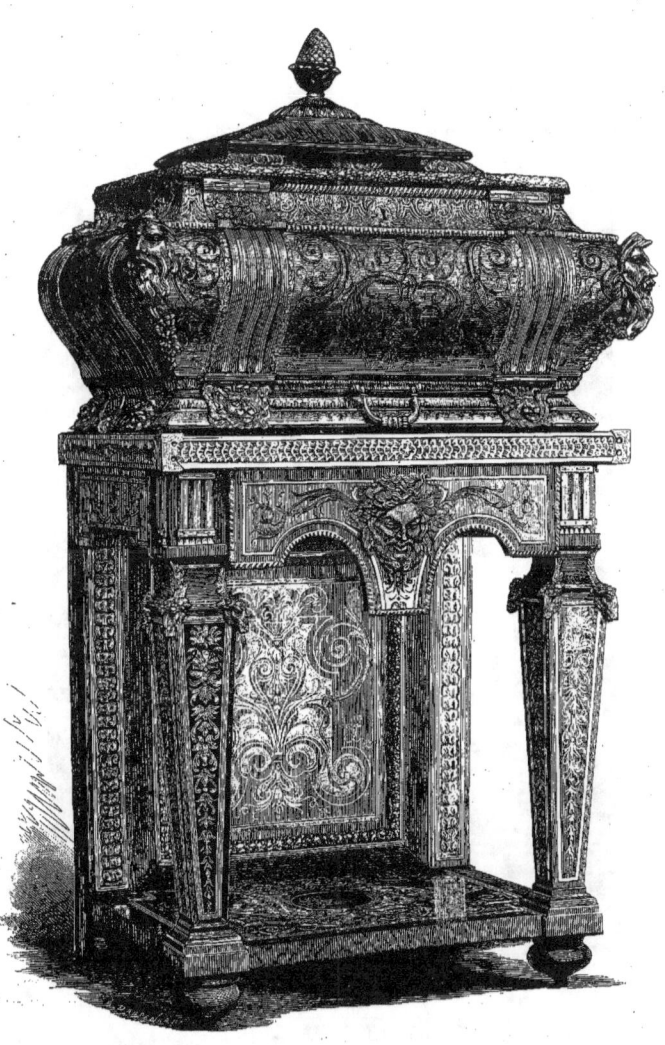

COFFRET DE MARIAGE, COMMANDÉ A BOULLE, PAR LOUIS XIV, POUR LE MARIAGE DU GRAND DAUPHIN.

bronzes dorés, porte la pendule, habituellement surmontée d'une figure du Temps. Dans une de ces pendules, on voit, sous le mouvement, un joli bas-relief représentant les Parques.

« Les ouvrages de cet habile homme, dit Gersaint, en parlant de Boulle, sont toujours recherchés avidement par les curieux, quoiqu'ils soient d'un goût différent de celui qui règne aujourd'hui... Jamais on n'a travaillé avec plus de goût, plus de soin, plus de solidité et plus d'honneur que lui, et rien ne sortait de ses mains qui ne fût à l'abri de tout reproche, même jusqu'aux parties qu'il était obligé de confier au dehors... »

Crescent père et fils, qui vinrent après Boulle et firent également des meubles enrichis d'ornements en cuivre et en écaille, acquirent une grande réputation sous la Régence. Crescent fils portait le titre « d'ébéniste des palais du duc d'Orléans », et ses

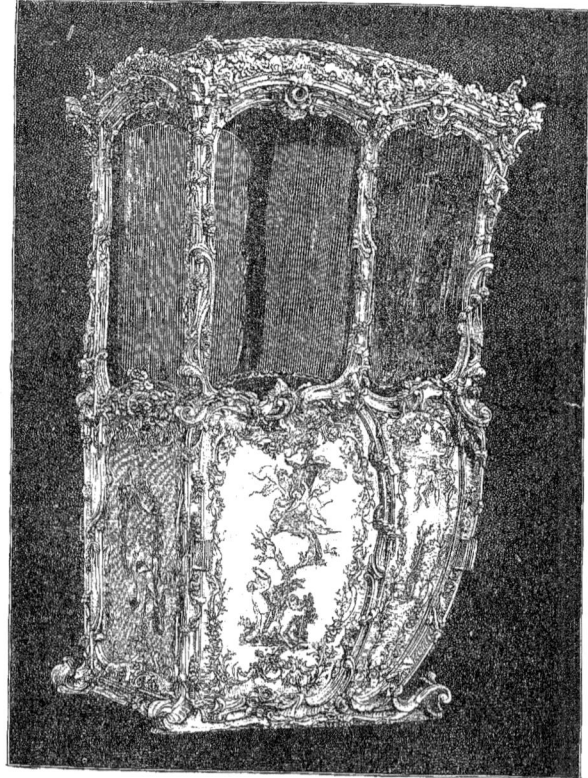

CHAISE A PORTEURS, STYLE LOUIS XV.

ouvrages, comme il le dit lui-même, « peuvent se placer dans les plus beaux appartements des personnes les plus curieuses ».

« C'est au XVIII⁰ siècle, dit A. Jacquemart, que le bronze, appliqué à l'ornementation mobilière, prend chez nous une importance capitale ; il s'agissait de le faire concourir aux décorations somptueuses des palais, et de le mettre souvent en rivalité avec l'orfèvrerie monumentale alors en usage. Est-ce aux mêmes mains que sont dus les spécimens des deux arts ? Il est permis de le supposer en les voyant sortir d'un centre unique en vertu d'une même impulsion : la réunion au Louvre, puis aux Gobelins, de tous les artistes chargés de la confection du mobilier royal, la surintendance des travaux donnée à un même artiste, homme de haute réputation, devaient avoir pour effet d'amener une harmonie d'ensemble en rendant toutes les individualités solidaires d'une pensée unique. Aussi, s'il est possible encore de saisir quelque ressouvenir du passé dans les bronzes des époques de Henri IV et de Louis XIII, le règne de Louis XIV se présente de toutes pièces, avec ce style quelque peu gourmé, mais plein de grandeur, dominé par les formes de l'architecture contemporaine et par le génie de Lebrun. »

COMMODE GARNIE DE BRONZES PAR CAFFIERI, STYLE LOUIS XV.

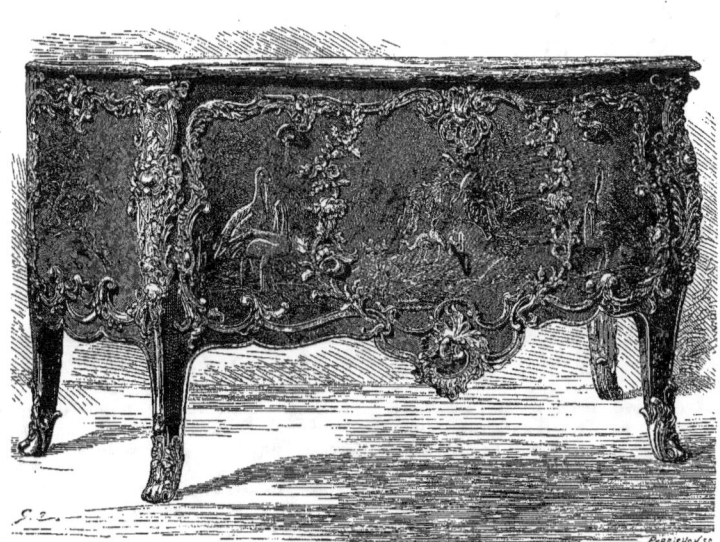

COMMODE EN VIEUX LAQUE, GARNIE DE BRONZES PAR CAFFIERI, STYLE LOUIS XV.

A l'époque où Boulle découpait le cuivre et le mêlait si ingénieusement à l'écaille pour la décoration des meubles, le goût de la dorure était à peu près général dans la décoration. On n'est donc pas surpris de voir le bois sculpté et doré prendre dans le mobilier une grande importance, et chercher à remplacer les applications métalliques mises à la mode par Boulle et ses successeurs. Il est à remarquer même que c'est surtout dans les meubles en bois sculpté et doré que le style a commencé à se contourner et les ornements à prendre une importance prépondérante aux dépens des grandes lignes, ce qui a formé le genre appelé rocaille. Une belle table, qui a appartenu au grand dauphin, fils de Louis XIV, et qui fut plus tard donnée à Necker par Louis XVI, montre bien cette période de transition. Ce superbe meuble, qui provient du château de Versailles, a été ensuite au château de Coppet, d'où il est passé en Italie : il faisait partie de la collection aujourd'hui disséminée du château de San Donato.

« Quant à Louis XV et à la Régence, ce fut, dit A. Jacquemart, une transformation absolue; avec le mobilier intime, on vit commencer l'ère des chicorées et des rocailles, en même temps que la perfection de la ciselure; parmi les promoteurs du genre, il faut citer Meissonnier qui, peut-être, poussa le caprice jusqu'à

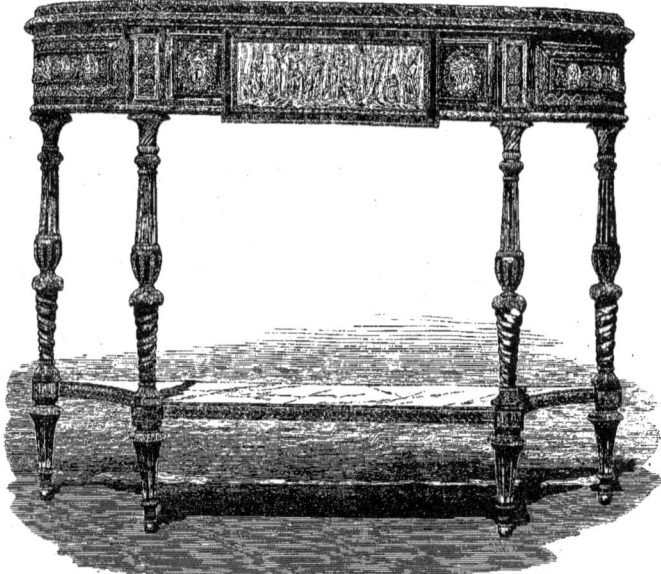

CONSOLE EN MARQUETERIE, ORNÉE DE BRONZES DORÉS ET PLAQUES DE WEDGWOOD. (PALAIS ROYAL DE MADRID.)

l'exagération; mais les artistes d'un mérite rare apparurent alors : tel Philippe Caffieri, dont les almanachs nous donnent l'adresse rue des Canettes; issu d'une famille de sculpteurs renommés, sculpteur lui-même, il imprima à ses ouvrages un cachet de bon goût et de remarquable élégance. On peut citer parmi ses meilleurs ouvrages les meubles chargés de bronzes que nous avons déjà mentionnés : l'un dans la collection de Sir Richard Wallace, l'autre chez M. le baron Gustave de Rothschild. Pour éviter que ses travaux fussent confondus avec la masse des imitations qu'on cherchait à en faire, il les poinçonnait d'un C couronné qu'il appliqua jusque sur les objets formant sa collection : nous l'avons vu sur un magnifique bronze florentin et sur un groupe en bronze du Laocoon, aujourd'hui classé dans le cabinet de M. Charles Mannheim. Caffieri eut un rival ; Crescent, dont les bronzes sont aussi fort remarquables, serait plus connu, si sa réputation n'eût été éclipsée par celle de son élève Gouthière. N'oublions pas Gallien, dont les recherches de M. Louis Courajod révèlent le mérite. « C'est en effet un véritable artiste, dit-il, que ce Gallien, à qui Duvaux demanda une grille; son titre modeste de « maître fondeur » ne l'a pas fait assez remarquer. Ses contemporains cependant appréciaient bien son mérite. Il modela et exécuta pour le roi différentes horloges de grand apparat et destinées à décorer certains appartements publics des palais de la couronne. C'est à lui que les intendants des menus commandèrent de dessiner, fondre et ciseler la superbe pendule de la cheminée du cabinet du conseil, à Versailles, lors de la réfection de ce salon, en 1756. Elle représentait la France gouvernée par la Sagesse, et couronnée par la Victoire, qui accorde sa protection aux Arts. Elle fut payée 6,500 livres à son auteur. L'admiration qu'excita cette œuvre est constatée par le duc de Luynes dans ses *Mémoires*. »

« C'est du fils de Philippe Caffieri, deuxième du nom, qu'il est question ici, dit le baron Ch. Davilliers. Il ne se voua pas à la grande sculpture et ne fut pas, comme Jean-Jacques, de

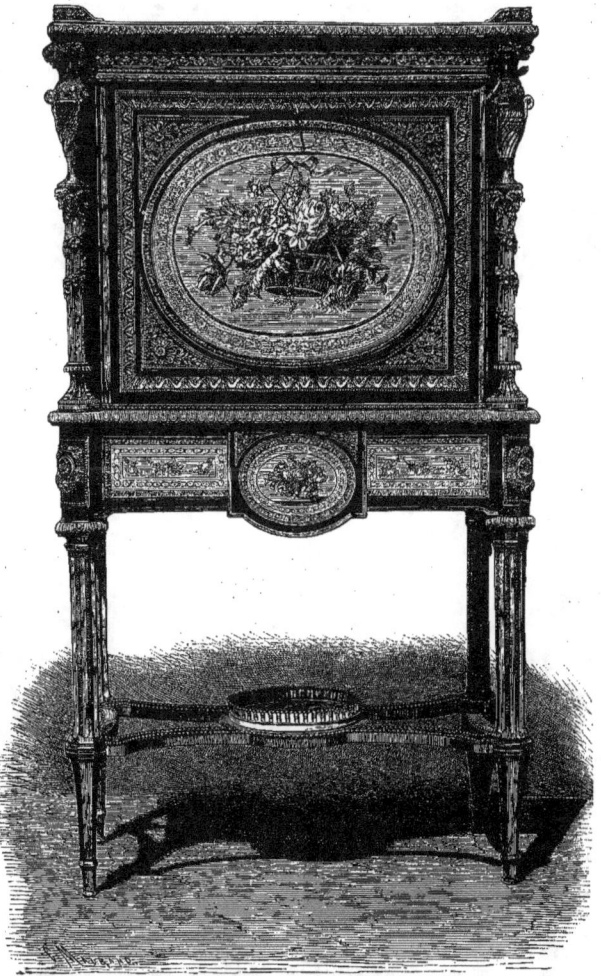

CABINET EN MARQUETERIE, ORNÉ DE BRONZES DORÉS ET DE PLAQUES DE SÈVRES, PATE TENDRE.
(PALAIS ROYAL DE MADRID.)

l'Académie royale. Il borna son ambition à être membre de la modeste Académie de Saint-Luc. Parfois, cependant, il lui arriva de collaborer pour ainsi dire avec son frère, en ajoutant aux ouvrages de celui-ci la partie ornementale. Philippe Caffieri acquit de son vivant une grande réputation pour les bronzes d'ameublement; l'*Almanach Dauphin* de 1711 le cite parmi les artistes les plus connus de l'Académie de Saint-Luc, et comme « renommé pour ciseler et fondre » ; il figure aussi dans l'*Almanach des Marchands*, parmi les fondeurs acheveurs. » Les anciens catalogues nous montrent que ces ouvrages étaient fort recherchés. On décrit dans celui de La Live de Jully (1769), sous la rubrique Philippe Caffieri, un corps d'armoire de vingt-deux pieds de long, une grande table de bureau, une écritoire, un secrétaire et une pendule. « C'est, dit P. Rémy, un tout ensemble de la plus grande conséquence, à l'imitation des ouvrages du fameux Boulle. Ce meuble est de Philippe Caffieri, cet artiste si célèbre. » Mentionnons encore rapidement, parmi les ouvrages de notre artiste, les bronzes qu'il fit pour Notre-Dame, bronzes « d'un travail admirable », suivant un auteur contemporain. N'oublions pas une magnifique commode appartenant à M. le marquis d'Hertford ; elle est ornée de très beaux bronzes de style rocaille, et porte, sur un des rinceaux de droite : *Fait par Caffieri.* »

« Quant aux formes, dit Albert Jacquemart, elles prennent des licences inimaginables ; tout se gonfle pour se profiler en lignes singulières ; rien de droit, de régulier ; les angles s'arrondissent ou se creusent ; des sinuosités inattendues sillonnent les surfaces ; les choses ventrues, contournées, tarabiscolées, sont

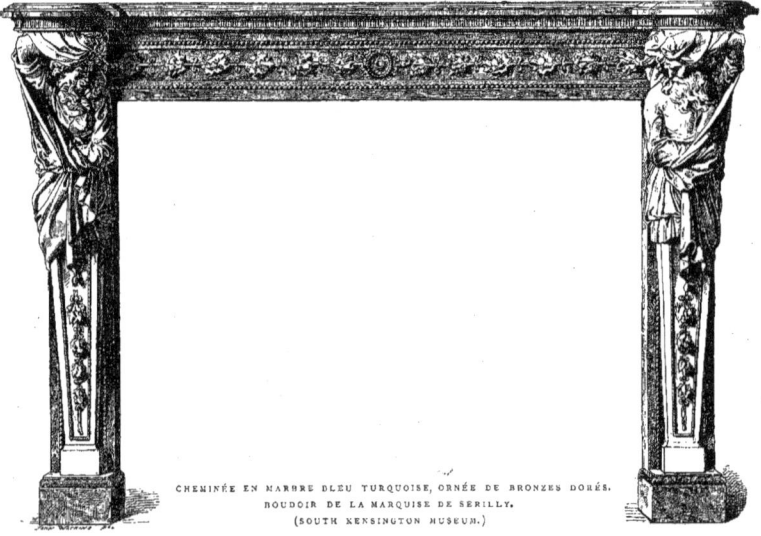

CHEMINÉE EN MARBRE BLEU TURQUOISE, ORNÉE DE BRONZES DORÉS.
BOUDOIR DE LA MARQUISE DE SÉRILLY.
(SOUTH KENSINGTON MUSEUM.)

seules admises, et là-dessus croissent et se développent des végétations de bronze à chicorées impossibles ; le cuivre doré d'or moulu rampe en bordures capricieuses, surgit tout à coup en poignées imprévues, se contourne en encoignures, forme des guirlandes détachées ; ainsi se complète un tout bizarre, toujours spirituel et parfois élégant à force de singularité. »

Un autre meuble qui, dans le siècle de Louis XV, prend une allure extrêmement gracieuse et vraiment caractéristique de l'époque, c'est la chaise à porteurs. Le musée de Cluny en possède qui sont de toute beauté, et plusieurs grandes collections d'amateurs en montrent des types d'une rare élégance. Mais je n'en connais pas dont la forme soit plus gracieuse que celle qui faisait partie des collections de San Donato. Cette chaise, en bois sculpté, est entièrement décorée sur fond d'or, et couronnée d'un revêtement et d'une galerie en bronze doré à jour. Les panneaux extérieurs sont peints de sujets mythologiques, et l'intérieur est garni de velours rouge de Gênes.

Quoique l'époque de Louis XVI ait eu d'admirables ciseleurs sur cuivre, le bronze doré apparaît sur les meubles d'une façon plus discrète que dans l'époque précédente. Il accompagne les porcelaines dont les plaquettes décorent les meubles, il enrichit de ses fines ciselures les parties saillantes, mais il ne couvre plus les grandes surfaces et se subordonne à l'architecture du meuble, au lieu de la commander.

Parmi les meubles qui faisaient partie de la collection de San Donato, il y avait une très belle console de Riesener, signée sous le marbre supérieur, et dont le catalogue donnait la description suivante : « Elle est supportée par quatre colonnes enguirlandées de lierre, et qui sont couronnées de chapiteaux d'ordre dorique. Elle a trois tiroirs, dont deux de côté en quart de cercle. Ces tiroirs sont enrichis de frises en bronze doré et de perles, surmontés d'une galerie losangée à jour, galerie qui règne également autour du second marbre. »

Pendant le XVIIIe siècle, le marbre était presque toujours accompagné de bronzes dorés qui prennent la forme de gracieux feuillages, de guirlandes ou de petits bas-reliefs allégoriques.

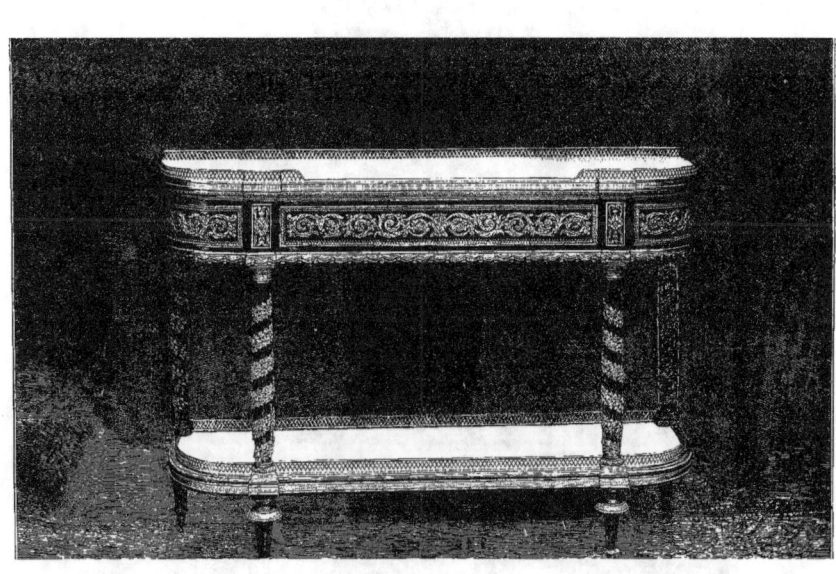

Plusieurs des cheminées, dont la décoration est en partie métallique, ont pris place dans les collections publiques, et le South Kensington Museum en possède un des types les plus intéressants dans la cheminée en marbre bleu turquoise, ornée de bronzes dorés, qui provient du boudoir de la marquise de Serilly.

Ces cheminées avaient pour accompagnement naturel les torchères et la pendule, où le marbre se trouvait également

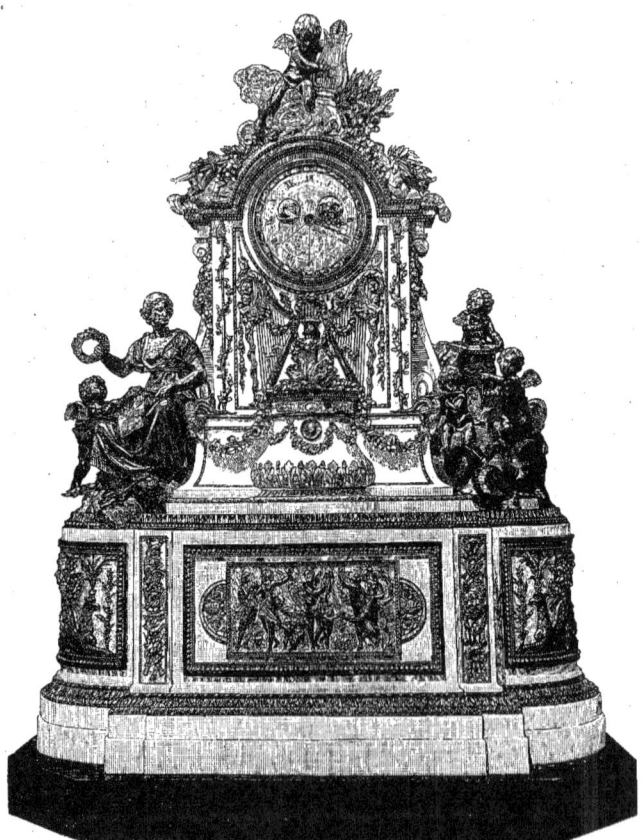

PENDULE EN MARBRE BLANC ET BRONZE DORÉ, STYLE LOUIS XVI.
(PALAIS ROYAL DE MADRID.)

mêlé avec le bronze. Le socle de la pendule était en marbre, et le métal était employé plus spécialement pour les figurines, les groupes d'enfants, les petits bas-reliefs ou les ornements qui en ornent la décoration.

Le métal était généralement employé pour les cadres de tableaux, et souvent de la manière la plus heureuse. On en fait aujourd'hui beaucoup d'imitations ; mais l'industrie contemporaine fait également, et avec une perfection remarquable, de petits cadres en métal précieux qui relèvent de la bijouterie plus encore que du mobilier. C'est ainsi qu'un cadre à portrait a été honoré d'un prix d'honneur à l'exposition de l'Union centrale, en 1880. Ce cadre, dû à MM. Debut et Coulon, est en or rouge poli et ciselé, mais le style du décor est emprunté à la serrurerie. Les angles sont enrichis d'émaux cloisonnés, où les feuilles vertes

DAIS FLORENTIN DU XVᵉ SIÈCLE, EN VELOURS POURPRE, BRODÉ D'OR ET D'ARGENT.

et les fleurettes rouges se détachent sur un fond bleu. Les colonnettes à canaux polis reposent sur des pieds faits d'enroulements inspirés de certaines ferrures du xvᵉ siècle.

Il faut également signaler, à propos de l'emploi du métal dans le mobilier, ces beaux tissus brodés d'or et d'argent qui décoraient autrefois les appartements et leur donnaient quelque-

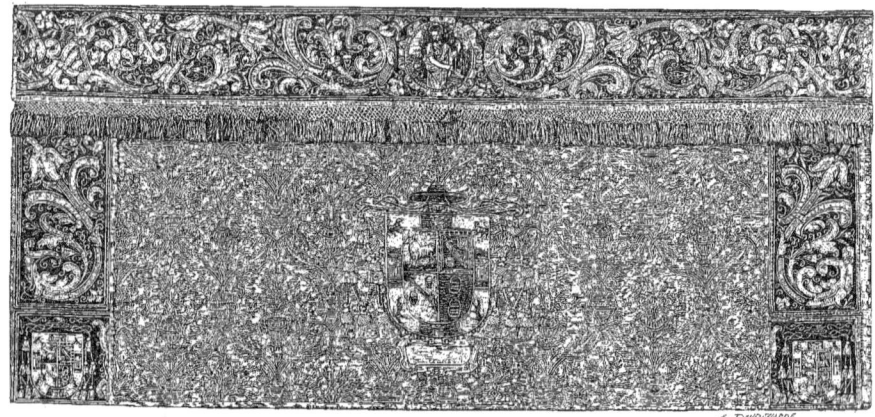

DEVANT D'AUTEL EN BROCATELLE ROUGE A REHAUTS D'ARGENT ET D'OR. TRAVAIL ESPAGNOL DU XVᵉ SIÈCLE.

fois une splendeur inouïe. Ce genre d'industrie, qui n'est plus de mise aujourd'hui que pour les étoles et les vêtements ecclésiastiques, se pratiquait alors partout et se pliait à tous les usages. Il est bon de remarquer toutefois que les plus belles pièces qui nous soient restées comme modèles de cette fabrication autrefois si florissante, appartiennent toutes au mobilier ecclésiastique.

Les tentures recouvertes d'application de broderies d'or et d'argent donnent au mobilier de la Renaissance un caractère de

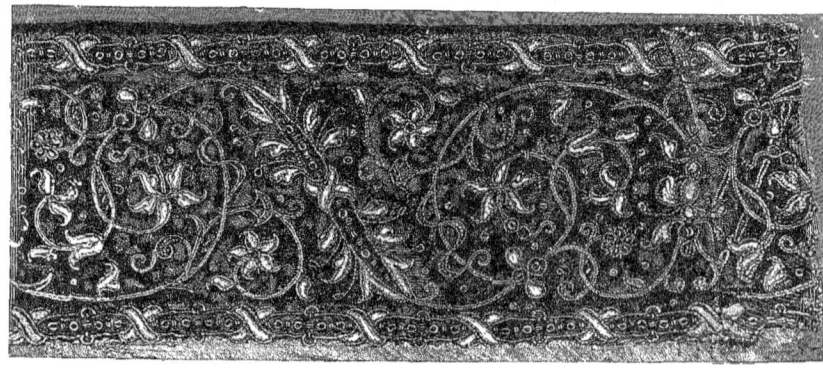

BANDE DE VELOURS GRENAT BRODÉE D'ARABESQUES D'OR ET D'ARGENT. XVIᵉ SIÈCLE.

véritable magnificence. Ces broderies s'enroulent généralement entre elles et viennent ensuite se relier à un cartouche central dont la décoration est formée d'un vase de cornes d'abondance ou de tout autre motif du même genre.

Au xvᵉ siècle, Gênes et Florence rivalisaient pour la magni-

ficence des tissus brodés d'or et d'argent, et chacune de ces deux villes prétendait à une suprématie absolue dans ce genre de fabrication. Les dais se couvraient d'applications d'arabesques d'or, d'argent et de soie, d'une délicatesse infinie et d'un goût exquis. Quelques-unes des superbes tentures de cette époque

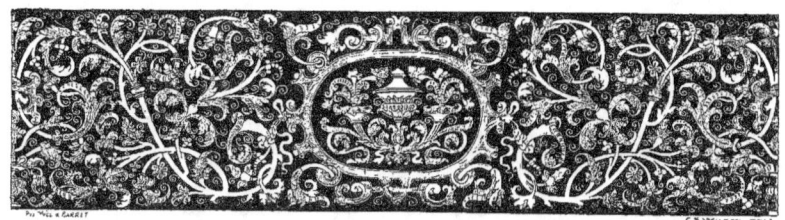

PANNEAU RECTANGULAIRE D'APPLICATION DE BRODERIES D'OR ET D'ARGENT SUR VELOURS POURPRE
TRAVAIL FLORENTIN. XVIe SIÈCLE.

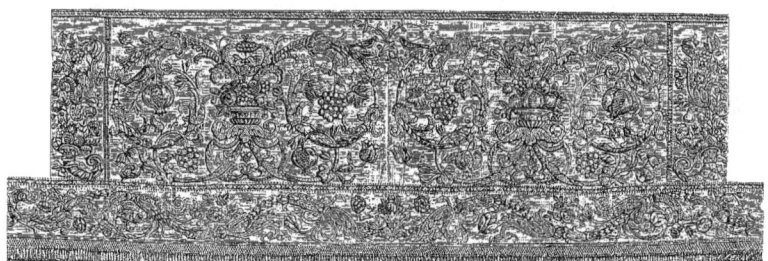

DEVANT D'AUTEL EN TOILE D'ARGENT. — TRAVAIL ESPAGNOL. XVIe SIÈCLE.

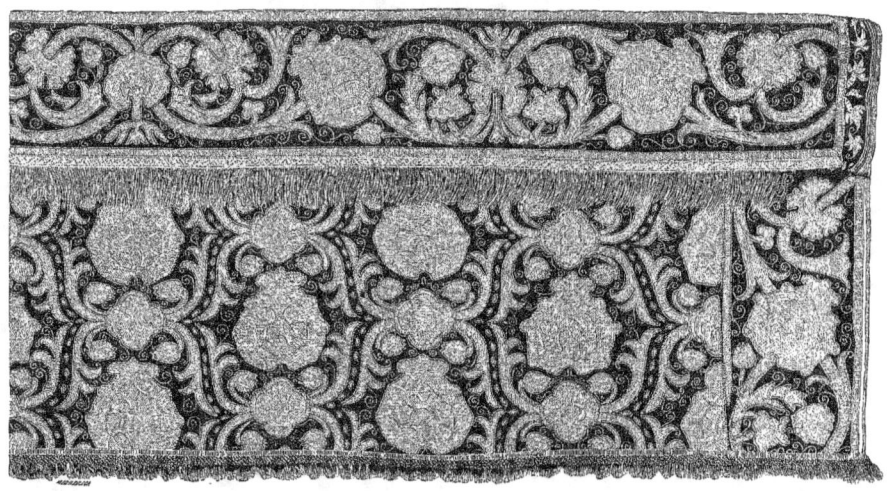

DEVANT D'AUTEL EN VELOURS CRAMOISI A DÉCOR DE CARTOUCHES D'OR BOUCLÉ. TRAVAIL GÉNOIS DU XVe SIÈCLE.

sont restées dans le trésor des églises; d'autres ont pris place dans nos grandes collections d'amateurs. L'Espagne nous a également laissé dans ce genre de fabrication quelques ouvrages très remarquables, qui peuvent rivaliser avec ceux de l'Italie.

La France a connu aussi ces belles tentures brodées d'or et d'argent qui sont un des caractères du mobilier italien de la Renaissance, mais elle les a appliqués surtout au mobilier religieux. Au xviie siècle, les devants d'autel s'enrichissent de broderies d'argent en haut-relief se détachant sur fond d'or. La mitre et les attributs épiscopaux, les pilastres à coquilles, les gerbes et les guirlandes de feuillages forment le dessin habituel de ces broderies, dont on a conservé quelques modèles d'une extrême richesse. Le goût de ces riches tissus s'est singulièrement affaibli et altéré pendant la seconde partie du xviiie siècle, et il a dû s'effacer complètement devant l'invasion du style pseudo-romain, qui caractérise la fin du règne de Louis XVI.

La réaction classique de David a été fatale au mobilier qui a pris, sous le premier Empire, une raideur qu'il n'avait pas eue jusque-là. L'emploi à peu près exclusif du bois d'acajou lui donna en outre une teinte uniforme, que rompaient assez mal les maigres palmettes en usage à cette époque. Depuis quelques années, il est vrai, nos ébénistes ont fait de grands efforts, en tournant leurs études du côté du passé, et un immense progrès a été accompli. Sous le rapport de l'exécution et du goût, les meubles exposés en 1878 par MM. Fourdinois, Beurdeley et Dasson, sont absolument irréprochables, et peuvent être comparés à ce que l'industrie française a produit de mieux dans les plus brillantes époques de son histoire, mais si les fabricants qui les exposent se croient obligés de les accompagner d'une étiquette portant une date historique, telle que : style Henri II, style Louis XVI, etc., c'est qu'ils reconnaissent eux-mêmes l'impuissance où ils sont de donner à leurs productions un style qui caractérise le temps où nous vivons. C'est là, à notre avis, le seul reproche que l'on puisse faire à la fabrication contemporaine, si parfaite d'ailleurs sous tant de rapports.

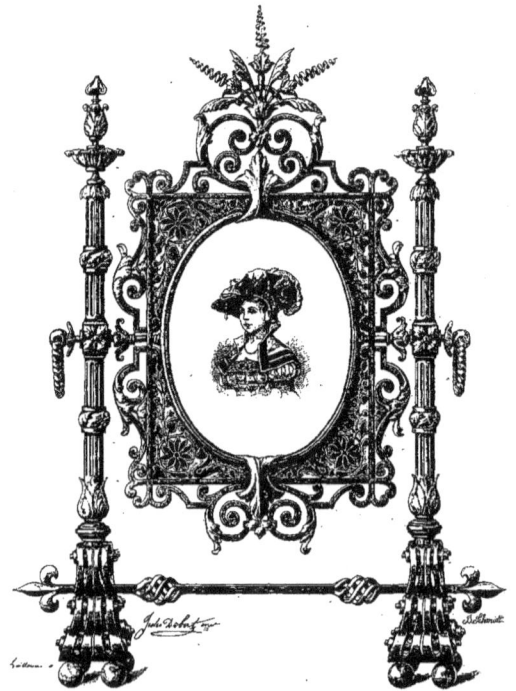

CADRE A PORTRAIT EN OR ROUGE MASSIF POLI ET CISELÉ,
PAR MM. J. DÉBUT ET L. COULON.

TABLES

I. — TABLE DES CHAPITRES

LE MÉTAL DANS L'ANTIQUITÉ PRIMITIVE	1
L'Égypte des Pharaons	1
Phénicie	2
Hébreux	3
Assyrie et Chaldée	4
Perse	5
LE MÉTAL DANS L'ANTIQUITÉ CLASSIQUE	5
Grèce	5
Étrusques	12
Romains	14
LE MÉTAL PENDANT LE MOYEN AGE	19
Byzantins	19
Italie	21
Espagne	30
Allemagne	31
France	35
Angleterre	44
LE MÉTAL DANS LES TEMPS MODERNES	45
La bijouterie	45
La joaillerie	53
Orfèvrerie. — Italie	59
Allemagne	66
France	76
Angleterre	101
Orient	107
L'émail	115
Les armes	133
La serrurerie	156
Les bronzes	166
Les applications mobilières	186

II. — TABLE DES FIGURES

EAUX-FORTES

1. Monument de Colleoni. (Place de l'hôpital, à Venise.) Eau-forte de Gaucherel... 27
2. Statue équestre de Colleoni. — Sculpture de Verocchio. — Eau-forte de Gaucherel... 27
3. Diane, horloge allemande du xvie siècle. (Collection de M. le chevalier Gian Giacomo Poldi Pezzoli.) — Eau-forte de Greux... 70
4. Porte en bronze de la sacristie de la basilique de Saint-Marc à Venise. — Bas-relief de Sansovino. — Eau-forte de Greux... 168
5. Candélabre en bronze du xvie siècle. — (Musée d'art industriel à Milan.) — Eau-forte de Lefort... 168
6. Buste colossal en bronze de Cosme 1er de Médicis. (Musée national de Florence.) — Sculpture de Benvenuto Cellini. — Eau-forte de Martinez... 168
7. Couvercle de cassette en bronze, attribué à Michel-Ange. — Eau-forte de Greux... 168
8. Les Gracques. (Musée du Luxembourg.) Groupe par E. Guillaume. — Eau-forte de Lalauze... 184
9. Henri Regnault. (Monument commémoratif de l'École des Beaux-Arts.) — Sculpture de Degeorge. — Eau-forte de Martinez... 184
10. Le courage militaire. (Figure pour le monument érigé à Nantes au général de Lamoricière.) Sculpture de Dubois. — Eau forte de E. Abot... 184
11. Vase en bronze (appartenant à la ville de Paris). Sculpture de Villeminot. — Eau-forte de Valentin... 186
12. Candélabre en bronze (appartenant à Mme Éric Lepel-Cointet). Sculpture de Villeminot. — Eau-forte de Valentin... 186
13. Plaque commémorative (appartenant à la ville de Besançon). Sculpture de Villeminot. — Eau-forte de Valentin... 186

GRAVURES DANS LE TEXTE

1. Groupe en bronze exposé au Trocadéro en 1878........... 1
2. Figure en bronze de l'ancien empire exposée au Trocadéro en 1878 (Égypte).. 2
3. Héraclite. — Buste en bronze du musée de Naples......... 6
4. Tête de cheval, d'après un bronze du musée de Naples.... 7
5. Trépied en bronze. — Musée de Naples.................... 8
6. Silène en bronze. — Naples............................... 9
7. Narcisse. — Musée de Naples............................. 9
8. Lampadaire en bronze avec incrustations d'argent. Musée de Naples.. 10
9. Table et lampadaire de Pompéi. — Bronze du Musée de Naples.. 11
10. L'orateur. Bronze étrusque du musée de Florence........ 13
11. Chimère étrusque, bronze. — Musée de Florence......... 14
12. Coupe du trésor de Hildesheim (reproduite par M. Christofle)... 15
13. Grand cratère du trésor de Hildesheim (reproduit par M. Christofle)... 16
14. Boucles d'oreilles....................................... 17
15. Bijou antique.. 17
16. Chaîne avec des monnaies de Maxence.................... 17
17. Bijou antique.. 17
18. Mercure en bronze.. 18
19. Croix en filigrane d'argent. — Travail byzantin.......... 20
20. Croix de Béranger 1er, en or et pierres précieuses. — Travail du IXe siècle....................................... 21
21. Tête de Christ, reliquaire de cuivre doré, à Pordenone... 22
22. Reliquaire.. 22
23. Reliquaire du XIVe siècle................................ 23
24. Reliquaire du XVe siècle................................. 23
25. Reliquaire en argent doré. XVe siècle.................... 23
26. Ostensoir monté en argent doré. XVe siècle.............. 24
27. Reliquaire de sainte Croix. XVe siècle................... 24
28. Ostensoir en argent doré................................. 24
29. Reliquaire de sainte Lucie............................... 25
30. Ostensoir du XVIe siècle................................. 25
31. Reliquaire de saint Jean-Baptiste........................ 25
32. Reliquaire... 26
33. Reliquaire de saint René, martyr......................... 26
34. Reliquaire des S. S. Innocents........................... 26
35. David. — Bronze de Verrochio............................ 27
36. David. — Bronze de Donatello............................ 27
37. Saint Jean-Baptiste. Statuette en argent émaillé. XIVe siècle. 28
38. Médaille de Cosme de Médicis............................ 29
39. Couronne votive visigothe trouvée à Guarrazar........... 30
40. Couronne visigothe trouvée à Guarrazar.................. 30
41. La croix des anges. Xe siècle. — Cathédrale d'Oviédo.... 31
42. Bosse de bouclier en or, période celto-germanique. — Munich... 32
43. Grande croix en cuivre champlevé et émaillé. — Travail des bords du Rhin, au XIIIe siècle........................ 33
44. Lustre gothique en fer forgé. — Munich.................. 34
45. Crosse, d'après Martin Schongauer....................... 34
46. Reliquaire du XIVe siècle. — Trésor impérial de Vienne.. 35
47. Bracelets en bronze celto-germanique. — Munich......... 35
48. Bronzes émaillés trouvés dans le mont Beuvray.......... 36
49. Couronne du saint Empire Romain. — Trésor impérial de Vienne... 37
50. Croix avec personnages.................................. 38

51. Applique en cuivre repoussé et émaillé.................. 41
52. Grille gothique, seconde moitié du XVe siècle........... 42
53. Coffret en fer découpé et ciselé. — XVe siècle.......... 43
54. Pendeloques du XVe siècle............................... 45
55. Pendeloques du XVIe siècle.............................. 46
56. Bijou du XVIe siècle. — Musée de Colmar................ 47
57. Châtelaines, par Boucheron.............................. 49
58. Boucle d'oreilles, par Boucheron........................ 50
59. Bracelet, par Falize.................................... 50
60. Bracelet et boucles d'oreilles en aumônières, par Boucheron.. 51
61. Pendeloque, par Falize.................................. 52
62. Chardon en brillants, par Boucheron..................... 53
63. Rose en brillants, par Boucheron........................ 54
64. Pendant de cou en cristal de roche, par Boucheron...... 55
65. Pendant de cou avec perles et brillants, par Boucheron.. 55
66. Collier hausse-col en brillants, par Boucheron.......... 56
67. Collier-collerette en brillants, par Boucheron.......... 57
68. Collier de fleurs en pierres de couleur et brillants. (Modèle de Sarah Bernhardt.)..................................... 58
69. Bonbonnière du XVIe siècle, en filigrane d'argent, rehauss d'émaux. (Collection de M. Lecomte.)..................... 59
70. Croix en vermeil, enrichie d'émaux. XVIe siècle. (A l'Ospedale, à Milan.)... 60
71. Croix en cristal de roche, avec monture en vermeil, datée de 1511. (Collection de M. G. G. Poldi Pezzoli.)......... 61
72. Coffret en filigrane d'argent émaillé, XVIe siècle. (Collection de M. G. Poldi Pezzoli.)............................ 62
73. Salière de Benvenuto Cellini. (Cabinet impérial de Vienne.) 62
74. Marteau en argent repoussé et doré. (Musée de Munich, XVIe siècle.)... 63
75. Aiguière en vermeil du XVIe siècle. (Trésor de l'église de Santa Maria presso san Celso, à Milan.).................. 64
76. Plateaux en vermeil du XVe siècle. (Trésor de l'église de Santa Maria, presso San Celso, à Milan.)................ 65
77. Reliquaire du XIIIe siècle, en argent repoussé. (Musée germanique, à Nuremberg.).................................... 66
78. Coupe en argent doré et émaillé, en forme de vaisseau. — (Musée de Nuremberg.)................................... 67
79. Reliquaire du trésor impérial de Vienne................. 68
80. Diane chasseresse. (Collection de San Donato.) Groupe mécanique en argent et en vermeil, par Jamnitzer........... 69
81. Plateau en vermeil, par Michel Rauner. (XVIIIe siècle.).. 70
82. Coupe de l'empereur Frédéric IV. (Trésor impérial de Vienne.).. 71
83. Gobelet en argent et en vermeil. Travail allemand du XVIIe siècle.. 72
84. Coupe et flacon renaissance. (Musée bavarois à Munich.). 73
85. Vase formé d'une noix de coco avec monture en argent doré. 73
86. Vase de Ribeauvillé..................................... 74
87. Vase de Ribeauvillé..................................... 74
88. Vidrecome en argent et en vermeil repoussé, travail allemand du XVIe siècle..................................... 75
89. Vidrecome en argent repoussé, travail allemand du XVIe siècle.. 75
90. Miroir, d'après Étienne de Laulne....................... 76
91. Pot en étain, par François Briot........................ 76
92. Plat, par François Briot................................ 77
93. Cafetière en argent, style Louis XIV.................... 79
94. Soupière à pieds fourchus, travail français du temps de Louis XV... 80

TABLE DES FIGURES

95. Soupière en argent, travail français du temps de Louis XV. 80
96. Légumier en argent, style Louis XV. 81
97. Ecuelle en argent, style Louis XV. 81
98. Aiguière en argent, style Louis XV. 82
99. Soupière en argent, par Antoine Jean de Villeclair, XVIIIe siècle. 83
100. Soupière en argent, style Louis XV. 83
101. Sucrier en argent par Pierre Germain. 84
102. Salière en argent, style Louis XVI. 85
103. Soupière en argent, commandée à Pierre Germain par Catherine II. (Collection de M. le baron Gustave de Rothschild.) 85
104. Soupière en vieil argent, style Louis XVI. (Collection de M. Vaisse.). 86
105. Surtout de table en argent, style Louis XVI. 87
106. Salière en argent, style Louis XVI. 87
107. Flacon en argent, XVIIIe siècle. 88
108. Coupe par Kirstein fils. 89
109. Famille de cerfs, par Kirstein. 89
110. Grand vase, par Kirstein. 90
111. Plateau avec incrustations, par Christofle. 91
112. Salière, par Christofle. 93
113. Salière, par Christofle. 93
114. Vase de style grec, par Christofle. (Composition de Reiber.) 95
115. Vase décoratif, par Christofle. 97
116. Bougeoir en ferrures d'or rouge poli, plateau et bobèche en cristal de roche, par Boucheron. 98
117. Salière dorée avec gravure à l'eau-forte, couleur vieil argent, par Boucheron. 99
118. Sucrier en argent repoussé, travail anglais. 101
119. Sucrier en argent repoussé, travail anglais. XVIIIe siècle. 102
120. Sucrier en argent repoussé, travail anglais. 102
121. Cafetière en argent, travail anglais XVIIe siècle. 103
122. Théière en argent repoussé, XVIIe siècle. 103
123. Boîte à épices, argent. 104
124. Boîte à thé, argent. 104
125. Coupe en argent repoussé, par Elkington. 105
126. Pot à crème, argent repoussé, travail anglais, XVIIe siècle. 106
127. Théière en argent repoussé, travail anglais, XVIIe siècle. 106
128. Pièce d'argenterie, XVIIe siècle. (Madras.) Collection de S. A. R. le prince de Galles. 107
129. Gulab-Pash en filigrane d'argent. (Bankipore.) Collection de S. A. R. le prince de Galles. 108
130. Sac brodé d'or et de pierreries contenant une adresse en vers sanscrits. (Collection de S. A. R. le prince de Galles.) 109
131. Plateau émaillé de Jeypore, 1590. (Collection de S. A. R. le prince de Galles.). 110
132. Lampe mauresque en bronze. (Musée archéologique de Madrid.). 111
133. Flambeau arabe en cuivre incrusté d'argent, XVe siècle. (Collection de M. le baron Gustave de Rothschild.). 112
134. Flambeau arabe en cuivre incrusté d'argent, XVe siècle. (Collection de M. le baron Gustave de Rothschild.). 113
135. Aiguière persane. (Exposition de 1878.). 114
136. Reliquaire en émail champlevé. (Collection de M. Odiot.). 115
137. Couverture de l'évangéliaire d'Ariberto, archevêque de Milan, en or, émaux et pierres précieuses, XIe siècle. (Trésor du dôme de Milan.). 116
138. Brûle-parfums chinois. (Collection Errera.). 117
139. Brûle-parfums en émail cloisonné de la Chine. (Collection de S. M. Léopold II, roi des Belges.). 118
140. Grand vase en ancien émail cloisonné de la Chine. (Collection de S. M. Léopold II, roi des Belges.). 119
141. Email, par Léonard Limosin. 120
142. Email, par Léonard Limosin. 121
143. Plat en émail de Limoges, par Pierre Raymond. (Musée national bavarois.). 122
144. Buire en émail de Limoges, par Pierre Raymond. (Musée national de Munich.). 123

145. Hanap en émail de Limoges. Peinture en grisaille, par Pierre Raymond. (Collection de M. le baron Alphonse de Rothschild.). 124
146. Plaque en cuivre repoussé, décoré d'émaux colorés et sur paillons, par Jean Courtois, de Limoges. (Collection de M le baron Gustave de Rothschild. — Exposition universelle de 1878.). 125
147. Aiguière en émail de Limoges, par Jean Courtois. 126
148. Vase en argent ciselé, avec ornements réservés en émaux par Boucheron. 127
149. Ciboire, par Boucheron, décoré d'émaux, genre Limoges, peints par A. Meyer, et représentant des évangélistes, martyrs et fondateurs d'ordre. 128
150. Crosse ornée de fleurs en émaux translucides, par Boucheron. (Sujet: saint Michel.). 129
151. Châtelaine en or mat ciselé sur fond d'émail rouge, par Boucheron. 130
152. Veilleuse en émaux translucides. (Sujet: Guignol Japonais.) 131
153. Plat émaillé, par Christofle. 132
154. Libellule, par Boucheron. 132
155. Epée à poignée ciselée. XVIe siècle. 133
156. Epée du XVIe siècle. Travail allemand. (Musée impérial des armures de Vienne.). 134
157. Epée du XVIe siècle. Travail allemand. (Musée impérial des armures de Vienne.). 135
158. Bouclier italien en fer repoussé damasquiné d'or et d'argent. (Musée historique de Dresde.). 136
159. Revers dubouclier ci-contre. (Musée historique de Dresde.) 137
160. Bouclier en fer repoussé. (Musée historique de Dresde.). 138
161. Bouclier attribué à Benvenuto Cellini. (Armeria reale de Turin.). 139
162. Petite targe. Travail italien du XVIe siècle. (Armeria reale de Turin.). 140
163. Casque en fer repoussé, travail italien du XVIe siècle. (Armeria reale de Turin.). 141
164. Casque en fer repoussé et doré, XVIe siècle. 142
165. Casque de tournois, XVIe siècle. (Armeria reale de Turin.) 142
166. Bourguignotte damasquinée d'or. (Armeria reale de Turin.) 143
167. Casque de Charles-Quint. (Musée de Vienne.). 143
168. Morion vénitien, XVIe siècle. (Trésor impérial de Vienne.) 144
169. Casque renaissance, acier. (Cabinet de M. Vaisse.). 144
170. Armure de gala de l'empereur Rodolphe II.(Musée impérial des armures à Vienne.). 145
171. Armures de Nuremberg. (Armeria reale de Turin.). 146
172. Partie antérieure du caparaçon du cheval de Christian II. (Musée historique de Dresde.). 147
172. Partie postérieure du caparaçon du cheval de Christian Ier. (Musée historique de Dresde.). 147
173. Plaques latérales de l'armure du cheval de Christian II. (Musée historique de Dresde.). 148
174. Chanfrein ou plaque frontale du cheval de Christian II. (Musée historique de Dresde.). 149
175. Fragment de harnais richement ciselé et enrichi de pierres fines. (Collection des écuries impériales et royales de Vienne.). 150
176. Salade dite de Boabdil. (Armeria reale de Madrid.). 151
177. Hache d'armes orientale richement damasquinée portant le chiffre du sultan Saladin de la 55o de l'hégire.. 152
178. Poignard à manche de cristal orné de pierreries, la gaine en acier incrusté d'or. Poignard incrusté d'or à manche en ivoire et gaine en or. (Collection de S. A. R. le prince de Galles.). 153
179. Fusils à mèche avec crosse incrustée d'ivoire et montée en or. (Collection de S. A. R. le prince de Galles.). 154
180. Bouclier ciselé et enrichi de diamants, accompagné d'une écharpe en soie de broderies et de pierreries. (Collection de S. A. R. le prince de Galles. — Exposition universelle de 1878.). 155
181. Serrure du château de Sigburg. (Musée bavarois à Munich.) 156
182. Grille de la Loggetta à Venise, œuvre d'Antonio Gai. 157

TABLE DES FIGURES

183. Clef en fer. xvie siècle... 158
183. Passe-partout du roi Louis XVI............................... 158
184. Marteau de porte en fer forgé et gravé. Travail italien du xvie siècle.. 159
185. Marteau de porte; bronze florentin du xve siècle......... 160
185. Landier en fer forgé... 160
186. Chenet en bronze. Commencement du xvie siècle......... 161
187. Chenet en bronze par Jean de Bologne. (Musée de Florence.) 162
188. Mouchettes en acier bleui damasquiné d'or. Travail français d'environ 1700. (South Kensington.)............ 163
188. Paire de chenets en bronze ciselé et doré au mat. (Louis XVI.).. 163
189. Grille en fer forgé, par Jean Lamour. (Nancy.)............ 164
189. Rampe d'escalier en fer forgé, par Jean Lamour............ 164
190. Grille en fer forgé, par Jean Lamour........................... 165
190. Lanterne en fer forgé, par Jean Lamour....................... 165
190. Lanterne en fer forgé, par Jean Lamour....................... 165
191. Mercure au repos. (Musée de Naples.)........................ 167
192. Coffret en bronze. Travail italien de 1530. (South Kensington.)... 168
193. Persée. Groupe en bronze de Benvenuto Cellini, dans la *Loggia de Lanzi*, à Florence.................................. 169
194. Jupiter et Mercure. Deux des figures qui ornent le piédestal du Persée de Benvenuto Cellini.............................. 170
195. Neptune, statuette en bronze par Le Bernin................. 171
196. Mortier en cuivre fondu. Travail allemand de la fin du xvie siècle. (Collection Germain Bapst.).................. 172
196. Mortier de Lambert Vansoen. (1594.)......................... 172
197. Jean de Morvilliers, évêque d'Orléans, garde des sceaux de France. Buste en bronze attribué à Germain Pilon...... 173
198. Projet de Germain Pilon pour le mausolée du Cardinal René Birague... 174
199. Les armes de France et de Navarre, dans le grand escalier de Versailles. Exécutées en bronze, par Antoine Coysevox, sur les dessins de Charles Lebrun............................ 175
200. Cartel en bronze doré, travail français du temps de Louis XV. 176
201. Grand cartel Louis XV, en bronze ciselé et doré........... 177
202. Bras Louis XV, en bronze doré. (Palais Royal de Gênes.). 178
203. Bras Louis XVI, en bronze doré. (Palais Royal de Gênes.) 179
204. Candélabre en bronze et or mat, par Gouthière. (Palais Royal de Madrid.)... 180
205. Paire de candélabres en diorite orbiculaire antique et bronze doré, par Gouthière................................... 181
206. Candélabres de style Louis XVI................................. 182
207. Lion en bronze par Barye... 183
208. Carolus Duran. Bronze de Falguière......................... 184
209. Le Génie des Arts, par Mercié, haut-relief pour le grand guichet du Louvre.. 185
210. Cabinet italien, peint par Lucas Giordono................... 187
211. Retable en ébène et argent repoussé, travail français du temps de Louis XIII. (Collection de M. Germain Bapst.). 188
212. Coffret de mariage, commandé à Boulle par Louis XIV, pour le mariage du grand Dauphin........................... 189
213. Chaise à porteurs, style Louis XV.............................. 190
214. Commode garnie de bronzes, par Caffieri, style Louis XV. 191
215. Commode en vieux laque, garnie de bronzes, par Caffieri, style Louis XV.. 191
216. Console en marqueterie, ornée de bronzes dorés et plaques de Wedgwood. (Palais Royal de Madrid.)................. 192
217. Cabinet en marqueterie, orné de bronzes dorés et de plaques de Sèvres, pâte tendre. (Palais Royal de Madrid.).. 193
218. Cheminée en marbre blanc, turquoise ornée de bronzes dorés. Boudoir de la marquise de Serilly. (South Kensington museum.)... 194
219. Console de Riesener... 195
220. Pendule en marbre blanc et bronze doré, style Louis XVI. (Palais Royal de Madrid.).................................... 196
221. Dais florentins du xve siècle, en velours pourpre, brodé d'or et d'argent... 197
222. Devant d'autel en brocatelle rouge à rehauts d'argent et d'or. Travail espagnol du xve siècle............................ 198
222. Bande de velours grenat, brodée d'arabesques d'or et d'argent, xvie siècle.. 198
223. Panneau rectangulaire, d'application de broderies d'or et d'argent sur velours pourpre. Travail florentin du xvie s. 199
223. Devant d'autel en toile d'argent. — Travail espagnol, xvie siècle... 199
223. Devant d'autel en velours cramoisi, à décor de cartouches d'or bouclé. Travail génois, xve siècle...................... 199
224. Cadre à portrait en or rouge massif, poli et ciselé, par MM. J. Debut et J. Coulon..................................... 200

Paris. — Imprimerie Pillet et Dumoulin, 5, rue des Grands-Augustins.

www.ingramcontent.com/pod-product-compliance
Lightning Source LLC
Chambersburg PA
CBHW071042240526
45471CB00014B/254